**레지스탕스 사형수들의
마지막 편지**

LETTERE DI CONDANNATI A MORTE DELLA RESISTENZA ITALIANA

(8 settembre 1943–25 aprile 1945)
A cura di Piero Malvezzi e Giovanni Pirelli
Nota introduttiva di Gustavo Zagrebelsky
Prefazione di Enzo Enriques Agnoletti

레지스탕스 사형수들의
마지막 편지

**2차 세계대전 당시
인간성과 용기를 최후까지 지켜 낸
201인의 이야기**

피에로 말베치 · 조반니 피렐리 엮음
임희연 옮김

OLDBEN

"이것은 책이 아니라, 행동이다. 201명의 사형수들이 죽음을 앞두고 취한 마지막 행동은 가족이나 동지들에게 자신의 마지막 소식, 작별 인사, 위임장 등을 전하는 편지를 쓰는 것이었다. 이 행위를 마지막으로 600일이라는 이탈리아 레지스탕스 활동 기간 동안 투쟁했던 그들의 역할은 끝이 난다. 이것은 죽음을 앞둔 자가 편지라는 매개체에 도덕적 고귀함, 복잡한 정치적·역사적 의미, 인간의 고통과 같은 삶의 무게를 함께 담아 살아남은 자에게 보내는, 또 다른 삶을 여는 행동이다. 마음이 평온할 때는 이 편지들이 지닌 무한한 가치를 모르지만, 판단이 흐려지고 마음이 복잡할 때면 비로소 그 진정한 가치를 알게 된다."

프랑코 안토니첼리 *Franco Antonicelli*[1]

1 이탈리아의 수필가, 시인, 반파시스트. 그가 1952년 에이나우디 출판사의 "수필집"을 통해 최초로 소개한 이 편지들은 "스트루치" 시리즈의 독자들을 위해 1973년 『레지스탕스 사형수들의 마지막 편지*Lettere di condannati a morte della Resistenza italiana*』라는 제목으로 출간되었다. 처음 발행된 이후, 현 개정판은 16번째이다.

사실 사람들은 무솔리니, 파시즘 같은 단어는 알지만, 이탈리아 현대사는 잘 모른다. 특히 2차 세계대전 당시 이탈리아에서 어떤 일들이 일어났는지도 우리에겐 잘 알려져 있지 않다. 또한 당시 레지스탕스 활동을 하다 사형선고를 받고 이 마지막 편지를 쓴 사람들에 대해서도 우린 전혀 지식이 없다. 하지만 그들도 한 명의 인간이었기에 시공간을 초월하는 보편성을 가진다. 이 책을 통해 오래전, 먼 나라에서 쓰인 편지들을 읽으며 같은 인간으로서 깊은 공감과 연민을 느낀다.

역사학자로서 가끔 과거의 인물에 대해 마치 심판관처럼 행세하는 이들을 보게 된다. 미래의 일들을 알 수 없었던 사람에게 완벽한 인식과 판단, 행동을 요구하는 것이다. 하지만 우리 모두는 불완전하고, 미래에 대해 모른 채 현실을 살아가는 사람일 뿐이다. 우리는 보다 겸허한 자세로, 공감과 연민을 가지고 역사 속 인물들을 바라볼 필요가 있다.

이 편지들의 저자들은 자신들의 편지가 훗날 이런 방식으로 대중에게 공개되고, 책으로 출판되고, 많은 시간이 흐른 후 대한민국이라는 낯선 공간에서 번역되리라는 걸 몰랐을 것이다. 이들 가운데는 무명의 민중들도 많았다. 우리는 여러 기록을 통해 지도자들의 생각과 행동에 대해서는 잘 알지만, 민중들이 어떤 생각을 했는지는 잘 모른다. 그런 점에서 우린 이 편지들을 통해 당시 이탈리아의 민중사, 나아가 죽음을 앞둔 사람들의 생각이 어떤 것이었는지 이해해 볼 수 있는 기회를 가질 수 있다.

이 책에 나오는, 생애 마지막 편지를 쓴 사람들은 노동자, 농민, 교사, 사서 등 그야말로 평범한 사람들이었다. 편지글을 통해 그들이 이렇게나마 역사에 이름을 남길 수 있어 다행이라는 생각이 든다. 동시에, 우리의 독립운동가와 민주 투사들이 이런 편지를 남기지 못했던 것이 너무도 아쉽다.

마지막으로, 과연 나 자신은 그런 상황에서 직접 항쟁에 나서고 죽음을 맞이할 용기가 있는지 스스로 돌아보게 된다.

_주진오 상명대 역사콘텐츠학과 교수, 前 대한민국역사박물관 관장

"디타, 나를 절대 잊지 마. 그리고 내가 당신을 아주 많이 사랑했다는 것 또한 기억해 줘."(아킬레)
"제가 할 수 있는 일은 그저 마음으로나마 아버지를 꼭 안아 드리는 것입니다."(프랑코)
"할머니가 제일 아기는 손자가 저라는 걸 잘 알고 있어요. 제게 쏟아 주셨던 각별한 애정을 이제는 맏손자와 막냇손자에게 쏟으셨으면 해요. 아주 많이 많이 사랑해 주세요."(렌초)

그대가 파시스트의 손에 목숨을 잃기 직전이라면 사랑하는 이에게 어떤 말을 남기겠는가? "사랑한다."는 말이 처음이자 마지막 아니겠는가? 조국의 영광과 민주주의를 위해 몸을 던진 201명의 파르티잔이 죽음 직전에 남긴 말들도 그러했다. 이들의 사연을 하나하나 읽노라니 눈물을 주체할 수 없다. 이들이 남긴 말은 비슷하면서도 모두 다르다. 나뭇잎 하나, 돌멩이 하나가 같을 수 없듯 이들의 말은 각자가 지닌 고유한 인생행로, 그 마지막에 이슬처럼 맺힌 '희생'이기 때문이다.

2차 세계대전 후반, 연합군에게 체포된 무솔리니가 탈출한 뒤 나치가 세운 괴뢰 국가의 수반이 되었고, 그 결과 이탈리아가 우리나라처럼 동족상잔의 비극에 휩싸였다는 사실을 이 책에서 알게 됐다. 먼 옛날 이야기고, 이탈리아에서 벌어진 일이라 나와 관계가 없다고 생각하기 쉽다. 그러나 이 글들은 인간 보편의 이야기이며, 그리스 비극만큼이나 나의 실존과 직결돼 있다.

침몰하는 세월호 안에서 한 학생이 마지막으로 남긴 "엄마, 사랑해요."라는 문자만큼 절절하게 사무치는 글들이다.

_**이채훈** 한국PD연합회 정책위원, 『소설처럼 아름다운 클래식 이야기』 저자

'사형수들의 마지막 편지'라고만 했다면 느낌이 달랐을 것이다. 하지만 이 책에서 읽게 되는 편지들은 이탈리아 레지스탕스들이 남긴 마지막 편지다. 연합군의 이탈리아 상륙과 함께 무솔리니가 실각하지만 나치 독일이 북부 이탈리아를 장악하면서 파시스트 정권이 연장된다. 이에 맞서 토리노를 중심으로 레지스탕스 투쟁이 전개되었다. 수많은 시민들이 항전에 참여하였다가 나치와 파시스트들에게 체포돼 총살당했다.

대의를 위해 자신의 목숨을 바친 이들을 우리가 '의인'이라고 부른다면, 이 책은 그 의인들의 마지막 편지다. 그렇지만 그들은 의인이기 이전에 아직 어린 청년이었고, 아들이었고, 연인이었고, 어머니였고, 아버지였다. 가족과 연인들에게 그들이 남긴 마지막 편지를 읽다가 여러 번 멈춰야 했다. 끝내 다 읽을 수 없는 편지가 있다면 내게는 이 편지들이 그렇다. 그들의 유언을 읽는 대신 가슴에 묻는다.

_**이현우(로쟈)** 작가, 서평가

흔히들 말한다. '먹고 살려면 참아야지.' 나 역시 그렇지만, 많은 사람들이 이런 말로 부당한 일들을 견뎌 낸다. 그런데 이 편지들을 쓴 사람들은 그렇지 않았다. 어찌 보면 먹고 사는 일과 상관없는 자유에, 조국에, 목숨을 걸었다. 더 놀라운 건 이들 대다수가 보통 사람들이란 점이다. 누군가는 '용기'란 극한의 상황에서 발휘되는 것이라 변명할지 모른다. 하지만 역사는 말한다. 극한 상황을 핑계 삼아 억압자들의 편에 서서 '어쩔 수 없었다.'고 말하는 사람들이 다수라는 사실을. 그래서 저항을 택하고 결국 죽음 앞에 서야 했던 평범한 사람들의 용기는 놀랍다. 그들이 어머니, 아버지, 가족들을 향해 사랑을 말하고, 저항하지 말라는 충고를 따르지 못한 자신을 용서해 달라는 대목에 이르면 할 말을 잃는다.

그들은 세상을 떠났지만, 그들이 남긴 말들은 용기가 필요한 우리와 오늘도 함께 살아간다.

_**김만권** 경희대 학술연구교수, 참여연대 부설 참여사회연구소 소장

여름날, 뜨거운 태양의 횡포에 한줄기 소나기가 저항한다. 삶의 무게에 짓눌린 채 땀 흘리는 얼굴을 적시며 소나기는 그렇게 잠시나마 쉬어 가라고 우리를 채근한다. 궁금했다. 1944년 6월 26일 초여름, 사형집행인의 총탄을 기다리던 파올로에게 한 다발의 빗줄기는 어머니를 대신해 그를 적시며 입맞춤해 주었을까?
가지만 앙상히 남은 겨울의 나목은 차가운 현실로부터의 탈출을 꿈꾸는 우리에게 그래도 버티라며 어깨를 두드려 준다. 알고 싶었다. 1945년 2월 21일 늦겨울, 아무도 가 보지 못한 죽음의 문턱에 서 있던 도메니코에게 바르바니아 광장의 한 그루 나무는 꼬맹이 임페리오를

대신해 그의 어깨를 감싸 주었을까?

혹여, 한줄기의 소나기와 한 그루의 나무가 사형을 앞둔 이들에게 어떤 위로도 주지 못했다면, 나는 그들에게 이렇게 말하고 싶다. 당신들이 마지막으로 남긴 편지 한 장은 이탈리아 파르티잔들이 가장 두려워했던, 그들에 대한 역사의 망각과 소멸의 집행을 영원히 유예시켜 주었다고.

이 편지들의 주인공인 파올로와 도메니코는 17살로 생을 마감한 위대한 이탈리아 전사였다.

우리는 이 분명한 역사적 사실을 잊어서는 안 된다.

_**박진서** 구글 클라우드 플랫폼 FSR

이 책을 읽기 전에

1922년 이탈리아 '국가 파시스트당'의 무솔리니는 로마를 향해 진군하기 시작했다. '검은 셔츠단'[1]을 앞세운 이 쿠데타는 이탈리아의 국왕 비토리오 에마누엘레 3세에 의해 무솔리니가 수상으로 임명되며 결국 성공을 거둔다. 이후 공식적으로 '행정 수반'이자 '국가 원수'가 된 무솔리니는 파시스트당을 제외한 모든 정당 활동을 금지시키고 의회를 해산시키는 등 독재 체제를 구축한다.

1935년 무솔리니가 통치하던 이탈리아는 에티오피아를 침략하여 이탈리아령 동아프리카를 세웠으며, 2차 세계대전 중에는 독일, 일본과 손잡고 추축국이 되어 연합군에 맞섰다.

1943년 스탈린그라드에서 독일이 소련에 패배하고, 같은 해 7월 연합군이 시칠리아섬에 상륙하면서 이탈리아 본토 침공이 가시화되자 무솔리니는 얼마 못 가 실각하고 만다. 결국 1943년 9월 8일, 이탈리아는 연합국과 휴전 협정을 맺게 되는데 이 일이 있은 직후 이탈리아 파시스트당의 도움을 받은 나치 독일 군대가 국경 내부로 들어와 이탈리아 북부를 장악하는 일이 벌어진다.

이탈리아 북부를 차지한 나치 독일은 '이탈리아 사회공화국'이라는

---

1 이탈리아의 독재자 베니토 무솔리니가 이끈 파시스트 전위대. 1919년 3월에 결성되었으며, 단원들이 검은색 셔츠로 된 유니폼을 입고 다닌 데서 이 같은 이름이 붙여졌다.

괴뢰정부를 수립하고 수감 중이던 무솔리니를 구출해 내 공화국의 수반으로 앉힌다. 이 시기 몇몇 이탈리아 군대들은 연합국 편에서 싸우기도 했지만 상당수의 이탈리아 군대는 여전히 무솔리니와 독일에게 충성을 바쳤고 이탈리아 사회공화국 편에 서서 연합군에 대항했다. 결국 이탈리아는 연합군에 의해 해방된 남부와 파시스트들이 장악한 북부 사이에 전쟁이 계속되며 내전 상태에 돌입하게 된다.

이 시기를 전후로 이탈리아 각지에선 '이탈리아 사회공화국' 군대와 나치 독일에 맞서 싸우기 위해 다양한 파르티잔 그룹들이 생겨났다. 이후 각기 활발한 활동을 펼치던 저항 그룹들이 연합하여 '이탈리아 해방 위원회'를 결성하는데 여기엔 공산당, 사회당, 행동당, 기독교민주당, 자유당, 노동민주당 등이 모두 참여했다. 또한 휴전 협정 이후부터 생겨나기 시작했던 반파시즘 분위기가 이탈리아 사회 전반으로 퍼져 나가 수많은 시민들이 게릴라전을 펼치며 레지스탕스 활동에 참여했다.

1945년 4월, 독일의 패색이 짙어지자 무솔리니는 북쪽으로 도주하려 하였으나 결국 파르티잔들에게 잡혀 처형되었다.

개정판을 내며

이 책에 실린 편지들은 우리에게 보낸 편지가 아니다. 자신의 삶이 더 이상 허락되지 않음을 감지한 인생의 가장 엄숙한 순간, 투철한 사명감에 불타오르고 양심에 거리낄 것 없는 사람들이 죽음을 목전에 두고 가장 소중한 이들에게 보낸 편지들이다. 그들은 편지를 통해 자신들의 선택이 더 높은 가치를 위해 어쩔 수 없는 것이었음을 설명하며 이를 정당화한다. 그리고 자신의 선택으로 인해 사랑하는 사람들이 고통을 받게 된 것에 대해 위로와 용서를 구한다. 어쨌든 개개인이 쓴 편지들이 책으로 출간되어 일반인에게 공개되는 것은 분명한 사생활 침해다. 보편적 의미에서 본다면 충분히 정당화될 수 있겠지만, 그럼에도 불구하고 여전히 사생활 침해라는 사실은 부정할 수 없다.

그렇기에 『레지스탕스 사형수들의 마지막 편지』의 개정판을 해석하거나 문맥을 파악하고, 서로 비교하여 소개하는 것은 불가능하다. 침해 속의 침해가 되는 것을 막기 위함이다.

하나하나 강렬한 인상을 남기는 이 글들은 타인의 손끝에 자신의 목숨이 달려 있음을 의식하며 죽음을 기다리고 있는, 인생의 마지막 순간에 다다른 사람들의 이야기다. 그들은 최후의 순간까지 정신적 지주가 되어 준 존재에게 의지하려고 했을 것이다. 그러나 그 의지라는 것도 고해성사 정도일 뿐 그 이상은 아니었을 것이다. 그런 상황에서 그들이 써 내려간 글들은, 평소에 잘 사용하지 않던 말일지라도, 그 속에 그들이 원래 담고자 했던 의미로 가득 채워진다. 그러므로 비록 대화 상대가 없었더라도 혼자 대화하는 것이 가능했을 것이다.

만약 독자들이 심적으로 큰 부담을 줄 수도 있는 이 편지들과 마주하게 된다면, 의식의 흐름을 따라가는, 조용하지만 직접적인 그들의 독백을 들으며 그들이 절망과 마주했을 때 어떻게 대처했는지를 겸손한 마음으로 지켜봐 주었으면 좋겠다. 저자의 필수 정보, 정치적 신념, 체포 및 처형에 대한 내용은 각각의 편지글 앞에 실린 종합 정보를 통해 충분히 알 수 있을 것이다.

일러둘 게 하나 더 있다. 이 편지들을 소개하는 것은 단순히 문헌학에만 국한되지 않는, 윤리학과 정치학의 경계를 넘나드는 행위가 될 것이다. 이로 인해 우리는 우리의 판단이 필요하지 않은 일들에 대해서까지 의미를 부여하게 될지도 모른다. 이 편지들 자체를 친밀하게 여기는 이들은 편지를 쓴 이와 같은 입장을 취할 수밖에 없을 것이다. 그러나 친밀함과는 별도로 편지들 자체만 객관적으로 봐 주길 바란다. 어쨌든, 이 편지들은 대중을 향해 쓴 편지가 아니다. 특히 그 누구에게도 죽음을 앞둔 사람들이 그 순간에 한 말들을 엮어 책으로 출판할 권한은 없다. 내 생각엔 우리 중 그 누구에게도, 그 당시에 살았던 사람이 아닌 이상 그럴 권한은 없다.

편지를 통해 우리는 그들이 했던 결정적 행동과 실존적 선택의 순간에 대해서만 알 수 있다. 즉, 그 이면에 대해서는 모르는 것이다. 이 말이 맞다면, 표면에 드러나 있는 것 외에 그 안에 잠재되어 있는 심오한 내용은 알 길이 없다. 우리가 직접 확인해 본 적이 없기 때문이다. 그들의 결정에 자기 나름대로 판단을 내리거나 이상적인 유대감, 감탄, 연민을 표하는 것은 쉽지만 의미 없는 일이다. 우리는 우리 자신이 누군지 항상 고민해야 한다. 편지글을 빌려 우리에게 말을 걸어오는 대상이 누군지 생각해 봐야 한다. 타인의 것을 빼앗아 내 것으로 만들기는 쉽다. 어쩌면 우리들 가운데 누군가는 사형집행인의 편을 들거나 그들이

했던 일들을 묵인할지도 모른다. 이에 대해 우리는 아니라고 강하게 반박하거나 딱히 둘러댈 말을 찾지 못할 수도 있다.

나는 이러한 인간의 행동 양식을 설명하는 데 있어 진실화해위원회 *Truth and Reconciliation Commission*의 위원장이자 남아프리카공화국 성공회 대주교인 데스몬드 투투*Desmond Tutu*가 한 말보다 더 좋은 말을 찾지 못했다. 진실화해위원회는 남아프리카공화국이 아파르트헤이트*Apartheid*[1] 시기를 끝내고 민주주의 시대로 나아가는 데 크게 기여했다. 다음은 데스몬드 투투가 한 말이다.

"진실화해위원회의 활동을 통해 범죄자들의 이야기를 들으며 나는 우리 각자가, 우리 모두가 끔찍한 악행을 저지를 만한 능력이 있음을 깨달았다. (…) 그 범죄자들과 똑같은 영향을 받고 똑같은 세뇌를 당하더라도 나는 절대 그들처럼 되지 않았을 거라고 자신 있게 말할 수 있는 이가 있을까? 그들의 잘못을 너그럽게 용서해주거나 못 본 체하자는 말이 아니다. 그저 하느님의 자비로 마음을 가득 채우고, 하느님께서 사랑하시는 사람 중 한 명이 그렇듯 서글픈 처지에 이르렀음을 한탄하며 함께 울어 주자는 것이다. 우리는 값싼 동정심이 아닌 깊은 신앙심을 가지고 스스로에게 이렇게 말해야 한다. "하느님의 은혜가 아니었다면 나도 저들과 같은 처지가 되었을 것이다.""

_ 데스몬드 투투, 『용서 없이 미래 없다』 중에서

아마도 이것은 진정성 있는 말이 살아 있는 사람들의 입에서 입으로

---

[1] 남아프리카의 공용어인 아프리칸스어로 '분리', '격리'를 뜻하며, 제2차 세계대전 후부터 1991년에 폐지될 때까지 실행되었던 백인 우위의 극단적인 인종차별정책(옮긴이).

전해지고 실천으로까지 연결되는 대표적인 예일 것이다. 그러나 직접 경험해 보지 않고 책으로만 지식을 깨우친 사람들이 하는 말은 비용이 들지 않는 "가치"에만 중점을 둔 나머지, 수사학적이고 때로는 위선적으로까지 들린다. 수사학에만 치중한다면, 우리는 레지스탕스권력이나 침략자에 대한 저항 운동가 "원론적으로" 법이 허용하지 않는 행동들을 했다고 말할 수 있다. 그러나 이렇게 주장하는 이들은 "가설"로만 말하고 있다. 가치에 대해 얘기할 때 "가설"에 기반한다면, 필요한 경우 예수회의 폐지나 변형도 가능할 수 있다. 하지만 가설은 가설일 뿐, 실제로 예수회에 대해 그런 주장을 펴는 사람은 아무도 없다. 이 논리가 틀린 건 아니지만, 이처럼 교리와 관련된 경우에는 적용하기가 쉽지 않다. 이런 논리를 펴는 것이 아니라면, 그런 주장을 하는 이들은 가치라는 그럴싸한 말을 내세우며 뒤로는 자신의 사리사욕을 채우는 이들이 아닐까? 위험에 처한 상황에서 결정을 내려야 할 때, 당시 레지스탕스들처럼 하지 않을 거라고 말할 수 있는 사람이 우리 중에 있을까?

이것이 오늘날, 이 편지들을 별도의 독서 지침이나 주석 없이 있는 그대로 그리고 가장 절제된 방식으로 독자에게 다가가도록 해야 하는 또 다른 이유다.

50년 만에 발행된 『레지스탕스 사형수들의 마지막 편지』 개정판은 초판의 내용을 따르고 있다. 초판이 나온 후 대중들의 지속적인 관심 속에 15번에 걸쳐 개정판이 발행되었다. 바로 이 시점에 추가 개정이 필요한 이유에 대해 언급해야 할 것 같다. 오늘날의 독자층은 레지스탕스가 활동하던 시기의 독자층과 전적으로 다르다. 그 시대를 살았던 사람들의 대다수는 고인이 되었다. 따라서 새로운 세대를 위해, 특히 청년들을 위해 간접적으로나마 관련 사건에 대해 재조명해 주거나 상기시켜 줌으로써 참여의 장을 열어 줄 필요가 있다고 보았다. 그동안 독자들은 이 편지들을 파시스트와 나치의 악몽, 이탈리아의 해방에 대한 열망과 유럽 사회에 큰 상처를 남긴 정치적, 도덕적, 문화적 분열 등 역사적 순간에 얽혀 있던 복잡한 의미들을 억지로 이해하려 애쓰면서 읽어 왔기 때문에, 이 책을 좀 더 완화된 표현으로 개정할 필요가 있었다. 표현을 완화한다고 해서 편지글 속에 담긴 증언과 교훈의 가치가 결코 떨어지는 것은 아니다. 오히려 그 가치는 보편화된다.

『레지스탕스 사형수들의 마지막 편지』에 직접적으로 기술된 레지스탕스의 활동과 사실에 입각한 모든 내용을 개정하고자 한 것은 아니다. 그들의 높은 시민적 의식을 부정하지 않는 선에서 상대화하여 그 내용을 줄이려 시도했다. 조만간 오늘날의 역사에 대해서도 이런 시도를 할 수 있을 것이다. 진짜 위험한 상황은 역사적 진실이 평화로운 역사적 해석이란 미명으로 정당화되어 망각의 세계 속에 묻혀 버리는 것이다.

이런 식의 해석을 따르면 민족 정체성의 본질은, 어떤 사건이 벌어졌을 때 일이 잘 해결될 날만 기다리면서 외국인들에게 인도주의적 원조나 도움의 손길을 바라던 상당수의 이탈리아 국민에 의해 증명될 수밖에 없다(이탈리아 국민 대부분이 1943년부터 1945년까지 벌어졌던 레지스탕스 운동을 지지했다고 보기는 어렵다). 또한, 파시스트와 반파시스트 두 전선의 군사들은 이탈리아의 전통(본질적으로 온건하고, 가톨릭교회라는 안정된 존재에 의해 보증받으며 모든 상황에 대하여 타협과 조정이 가능한 열린 마음을 갖는 것. 폭력 행위에 비우호적)과는 큰 편차를 보이는 걸로 이해할 수밖에 없다. 이런 식의 해석을 따른다면 정치적, 윤리적 이유로 대립각을 세우며 죽음을 불사하면서까지 투쟁한 두 전선은 결국 이탈리아 민중의 역사 속에서 작은 동요나 부수적인 요소로 치부되어 대중의 기억 속에서 잊히는 것으로 그 죗값을 치를 수밖에 없는 것이다.

그동안 파시즘과 반파시즘은 이렇게 동일한 개념으로 판단되어 하나로 묶인 다음, 이탈리아의 정체성을 대표하는 특정 개념이 되어 함께 청산되었다. 이에 대해 반파시즘 노선에서는 그들 노선의 존립을 위해 정반대의 방향으로 직진한다는 의미를 가지는 "비파시즘-비반파시즘" (혹자는 이것이야말로 제대로 된 이탈리아어라 주장하기도 한다)과 같은 명칭으로 대체하고 싶었을 것이다.

어쨌든 이러한 경향은 놀랍게도 역사학과 기념비적인 작품들을 접하며 우리에게 상식으로 완전히 자리 잡고 있다. 민족적 성격을 규정지을 때 사람들은 정치적으로 유보적인 태도를 취하는 경향이 있다. 이러한 맥락에서 볼 때, 역사학은 과학보다는 이데올로기와 유사한 길을 걷는다고 볼 수 있다.

반파시스트 전선에서 활동하며 자신들의 이상을 지키기 위해 세상을 떠난 사람들뿐만 아니라 파시스트 전선에서 투쟁한 사람들 또한, 어느 한쪽에 속해 행동하지 않고 강 건너 불구경하듯 지켜만 보는, 다른 사람들의 희생으로 얻은 자유의 열매를 즐기기만 하는 사람들의 방관자적 태도를 쉽게 용인하진 않았을 것이다. 어쩌면 지금껏 제정된 법률들 중에서 솔론*Solon*[1]의 것만큼 긍정적인 평가를 받은 법률은 없을 것이다. 플루타르코스*Ploutarchos*의 저서 『솔론의 생애*Life of Solon*』에 따르면 솔론이 제정한 법 가운데는 내란이 일어났을 때 어느 편에도 가담하지 않고 '중립'을 지킨 사람은 시민권을 박탈한다고 규정한 아주 특이한 조항이 있다. 솔론은 국가를 고통과 악에 빠뜨리지 않고 훌륭하게 잘 다스려 그 누구도 공적인 일에 무관심하거나 둔감한 사람이 없기를 바랐다. 그는 가해자의 편에 서서 상황을 주시하면서 위험을 회피하기보다는 대의를 위해 정정당당하게 행동하는 피해자와 연대해 위험을 감수하고서

---

1 B.C.638?~B.C.558? 아테네의 입법가. 그리스 7현인 중 한 명으로 경제 개혁가(옮긴이).

라도 도움을 이끌어 내기를 원했다.

　이러한 법률은 아마도 정치적 신중함이 아니라 도덕적 분노를 바탕으로 제정되었을 것이다. 내란이 터졌을 때 강제성을 띠는 이 이상적인 법률은 생각해 보면 놀랍기 그지없다. 무지와 기회주의를 정당화하는 걸 시민의 미덕으로 삼는 것은 이미 노예근성이 몸에 밴 자가 그것을 느끼지 못하는 것과 별반 다르지 않다.

　『레지스탕스 사형수들의 마지막 편지』에는 또 다른 민중의 목소리가 담겨 있다. 자유를 향한 강력한 의지를 가지고 극한의 순간에 자신들이 치러야 할 대가를 알고 행동한, 다양한 연령대와 사회계층에 속한 남성과 여성 들. 오늘날 이 책을 읽는 독자들은 또 다른 이탈리아를 발견하게 될 것이다.

　　　　　　　　　　　　　　　구스타보 자그레벨스키 *Gustavo Zagrebelsky*
　　　　　　　　　　　　　　　(이탈리아 판사 및 헌법가—옮긴이)

머리말

삶의 가장 극한 고통에 맞닥뜨린 사람이 그 순간 남긴 글에서 우리가 발견할 수 있는 것은 무엇일까? 우리는 책장을 한 장 한 장 넘기면서 우리가 이해할 수 있는 무언가를 찾아보려 하지만, 이 책이 말하고자 하는 것은 우리가 원하는 것과는 확실히 거리가 있음을 알게 된다. 그렇다면 우리는 어떻게 이 책을 올바르게 해석할 수 있을까? 이 책은 단순히 논란의 여지가 없는 과거의 증언과 유물 들을 기록해 놓고, 레지스탕스를 전혀 모르는 사람들에게 저항 운동에 대한 이야기를 담담하게 들려주고자 출간된 것이 아니다. 그 시대는 우리 가까이에 있다. 우리가 우리의 기억을 차단해 애써 잊어 보려 하거나, 한 시대를 변화시키고자 했던 사람들의 목소리가 들리지 않도록 귀를 막을지라도 말이다. 아마도 그들은 지금 우리가 사는 시대와는 아주 다른 세상을 꿈꿨을지도 모른다.

그 당시 수천, 수만 명이 사형을 당했는데, 전통적인 방식으로 처형을 당한 이들은 소수에 불과했다. 몇 차례의 재판, 판사들의 판결, 형이 집행되기 전 몇 시간의 기다림⋯. 유죄 판결을 받고 육체와 영혼을 포함해 모든 것을 송두리째 빼앗긴 사람들 중 그 누구도 사형이 집행되기 전 잠시 주어지는 이 짧은 시간을 거부할 수는 없었을 것이다. 형벌을 내린 사람들이 자신들이 하는 일에 정당성을 부여하고자 사형수들에게 그 같은 시간을 허락한 것이기 때문이다. 아마도 그들은 사형선고를 받은 사람들이 이 시간을 받아들이도록 애썼는지도 모르겠다. 비록 그들에 의해 곧 처형을 당할 사람들이지만, 인간으로서 그들의 자격과 신념을 인정해 주고, 가능하다면 자신들이 저지른 행동 또한 그들에게 인정받고 용서받으려고 말이다. 사형을 선고한 자들이 제공한 시간은 무척 짧았지만, 사형수들에게 있어 그 시간은 마지막 희망까지 빼앗아 가는 끔찍할 정도로 긴 시간이었다. 즉, 사형수들에게 또 다른 잔인한 형태의 형벌을 내린 셈이었던 것이다.

우리가 이해할 수 없는 부분은 그 당시에 법원이라는 독립적인 기관 대신 군대가 즉결심판소를 운영했다는 사실인데, 이 즉결심판소는 사법 기관이라는 독립성을 스스로 포기한 채 종종 위선으로 얼룩진 판결을 내놓았다. 전쟁 행위와 살인이라는 죄목으로 내린 사형선고에 대해 자연권의 측면에서 반론이 제기될 수도 있기에 사형을 정당화하기란 매우 어려웠을 것이다. 이런 이유로 즉결심판소에서 내린 대부분의 판결에선 정당성을 찾기가 힘들었는데, 이런 일은 심심치 않게 일어났다. "재판관들은 (…) 말 한마디 못 하게 했어. 그들은 입가에 미소를 띤 채 비아냥거리며 내게 사형을 선고했는데, 마치 희극을 보는 관객처럼 얼굴에 웃음을 띠고 있더군. 난 그 웃음이 불쾌했다오."(조반니 메카 페롤리아*Giovanni Mecca Ferroglia*의 편지 중에서)

사형수들이 남은 사람들에게 보내는 작별 인사는 대부분 제한적이었고, 할 말이 너무 많을 때 오히려 말이 잘 나오지 않듯 죽어 가는 영혼 속에 갇혀 제대로 전달되지 못한 경우도 많았다. 하지만 그들의 진심이 담긴 이별의 말들만큼은 사형집행인들도 막을 수 없었다. 이 시점에서 우리는 그 집행 시스템과 집행인들의 행위에 대해서도 따져 볼 필요가 있다. 죽음을 앞둔 이들에게 부가적인 희생을 요구하지는 않았는지, 또 사형수들의 마지막 길이 조금이라도 덜 외로울 수 있는 방법을 거부하지는 않았는지 말이다. 왜냐하면 인생의 마지막 순간에 서 있는 사형수들이 자신이 어떤 최후를 맞이하게 될지, 왜 그곳까지 오게 되었는지에 대한 이야기를 작별 인사와 함께 써 내려갈 수 있었다면 외로움을 조금이나마 덜 수 있었을 것이기 때문이다. 하지만 대다수의 사형수들은 사형이 집행될 거라는 통지도, 사랑하는 사람들과 마지막 작별 인사를 나눌 기회도 얻지 못한 채 잔인하고도 부당한 죽음을 맞았다. 물론 이탈리아의 역사를 돌아보면 사형수에게 인간적인 대우를 해 준 경우가 많다. 하지만 당시엔 현대식 무기로 전쟁을 치르던 시절이었고, 대부분의 사형수들은 이 같이 귀하고 값진 기회를 얻지 못했다.

사랑하는 국가와 도시에도, 아름다운 언덕에도, 14세기에 지어진 성당에도 사형집행인들은 존재했고, 그곳에서 임무를 수행했다. 하지만 이탈리아의 민중은 아랑곳하지 않고 공동의 목표를 이루기 위한 희생에 기꺼이 자신의 몸을 내던졌다. 대체 그들은 왜 그랬을까? 외국 군대가 자기 집 앞을 지나가는 것을 보면서 그저 전쟁이 잠잠해질 때까지 숨죽이며 자신의 안위를 꾀하는 대신, 왜 계란으로 바위치기 같은 무모한 방식으로 무기도, 정부도, 국가도, 협력자도 없이 전쟁에 참가했던 것일까? 그들은 과연 어떤 마음가짐으로 싸움에 임했을까? 순간적인 열정이었을까, 아니면 모험심이었을까? 무정부주의자들의 독립 정신이었을까? 이탈리아인의 타고난 기질이었을까? 그들은 자신이 맡은 임무 때문에 죽을 수도 있다는 것을 자각하고 있었을까? 실제로 죽음의 벼랑 끝에 서게 되었을 때, 그들은 숭고한 희생을 기꺼이 감수하겠노라고 다짐했을까, 아니면 자신이 지켜 왔던 믿음을 저버리고 수세기 동안 이어져 온, 권위와 힘에 맞서 싸운 일들을 후회했을까?

이탈리아의 레지스탕스는 유럽 다른 국가들의 레지스탕스와는 다른 양상을 보인다. 유럽 다른 나라에서 저항 운동이 일어난 가장 큰 이유는 처음부터 공식적인 적이었던 독일군 때문이었다. 러시아, 폴란드, 프랑스, 벨기에, 네덜란드, 노르웨이, 덴마크, 유고슬라비아 및 체코슬

로바키아 모두 마찬가지였다. 하지만 이탈리아에는 강제로 밀고 들어온 적은 없었다. 무력으로 쳐들어온 유일한 군대는 서방 연합군이었다. 따라서 이탈리아 레지스탕스 정신에는 조국에 침입한 외국 군대에 대한 증오라는 기본적인 요소가 빠져 있다. 이탈리아인들의 애국의 동기는 유럽의 다른 국가와는 조금 다르게 사회적 유형이나 공동체 조직과 관련되어 있지 않고, 조국의 이상과 관련되어 있었음에 틀림없다. 파시즘이 없었던 프랑스와 같은 국가에서 증오의 대상은 오로지 독일군 하나였다. 이런 나라에서 "레지스탕스"는 전투에서 패배하더라도 그에 굴하지 않고 투쟁을 계속했다. 그들은 기존의 이상적인 정치적 유산을 보존하기 위해 침략군에 맞서 투쟁하는 다른 외국군들과 동맹을 맺고 계속 저항했다. 하지만 이탈리아 레지스탕스들의 투쟁은 국가를 지키기 위해 끝까지 항복하지 않겠다는 차원도, 불굴의 정신으로 이상적인 유산을 반드시 보존하겠다는 차원도 아니었다. 레지스탕스라는 아름다운 이름으로 저항 운동에 참여한 다른 유럽 국가의 영광에 묻혀, 이탈리아 레지스탕스가 그들과 확연히 다르다는 사실을 깨닫지 못하면 안 된다. 우리는 이탈리아 해방 운동을 지금껏 레지스탕스라고 부르고 있다. 하지만 중요한 것은 그것이 무언가를 지키기 위한 단순한 저항이 아니라 공격이었으며, 진취적인 기상이었고, 이상적인 혁신이었다는 것을 결코 잊지 말아야 한다는 것이다. 근본적인 사실은 이탈리아 레지스탕스 운동이 외세에 대항한 싸움이 아니라 내부의 적인 파시즘과의 투쟁이었으며, 이는 곧 파시즘의 화신인 독일군과의 투쟁이었다는 것이다. 따라서 그들은 그 둘을 하나로 일치시켜 사력을 다해 싸웠던 것이다.

자신이 속한 국가가 없어졌다는 사실을 깨달은 이탈리아 국민은 폭력에 시달리고 학살당할 날을 기다리는 대신, 나치와 파시스트에 맞서 싸우기 위해 저항 그 이상의 행동을 하기로 결심했다. 그것은 바로 자신의 길과 자신의 적을 선택하는 것이었다. 이것이 진실이며 또 우리가 자랑스러워해야 할 유산이기에 우리는 조용히 적에 맞서 싸운 이들의 행동을 살펴보아야 한다. 우리는 오늘날 이탈리아에서 과거 파르티잔[1]의 활동을 정당화하지 않으려는 시도가 있음을 잘 알고 있다. 하지만 파르티잔들의 활동은 독일의 만행을 저지하기 위한 어쩔 수 없는 선택이었다. 특히 나치 파시스트 정권이 이탈리아에서 보여 주었던 잔인함은 이탈리아의 많은 국민들이 투쟁에 참여하는 계기가 되었으며, 이후 중립을 유지하는 사람은 거의 없었다. 하지만 살로Salo 공화국[2]의 파시스트군은 자신들 역시 피해자라고 주장하면서 그들이 지금껏 저질러온 행동에 면죄부를 부여하려 한다. 우리는 파르티잔 투쟁의 정당성에 관한 논쟁에 절대로 휘말려서는 안 된다. 하지만 다른 나라 사람들이 굳이 파르티잔의 정당성을 논하고자 한다면, 우리는 적극적으로 파르티잔 운동을 변호해야 할 것이다. 이탈리아 사회공화국의 파시스트들은 이탈리아 민중의 뜻과는 달리 무자비하고 잔혹하며 야만적인 파시스트 사회를 만들 목적으로 이탈리아 민중에게 폭력을 자행하며 자신들의 세계를 넓혀 나갔고, 이에 이탈리아 민중은 비무장 상태였음에도 불구하고 그들과 투쟁하기로 마음먹은 것이었다.

이탈리아인들은 그 시기에 새로운 가치와 잊고 있던 가치를 함께 발견했다. 이탈리아의 전통과 역사 속에서 찾을 수 없었던 가치를, 현재를 살아가는 각자의 영혼에서 발견한 것이다.

따라서 우리는 이 책에 수록된 편지들에서도 이러한 가치들을 찾아

---

1 적의 배후에서 통신, 교통 시설을 파괴하거나 무기나 물자를 탈취하고 인명을 살상하는 비정규군. 빨치산이라고도 한다.
2 제2차 세계대전 중이던 1943년, 이탈리아가 연합군에 패배한 뒤 무솔리니가 나치 독일의 보호 아래 살로라는 도시에 세운 이탈리아 망명 정부. 이탈리아 사회공화국이라고도 한다(옮긴이).

야 한다. 과연 그렇게 할 수 있을까? 사형수들이 목이 메는 것을 억눌러 가며 한 문장 한 문장 쓴 편지에서 그들이 이러한 행동을 할 수밖에 없었던 이유가 무엇인지 알아낼 수 있을까?

이 책에 수록된 편지 중 일부는 20년 이상 활동해 온 관록이 쌓인 노장들의 글이다. 그들은 적과 사건에 대한 판단을 간결하지만 논리적으로 표현할 수 있는, 즉 이데올로기적 의식을 가진 사람들이었다. 1944년 4월 5일, 군사위원회의 페로티 준장과 함께 토리노에서 총살당한 토리노 출신 노동자 에우세비오 잠보네*Eusebio Giambone*는 아내에게 다음과 같은 편지를 보냈다.

"저들은 우리에게 사형선고를 내리고 과연 편안할 수 있을까? 당치 않아! 저들은 우리를 처형함으로써 새로운 역사가 쓰이는 것을 막을 수 있다고 믿고 있지. 헛다리 짚은 거야! 우리가 품고 있는 이상이 승리하는 걸 막을 수 있는 것은 아무것도 없는데, 이따위 공포심으로 자유의 전사들을 저지할 계획인 건가? 틀렸어! 그런데 말이야, 나는 저들이 이러한 환상에 사로잡혀 있다고는 생각하지 않아. 저들은 우리의 이상을 막을 수 없다는 걸 확실히 알고 있지만, 자신들이 패배할 마지막 결전의 순간을 최대한 늦추기 위해 공포를 조장하는 것뿐이야."

잠보네는 그람시[1]의 곁에서 일하다가 프랑스로 추방되었고, 이후 그곳에서 레지스탕스로 활동했다. 그의 편지에서는 폭넓은 인간관계, 자신의 일에 대한 진심 어린 애정, 자신이 살아온 삶에 대한 만족감이 느껴진다. 23세의 청년 페드로 페레이라*Pedro Ferreira*도 마찬가지다. 그는 동지들에게 보내는 장문의 편지에서 자신의 정치적 입장을 분명히 밝히고 있다. 그는 또한 고베티와 로셀리를 언급하며 자신이 속한 당의 행

---

1 안토니오 그람시Antonio Gramsci, 1891~1937, 이탈리아 공산당 창설자(옮긴이).

운을 빈다. 잠보네의 편지에 투쟁과 신념의 역사가 담겨 있다면, 페드로의 편지에서는 자신의 길을 찾기 위한 노력, 성공에 대한 확신, 이탈리아의 내일에 대한 열정을 느낄 수 있다. 동료이자 용감한 파르티잔 두초 갈림베르티의 피 묻은 셔츠 조각을 보관하고 있던 페드로는 그의 뒤를 따라가는 것을 자랑스럽게 여긴다. 그는 영원한 자유의 순간을 앞두고 관대한 마음으로 동지들에게 이렇게 말한다. "(…) 그날이 오면 삶, 공기, 빛, 태양, 투쟁과 승리의 기쁨 그리고 자유의 환희가 여러분을 맞이할 것입니다. (…) 행복하길 바랍니다. (…)"

장문의 편지도 아니고 문장 또한 유려하지 않지만, 짧은 글 속에서 이상과 정치적인 신념이 설득력 있게 다가오는 편지도 있다. 모자이크 세공가 베빌라콰*Bevilacqua*는 부모님께 쓴 편지에 "두 분의 아들은 테러와 파괴 공작이라는 혐의로 기소되었는데, 이는 전혀 사실이 아니에요. 저는 무죄예요.", "저는 그저 모든 노동자들의 이익을 위해 인생을 바친 사회주의자일 뿐입니다. (…) 마음만은 평온합니다."라고 쓰고 있다.

그러나 이 책에 실린 대다수의 편지들은 젊은이들이 쓴 것이고, 너무나도 어린 이들의 글이다. 그들이 자신의 신념을 논리적으로 풀어내는 것은 아마 불가능했을지도 모른다. 하지만 그들은 온 힘을 쏟아 그 가치를 스스로 발견했다. 예를 들면 그들은 특정 종교적 가치관을 숨기지 않고 자연스럽게 드러내며 그것과 하나가 되려 한다. 특히 시골 마을의 청년들이 그러하다. 같은 날 시에나에서 총살당한 두 명의 19세 청년이 있었다. 이 지역에는 죽음을 앞둔 사람이 '가족들과의 이별'이라는 행위를 조상 대대로 내려오는 의식에 따라 소박하고 엄숙하게 치르는 전통이 있었는데, 살아있는 사람들에게 잘못한 일들을 고백하고 용서를 구한 다음 순수한 마음으로 죽음을 맞이하는 것이었다.
두 청년 빈디*Bindi*와 보르잔니*Borgianni*는 전통대로 행했다. 빈디의 편지에는 사형선고에 대한 거부감보다는 일종의 놀라움과 우울함이 묻어 있다. "(…) 그자들이 저를 처형시키려 합니다." 레지스탕스 중에는 자신이 하는 일이 구체적으로 어떤 일이지 잘 모르고 한 사람들도 많았다. 빈디도 그중 한 명이었는데 편지에 다음과 같이 적기도 했다. "(…) 저는 모든 죄를 사하는 고백과 영성체를 했어요. (…) 부디 행복하시고, 저는 죄를 용서받고 기쁘게 떠나니 항상 저의 행복한 모습만 떠올려 주세요." 보르잔니 역시 빈디와 거의 같은 방식으로 고향을 향한 사랑이 담긴 소원을 말하며 편지를 마친다. "저를 고향에 묻어 주시고 멋진 전사로 기억해 주세요."

사색하고 글 쓰는 직업을 가진 사람들은 편지 쓰기가 더 어려웠을 것이다. 할 말은 많지만 그 말들을 줄이고 줄여 써야 했을 테니 말이다. 우리는 진츠부르그Ginzburg의 아름다운 편지에서 동기의 복잡성, 넘치는 애정과 풍부한 아이디어, 영적 그리고 정신적으로 강렬한 삶을 사는 사람이 지닌 다양한 방향성을 제시해 주는 목소리를 들을 수 있다.

하지만 고통, 이별, 마지막에 관한 생각, 가족에 대한 사랑에 대해서는 지식인, 농부, 장인 등이 모두 비슷했다. 죽음과 고통 앞에서 인간은 근본적으로 평등해지며 동질감을 느낀다. 또한 어떠한 계급적, 문화적, 종교적 차이도 사라진다는 것이 이 편지들로 입증되며, 이는 분명 우리가 교훈으로 삼아야 할 사실이다.

일부 문장에는 첫사랑의 힘과 겸허함, 이상을 실현하지 못한 채 떠나야 하는 아쉬움, 타협을 모르는 열정의 목소리가 깃들어 있다. 자유와 정의는 아주 많은 이들을 행동하게 만드는 강력한 동기다. 이 책에 실린 대다수의 편지는 무언가를 자세히 설명하고자 쓰인 것이 아니다. 이제 이들의 임무는 끝났다. 할 수 있는 일은 다 했으며, 투쟁했고, 때로는 고문을 당하기도 했으며, 침묵을 지켰고, 이제는 죽음을 기다리고 있다. 바로 그 순간, 큰 용기와 이례적인 평온함 그리고 겸허함을 느끼게 된 이들은 이제 사랑하는 사람들이 자신으로 인해 받을 고통에 대해 인간적인 용서를 구할 차례라는 것을 알았다. 용서를 구하는 말은 그들이 마지막으로 쥔 펜을 통해서 흘러나온다. 그들은 남아 있는 사람들이 느끼게 될 지독한 이별의 고통이 어떤 것인지 이해하고 위로하며, 용서를 구한다. 그리고 이 세상에서 더 이상 볼 수 없는 사람들과 하늘에서 다시 만날 것을 기대한다. 이탈리아인에게 가족의 사랑이 어떤 것인지, 그것이 마음속에서 얼마나 큰 부분을 차지하고 있는지, 부모님이 연로해지셨을 때 가족 부양의 책임이 어떤 식으로 바뀌는지 이해하는 데 있어 이 편지들보다 더 좋은 자료는 없다.

청소년기를 갓 벗어난 청년들 중 대다수는 부모님의 말씀을 따르지 않은 것에 죄책감을 느낀다. 그들이 죄책감을 느끼는 가장 큰 원인은 그들이 부모님의 조언보다는 그들 자신의 생각을 따랐기 때문이다. 특히 어머니는 청년들이 가장 많이 생각하고, 가장 많이 위로해 주길 원하고, 가장 많은 용서를 구하는 지배적인 존재이다. 그들은 친밀한 목소리로 어머니에게 이렇게 말한다. "(…) 고개를 꼿꼿하게 들고 어머니의 아들은 죽는 그 순간에도 떨지 않았다고 당당하게 말씀하세요."(도메니코 카네*Domenico Cane*의 편지 중에서) 한편, 아버지와 아들의 이상이 다를 경우 아들이 아버지로부터 동의를 얻기란 거의 불가능하다. 오직 존중과 이해만을 바랄 뿐이다.

극한의 순간에 놓인 사람에게 가장 큰 비극은 고독이다. 죽음을 목전에 둔 사람의 고독함은 이루 다 헤아릴 수 없다. 그럼에도 불구하고 사형수들은 편지에서 이에 관해서는 거의 언급하지 않는다. 그보다는 우리가 생각하지 못한 사건들로 인한 고통을 더 크게 드러낸다. 홀로 자신의 길을 찾아 걸어가고 사랑하는 사람들과 함께 희생을 감수한 이상주의자들. 우리는 자신의 이상과는 거리가 먼 상황에서 제대로 된 위로도 받지 못한 채 죽어 간 그들에게 무한한 애정을 표해야 한다.

사람들은 청년들이 정치 경험이 아주 짧고 그와 관련된 문화적 소양이 부족하다고 종종, 아니 자주 생각한다. 청년들은 잘못된 일에 휘말려 희생되는 것을 두려워하고, 재판에서 사형을 선고하거나 집행하는 자들의 말과 힘에 휘둘릴 것이라 의심하는 것은 어쩌면 당연할지도 모른다. 그러나 이것은 기우다. 고작 몇몇이 아닌 다수의 청년들이 함께 모인 가운데 형성된 성숙함은 가장 위대하고 실제적인 기적을 이루어 냈다. 이탈리아의 민중, 사형수, 희생자 들은 이제 정의가 어디에 있는지 알게 되었고 더 이상 아무도 그들을 속일 수 없었다. 이탈리아 역사상 처음으로 이러한 진지한 믿음이 널리 퍼져 민중의 영혼 속에 어떠한 시련에도 흔들리지 않는 믿음으로 확고히 자리 잡았다.

남녀노소 할 것 없이 이 신념을 공유했다는 것은 국가를 위해 여성들 또한 희생을 감수하는 데 동참했음을 뜻한다. 이 책에는 여성이 쓴 편지가 세 통 실려 있는데, 그중 하나에는 어머니가 어린 딸에게 보내는 작별 인사가 담겨 있다. 여성들이 조국을 위해 묵묵히 자신의 일을 한 것이 사실이라면, 이는 여성들이 남성들과 동등하다는 의미이다. 그리고 그들은 임무 수행 중에 간결하면서도 겸허한 정신 그리고 명확한 의식이 담긴, 독특한 메모 형태의 편지들을 남겼다. "사랑하는 밈마에게, 네 엄마는 이제 떠난단다. (…) 잘 있으렴. 항상 삼촌들 말 잘 듣고 공부 열심히 해야 돼. (…) 엄마는 평온하단다. 네가 어른이 되면 엄마를 더 잘 이해하게 될 거야. (…) 공부 열심히 하렴."(파올라 가렐리*Paola Garelli*의 편지 중에서)

혹자는 남성과 여성을 "어디에서나 흔하게 볼 수 있는 전사"로 총칭하여 하나로 뭉뚱그려 일반화하려 한다. 하지만 우리는 양쪽을 서로 분리해서 최전선에 있었던 남성들뿐만 아니라 도덕적이고 지적인 숭고함을 지닌 여성들이 겪었던 일들과 우리에게 일어났던 역사적 사실을 대면해야 하고, 또 이를 주의 깊게 살펴보고 기억해 두어야 한다. 조금만 주의를 기울이면 그들이 누구를 위해 투쟁했는지, 어떤 사회를 꿈꾸며 투쟁했는지도 파악할 수 있을 것이다.

폭정과 압제에 맞서 봉기를 일으킬 권리, 혁명의 권리, 즉 사회의 승인 없이는 타인에게 결코 양도할 수 없는 인권을 스스로 지켜 내기 위해 앞장선 많은 시민들은 국가 유산의 일부가 되어 자신들이 쟁취한 이탈리아의 역사 속으로 스며들었다. 전통은 사람들의 영혼 속으로 아주 오랜 시간에 걸쳐 서서히 깃들기 때문에 일단 스며들고 나면 긴 시간 동안 그 속에 남아 있을 것이다.

이 드라마의 두 주인공은 바로 희생자와 처형자다. 자신의 이상을 추구하려다 사형을 당하는 사람의 눈에 사형집행인은 과연 어떻게 비쳤을까? 희생자들에게 별다른 관심을 보이지 않고, 오직 자신의 마음속에 가득 찬 잔혹함과 증오를 표출하는 데에만 혈안이 된 사람으로 보였을까? 그렇다. 희생자들은 그들을 향해 가끔 저주를 퍼붓기도 하고, 복수를 해 달라고 비명을 지르기도 한다. "아들 마리오는 이제 곧 보잘 것 없는 삶을 마감합니다. 망할 적군들이 저를 향해 총을 쏠 테니까요."(마리오 브루사 로마뇰리*Mario Brusa Romagnoli*의 편지 중에서) 전투 도중 심각한 부상을 입은 마리오는 다른 동지들과 함께 총살되기를 원했다. 편지 속 그의 외침에서는 힘든 상황들을 모두 이겨 낸 사람의 올곧은 자부심과 결코 꺾이지 않는 영혼의 의지가 느껴진다. 때때로, 혹은 종종 그들을 죽음으로 내몬 사람들을 용서한다는 진술도 있다. 또 가끔은 진정한 군인 정신을 가진 사형집행인을 만났다고 믿거나, 실제로 만난 사람들도 있다.

우리가 만일 그들이었더라도 이런 경험을 하게 된다면 잠시나마 위안을 느꼈을 것이다. 그 순간만큼은 인간적으로 절망감이 조금은 덜할 것이고, 끝없이 자행되는 일련의 고문과 학살, 무분별한 잔악 행위의 고통으로부터 잠시 벗어날 수도 있을 것이다. "그 중위는 파시스트가 맞습니다. 따라서 우리의 적인 것도 사실입니다. 그러나 그가 사는 세상에서는 아주 보기 드물게 충직하고 정직하며 명예로운 적입니다." (페레이라*Ferreira*의 편지 중에서) 세상을 아주 풍요롭게 만드는 관대함이 이 몇 줄 되지 않는 편지에서 느껴진다. 하지만 안토니오 포사티*Antonio Fossati*의 편지에 따르면 적은 처벌받아 마땅한 존재이다. 그래서 포사티와 같이 수없이 고문을 당하고 말로 표현할 수 없는 고통을 겪으며 피투성이가 되어 감옥에서 죽음을 기다리다가 총살당하는 존재에 대한 이미지는 중요하다. 이런 이미지는 편지를 읽는 사람들의 기억 속에 남을 것이고, 죄인들이 부당하게 용서를 받았다 할지라도 그 시절의 역사에서 결코 지워지지 않을 것이다.

누군가는 잘 사는 것보다 멋지게 죽는 것이 더 쉬울 것 같다고 말한다. 물론 그 말이 맞을 수도 있지만, 누군가의 손에 자신의 목숨이 달려있다면 우리는 몇 시간 후에 맞이하게 될 자신의 죽음을 기다리는 동안마지막 용기를 끌어모아 도망이라도 치고 싶어질 것이다. 이 순간 사람들은 그 어느 때보다 삶에 강한 집착을 느끼게 된다. 자신의 의무를 다했다는 이유로 부당하게 모든 것을 포기하는 것이 가능할까? 고통과 죽음에 대해 진정으로 이해하고 있는 사람은 생에 대한 집착을 내려놓는일이야말로 인간의 가장 중대한 과제이고, 죽음의 순간에 이르렀을 때관대하게 느끼고 명확하게 생각하는 것이 쉽지 않다는 것을 알고 있다.

이 책에 수록된 편지들은 이탈리아의 각지에서뿐만 아니라 타국에서온 평범한 사람들과 지식인층에 의해 쓰인 것들이다. 이 편지들에는 일

관되게 하나의 정신이 흐르고 있는데 그것은 그들이 인간성과 용기를 어떻게 최후까지 지켜 낼 수 있었는지에 관한 것이다. 이 정신은 20년간 이어진 파시즘이라는 죄업이 희생자들의 영혼 덕에 얼마나 부당하게 속죄받았는지를 후세에 길이길이 증언할 것이다. 또한 정의의 실천을 게을리한 이탈리아 민중에게도 그 시대의 선한 양심을 재발견하는 계기가 될 것이다.

이제는 모든 사람들이 이러한 과오를 반복함으로써 또다시 누군가가 가혹한 고통과 희생을 겪어야 할 필요가 없기를 바랄 것이다. 하지만 만일 누군가의 희생이 필요한 날이 또 오더라도, 이와 같은 전례를 되새김으로써 이탈리아 민중은 자신들이 선택해야 할 길을 전보다 훨씬 쉽게 찾아 낼 수 있을 것이다.

"…이것은 가장 슬프고 동시에 가장 아름다운 죽음의 순간에 제 마음속 깊은 곳에서 우러나오는 말입니다."

_신원 불명 렌초*Renzo*의 편지 중에서

모든 말들이 분명하면서도 고통을 초월하는 의미를 담고 있으며, 모두를 구원하기 위한 것이었기에 슬프지만 한편으로 아름답다. 부디 이 순결한 말들이 우리보다 훨씬 더 오래 살아남아 당시 자신의 목소리를 냈던 이들을 기리는 사람들의 가슴속에 큰 울림을 주길 바란다. 자, 이제 그들 한 명 한 명의 목소리를 들어 보자.

엔초 엔리케스 아뇰레티*Enzo Enriques Agnoletti*
(파르티잔, 이탈리아 정치인—옮긴이), 1952.

편집자 노트

 '사형수들의 편지'라는 명칭은, 독일군과 파시스트군에게 체포된(법원의 판결문이나 적의 명령과 관계없이) 파르티잔과 애국 전사들이 자신이 죽을 날짜를 미리 알게 되었거나 혹은 그런 예감이 들었을 때 자신의 심정을 분명하게 표현한 편지 또는 옥중 메시지를 의미한다.

 이것이 조사 과정에서 유일하게 따랐던 기준이며, 본서에 수록된 편지에 공통적으로 적용되는 단 하나의 요소다. 또한, 편지들의 내용을 소개하기에 앞서 각각의 편지 앞에 그 편지를 쓴 인물의 소전_biographical notes, 줄여서 간략하게 쓴 전기_을 배치해, 그들 모두가 서로 매우 다른 처지에 놓인 사람들이었음을 유추해 볼 수 있게 했다.

 경우에 따라서는 체포되자마자 처형되어야 하는 절박한 순간에 쓴 사적인 이야기나, 극단적인 상황에서 쓴 옥중 서신도 함께 실었다.

 편지의 저자들은 모두 "사형당했다." 이들 중에는 총살대 앞에 서기도 전에 고문을 당하다 죽었거나 스스로 목숨을 끊은 사람들도 일부 포함되어 있다.

 조사의 목적은 최대한 많은 편지를 수집하는 것이 아니었다. 다양한 계층의 사람들이, 다양한 투쟁 장소와 상황에서 체포되어 사망에 이르기까지 활동한 내용을 어떻게 하면 최선의 방법으로 기록할 수 있을까에 초점을 맞춰 기대 반 우려 반으로 조사 작업에 착수했다.

 다시 말해, 조사를 수행할 방법을 선택할 때 특정 선별 기준을 따른 것이다. 다른 선별 기준은 적용하지 않았다. 따라서 (위에 언급한 기준에 따라) 수집된 편지 중에서 충분히 신뢰할 만한 자료를 보유하지 않은 저자의 편지들 중 일부는 제외시켰다. 한편 일부 "신원 불명"의 저자들은 그들의 편지에 드러난 내용의 신뢰도를 고려하여 본서에 포함시켰다. 그러한 편지들은 소전 없이 편지글만 실었다.

(전사자의 가족과 동료에게서 얻은 정보나 기록보관소의 기록물 또는 다른 문서에서 얻은 정보를 바탕으로 하여) 소전을 편집할 때는 필수적이고 (발생할 수 있는 오류는 제외한) 검증된 자료만을 채택했다. 따라서 이야기를 생생하고 극적이게 만들기 위한 부수적 내용들이나, 특별한 명성을 지닌 인물이지만 상세한 내용이 없는 자료들은 제외했다.

조사 과정에서 접한 100명의 인물들 중 단 3명만이 고문을 이겨 내지 못하고 (대체 어떤 고문이길래!) 함께 활동한 동지의 이름을 말했다. 또 몇 명은 고문을 이기지 못하고 실토를 했음에도 허무하게 죽임을 당했다. 살려 준다는 조건으로 적군에 합류할 것을 제안받은 소년도 있었다. 어떤 이들은 타협이나 반역에 대한 제안을 거절했음에도 불구하고 자신을 사면해 준 적에게 다시 사면을 반납하며 마지막까지 굴복하지 않고 동지들과 같은 운명을 따르기도 했다.

많은 이들이 최후의 순간을 맞이했지만, 그 순간에 대해서는 정확하게 알려진 바가 없다. 남자건 여자건 상관없이, 죽음이 코앞에 다가온 순간 심신이 약해진 사람은 없었는지, 혹시 기절을 했는지, 살려 달라고 애원을 하지는 않았는지…. 그와는 반대로, 오히려 사형집행인들을 비웃은 사람은 없었는지, 비극적인 역할 놀이에서 인간적인 연대감을 주는 말을 한 사람이 있었는지, 자신의 가슴을 향해 총부리를 겨누는 사격 대원들에게 소리를 지르거나 분신을 요구한 사람은 없었는지, 그들의 첫 발이 자신의 가슴을 명중시키지 못했을 때 잘 좀 쏘라고 소리를 지른 사람은 없었는지…. 아마도 많은 이들이, 그보다 훨씬 더 많은 이들이 "이탈리아 만세!"를 외치며 눈을 감았을 것이다.

이 책에 실린 편지들 중 50통 정도는 이전 간행물에 이미 실린 적이 있다. 또한 일부는 독일 점령기에도 비밀리에 인쇄되어 도시와 산악 지대의 레지스탕스에게 배포되기도 했다. 일부는 해방 후 몇 달 동안 기념 소책자, 단행본 등의 형태로 대량 제작되어 전사자들과 개인적인 친분 관계에 있거나 비슷한 이데올로기를 가진 사람들에게 배포되었다. 책이나 정기 간행물에 실려 이미 많은 사람들에게 알려진 편지들도 있다. 나머지(기록보관소의 서류철에서 찾은 몇 통의 편지는 제외)는 직접 발품을 팔아 찾은 것인데, 이는 순전히 개인이나 집단 순교자 가족들과의 연대와 협력 덕분에 얻게 된 결실이다. 편지를 쓴 주인공들의 어머니, 아버지, 아내, 자녀 등 내가 협조를 부탁한 모든 사람들은 하나같이 과묵하거나 수줍음이 많았다. 그럼에도 불구하고 그들은 너 나 할 것 없이 모두 나에게 편지를 보내 주었다. 그들 중 어떤 이들은 다른 희생자 가족에게까지 도움을 요청해 조사 범위를 넓히는 데 많은 보탬을 주었다.

이렇게 당시의 사건에서 핵심적인 역할을 맡았거나 직접 참여한 사람들이 수소문해 알려 준 광범위한 연락망과 통신망을 이용했음에도, 나치 파시스트들에 의해 "처형된" 수천 명의 사람들에 비해 수집된 편지의 수는 턱없이 적었다.

나는 왜 요청을 거절하는 답변이 많았는지 생각해 보았다. 체포와 처형 사이, 생과 사의 갈림길에서 사랑하는 사람들에게 마지막 인사를 보낼 수 있었던 사람은 극히 드물었다. 만약 편지를 썼다 하더라도, 그것은 대부분 자신의 메시지 전달자(거의 항상 비밀스러운)에게 쓴 글로, 무언가를 처분하라는 내용이었을 것이다. 대부분의 경우, 특히 그들이 수용소에 갇힌 이후에는 외부 세계와 소통할 가능성이 거의 없었다. 체포되어 처형당하기까지, 그 사이에 폭행, 피, 조롱이 난무하는 시간은 몇 시간 또는 몇 분이 채 걸리지 않았다. 이것은 태풍이나 지진에 의해 집단으로 사망한 민간인 피해자들이 유언을 남겼는지 묻는 것과 같은 이치다.

사실, 실제로 수집된 편지들 중에는 20개월이라는 그 끔찍했던 시기와 가장 관련성이 높으면서도 극적인 상황들을 보여 주는 방대한 자료들이 있었으나, 일부 경우를 제외하고는 문서화하지 않았다. (장소, 일자, 사건의 공식적 혹은 확실한 수치에 근거하여) 제외한 역사적 사건들은 다음과 같다.

베네딕타 언덕Colle della Benedicta에서 총살된 파르티잔 97명, 피안 델 로트Pian del Lot 27명, 폰도 토체Fondo Toce 48명, 바레세Varese 근처 산 마르티노San Martino 36명, 자베노Giaveno 40명, 치베노Cibeno 88명, 포르토피노Portofino 23명, 산 피에트로 인 바시네토San Pietro in Bassineto 41명, 피안 달베로Pian d'Albero 19명, 프리지도Frigido 108명, 1945년 4월 9일 우디네Udine 교도소 29명, 1944년 7월 20일 캄포 디 포솔리campo di Fossoli[1] 70명, 바사노 델 그라파Bassano del Grappa에서 교수형당한 35명, 트리에스테Trieste 지역의 게가街 via Ghega 54명, 필리네 발다르노Figline Valdarno 29명, 산 테렌초San Terenzo 53명, 산 채로 불에 탄 보베스Boves[2]의 농민 57명, 토스코-에밀리아노Tosco-emiliano 지역에서 학살당한 니촐레타Nicioletta 출신 광부 77명, 빌라마르차나Villamarzana의 청년 농민 42명, 치비텔라 인 발 디 키아나Civitella in Val di Chiana 250명, 산 조반니 발다르노San Giovanni Valdarno 40명, 마라디Marradi 30명, 구비오Gubbio 40명, 발라Valla 107명, 빈카Vinca 200명, 팔루디 델 푸체키오Paludi del Fucecchio 314명, 스타체마Stazzema 코무네comune[3]의

---

1   에밀리아 로마냐Emilia-Romagna주 카르피Carpi의 포솔리 마을에 위치한 나치 강제 수용소로 제2차 세계대전 기간에 설립되었다(옮긴이).
2   1943년 9월 19일, 이탈리아 보베스 마을에서 자행된 보베스 민간인 대학살(옮긴이).
3   한국의 2~3개 군郡을 합쳐 놓은 수준의 이탈리아 지방자치 조직(옮긴이).

산타나Sant'Anna 지역 560명 그리고 마르차보토Marzabotto에서 학살당한 1,830명도 제외했다. 유심히 살펴보면 희생자들의 수가 점차적으로 증가하는 것을 알 수 있다.

또한 이탈리아 남부에서 자행된 민간인 학살과 산그로 계곡Valle del Sangro의 아텔레타Ateleta 코무네에 속해 있던 33명의 아이들, 산티 조반니 에 파올로Santi Giovanni e Paolo 성당 23명, 벨로나Bellona 54명, 마테라Matera 21명, 레오네사Leonessa 23명, 체르바롤로Cervarolo에서 학살된 50명의 인질들, 사란다Saranda에 있는 "페루자Perugia" 사단[1]의 장교 150명, 자다르 Zadar의 "베르가모Bergamo" 사단 장교 49명, 케팔로니아섬Kefalonia Island의 "아퀴Acqui" 사단에서 학살당한 8,383명 그리고 사단이 전멸하는 과정 중에 체포된 군인들에 관한 내용은 싣지 않았다. 테베롤라Teverola의 이탈리아 국가헌병대l'Arma dei Carabinieri[2] 19명도 제외했다.

위의 사례들은 민족 해방 전쟁에서 전사한 이탈리아인의 총 숫자와 일치하지 않는다. 파르티잔, 군인(바돌리아노군[3]은 제외) 및 민간인 희생자만 어림잡아도 약 8만 명이다(현재까지도 이 수치는 정확하지 않다). 매우 복잡한 사례들 속에서 파르티잔과 민간인의 경계를 어떻게 나누어야 하는지, 명목상 어디까지를 "처형"으로 보고 어디까지를 "학살"로 봐야 하는지 등 모든 것을 정확하게 구분하는 것 또한 불가능하다. 불필요한 의미 부여를 피하기 위해 그들을 모두 "전쟁에서 사망한 사람" 대신 "전투에서 사망한 사람"으로 정의했다. 여기서 분명히 해야 할 사실 하나가 있다. 그 당시 체포된 모든 이탈리아인은 사형선고를 받았으

---

1 제2차 세계대전 중에 활동한 이탈리아 육군의 제151 보병 사단으로, 1941년 12월 유고슬라비아에서 작전을 수행했으며 수예 스카 전투에 투입되기도 했다(옮긴이).
2 이탈리아의 경찰 기관 중 하나. 평시에는 경찰로, 전시에는 헌병과 전투 부대로 활동했다(옮긴이).
3 민족해방위원회의 반파시스트연합당 소속이 아닌 자치군 조직으로, 목에 매고 다닌 손수건의 색깔을 따서 '푸른 파르티잔'이라고도 불렀다(옮긴이).

며, 사망자들은 모두 하나같이 악명 높은 재판의 희생자였다는 것이다.

조사 중에 알게 된 특정 일화를 통해 우리는 민족의식, 성숙, 문명에 대한 새로운 기록을 얻을 수 있었다. 그러나 이 책은 그것들에 앞서 숭고한 희생을 치른 이들에게 먼저 증언할 수 있는 자리를 내주고자 한다.

이 작업은 국립 이탈리아해방운동역사연구소를 대표하는 밀라노*Milano*의 달 프라 교수, 토리노*Torino*의 세르조 코타 교수, 조르조 바카리노 교수, 제노바*Genova*의 루차노 보리스, 파도바*Padova*의 지노 피오로트 박사, 피렌체*Firenze*의 카를로 캄폴미 박사와 협업하여 수행하였다.

다음은 이 연구의 특별 기여자들이다.

- 전사자의 가족들
- 이탈리아파르티잔전국협회(ANPI:Associazioni Nazionali Partigiani d'Italia)
- 루이지 파라디시*Luigi Paradisi*를 협회장으로 하는 해방을 위한 전국 순교자 및 전사자 가족협회
- 브레시아*Brescia*의 녹색화염협회
- 오소포*Osoppo*의 파르티잔협회
- 벨루노*Belluno*의 여성레지스탕스위원회

스메랄도 아미두치(시에나*Siena*), 브루노 안조레티(포를리*Forli*), 아니타 아차리(드루오뇨*Druogno*, 노바라*Novara*), 프랑코 바릴라티(안코나*Ancona*), 카를로 베르톨리(우디네*Udine*), 고故 프랑코 베빌라콰(루카*Lucca*), 마리아 엘레나 카셀라(피렌체), 에밀리오 체룰리(로마*Roma*), 카를로 칠리아티(토리노), 고 카를로 코멘솔리(카모니카 계곡의 치비다테 카무노 *Cividate Camuno di Val camonica*, 브레시아*Brescia*), 잔 도메니코 코스모(로마), 에

벨리나 달 프라(밀라노), 엔초 파르네티(라벤나*Ravenna*), 나디나 포가
놀로(밀라노), 구에리노 프란치니(레조 에밀리아*Reggio Emilia*), 블라도 푸
시(토리노), 발레리오 제로메타(로마), 마리오 조바나(토리노), 지지
기로티(비첸차*Vicenza*), 마리오 인베르니치(베르가모), 베페 람베르토
(토리노), 도메니코와 루카 마페이(알타무라*Altamura*, 바리*Bari*), 안나 말
베치(밀라노), 페르디난도 마우티노(우디네*Udine*), 지노 마촌(산 도나
디 피아베*San Dona di Piave*, 베네치아*Venezia*), 세리조 미네토(토리노), 루이
지 모르비두치(마체라타*Macerata*), 엔니오 파키오니(모데나*Modena*), 조반
니 파가닌(아시아고*Asiago*, 비첸차*Vicenza*), 살보 파리지(베르가모), 마리
넬라 피렐리(로마), 안토니아 포르타(포르노보*Fornovo*, 파르마*Parma*), 라
우라 포투르티(보발리노 수페리오레*Bovalino Superiore*, 레조 칼라브리아*Reggio*
Calabria), 비토리오 퀸텔라(로마), 마리오 라모우스(볼로냐*Bologna*), 비니
치오 라스트렐리(제노바), 파드레 루제로(토리노), 칼리스토 사에토
네(제노바, 안나 세베리니*Anna Severini*(밀라노)), 알도 토르토렐라(제노바),
세르조 발바소리(토리노).

본문의 소전에 기재된 다음의 약어들은 레지스탕스가 활동하던 시기
에 공용어로 사용되던 단어들이다.

- 민족해방위원회(CLN : Comitato di Liberazione Nazionale)
- 정의와자유(GL : Giustizia e Liberta)[1]
- 애국행동단(GAP : Gruppi di Azione Patriottica)
- 애국행동대(SAP : Squadre di Azione Patriottica)
- 국립공화국수비대(GNR : Guardia Nazionale Repubblicana)

---

1 행동당 산하 무장조직의 명칭. 행동당은 1942년 7월, 정의와 자유를 원칙으로 사회주의를 실현해야 한
다는 사회주의적 자유주의자, 민주주의자들로 이루어진 무장 세력에 의해 설립되었다(옮긴이).

- 정치수사국(UPI : Ufficio Politico Investigativo)
- 반파시스트 검속 비밀경찰(OVRA : Opera Vigilanza Repressione Antifascismo)

편지의 저자 이름 옆에 "전투명"을 병기했으며, 이 전투명은 레지스탕스 동지들 사이에 알려진 것과 동일한, 어디에서나 불리던 것으로 기재했다.

P.M. 그리고 G.P.

차례

I

II

레지스탕스 사형수들의
마지막 편지

Lettere di condannati a morte della Resistenza italiana

1943년 9월 8일 ～ 1945년 4월 25일

I

Antonio Fossati, Renzo, Albino Albico, Maria Luisa Alessi, Sergio Alpron,

Armando Amprino, Raffaele Andreoni, Giuseppe Anselmi, Arnoldo Avanzi,

Franco Balbis, Riccardo Balmas, Achille Barilatti, Mario Batà, Valerio Bavassano,

Pietro Benedetti, Aldo Benvenuto, Pompeo Bergamaschi, Dino Berisso,

Domenico Bertinatti, Carletto Besana, Mario Bettinzoli, Quinto Bevilacqua,

Giuseppe Bianchetti, Novello Bianchi, Giulio Biglieri, Renato Bindi,

Benedetto Bocchiola, Luigi Bonc, Giovanni Bono, Adorno Borgianni, Paolo Braccini.

신원 불명(안토니오 포사티[1]*Antonio Fossati*)

(자유의용군 밀라노 기록보관소 소장)

사랑하는 안나에게

나는 이 유서를 안나 당신에게 남기려고 해.

사형이 집행되기 전 마지막으로 쓰는 글이야. 나는 내가 조국의 진정한 애국자로서 의무를 다하고 떠나는 것을 기쁘게 생각해. 내 사랑, 나는 하늘에서 당신을 위해 기도할 거야. 지금처럼 감당하기 힘든 고통의 순간마다 당신이야말로 내게 큰 위안이 되어 준 유일한 존재였다는 사실을 기억하며 힘내길 바라!

당신이 내게 와 주었을 때, 내 삶은 아름다움으로 가득 찼고, 내 자신이 남들보다 훨씬 더 나은 사람이라 여겨졌으며, 괴로움의 무게는 한결 가볍게 느껴졌어. 안나, 그날 기억해? 내 작은 눈에서 하염없이 주르륵 흐르던 눈물을 본 그날 말이야. 그때 당신은 당신의 머리카락으로 내 눈에 맺힌 눈물을 닦아 주었지.

사랑하는 안나, 이제부터는 수감 생활에 대해 조금 이야기해 보려고 해. 거두절미하고 본론으로 바로 들어갈게. 나는 27일, 심문도 받지 않고 곧장 베르첼리*Vercelli*에 있는 형무소로 끌려갔어. 그리고 29일 아침에 베르첼리의 파시스트들이 총집결한 자리로 불려 갔지. 나는 그들의 물음에 일체 대답을 하지 않으면서 그들이 질문

---

1 저자의 본명 옆에 레지스탕스(권력이나 침략자에 대한 저항 운동) 동료들 사이에서 불리던 이름을 병기했다.

을 던질 때마다 "나는 아무것도 모른다. 나는 파르티잔[1]이 아니다."라는 말만 반복했어. 그들은 내 자백을 받아 내려고 수많은 증거들을 들이댔지만 결국 그들이 원하는 답을 얻어 내지 못했어. 왜냐면 나는 이미 죽을 각오를 하고 있었으니까.

31일에 처음 고문을 받았는데, 그 고문이 뭐였냐면 내 눈썹과 속 눈썹을 모두 뽑아 버리는 거였어. 다음 날인 1일에 시작된 두 번째 고문은 "내 손발톱을 모조리 뽑아 버린 뒤, 뙤약볕 아래에 던져두는 거였지. 그 고통이 어떤 건지 당신은 상상조차 못 할 거야. 그러나 나는 어금니를 꽉 깨물며 참고 또 참았어. 내 입에서는 신음소리조차 새어 나오지 않았어." 2일에 벌어진 세 번째 고문은 "내 발치에 활활 타오르는 촛불들을 두는 거였어. 나는 의자에 앉은 채 꽁꽁 묶여 있었기 때문에 움직일 수조차 없었지. 내 몸의 털들은 온통 불에 그을려 잿빛이 되었지만, 그럼에도 나는 자백하지 않고 잘 견뎠어." 4일, 그들은 나를 탁자가 있는 방으로 끌고 간 뒤 그 위에 놓인 줄로 내 목을 꽉 조이고 10분간 전류를 흘려보냈어. 그렇게 6일까지 3일간 나를 끌고 다니더니 그날 저녁 5시에 내게 정리하던 글이 있으면 마무리한 뒤 알려 달라고 하더군. 하지만 나는 아직까지 그에 대한 답을 미루고 있어.

나는 내 마지막 순간에 사랑하는 안나 당신에게 어떤 말을 남기는 게 가장 좋을지 고민할 뿐이야. 비록 그들은 내게 끔찍한 선고를 내렸지만, 그것은 오히려 당신에게 내가 아주 자랑스러운 남자로 보이도록 해 주겠지. 사형선고를 받고 지긋지긋한 독방에 또다시 갇혔을 때, 나는 무릎을 꿇고 울기 시작했어. 내 손안에는 당신

---

1   적의 배후에서 통신, 교통 시설을 파괴하거나 무기나 물자를 탈취하고 인명을 살상하는 비정규군. 빨치산이라고도 한다.

의 사진이 들려 있었지만 눈물범벅이 된 눈 때문에 시야가 흐려져 내가 늘 키스하던 사진 속 당신의 얼굴이 제대로 보이지 않았어.

사랑하는 나의 안나, 이런 나를 용서해 줘. 이 끔찍한 범죄 행위를 견뎌 내려면 강해져야만 해. 기운 내. 당신을 사랑으로 지켜 줄 든든한 지원자가 생길 테니 용기를 내 봐. 하느님은 안식일뿐만 아니라 언제나 매일 당신 곁에 계실 거야. 그러니 안나, 잘할 수 있지? 흘러간 시간은 다시는 돌아오지 않아. 죽음이 가까워지고 있어.

사랑하는 안나, 하나만 약속해 줘. 무고한 이들이 파시스트에 맞서 싸우다 흘린 피의 대가를 그들에게 어떻게 되돌려 줄 수 있을지 당신이 고민해 주었으면 해. 당신의 마음속에 고통이 남아 있길 원하진 않지만 애국자로서의 자존심은 품고 살길 바라. 또 하나, 내가 이탈리아의 진정한 애국자임을 증명하기 위해 가슴에 항상 달고 다니던 삼색 리본[1]을 추억으로 간직해 주었으면 해. 안나, 당신이 사랑하던 아버지가 돌아가셨을 때 그랬듯 내가 죽은 뒤에도 울지 않았으면 좋겠어. 나는 하늘나라에서도 당신이 어디에 있든 항상 지켜보고, 당신이 어디에 가든 항상 따라다닐 거야. 지금 내 목숨은 사형집행인들의 손에 달려 있어. 안나 당신이 설령 나를 만난다 하더라도 내 모습을 거의 알아보지 못할 거야. 몸이 앙상해져서 백발이 성성한 당신 할아버지처럼 보일지도 몰라. 아직까지 이 모두를 최악의 상황이라 부르기엔 조금 부족해. 최악의 상황은 바로 당신에게 그리고 우리 부모님께 도움을 구할 수 없고, 더 이상 아무도 볼 수 없는, 이 고통을 고스란히 어머니의 몫으로 남겨 두고 떠나야 하는 내일 저녁이 될 거야.

---

1 이탈리아 국기에 있는 녹색, 흰색, 빨간색의 세 가지로 이루어진 리본(옮긴이).

안나, 부탁 하나만 할게. 전쟁이 끝나면 토리노*Torino*에 있는 내 여동생에게로 가서 내가 이곳 형무소에서 매일 겪었던 일들과 여동생을 위해 기꺼이 내 한 목숨을 바쳤다는 걸 말해 주었으면 해. 내가 그들로 인해 겪었던 고통을 여동생이 겪지 않길 원했다는 걸, 여동생에게도 광명의 날이 찾아오길 바란다는 말도 전해 줘. 그 아이는 내 죽음이 내 탓이 아닌 자신의 탓이라고 말할 테지. 안나, 힘을 내. 당신은 죽는 날까지 이 십자가를 짊어진 채 그 무게를 견뎌 내야 할 테니 말이야. 손이 너무 아프고 온통 피로 물들어 이제는 정말 이 편지를 마무리해야겠어.

작별 인사와 키스를 보내며.

하늘나라에서 당신을 위해 기도할 테니 당신도 나를 위해 기도해 줘.

안토니오 포사티

신원 불명(렌초*Renzo*)
(자유의용군 밀라노 기록보관소 소장)

친애하는 아버지께

피를 나눈 것도, 그렇다고 성이 같은 것도 아닌 저를 친자식처럼 아주 많이 챙겨 주신 것에 대해 감사의 인사를 드립니다. 저는 지금 삶의 벼랑 끝에 서 있어요. 이제 곧 하늘 높이 날아가겠지요. 아버지는 감정이 풍부하신 분이니, 대의를 품은 아들이 가장 자유롭고 가장 아름다운 조국을 만들려는 드높은 이상을 위해 죽음을 앞두고 있다는 걸 알고 계실 거예요.

친아버지에게도 지금껏 저지르신 모든 잘못을 용서하고 이제부터라도 평생 정직한 사람으로 사는 데 자극이 되었으면 하는 바람으로 몇 자 적었으니, 이를 전해 주세요.

친애하는 아버지, 저를 키워 주신 것에 대해 고마움을 표합니다. 진심이에요. 아버지를 사랑하긴 했지만, 아버지보다 더 정직하고 근면하신 제 인생의 스승만큼은 아니라는 것을 알려 드려요.

이렇게밖에 말할 수 없는 저를 용서하세요. 하지만 이것은 가장 슬프면서 동시에 가장 아름다운 죽음의 순간에 제 마음속 깊은 곳에서 우러나온 말입니다. 갈기갈기 찢겨 너덜너덜해진 마음으로나마 진심 어린 사랑을 남깁니다.

당신의 영원한 아들,

렌초

친애하는 할머니께

할머니가 제일 아끼는 손자가 저라는 걸 잘 알고 있어요. 하지만 주님께서 이제 저를 곁에 두려고 부르시네요. 나의 운명, 할머니. 할머니가 얼마나 힘들어하실지 잘 알아요. 하지만 절망하지 마세요. 숙모의 배 속에서 곧 태어날 할머니의 새 손자가 위안이 될 테니까요…. 할머니께서 제게 쏟으셨던 각별한 애정을 이제는 맏손자와 막냇손자에게 쏟으셨으면 해요. 아주 많이 많이 사랑해 주세요. 그래야만 할머니 생애에서 가장 행복한 순간의 렌초를 기억하실 수 있을 테니까요. 할머니께 고통을 안기고 떠나는 걸 생각하면 상심이 크지만, 주님이 두 팔 벌려 환영해 주실 것을 알고 있기에 평온한 마음으로 떠납니다.

사랑하는 할머니를 진심 어린 사랑으로 안아 드립니다.
할머니의 영원한,

렌초

나의 친구들, 친애하는 친척들
그리고 나를 사랑해 주었던 모든 이들에게

사랑하는 친구들 그리고 모든 친척들.
눈물바다를 이룰 정도로 감당하기 힘든 큰 슬픔과 고통 속에 여러분을 던져둔 채 저는 떠납니다. 언젠가 우리 모두 저 높은 하늘 위, 영광과 정의가 존재하는 천국에서 다시 만나게 될 거예요.
저는 겁쟁이가 아닌 영웅처럼 죽음을 맞이할 겁니다. 한시도 사랑하지 않은 적이 없었던 나의 친애하는 조국 이탈리아를 위해 이

한 몸 바칩니다. 저는 곧 죽을 테지만, 최후의 순간에 저는 세상을 향해 무고하게 흘리게 될 제 피에 대해 복수를 해 달라고 절규하며 울분을 토해 낼 것입니다.

친애하는 숙부님들 그리고 숙모님들! 애국심과 명예심을 가장 높은 덕목으로 삼아 자녀들을 가르쳐 주세요. 또한 곧 태어날 사랑하는 꼬맹이 사촌동생에게 '비토리오'라는 이름을 지어 주세요. 마치 제가 품어 온 대의의 승리를 상징하는 것처럼 말이에요. 이것이 제 마지막 소원입니다.

사랑하는 친구들아! 내가 너희와 함께 기쁨을 만끽했던 왁자지껄한 축제의 순간보다는, 가장 평온한 순간의 나를 떠올리면서 너희가 알고 있는 가장 순수한 사람들 중에 렌초라는 친구가 있었음을 기억해 줘.

이 편지로 포옹을 대신합니다. 모두의 집안에 축복이 깃들기를 바라며….

여러분의,

렌초

---

1 이탈리아어로 '비토리아 *vittoria*'는 '승리'라는 뜻(옮긴이).

1944년 4월 2일, 일주일의 시작일, 천국에서

사랑하는 어머니께

저는 여태껏 어머니께 이런 고통을 안겨 드리고 떠나게 될 줄은 상상조차 해 본 적 없지만, 어쩌면 이것은 천명이겠지요. 어머니께 마지막 인사를 올립니다. 사촌, 스승님, 대모님 그리고 R.…*1*의 엄마에게도 작별 인사를 전해 주세요. 기쁜 마음으로 그분의 자제를 만나러 떠나게 되었다고 말이에요. 어머니께선 이미 제가 드린 유언장을 받으셨으니 어떻게 대처해야 하실지 잘 알고 계실 거예요. 큰 충격을 받으셨겠지만, 이 상황을 최대한 침착하게 받아들이셔야만 해요. 사람뿐만 아니라 동식물에게조차 해코지를 해 본 적이 없기 때문에 그에 대한 자부심으로 평온하게 죽음을 맞이하려는 저처럼 말이에요.

"신은 의로운 자들을 돕는다."라는 평소 어머니의 말씀대로 저는 지금껏 올바르게 살아왔고, 또 그 말씀은 제가 이 죽음을 받아들이는 데도 도움이 되었어요.

날이 밝으면 저는 총살될 거예요. 하지만 이탈리아에 있는 저들에게 곧 파멸이 닥칠 것을 알기에 저는 행복하답니다. 제 역할은 여기까지예요. 그러니 더 이상 추악한 꼴은 보지 않아도 되겠지요.

---

1   실제 편지에서 알아볼 수 없는 부분이거나 혹은 편지를 쓴 이가 의도적으로 이렇게 표기했을 것으로 추정된다.

어머니께서는 오래오래 사셔야 하니 이 모든 상황을 평온하게 받아들이시고 부디 힘내시길 바랄게요. 제가 하늘나라에서 지켜볼게요. 저를 B의 묘지로 옮겨 주세요(이건 제 유언입니다).

　　제 마음속 깊은 곳에서 우러나오는 애정을 담아 강한 포옹과 따뜻한 입맞춤을 보냅니다.

24세. 주조공. 1919년 11월 24일 밀라노*Milano* 출생. 1943년 9월 8일[1] 이전, 반파시스트 인쇄물 배포 및 선전 임무 수행. 1943년 9월 8일 이후, 애국행동단(GAP:Gruppi di Azione Patriottica)[2]의 조직책 중 한 명으로 바조*Baggio*(밀라노)[3]의 제113 "가리발디 *Garibaldi*" 여단[4]의 여단장이 됨. 파르티잔 유격대에 침투한 스파이의 밀고로 1944년 8월 28일 동지의 집에서 파시스트 자치군 "에토레 무티*Ettore Muti*"군[5]에게 체포됨. 밀라노 로벨로가街의 무티 본부로 이송. 고문 후 약식기소. 체포 당일인 1944년 8월 28일, 밀라노 티발디가 26 벽 앞에서 조반니 알리피, 브루노 클라피츠, 마우리치오 델 살레와 함께 총살당함.

너무너무 사랑하는 엄마, 아빠, 형제자매
그리고 모든 동지들에게

저의 사형 집행일이 코앞으로 다가온 게 확실해요. 그럼에도 불구하고 담담한 기분이 듭니다. 이제 저는 마음을 차분하게 다스리고 평온하게 생을 마감하려 합니다. 우리의 대의(공산주의와 아름다

---

1 제2차 세계대전 중 이탈리아가 연합군에 항복한 날. 이후 연합군에 감금되어 있던 무솔리니가 탈출하여 이탈리아 북부에 괴뢰정부를 세웠는데 이를 이탈리아 사회공화국 또는 살로*Salo* 공화국이라 한다. 이후 뜻있는 이탈리아 청년들이 반파쇼 의용군(파르티잔)을 조직하여 이에 대항하면서 민족 간의 살육전이라는 더욱 처참한 상황이 벌어지게 되었다(옮긴이).
2 1943년 10월 말, 가리발디 여단 총사령부에 의해 만들어진 무장단체. 이탈리아 공산당이 주도했던 이 단체는 프랑스의 레지스탕스를 모델로 삼아 주로 도시에서 작전을 수행했다(옮긴이).
3 바조라는 곳이 밀라노 지역에 있다는 의미로, 본문에 나오는 다른 지역명의 표기도 모두 같은 형식을 따랐다.
4 연합군에 의해 파시즘에서 해방된 이탈리아 남부와 달리 북부 지역은 여전히 무솔리니의 파시즘 치하에 놓여 있었다. 이런 까닭에 북부에서는 공산주의자, 사회주의자, 자유주의자, 심지어 왕정주의자들까지 합류한 반파시즘 저항조직 CLN(Comitato di Liberazione Nazionale, 민족해방위원회)이 구성되었으며, 실질적인 무장 투쟁을 위해 파르티잔 부대인 '가리발디 여단'이 함께 창설되었다. 가리발디 여단이라는 이름을 쓴 까닭은 스페인 내전에 참전했던 이탈리아인 부대 '가리발디' 여단을 계승하고자 하는 이유도 있지만, 실제로 가리발디 여단의 구성원들 중 많은 이가 스페인 내전의 참전 용사였던 이유도 있다(옮긴이).
5 정치 및 군사, 경찰 임무를 수행하던 이탈리아 사회공화국의 군사 기관. 롬바르디아주의 주도인 밀라노 지방에서 주로 활동하던 파시즘 분자들과 국가 안보를 위해 자원한 민병대로 구성되어 있었다(옮긴이).

운 우리의 조국, 사랑하는 이탈리아)를 위해 죽게 되어 저는 오히려 기쁩답니다.

우리의 "내일"에는 서광이 비칠 거예요. 우리가 했던 일들 중 그 어느 하나 잘못한 것이 없다는 걸 모두가 알게 될 테니까요.

제가 그랬듯 여러분도 강인해지세요. 그리고 희망의 끈을 놓지 마세요.

한때 사랑했던 여러분의 알비노를 용기 있는 자로, 자랑스럽게 여겨 주셨으면 하는 바람입니다.

마리아 루이사 알레시Maria Luisa Alessi(마리아루이사Marialuisa)

33세. 회사원. 1911년 5월 17일 팔리체토Falicetto(쿠네오Cuneo) 출생. 1943년 9월 8일 이전, 살루초Saluzzo 지역의 이탈리아 공산당(PCI:Partito Comunista Italiano)과 관련된 지하 활동 수행. 1944년, 바라이타 계곡Val Varaita에서 활동하는 제184 여단 "모르비두치Morbiducci"의 파르티잔으로 합류하여 전령 등 다양한 임무 수행. 1944년 11월 8일, 쿠네오의 자택에서 요양하던 중 제5 검은 여단¹ "리돈니치Lidonnici"의 병사들에게 검거. 쿠네오 사령부에서 여러 차례 심문당함. 1944년 11월 26일, 쿠네오역 광장에서 피에트로 판토네, 에토레 가렐리, 로코 레피체, 안토니오 트라몬타노와 함께 제5 검은 여단 "리돈니치"의 병사들에게 총살당함.

1944년 11월 14일, 쿠네오에서

여러분도 아시다시피 저는 검은 여단에게 잡혔습니다. 그리고 지금은 쿠네오의 훈련소에 있어요. 다행히도 무사히 잘 지내고 있습니다. 한 가지 부탁의 말씀드립니다. 이제 저는 여러분과 거리를 두려 하니, 징역형에 처해진 저를 염려하여 제가 투옥된 곳에 있는 몇몇 여성들에게 저에 대해 묻는 말을 삼가 주세요.

이 당부가 확실히 보장되어야만 제가 비로소 행복해질 수 있고, 무엇보다도 저의 운명에 순응할 수 있습니다. 제 걱정은 마세요. 저는 강인한 존재니까요. 저는 한시도 여러분을 생각하지 않은 적이 없답니다. 그리고 항상 여러분 곁에 있을 거예요.

애정을 듬뿍 담아 보내며,

마리아 루이사

---

1 이탈리아 사회공화국의 파시스트당에 의해 조직되고 운영된 준군사 단체 중 하나. 주로 쿠네오 지역에서 활동했으며 600명 정도가 소속되어 있었다(옮긴이).

세르조 알프론 _Sergio Alpron_ (조반니 가비아 _Giovanni Gabbia_)

33세. 판매 대리인. 1910년 4월 24일 베로나 _Verona_ 출생. 제노바-세스트리 _Genova-Sestri_ 거주. 가족 모두가 인종적 박해를 받음. 1940년부터 이탈리아 공산당원으로 활동. 1943년 9월 8일 이후, 군부대가 방기한 무기 창고에 숨어들어 무기를 탈환할 계획을 세움. 독일군 부대가 있는 제노바-세스트리가에서 전투를 주도하다 퇴각. 애국행동단에서 활동한 전력 때문에 추적을 당해 주둔지에서 떠나게 됨. 니차 몬페라토 _Nizza Monferrato_ (아스티 Asti), 프라보사 _Frabosa_, 가레시오 _Garessio_ (쿠네오) 지역의 파르티잔들과 함께 전투에 참전. 가레시오 지역 파르티잔 부대의 사령관이 됨. 1944년 1월 20일, 알벵가 _Albenga_ (사보나 _Savona_)에서 임무 수행 중 검은 여단에게 체포됨. 카이로 몬테노테 _Cairo Montenotte_ (사보나)의 소년원에서 사보나의 형무소로 이송. 고문 후 사보나의 독일군 친위대(SS: Schutzstaffel) 법원에서 재판을 받음. 1944년 3월 31일, 사보나의 프리아마르 요새 _Fortezza Priamar di Savona_ (옛 명칭)의 해자에서 다른 2명의 파르티잔과 함께 파시스트 소대에게 총살됨.

사랑하는 이들에게

이것은 내가 너희를 위로해 줄 수 있는 내 생애 마지막 말이야. 나의 죽음으로 인해 너무 괴로워하지는 말았으면 해.

정식 칭호는 생략하고, 사보나의 제34 부대에 있는 닥터 코델리를 찾아가면 내 유품을 받을 수 있을 거야.

조르조 플로라와 난다, 내게 입맞춤해 줘.

내 마지막 입맞춤을 너희들에게 보내며…

세르조

아르만도 암프리노*Armando Amprino*(아르만도*Armando*)

19세. 정비공. 1925년 5월 24일 코아체*Coazze*(토리노) 출생. 자치 사단 "세르지오 데 비티스*Sergio De Vitis*" 소속 "룰로 몬가다*Lullo Mongada*" 여단에서 파르티잔으로 활동. 1944년 5월 수사계곡*Val di Susa* 전투와 아빌리아나*Avigliana*(토리노) 지역에서 벌어진 수많은 기습 작전에 참가. 1944년 12월, 토리노의 밀라노 장벽 근처에서 중앙정부특공대(RAU:Reparto Arditi Ufficiali) 소속 순찰대에게 체포됨. 토리노의 누오베 형무소에 투옥. 토리노의 반게릴라(Co.Gu.:Contro Guerriglia)법원에서 재판을 받음. 1944년 12월 22일, 토리노의 마르티네토 국립포병사격연습장에서 동료 칸디도 도비스와 함께 국립공화국수비대(GNR:Guardia Nazionale Repubblicana)에게 총살됨.

1944년 12월 22일, 형무소에서

너무너무 사랑하는 부모님, 친척, 모든 친구들에게

여러분에게 좋지 않은 소식을 전해야 될 것 같습니다. 저와 칸디도, 둘 다 사형선고를 받았어요. 하지만 기운 내세요. 우리는 결백하니까요. 파르티잔이라는 이유만으로 처형당하는 것뿐입니다.

저는 언제나 여러분 가까이에 있었어요.

산악 지대에서 활동하며 보낸 내 삶이 이렇게 허무하게 끝나게 되다니…. 천국에서는 할머니와 함께 형 가까이에서 지낼 거예요. 여러분 모두를 위해 기도하겠습니다. 저는 사랑하는 아버지, 어머니 곁에서 항상 함께할 것입니다.

저는 형무소에 군종으로 계시는 신부님의 도움을 받아 평온한 죽음을 맞이할 거예요. 그분은 곧 저에게 영성체[1]를 받게 해 주실 거

---

1 가톨릭에서 미사 때 축성된 그리스도의 몸과 피를 받아 모시는 성체성사.

예요. 나중에 그분을 찾아가세요. 그러면 제가 묻힌 곳을 알려 주실 거예요.

부디 저를 위해 기도해 주세요. 그리고 만약 제가 여러분께 슬픔을 안겨 드렸다면, 용서해 주세요.

제 방에 있는 성모마리아 그림 뒤를 보면 돈이 조금 있을 거예요. 그 돈으로 저를 위한 추모 미사를 해 주세요. 제 유품들은 우리 조국의 가난한 이들에게 전달해 주시고요.

신부님과 신학자님께도 작별 인사 전해 주세요. 그리고 그분들에게 부디 저를 위해 기도해 달라고 전해 주세요. 힘내세요. 제 걱정은 마시고요. 천국에서 여러분을 위해 기도할게요. 여러분에게 많은 키스를 보내며 이 글을 마칩니다. 메리 크리스마스. 저는 천국에서 크리스마스를 보낼 거예요.

천국에서 다시 만나요.
여러분의 아들,

아르만도

이탈리아 만세! 산악 부대원 만세!

라파엘레 안드레오니 *Raffaele Andreoni*(타잔*Tarzan*)

20세. 정비공. 1924년 4월 5일 피에솔레*Fiesole*(피렌체*Firenze*) 출생. 발롬브로사*Vallombrosa*
와 펠라고*Pelago*, 콘수마*Consuma*(피렌체) 지역에서 활동하는 제22 임시 가리발디 여단
"비토리오 시니갈리아*Vittorio Sinigallia*"의 파르티잔으로 활동. 1944년 4월 15일, 파시스
트 자치군 "에토레 무티" 부대가 실시한 소탕 작전으로 세키에타*Secchieta*(피렌체)에서 체
포됨. 피렌체의 포르테차 다 바소*Fortezza da Basso* 병영으로 이송됨. 1944년 5월 2일, 피
렌체 특별군사법원에 의해 카사 델 파쇼 단테 로시*Casa del Fascio D. Rossi*[1]에서 재판을 받음.
1944년 5월 3일, 아드리아노 고촐리 외 다른 파르티잔 2명과 함께 피렌체의 카시네 사
격장에서 총살됨.

나의 사랑하는 이들에게

저는 제 인생의 마지막 시간 앞에 서 있습니다. 저는 여러분과 하
느님께 저의 모든 것을 바쳤습니다.

제가 여러분을 아프게, 아주 많이 아프게 한다는 것을 알고 있어
요. 울지 마세요. 저는 이제 하느님을 통해서, 지상의 사람들에게서
받아 보지 못한 자비를 베풀어 주실 주님의 길로 곧 들어서게 될 테
니까요. 그렇게 이젠 착하게든 악하게든, 어떤 식으로든 더 이상 살
아갈 수 없는 저의 부족한 청년 시절을 내려놓습니다.

그럼에도 불구하고 저는 오늘 제 목숨을 앗아 갈 그들과는 다르
게 내 가족을, 내 조국을 어느 쪽으로도 치우침 없이 모두 사랑했노
라고 평온한 마음으로 말할 수 있습니다….

하지만 그들도 언젠가는 저와 같은 처지에 놓일 것입니다.

나라, 루이사, 릴리아, 디노, 레나토, 루차노, 우고, 어머니, 아버

---

1 '파시스트의 집'이라는 뜻으로 파시스트 정권의 청사 역할을 한 건물(옮긴이).

지, 저는 하늘나라에서도 여러분 모두를 기억할 거예요. 저는 거룩한 미사에 참석했고 영성체를 했어요….

할 말을 모두 했으니 이제 이 글을 마무리하려 합니다.

산타 안니나에게 작별 인사 전해 주세요. 그리고 저의 죽음은 걱정하지 마세요. 저의 모든 지인들, 특히 폴리도리 씨, 살림베니, 첼라이 등등…, 그들에게 제가 행복하게 죽음을 맞이했노라고 말해 주세요. 프랑코 델 폴리도리 씨에게 작별 인사를 보내며.

마지막으로, 모두에게 알립니다. 언젠가 우고가 돌아오면 그에게도 진실을 말해 주세요…. 우고는 저를 나무랄 테지만, 어쩌면 제게 모욕을 준 사람한테 보복해 줄지도 몰라요.

여러분의 R. 마지막 말을 올립니다. 여러분을 아주 많이 사랑합니다.

"용기를 잃지 마세요."

저는 여러분의 마음속에서 늘 살아 숨 쉴 거예요.
릴리아, 나를 위해 기도해 줘. 나도 너희들을 위해 기도할 테니.
꼬맹이 우고, 리치아, 쪽쪽쪽!
여러분 모두에게 키스를 듬뿍 담아 보냅니다.
영원히 안녕.

R.

주세페 안셀미 *Giuseppe Anselmi*(피포*Pippo*)

61세. 재단사. 1883년 2월 12일 산레모*Sanremo*(임페리아*Imperia*) 출생. 공개적, 적극적 반파시스트. 파시스트 고위 간부가 공식적으로 산레모를 방문할 때마다 매번 공안 조치들을 저지시킴. 산레모 지역 민족해방위원회(CLN:Comitato di Liberazione Nazionale)의 설립자 중 한 명으로, 무기 수집과 패잔병들의 훈련 및 산레모 지역의 무장군 조직에 적극적으로 참여. 이후 자신의 병력 중 70%가 사망한 산레모 근방에서 무장군의 사령관이 됨. 1944년 8월의 마지막 날, 국립공화국수비대와 정치수사국(UPI:Ufficio Politico Investigativo)에 의해 체포. 수차례 고문당함. 1944년 11월 6일, 국립공화국수비대의 병사를 살해한 것에 대한 보복으로 카스텔베키오*Castelvecchio*(임페리아)에서 아르만도 덴차, 루이지 노벨라와 함께 총살됨.

사랑하는 내 새끼들, 어머니 그리고 형제자매에게

오늘밤 제가 총살될 거라는 말을 들었습니다.

인생을 통틀어 제가 정직을 최우선으로 여기고 오로지 가족만을 위해 헌신하며 살아왔다는 것을 여러분들은 알 테지요.

아르만도 그리고 아니타, 너희들은 언제나 뜻을 함께하고 서로를 아껴 주려무나. 너희들은 내가 무고하다는 것을 알 거야. 나는 나를 벌할 자격조차 없는 인간들이 짜 놓은 각본의 희생양이 되었다는 것만 알아주렴. 그러니 너희들은 전보다 더 떳떳하게 얼굴을 들고 다니면 된단다.

사랑하는 어머니, 절망하지 마세요. 어머니께 겪지 않아도 될 고통을 드리고 떠나는 걸 부디 용서해 주십시오.

모두에게 입맞춤을 보내며, 저는 용감하게 죽음을 맞이할 것이라 장담합니다. 키스, 키스, 키스를 보내며!

안셀미 주세페

아르놀도 아반치*Arnoldo Avanzi*

22세. 루차라*Luzzara*(레조 에밀리아*Reggio Emilia*) 지방 관청 직원. 1922년 4월 17일 루차라 출생. 1943년 9월 8일 이전, 레지아네사社(Officine Meccaniche Reggiane)에서 반파시스트 선전 임무 수행. 1944년 6월 26일부터 제77 여단 애국행동대(SAP:Squadre di Azione Patriottica)¹에 합류. 독일인에게 수송되는 식료품 및 가축들을 탈취하고, 포*Po*강의 물자 수송용 페리보트 격침에도 가담. 루차라 지역 민족해방위원회 회원. 1945년 4월 8일, 근무지에서 에르메스 페라티와 함께 페라라*Ferrara*에 주둔하고 있던 검은 여단 "파팔라르도*Pappalardo*"의 병사들에게 체포됨. 레졸로*Reggiolo*(레조 에밀리아)의 정치수사국 본부로 이송. 고문받음. 이후 레졸로의 정치수사국 본부에서 약식기소. 1945년 4월 17일 아침, 에르메스 페라티와 함께 레졸로의 공동묘지 경계 벽 뒤에서 검은 여단 소속 소대에게 총살당함.

— 해방 후, 무너진 감방 벽 잔해 아래 묻혀 있던 편지.

1945년 4월 13일

너무너무 사랑하는 어머니께

저는 아직 레졸로에 있어요. 정상참작 되기를 기다리면서요. 기운 내세요. 만약 인간들이 내리는 판결이 신의 그것과 같다면, 저지른 적 없는 악행들에 대해 제가 책임을 지지 않아도 된다는 걸 어머니도 알게 되실 거예요.

저는 페라티와 함께 있어요.

---

1 1944년 여름, 가리발디 여단의 주도하에 결성된 조직. 애국행동단(GAP)이 4~5명의 소규모로 주로 도시에서 작전을 벌인 반면, 약 15~20명으로 구성된 애국행동대는 주로 공장의 작업장과 시골에서 활동하며 이탈리아 해방과 레지스탕스에 대한 대중의 참여를 이끌어 내는 임무를 수행했다(옮긴이).

페라티도 사랑하는 이들에게 작별 인사를 하는 중이에요.

1945년 4월 17일

너무너무 사랑하는 이들에게

저를 위해 울지 마세요. 저는 누군가에게 해를 끼쳤거나 악행을 저질러서가 아니라 제 신념을 위해 죽는 거니까요. 저는 아무도 미워하지 않아요. 또 그 누구에게도 원한을 품지 않아요. 우리는 천국에서 다시 만날 거예요.

아르놀도

프랑코 발비스 *Franco Balbis* (프란시스 *Francis*)

32세. 현역 장교. 1911년 10월 16일 토리노 출생. 작전참모부 포병 대위. 아인 엘 가잘라 *Ain El Gazala*, 엘 알라메인 *El Alamein* 및 크로아티아 *Croatia* 에서 벌어진 전투에 참전. 1급 공로십자훈장, 은성무공훈장 및 동성무공훈장을 수여받음. 1943년 9월 8일의 여파로 토리노 지역의 지하 운동에 가담. 조직책 및 연락책을 맡아 제1 피에몬테 지역 군사위원회(CMRP:Comitato Militare Regionale Piemontese)의 회원으로 임명됨. 1944년 3월 31일, 토리노 산 조반니 성당의 제의실 *sacristy*[1] 에서 열린 피에몬테 지역 군사위원회 회의 참석 중 공화파쇼연합 *Federazione dei Fasci Repubblicani* 분자들에게 체포됨. 1944년 4월 2일부터 3일 사이, 국방특별법원에 의해 피에몬테 지역 군사위원회 회원들과 함께 동반 기소됨. 1944년 4월 5일, 퀸토 베빌라콰, 줄리오 빌리에리, 파올로 브라치니, 에리코 자키노, 에우세비오 잠보네, 마시모 몬타노, 주세페 페로티와 함께 토리노의 마르티네토 국립포병사격연습장에서 국립공화국수비대에게 총살됨. 사후에 금성무공훈장 및 은성무공훈장을 수여받음.

1944년 4월 4일

존경하는 아버지께

　아버지의 유일한 아들이 이제 곧 아버지 곁을 떠나게 되었습니다. 아버지는 저에게 생명과 동시에 명예로운 이름을 주셨으며, 끊임없는 사랑으로 보살펴 주셨지요. 또한 아버지는 제가 있어야 할 자리에 있게 해 주셨고, 정직하고 의로운 삶과 품행을 단정히 하는 것이 무엇인지 직접 보여 주셨습니다. 저는 아버지의 뜻을 저버리지 않으려고 부단히 노력했습니다. 그럼에도 불구하고 아버지께 고통과 괴로움을 안겨 드리게 된 것에 대해 용서를 구합니다. 사랑하는

1　가톨릭 성당의 제단 옆에 딸린 작은 방으로 미사에 필요한 제구, 제복 등을 보관하기 위해 만든 부속실 (옮긴이).

아버지, 하느님께서는 제가 아버지보다 먼저 하늘로 올라오기를 원하십니다. 그리고 곧 그분의 뜻대로 될 것입니다!

　그러니 낙심하지 마시고 신의 마지막 뜻을 받아들이세요. 어머니를 부탁드립니다. 어머니를 위해서라도 아버지는 강해지셔야 합니다. 어머니께서 망연자실하시지 않도록 힘을 북돋아 주세요. 저는 하느님의 은총과 종교의 위안을 받으며 죽습니다. 가장 위대한 순간에 아버지는 제 가슴속에, 그리고 제 입술 위에 온기로 남아 계실 것입니다. 아버지, 부디 안녕히 계세요. 강한 남자들만의 남성미 넘치는, 힘 있는 포옹으로 힘껏 안아 드리며 신의 가호를 빕니다.

　생과 사의 기로에서 아버지의,

프랑코

1944년 4월 5일, 토리노

　나의 친애하는 아버지께

　저는 제가 이리도 쉽게 죽음을 맞게 될 거라고는 생각조차 해 본 적이 없습니다.

　최후의 순간 앞에 놓인 저는 믿을 수 없을 만큼 담담하고 안정된 상태입니다. 만약 제 눈가에 눈물이 고인다면, 그것은 제가 당한 고문이 떠올라서일 테지요. 이는 하느님께 제 자신을 소개하기 위해 거쳐야 하는 비극일 것입니다. 그러니 부탁의 말씀 올립니다. 이 모든 것이 헤아릴 수 없는 신의 섭리라고 생각하시어 오늘의 비극을 극복하시고 강인해지시겠다고 약속해 주세요. 그래서 저의 근심 걱정을 덜어 주세요.

사랑하는 아버지, 제가 만약 삶을 안락하고 순조롭게 살았다면 그것은 바로 사랑으로, 노력으로 저를 가르치고 이끌어 주신 아버지 덕분임에 틀림없습니다.

어린애였던 쿠밀로프랑코 발비스의 애칭는 어엿한 어른이 되어 출정을 위해 먼 곳으로 떠났습니다. 전 생애를 통틀어, 아버지 곁에 있었을 때나 최전선에서 전투를 치렀을 때나, 당신의 사랑과 청렴결백한 성품은 저를 항상 올곧은 길로 인도했습니다.

오늘 프랑코는 떠납니다. 하느님의 은총 안으로 먼저 가겠습니다. 가장 위대한 순간에, 아버지께 말씀 올립니다. 부디 어머니를 잘 부탁드립니다. 오늘 제가 아버지께 안겨 드린 고통과 상처가 얼마나 큰지 알고 있습니다. 이 모든 것에 용서를 구합니다. 아버지, 제 마음이 언제나 아버지 가까이에 머무르 듯, 죽는 그 순간에도 저는 아버지의 존함과 아버지에 대한 추억과 함께할 것입니다. 가장 위대한 순간을 앞두고 있는 지금, 제가 할 수 있는 일은 그저 마음으로나마 아버지를 꼭 안아 드리는 것입니다. 성체 강복식[1] 부탁드립니다. 제가 하느님 앞에 서게 된다면 성체[2]가 필요할 테니까요.

안녕히 계세요, 아버지!
당신의,

프랑코

1 성체를 통해 축복을 내리는 것.
2 예수님의 몸을 일컫는 것으로 실제 미사 때 사용되는 성체는 축성된 빵의 형상을 하고 있다.

사랑하는 어머니께

아들 프랑코는 최후의 순간이 되어서야 비로소 어머니의 품으로 돌아가게 되었습니다. 여기, 어머니의 품안에서 숨결을 느끼고 입 맞춤을 해 드리기 위해 어머니 곁으로 돌아가고자 하는 한 아이가 있습니다. 그 아이는 바로 어머니께서 피와 심장, 영혼을 나눠 생명을 주신 어머니의 아들 쿠밀로입니다.

어머니는 저를 믿음, 사랑, 정직, 의로움으로 키워 주셨습니다. 저는 올바른 인간이 되고자 어머니를 보며 배움을 얻었습니다. 사랑하는 어머니, 저에게 베풀어 주신 모든 일에 대해 감사의 인사 올리며, 오늘 저로 인해 생긴 고통과 불안 그리고 제가 저지른 모든 잘못에 대해 용서를 구합니다.

어머니, 살면서 힘든 순간들이 닥쳤을 때 어머니가 강인한 정신력으로 이겨 내시던 모습은 저에게 항상 모범이자 기준이 되어 주었습니다. 언제나 그래 오셨듯, 오늘의 힘든 상황도 그 강인한 정신력으로 극복해 내시길 바랍니다. 부디 자포자기하지 마시고 마음의 평정을 유지해 주세요. 그러면 주님께서도 어머니의 헌신에 감동하여 큰 아량을 베풀어 주실 테니까요.

앞으로 저에게 펼쳐질 새 삶에서 저를 가장 고통스럽게 할 것은, 저로 인해 어머니의 삶이 평온하지만은 않을 것이란 사실입니다. 가장 위대한 순간에 어머니의 존함은 제 가슴속에 그리고 제 입술 위에 새겨질 것입니다. 이는 제게 평온함을 주는 한편 어머니께는 축복이 될 것입니다! 저는 생과 사의 기로에서, 살아서나 죽어서나 어머니를 꽉 껴안고 영원히 놓지 않을 것입니다. 그러니 어머니께서도 당신의 용서와 입맞춤을 담아 저를 하느님께 보내는 것이라 생각해 주세요.

당신의,

프랑코

1944년 4월 5일, 토리노

신의 섭리는 제가 처음으로 회녹색 군복을 입고 조국에 헌신하기로 마음먹은 그날, 이탈리아에서 아프리카 전장으로 가는 것을 허락지 않으셨습니다. 주님은 오늘 제가 우리 이탈리아를 위해 모든 것을 바칠 숭고한 희생양이 되도록 허락해 주셨습니다. 저는 이러한 사실이 기쁘고 자랑스러우며 또한 행복하기까지 합니다!

제가 흘린 피는 이탈리아의 대동단결로 이어지고, 우리의 조국이 만천하로부터 다시금 명예와 존경을 받는 데 도움이 될 수 있을 것이라 믿어 의심치 않습니다.

제게 어떻게 살아가야 하는지, 어떻게 싸워야 하는지, 어떻게 죽어야 하는지를 가르쳐 주신 부모님을 비극과 괴로움 속에 남겨 두게 되었습니다. 지상에서 저를 사랑해 주셨던 모든 이들에게 한 가지 선의를 베풀어 주실 것을 부탁드립니다. 토리노의 작은 언덕에 있는 교회당에서 매년 두 차례 미사를 올려 주셨으면 합니다. 아인 엘 가잘라 전투 기념일인 12월 4일과, 엘 알라메인 전투 기념일인 11월 9일에요. 결코 잊을 수 없는 이날들은 아프리카 땅에서 우리 이탈리아를 위해 목숨을 바친, 나의 모든 전우들을 기리고 헌정하는 날입니다.

부모님께서 부디 저의 죽음을 슬퍼하지 않으셨으면 하는 바람입니다. 아들을 조국에 바친 그 순간, 제 몸은 분명 조국의 것이 되었으니까요. 그리고 저의 죽음이 불운의 징조로 기억되지 않길 바랍니다.

저는 충정과 명예로써 조국을 섬기고자 했던 확고한 의식을 가지고, 총살대 앞에 고개를 꼿꼿하게 들고 서서 최대한 평온한 마음으로 제 자신을 소개할 것입니다.

"이탈리아 독립 만세!"라는 외침은 저를 죽음으로 몰고 갈 소총 발사음이 묻혀 버릴 정도로 크게 울려 퍼질 것입니다. 우리 조국과 우리 국기의 미래와 안녕을 위해 저는 행복하게 떠날 것입니다!

프랑코 발비스

리카르도 발마스*Riccardo Balmas*(디노*Dino*)

21세. 정비공. 1923년 11월 21일 포마레토*Pomaretto*(토리노) 출생. 게르마나스카 계곡*Vale Germanasca*과 키소네 계곡*Val Chisone*, 펠리체 계곡*Val Pellice* 등지에서 활동하는 '정의와자유 (GL:Giustizia e Liberta)'[1]소속 제5 알피니 산악사단 "세르조 토야*Sergio Toja*"의 정보 서 비스 책임자로 활동. 1945년 1월 26일, 펠리체 계곡에서 독일군과 파시스트 부대가 함 께 실시한 소탕 작전 중 삼삼오오 무리를 지어 활동하던 15명의 파르티잔들(이후 총살 됨)과 함께 체포됨. 토레 펠리체*Torre Pellice*로 이송 후 다시 피네롤로*Pinerolo* 지역의 이탈 리아 국가헌병대[2]로 보내져 1945년 3월 5일, 현지 독일 사령부의 법원에서 재판을 받 음. 1945년 3월 7일 19시, 파올로 마센츠, 우게토 나탈리노와 함께 산 제르마노 키소 네*San Germano Chisone*(피네롤로)에서 독일군 소대에게 총살됨.

1945년 3월 6일

친애하는 어머니를 포함한 모든 이들에게

이것은 제가 죽기 전에 드리는 마지막 말씀입니다. 21살이란 나 이에 죽다니, 꽤나 슬픈 일이네요. 하지만 누군가는 변함없이 저를 생각해 주겠지요. 여러분 모두를 더 이상 볼 수 없다는 건 정말 유 감스러운 일입니다. 우리는 천국에서 다시 만날 거예요. 그러니 우 리 모두를 위해 기도해 주시고, 혹여 제가 화나게 한 적이 있다면 용서를 구합니다.

막내 조카를 더 이상 볼 수 없다는 것은 저에게는 너무나도 슬픈 일입니다. 저를 대신해 뽀뽀를 많이, 아주 많이 해 주세요. 레비, 에

---

1 행동당 산하 무장조직의 명칭. 행동당은 정의와 자유를 원칙으로 사회주의를 실현해야 한다는 사회주 의적 자유주의자, 민주주의자들로 이루어진 무장 세력에 의해 1942년 7월 설립되었다(옮긴이).
2 이탈리아의 경찰 기관 중 하나. 평시에는 경찰로, 전시에는 헌병과 전투 부대로 활동(옮긴이).

스터, 올가, 엔리코와 그의 아이들, 에드몬도와 그의 가족, 모든 사촌들, 숙부, 외숙부, 이모부, 고모부 그리고 숙모, 외숙모, 이모, 고모님에게도 작별 인사 올립니다. 그리고 이곳 형무소로 보내 주신 모든 것들에 대해 감사의 뜻을 표합니다. 목사님과 사모님에게도 작별 인사 전해 주세요. 제 친구들에게도 인사 부탁드립니다. 포마레토에서 함께 보낸 어린 시절을 가끔 추억해 달라는 말과 함께요.

어머니, 어머니께서는 제게 닥친 이 모든 상황들이 의심의 여지가 없는 하느님의 뜻이자 제 운명이라는 것을 전적으로 믿어 주신 분입니다.

에스터, 클레리아, 올가 그리고 에드몬도, 부디 나를 대신해 어머니를 생각해 주고 기운을 북돋아 드렸으면 해. 내가 내 운명을 담담하게 받아들이고 생을 마감할 준비를 하듯 어머니도 내 운명을 차분히 받아들이셨으면 해.

친애하는 모든 이에게 입맞춤을 보냅니다. 저를 잊지 말아 주세요. 안녕, 알마, 에밀리아, 알베르토, 피에로, 조르지나, 브루노, 에밀리오, 에다 그리고 귀여운 릴리 너도. 할머니를 생각해 드리렴. 모두들, 잘 있어요.

여러분의,

디노 발마스

기념으로 저의 줄목걸이를 보냅니다.

1945년 3월 7일

사랑하는 어머니께

오늘 베르틴 선생님께서 면회를 오셨습니다. 그분이 어머니께 저
의 유언을 전해 드릴 겁니다. 제가 죽음을 담담히 받아들이는 것처
럼 그분 역시 제 최후의 순간을 조용히 응원해 주실 거예요. 사랑하
는 모두에게 입맞춤을 보냅니다.

안녕히 계세요.

디노

아킬레 바릴라티*Achille Barilatti*(질베르토 델라 발레*Gilberto della Valle*[1])

22세. 경제 및 상학과 학생. 1921년 9월 16일 마체라타*Macerata* 출생. 포병 예비군 중위. 1943년 9월 8일 이후 몇 달 뒤, 파르티잔 조직의 양성지가 될 마체라타 언덕의 베스티냐노*Vestignano*에 도착. "패트리오티 니콜로*Patrioti Nicolo*" 조직에서 몬탈토*Montalto* 파견대 지휘관으로 임명됨. 1944년 3월 22일 새벽, 독일군과 파시스트가 실시한 몬탈토 지역 소탕 작전 중 체포됨. 그중 26명은 현장에서 사살당하고 5명은 그의 가문의 명성 덕분에 목숨을 건지게 됨. 무차*Muccia*(마체라타)로 이송되어 파시스트와 독일군 장교에게 심문당함. 1944년 3월 23일 18시 25분, 재판 없이 무차의 공동묘지 벽 앞에서 총살됨. 사후에 금성무공훈장을 수여받음.

사랑하는 어머니께

어머니께서 이 편지를 받으실 때쯤 저는 이미 고통으로 만신창이가 되어 있겠죠. 어머니, 저는 제 이념을 지키기 위해 총살당합니다. 부디 당신의 아들을 부끄럽게 여기지 마시고 자랑스럽게 생각해 주세요. 어머니, 울지 마세요. 제가 흘릴 피는 결코 헛되지 않을 것이고, 그로 인해 이탈리아는 다시 위대해질 테니까요. 아테네 출신의 디타 마라슬리로부터 저의 최후의 날들에 관한 이야기를 자세하게 들으실 수 있을 거예요.

안녕히 계세요, 어머니. 안녕히 계세요, 아버지. 안녕, 마리사 그리고 내가 사랑하는 모든 이들. 저는 이탈리아를 위해 목숨을 바칩니다. 위에 언급한 여자는 제가 아주 많이 사랑했던 사람이란 걸 기억해 주세요. 우리는 천국에서 다시 만나게 될 거예요.

---

1 이탈리아어로 계곡의 질베르토라는 뜻(옮긴이).

이탈리아 독립 만세!

아킬레

사랑하는 디타,

나는 내가 예견한 대로 그 벼랑 끝에 서 있어. 내 조국을 위해 죽게 되었지. 잘 있어, 디타. 나를 절대 잊지 마. 그리고 내가 당신을 아주 많이 사랑했다는 것 또한 기억해 줘.

되도록 빨리 파소 디 트레이아*Passo di Treia*에 있는 우리 엄마 집으로 가 줘. 내 마지막 부탁이야.

나는 지금껏 내가 살아온 대로, 충직하고 강한 남자답게 죽음을 맞으려 해.

안녕, 디토.

안녕, 나의 야옹이.

아킬레

마리오 바타 *Mario Batà*

26세. 공대생. 1917년 로마 출생. 공병대 예비군 중위. 1943년 9월 8일 이후, 친골리 *Cingoli*(마체라타) 코무네[1]에서 최초의 파르티잔 부대를 조직하고자 복무 중이던 부대를 떠남. 조직화와 군비 관리 임무를 맡음. 교전 중 전방에서 작전 수행. 1943년 11월, 교전 중 마체라타에서 파시스트 부대에게 체포됨. 현지 형무소로 이송. 1943년 12월, 마체라타 독일전쟁법원 *German War Tribunal of Macerata*에서 재판을 받음. 1943년 12월 20일, 마체라타의 스포르차코스타 *Sforzacosta*에서 독일군 소대에게 총살됨. 사후에 금성무공훈장을 수여받음.

1943년 12월 2일, 마체라타

사랑하는 부모님께

이 편지를 받으실 때쯤, 어머니 아버지의 마리오는 더 이상 세상에 존재하지 않을 것입니다.

소위 말하는 '인간의 심판'을 살아생전에 끝내 이루지 못하게 되었습니다. 하지만 울지도, 절망하지도 마세요.

저는 언제나 어머니 아버지 가까이 있을 것이고 자주 찾아뵈러 올 테니까요. 두 분도 제가 죽지 않고 살아 있다고 생각해 주세요. 진리의 세계에 살고 있다고 말이에요.

엄마, 아빠, 마리아. 안녕이라는 말은 하지 않을게요. 또 봐요.

저의 영혼은 새로운 시대의 새로운 삶을 시작할 준비를 이제 막 마쳤습니다. 제 방은 그대로 두셨으면 해요…. 제가 자주 올 테니

---

1 한국의 2~3개 군郡을 합쳐 놓은 수준의 이탈리아 지방자치 조직(옮긴이).

까요. 그동안 제가 가족보다 조국을 우선시했다고 여기신다면 부디
저를 용서하세요.

다시 만나요.
여러분의,

마리오

발레리오 바바사노*Valerio Bavassano*(렐리*Lelli*)

21세. 전자기계학도. 1923년 1월 14일 제노바 출생. 리미니*Rimini*에서 군복무를 하다 1943년 9월 8일 이후 제노바로 이동. 1944년 3월 2일, 제3 가리발디 여단 "리구리아 *Liguria*"에 합류. 1944년 4월 7일, 베네딕타*Benedicta* 지역에서 독일군과 파시스트군이 함께 실시한 소탕 작전 중 17명의 동지들과 함께 체포됨. 마소네*Masone*(제노바)의 빌라 바냐라*Villa Bagnara*로 끌려감. 심문과 고문을 당함. 제노바의 마라시*Marassi* 형무소 제4구역으로 이송. 형무소와 학생회관 건물에서 심문과 고문을 계속 당함. 1944년 5월 19일, 제노바 오데온 시네마에서 암살을 기도한 죄로, 알도 알로이시오, 도메니코 아레코, 주세페 보타로, 안젤로 브리아노, 아틸리오 브리아노, 레나토 브루나티, 아우구스토 칼초라리, 줄리오 칸노니, 안젤로 카스텔리니, 피에트로 카발로, 알레산드로 카바나, 가에타노 콜롬보, 마리오 다니노, 오라치오 에스포스토, 산드로 팔라브리노, 에도아르도 페라리, G. B. 페레로, 프란체스코 피알디니, 조반니 피알디니, 피에트로 프라굴리아, 엔리코 가이티, 브루노 길리오네, 피에트로 지벨리, 엔리코 그렌노, 루이지 그렌노, 에밀리오 구에라, 오노라토 레오네, 리노 만돌리, 움베르토 만텔라토, 살바토레 마로젤리, 조반니 마르티니, 안토니오 마사, 잔 카를로 오디노, 우발도 오토넬로, 이시도로 마리아 페스타리노, 프란체스코 포데스타, 루이지 라토, 루이지 로카, 도메니코 산토, 안젤로 사소, 체사레 스콜레지테, 리날도 소초, 렌초 타사라, 피에로 투르니, 바르톨로메오 우베르티, 월터 올라노프스키, 안젤로 베르디노(총 47명) 외 11명의 신원 불명자와 함께 콜레 델 투르키노*Colle del Turchino* 근처에서 총살됨.

1944년 5월 16일, 형무소에서

너무너무 사랑하는 어머니께

오늘이 우리가 볼 수 있는 마지막 날일 것 같은 슬픈 예감이 듭니다. 사랑하는 어머니, 운명은 어머니에게 늘 잔인했어요. 사는 동안 죽음의 위기를 수없이 넘기면서 어머니와 함께 안도한 적이 한두 번이 아니었지요. 그래서 저는 죽음이 저를 빗겨 간다는 생각을 갖게 되었어요. 제가 마지막까지 강건할 거라는 이런 믿음이 어머니께 위안이 되었으면 합니다.

지금 이 순간 확실한 것은 제가 두려움을 느끼지 않는다는 거예요. 다만, 가슴속에 박힌 아주 큰 가시마냥 단 하나 걸리는 게 있다면, 그것은 바로 어머니와 밀리가 혈혈단신이 될 거라는 슬픈 사실이에요. 저는 제 이념을 끝까지 따르고 싶지만, 어머니만 생각하면 과연 제가 하고 싶은 일을 할 자격이 있는가 하는 의구심이 듭니다.

어머니, 제가 만약 어머니의 가슴에 대못을 박았다면 부디 저를 용서해 주세요.

많은 동지들이 죽어 가는 상황에서 저만 혼자 살겠다고 기를 쓰는 것은 도리에 어긋나는 일이라고 어머니께 말씀드렸던 것, 기억하시죠? 이제 저는 그들과 함께 갈 것입니다. 이것이 저의 운명입니다.

어머니, 다시 한 번 말씀드리지만, 부디 저를 용서해 주세요.

밀리, 너도 나를 용서해 주어야만 해. 우리가 자주 싸웠던 것은 서로 사랑해서였음을 어머니께도 잘 말씀드려. 고통스러워 견딜 수 없을 때면, 어머니에게로 가렴. 그러면 큰 위안을 얻을 수 있을 거야.

어머니, 이 아들이 깊은 애정이 어린 포옹과 입맞춤을 듬뿍 담아 보내니 받아 주세요. 밀리 너에게도 마찬가지란다. 마지막으로 한 번 더 말씀드립니다. 저를 용서해 주세요.

여러분의,

발레리오

41세. 가구공. 1902년 6월 29일 아테사*Atessa*(키에티*Chieti*) 출생. 1921년부터 이탈리아 공산당의 행동대원 및 아테사 지역 청년부 간사로 활동. 1925년 12월, 아브루초*Abruzzo* 지역 대표로 제3차 이탈리아 공산당대회 참석차 프랑스의 리옹으로 향하던 중 국경에서 검거되어 3개월간 여러 형무소를 전전함. 석방된 후, 키에티 공산주의연맹의 사무국을 맡아 프랑스의 반파시스트들과 접촉. 1932년, 다시 체포되어 국방특별법원에서 재판을 받음. 얼마 후 특사로 석방됨. 1941년, 로마에서 반파시스트 활동 재개. 1943년 9월 8일 이후, 로마 제1지역 정치지도원[1]이 됨. 1943년 12월 28일, 무기 창고로 쓰던 프로페르치오가 39에 있는 가구 작업실을 로마 경찰국 정치대장 도메니코 로돈다노가 불시에 덮침. 체포 후 중앙경찰국으로 이송되었다가 레지나 코엘리 형무소로 이감됨. 1944년 2월 29일, 루쿨로가 16에 위치한 독일전쟁법원에서 열린 첫 재판에서 징역 15년을 선고받음. 1944년 4월 11일, 동일 재판소에 의해 재기소되어 사형선고를 받음. 1944년 4월 29일, 로마의 브라베타 요새*Forte Bravetta* 제방에서 이탈리아령 아프리카 경찰(PAI; Polizia Africa Italiana)[2]에게 총살됨.

내 사랑 엔리케타에게

우리가 서로를 볼 수 없다 해도 난 괜찮아! 재판부터 판결문 서명까지 몇 달은 걸릴 거라고 믿으니까. 그러나 만약 좋지 않은 일이 생기면, 다음 주 군사재판에 당신이 다시 얼굴을 내밀어야 할 수도 있어. 그리고 더 이상 루쿨로가로 다니지 않았으면 해. 자니콜로*Gianicolo* 언덕으로 산책하러 가면 내 감방을 볼 수 있을 거야. 자니콜로에 도착하면, 그곳에서 등대 위로 조금 더 올라간 다음 벽의 오목한 곳으로 얼굴을 내밀어 밖을 봐. 오후 3시 30분 즈음 그곳에서

---

1 정치적 임무를 담당하는 군인의 보직. 다른 말로 정치장교라고도 하며, 실질적인 임무는 해당 부대의 지휘관을 가장 가까운 거리에서 보좌하면서 그 지휘관의 활동을 감시하는 것이다(옮긴이).
2 1936년부터 제2차 세계대전 말까지 아프리카의 이탈리아 식민지에서 활동한 이탈리아 경찰로, 1943년부터 1945년 사이 이탈리아에도 존재했다(옮긴이).

하얀 손수건을 흔들어 줘. 내 독방은 2층 끝에서 두 번째 방이야.

나는 이제 조금씩 당신이 걱정되기 시작했어. 상황이 악화되어
갈수록, 우리 가족은 점점 더 궁핍하게 살아가야 할 게 뻔하니까.
그리고 썩은 부위를 도려내기 전까지 우리의 상황은 좋아지기는커
녕 점점 더 최악의 상태로 치닫게 될 거야. 불행히도 앞으로 내게
일어날 일들이 안 좋은 쪽으로 결정된다면, 그것은 로마가 우리의
손을 떠나게 될지도 모른다는 두려운 결과에 대한 내 예상이 빗나
가지 않았다는 것을 의미하지. 그 대가는 고스란히 로마인들이 받
아야 해. 카발레제리 _Cavalleggeri_ 쪽으로 폭탄 떨어지는 소리가 들렸던
그날 저녁, 나는 극도의 흥분 상태였고 일이 어떻게 돌아가는지 알
기 전까지 평정심을 찾지 못했어. 그러니 부디 조심해. 그리고 무엇
보다도 나를 위해 과도한 희생을 하지 말았으면 해. 부탁이야. 아직
빵 한 덩어리와 수프가 좀 남아 있으니, 여기로 당신 몫까지 보내려
고 애쓰지 않아도 돼.

당신이 생활비를 어떻게 충당하는지 모르겠어. 내게 빵을 보내
지 못할 정도라면, 밥도 못 해 먹는다는 얘긴데…. 가게에서 나무
를 따로 좀 빼놓을 방법을 강구해 봐. 돈이 부족할 때 요긴하게 쓰
일 거야. 몇 가지 물건 좀 부탁할게. 만약 찾게 되면 보내 주고, 찾
지 못한다면 신경 쓰지 않아도 돼.
이번 주에는 책 꾸러미에 영어 사전을 좀 넣어 줬으면 해. 인터뷰
할 때 영어 사전 얘기는 하지 말고 다른 책 얘기만 하면 돼. 그리고
가능하다면 얇은 종이를 조금 넣어 줘. 여기 와서는 담배 종이를 만
드는 데 필요한 거라고 알아서 잘 둘러대고.

이그나치오 집이 공격받았다던데 들은 바가 있으면 좀 알려 줘.

아브루초에 대한 소식들을 좀 들을 수 있을까 하고 이제나저제나
당신이 오기만을 기다리고 있으니, 우리에게 조만간 무슨 소식이든
전해지기를 기대할게. 내가 필리포를 그리워하며 만날 날만을 손꼽
아 기다리는 운명을 타고나지 않았으면 좋으련만….

　나는 우리 가족이 행복하다고 느낀다면 그것으로 족해.

　그건 그렇고, 몇 달 안에 상황이 더 확실해질 테지. 현재보다 더
나쁜 기억은 존재하지 않을 거야.

　모두에게 작별 인사 대신 전해 줘. 포옹을 보내며….

　당신의,

피에트로

🐦

─ 레지나 코엘리 형무소에서 발견된 일기장 뒷면에 적힌 메모.

"기억해 주세요! 기억해 주세요! 3월 24일을 잊지 마세요!"

─ 그가 말하는 날짜는 로마 근처에서 포세 아르데아티네*Fosse Ardeatine* 대학살[1]이
있던 날에 해당함. 위 내용은 원래 영어로 표기되어 있었으나, 사용된 언어가
불완전하여 원어 병기를 따로 하지 않음.

🐦

1　1944년 3월 24일, 점령군이었던 독일군이 SS친위대를 습격한 이탈리아 저항군에 대한 보복으로 로마
　교외의 아르데아티네 동굴에서 이탈리아 정치범과 유대인 등 민간인 335명을 대량 학살한 사건.

사랑하는 내 아이들에게

아끼고 사랑하는 너희들이 고통스러운 내용이 담긴 이 종이를 읽고 있을 때쯤이면 나는 아마도 이 세상 사람이 아닐지도 모른단다.

오늘 아침 7시, 침대에 누워 있는데 누군가 내 이름을 부르더구나. 나는 벌떡 일어났지. 간수가 감방 문을 열더니 1층으로 내려가라고 하더군. 간수가 말한 그곳에는 경찰 한 명이 나를 기다리고 있었어. 그는 나를 자동차에 태우더니 루쿨로가 16에 있는 전쟁재판소로 데리고 갔지. 그곳은 지난 2월 29일, 내가 징역 15년을 선고받았던 슬픈 추억이 서린 곳이라 꽤나 익숙한 기분이 들었어. 독일군 지휘관은 내게 언도된 형량이 충분하지 않다고 여겼던 건지 재판을 재개정하라는 명령을 내린 모양이더구나. 그렇게, 우리가 말이 좋아 재판이라고 부르는 그것이 시작된 지 10분도 채 되지 않아 내게는 총살형이 내려졌단다.

그날 나는 이 외국인 압제자에 대한 반감에도 불구하고 특별 사면을 요구했어. 가여운 네 엄마와 불쌍한 내 아이들에게 이별을 고해야 하는 이 순간, 알량한 자존심 따위는 버리는 게 내가 할 수 있는 최선이라고 생각했으니까.

내 사랑이들, 서로가 서로를 진심으로 아껴 주렴. 그리고 네 엄마를 사랑해 드리려무나. 내 빈자리를 너희들의 사랑으로 채워 다오. 공부와 일을 사랑하렴. 정직한 인생은 살아 있는 자가 받을 수 있는 최고의 훈장이란다. 인류애를 신조로 삼고 너희와 같은 사람들의 고통과 결핍에 항상 신경 쓰렴. 자유를 사랑하고, 우리가 누리고 있는 오늘의 이 안녕은 누군가의 끊임없는 희생으로, 혹은 누군가가 목숨을 바친 대가로 이뤄진 것임을 기억하기 바란다. 저들의 노예로 살 바에는 차라리 죽는 게 나아. 모국을 사랑하되, 진정한 조국은 전 세계이며, 어디에나 너희들과 같은 사람들이 있고 그들은 너희들의 형제라는 것을 기억하렴.

자만심은 멀리하고 겸손한 사람이 되어라. 이는 내가 살아오면서 따른 종교적 신념이란다.

내 운명이 이와 같다면, 어쩌면 말이야, 나는 이 시험대에서 살아남을 수 있을 거야. 하지만 그렇지 않다면, 곧 너희들에게도 성큼 다가올, 내가 그토록 기다리던 찬란한 봄에 나는 죽게 되겠지. 그리고 이러한 희망은 평온하게 죽음에 맞설 수 있는 힘이 된단다.

1944년 4월 12일, 로마의 레지나 코엘리 형무소에서

내 사랑 엔리케타에게

당신이 이 편지를 읽고 있을 때, 나는 더 이상 이 세상 사람이 아닐지도 몰라. 근데 말이지 나는 비록 내게 사형선고가 내려졌음에도 불구하고, 그 같은 극악무도한 행위는 일어나지 않을 거라고 확신하고 있어.

어제 아침 7시였어. 밤새 악몽에 가까운 이상한 꿈에 시달려서 잠을 설친 채 침대에 누워 있었어. 이미 자리에서 일어나 있던 감방 동지들이 내 이름과 방 번호 94호를 부르는 간수의 목소리를 들었지. 그들은 내게 알려 주었고, 나는 그 길로 침대에서 풀쩍 뛰어내렸어. 대충 씻고 옷을 입는 사이, 간수가 감방 문을 열었어. 나는 그

에게 무슨 일인지 물었지. 그러자 아래층에 당신을 기다리는 사람들이 있어요, 라고 답하더군. 계단을 내려가면서 나는 출구 가까이에 서 있는 독일군 한 명을 봤어. 지금 와서 하는 말이지만, 솔직히 고백컨대, 내가 그때 소스라치게 놀랐던 이유는 좋은 일은 절대 아닐 거라는 예감 때문이었는지도 몰라.

그때 나는 다른 수감자들과 함께 교도소 밖으로 끌려 나간 뒤 루쿨로가에 있는 재판소로 향하는 오픈 트럭에 실렸어.

10시, 독일군은 이미 사람들이 모여 있는 법정 안으로 나를 데리고 들어가더군. 그날 법정에 있던 사람들은 내게 15년 형이 선고되던 2월 29일 그 장소에 있던 사람들이 아니었어. 당시 의장 역할을 했고 이번에는 검찰관으로 참석한 장교 한 명을 제외하고는 말이야. 그는 내게 2월 29일의 판결은 처리되지 않았으므로 재판을 다시 받아야 한다고 말하더군.

그는 첫 재판의 구술 기록문을 읽어 내려갔어. 언제나 그랬듯 독일어로 말이야. 끝으로 통역관은 내게 당시의 진술서에 추가할 사항이 있는지 물었어. 통역관이 전달해 준 바에 따르면, 내 부정적인 답변을 들은 검찰관은 사건을 종결하며 사형을 구형했대. 그들은 나를 잠시 밖에 나가 있게 한 후 얼마 지나지 않아 검찰관의 요청을 확인하는 판결문이 낭독될 거라며 그 법정 안으로 다시 불러들였어.

나는 특별 사면 신청이 가능한지 물었어. 검찰관은 '그렇다.'라고 말했지. 나는 우리의 목숨을 가지고 장난질하는 데 힘을 과시하는 그 시건방진 외국 놈 앞에서 절대 머리를 조아리고 싶지 않았지만…, 그렇게 할 수밖에 없었어. 이제야 말하지만, 바로 그 순간 내 눈앞에는 내가 가장 사랑하는 나의 기구한 동반자와 내 아이들, 아버지, 장인어른, 장모님, 형제들 등이 아른거리더군. 나는 모두에게

진 마음의 빚을 갚고 싶었어. 다 갚을 수는 없겠지만 작게나마 성의 표시 정도라도 말이야. 결국 나는 그들 앞에 머리를 숙였지. 그렇게 다시 재판을 받은 날인 어제, 나는 형무소로 돌아와 특별 사면 신청을 하고 싶다고 했고, 친절하고 배려심이 많은 VI부대 부대장이 형무소 담당 통역관을 불러 줘서 어젯밤 특별 사면 신청에 대한 절차를 모두 마쳤어.

내가 편지 첫머리에 사형이 집행되지 않을 거라 확신한다고 말했었지. 그렇게 믿을 만한 이유는 충분해. 첫째, 이전에는 보통 이러한 경우에 처형이 바로 이루어지지 않았기 때문이야. 또 하나, 다른 부대와 마찬가지로 독일군 부대에서도 몇 달 동안 사형선고는 내려졌지만 지금까지 형이 집행된 적은 없어. 그리고 내가 간절히 바라고 있는 특별 사면 요청이 진행 중이잖아. 물론 사면 요청 결과를 받는 데 몇 달은 걸릴 거라 생각하지만, 나에게 이 기다림의 시간은 그리 고통스럽지만은 않을 거야. 왜냐하면 악몽이 현실로 다 이루어지는 것은 아니라는 믿음이 크기 때문이야.
어쨌든 이러한 내 견해와 매끄럽지 못한 말들이 담긴 이 글은 오로지 내 목숨이 구제받을 수 없는 경우에 한해 당신이 읽게 될 거야. 당신과 나의 사랑하는 아이들에게 작별 인사를 하고 싶어. 그리고 내가 가족에게 저질렀던 모든 잘못들과 홀로 내버려 둔 점에 대해서도 용서를 구하고 싶어.

내 영혼은 범람하는 강물처럼 끊이지 않고 흘러넘치는 소중한 추억 속으로 빨려 들어가고 있어. 20년 전, 우리가 약혼했을 때 당신에게 썼던 편지가 떠올라. 그때 내가 말했었지. 우리 인생을 가로막기 시작한 것이 생겼다고. 또 인생은 투쟁이고, 인생의 조미료는 고통이라고도 썼지. 어쩌면 우리는 우리가 살아온 인생에 이미 너무 많은 조미료를 친 것일지도 모르지만, 그것으로도 충분하지 않았나 봐. 나는 이제 최종 시험만 치르면 되지만, 당신에게는 나의 끝이 또 하나의 무한한 시작점이 될 테지. 이러한 생각에 죄책감이 들어.

하지만 그렇다고 한들, 내가 무엇을 할 수 있을까? 세상에는 인생을 맛보는 두 가지 방법이 있어. 하나는 배우로서의 인생, 다른 하나는 관객으로서의 인생이야. 나는 나도 모르는 사이에 항상 배우들 틈바구니 속에 있는 나를 보았지. 나는 그중에서도 항상 권리보다는 의무라는 단어를 더 잘 알고 있는 배우들 사이에 끼여 있었어. 우리는 서로 다닥다닥 붙어서 잤기 때문에 침대를 만들 필요가 전혀 없었어. 어린 시절부터 쭉, 내가 받아 온 온갖 교육은 나를 이렇게 행동하게 만들었지.

그리고 지금도 난 우리 가족과 우리 집 그리고 조국이 파멸하는 상황에서 소극적이고 무기력한 태도를 취하는 건 비겁하다고 생각해. 그런데 어쩌면 이러한 나의 행동이 가장으로서 내 가족에 대한 의무를 저버리는 건 아닐까? 아니, 내가 결혼한 이유는 나의 아이들과 가족을 위하는 것밖에는 없었어. 인류에게 가해진 이 끔찍한 모욕을 견디고 지금의 슬픈 현실보다는 우리가 누려 보지 못한 더 아름답고 더 좋은 미래를 그들로 하여금 누리게 해 주는 것이 가장으로서 나의 의무라고 생각해. 그 미래는 곧 실현될 거야. 어찌되었건 나는 사람, 사물 할 것 없이 전부 파괴하는 이 엄청난 소용돌이 속으로 사라질 거야. 나는 내 아이들이 나에 대한 평가를 내릴 때 꽁무니를 빼는 겁쟁이가 아닌, 의무의 호소에 응답하다 유명을 달리한 아버지로 남고 싶어.

나의 죽음으로 말미암아 당신과 우리 아이들에게 전해져야 할 내 사랑과 지원이 끊긴다 하더라도, 그보다 더 큰 사랑과 지원이 나의 빈자리를 채워 줄 거야. 인류는 결국 해방될 것이고, 그들은 자신의 대가족으로서 이 어마어마한 비극의 희생자들과 고아들을 사랑으로 품어 줄 테니까. 그리고 당신도 알다시피, 나만이 유일한 전사자는 아닐 거야. 찬란한 내일을 갈구하는 인민의 투쟁에서 자신의 심장을 기꺼이 내어 준 용감한 자들은 헤아릴 수 없을 정도로 많으니까. 내가 그들 중 마지막 주자가 될 수 있다면 좋을 텐데…. 오직 내 피만으로 맹수의 갈증을 풀기에 충분하다면, 나는 더할 나위 없이 기쁘게 죽을 수 있을 텐데…. 하지만 그러기엔 나는 너무 미미한 존재일 뿐이야.

그럼에도 불구하고 나는 이 세상에서 작게나마 선행을 베풀었으면 베풀었지 악행을 저지른 적은 없으니 한 점 부끄러움 없이 떠날 수 있어.

나는 적들에 대한 비난보다는 내 뒤에 남겨질 친구들에 대한 미련이 더 강한 것 같아. 혹여 나를 해치게 될, 당신과 내 아이들 그리고 내가 사랑하는 모든 이의 가슴에 피멍을 들게 할 사람이 그 누구건 간에, 내가 그를 용서했듯 당신도 용서해 주길 바라.

내가 사랑하는 이여, 나는 어제 당신에게 편지를 쓰기 시작해서 가여운 내 어머니의 기일인 오늘 4월 13일까지 계속해서 쓰고 있어. 어머니께서도 살아생전에 죽도록 고생만 하시다가 근심 걱정이 덜해지고 이제 좀 살 만해졌다고 느끼셨을 때쯤 갑자기 허무하게 돌아가셨어. 내가 너무너무 사랑하는 내 자식들을 보지 못하고 눈을 감아야 하듯이, 어머니도 우리를 보지 못하고 돌아가셨지. 과연 이건 운명의 장난인 건가!

그럼에도 불구하고 어머니께서는 살아서나 죽어서나 결코 나를 떠나신 적이 없어. 어머니는 밤하늘의 수호성처럼 언제나 내 고행 길을 묵묵히 밝혀 주셨으니까. 나는 기쁠 때나 슬플 때나 어머니를 결코 잊은 적이 없어.

그러니 내일 나를 대신해서 어머니의 영전에 자식의 사랑이 담긴 꽃을 헌화해 주길 바라. 그리고 만약 내 바람이 결코 터무니없는 이야기가 아니라면, 나는 언젠가 내 가여운 가족을 어머니의 묘지에 데리고 갈 거야. 폭풍우가 그곳의 모든 것을 휩쓸어 가지 않는다면 말이야.

방금 나는 부대 사무실로 불려 갔었는데 그곳에서 안토니오를 만났어. 우리는 함께 조용히 흐느꼈지. 복받친 감정을 토해 내서인지는 몰라도 마음이 한결 편안해졌어.

지금 이 순간, 나와 안토니오가 어떤 관계인지 당신에게 설명할 여력이 없어. 그는 상당히 이성적인 사람이라 만약 당신이 그 자리에 있었다면 내가 왜 짧게나마 그와 함께했으며, 왜 그에게 의지했는지 단박에 이해했을 거야.

나는 당신과 우리 아이들의 정착을 위해 그 어떤 조언도 해 줄 수가 없어. 우리의 내일에는 수많은 변수가 존재해서 그것이 무엇이든 간에 뭐 하나 딱 부러지게 정할 수 없기 때문이지. 그러나 나는 당신이 완벽한 자유의지를 가지고 결단을 내릴 때 조언이나 도움 그리고 무엇보다도 상식, 그 어느 것 하나 놓치지 않을 거라는 확신이 있어.

그리고 필리포가 성인이 되면 나를 대신해 가족을 부양할 거야. 그 녀석은 천성이 착하고 열의도 있고 바지런하니 훌륭한 사람으로 성장할 가능성이 커. 이제 어엿한 꼬마 아가씨가 된 로사도 심성이 곱고 다정다감한 아이니까 자신의 길을 알아서 잘 선택할 거야. 그런데 이바나를 생각하면 좀 슬퍼져. 그 아이는 지나치게 예민하고 심약하기 때문에 현 상황에서 내게 닥친 운명을 알게 되면 충격을 받을지도 몰라. 하지만 이바나도 역경을 잘 헤쳐 나갈 수 있을 만한 나이고, 또한 당신이 그 아이를 잘 보살피리라고 믿으며 별일 없기를 바라. 그리고 나의 착한 꼬맹이 티나는? 그 아이는 아버지인 내가 곁에 없을 때 태어난 데다가 이제는 멀리 떨어져 지내야 하니 특히 계속 떠오를 것 같아. 우리 네 명의 천사들의 장점을 마음속으로 하나하나 떠올려 보는 것이 내가 이곳에서 누릴 수 있는 기쁨, 큰 기쁨이었어.

그동안 나는 아이들의 양육에 거의 도움을 주지 못했는데, 앞으로도 이 모두를 오로지 당신 혼자 감당해야 할 거야. 하지만 이로 인해 실의에 빠지거나 절망하기에는 아직 일러. 당신을 향한 아이들의 사랑이 내 사랑의 부족함을 메울 만큼 아주 클 테니까.

부디 아이들을 잘 보살피고 일과 공부에 열의를 가질 수 있도록 교육시켜 줘. 정직하고 약자와 학대받는 이들을 사랑하는 사람으로 키워 줘. 우리 아이들이 모두에게 겸손하고 좋은 사람이 되었으면 해. 아이들의 마음이 이 숭고한 선물들로 가득 차 있다면, 가난은 별 게 아니야.

한바탕 폭풍우가 지나가면, 당신은 저 아래 우리의 아브루초로 되돌아갈 수 있어. 아버지와 마리에타 고모, 줄리 아빠와 엄마, 형제자매들 그리고 처형, 매형들에게도 내 키스와 포옹을 대신 전해 줘. 또한 내가 그들 중 누군가에게 가끔 나쁘게 행동한 적이 있거나 고통을 준 적이 있다면 용서해 달라고 전해 줬으면 해. 나는 떠나기 전에 사촌들, 숙부들 그리고 조카들과 친구들 모두 기억할 거야.

상냥하고 사랑스러운 나의 엔리케타, 이제 안녕. 내가 만일 당신에게 잘못한 게 있다면, 나는 한순간도 당신을 사랑하지 않은 적이 없고 내 머릿속에는 언제나 당신뿐이었다는 것을 알아주었으면 해.

항상 나를 기억해 줘. 당신은 내가 세상과 이별하는 것, 즉 당신과 우리의 사랑하는 아이들과 헤어져야 하는 것 때문에 견딜 수 없는 고통을 느낀다는 걸 알 거야.

그러나 내가 나의 운명을 평온하게 바라보면서, 강한 남자로서 죽음을 담담히 받아들일 거라는 사실이 당신에게 위로가 되었으면 해.

영원한 키스와 포옹을 보내며
당신의,

피에트로

— 일기장에서 발췌.

1944년 4월 16일, 일요일

6일이 흘렀어…. 그런데 어제부터 마음이 훨씬 더 평온해지는 것 같아.

왜냐고? 그건 아마도 나에게 진통제 같았던 간밤의 꿈 때문인가 봐. 꿈속에서 나는 아버지가 사시던 옛날 본가 위층 주방에 있었어. 나는 화가 나서 붉그락푸르락한 얼굴로 엔리케타를 책망하고 있는 것처럼 보였어. 그런데 내 동반자의 사랑스러운 모습이 조금씩, 조금씩, 내가 절대 잊어 본 적 없는 가여운 우리 엄마의 모습으로 변하는 거야. 요즘 이런 꿈을 자주 꿔. 그렇게 내가 열변을 토하는 사이, 아래층에서 문 두드리는 소리가 들렸어. 그 순간, 나의 꼬맹이 이바나가 옆문을 두드리고 있었던 거야. 마치 내게 문을 열어 달라고 간청하는 것처럼, 이바나는 듣기 좋은 음색으로 계속해서 나를 불렀어. "아빠, 아빠." 아래쪽에서 문 두드리는 소리가 계속 들렸어…. 그런데 꿈에서 깼는데도 그 소리가 계속 들리는 거야. 알고 보니 그것은 대포 소리였는데, 그 소리 덕에 나는 4월의 이른 아침에 이바나의 목소리를 또렷하게 들을 수 있었지.

근처에서 터지는 대포의 굉음이 내 영혼을 흔들어 깨우는 희망의 소리였던 건가? 아마도. 하지만 그때부터 내 귓가에서 메아리치듯 울려 퍼지던, 은혜로운 한 방울의 이슬처럼 내 영혼에 내려앉던 이바나의 목소리는 대포 소리에 묻혀 더 이상 들리지 않았어.
화요일부터는 내가 사랑하는 사람들 생각만 해도 눈에 눈물이 그렁그렁 고이더군. 나는 지금 내 안에서 희망의 빛을 느껴.
오늘은 이만 이번 주의 고뇌를 접으려 해. 그렇다면 이는 또 다른 고뇌의 문턱인가? 어쩌면…, 그럴지도.

내 사랑 엔리케타에게

사면이 불가능하다는 것을 알면서도 실낱같은 희망의 끈을 놓지 못하고 있는 내 슬픈 현실에 대해 오늘까지는 당신에게 함구하고 싶었건만…, 안타깝게도 사면은 불발되었어. 아이들을 다시 볼 수 없다는 생각에 마음이 갈기갈기 찢긴 듯 아파. 이제 당신은 아이들의 전부야. 그러니 우리는 아이들을 위해서라도 강해져야 해. 당신은 내가 이 세상을 사는 동안 많은 선행을 베풀었기에 평화롭게 생을 마감하리라는 것을 알거야. 나를 대신해 우리 아이들에게 입맞춤해 줘. 사랑과 노력으로 그 아이들을 키워 줘.

안녕. 내가 가장 사랑하는 나의 불행한 동반자여. 나를 대신해 아버지, 장인어른, 장모님, 사촌들과 숙부, 숙모 들에게 입맞춤해 줘.

내 친구들 모두에게 작별 인사 전해 주고, 부질없긴 했지만 나를 구하려고 애써 준 이들에게도 감사했다고 인사해 주길.

내 생애 마지막 포옹과 키스를 보내며….
당신의,

피에트로

1944년 4월 20일

필리포, 로사, 이바나, 티나, 모두 안녕. 부디 착하게 살고 용감해지길 바란다. 그리고 너희들의 엄마를 사랑해 주려무나. 이 아빠를 용서하고 항상 기억해 주렴.

너희들의 아빠가

— 일기장에서 발췌.

4월 28일

오늘 오후, 3시 조금 못 되서. 장교들과 함께 경관들이 떼 지어 왔는데 그들 중 내가 아는 사람이라고는 로돈다노 박사밖에 없더군. 그들은 모든 수감자들을 수색하기 위해 우리 형무소에 왔더라고. 진짜 웃기지 않아? 이 자들은 우리를 감옥에 가둬 놓고도, 계속해서 뭐가 그리 두려운 걸까? 이 광경은 아마도 내게 드리워진 폭풍 전야의 조짐이 아닐까.

알도 벤베누토 *Aldo Benvenuto*

25세. 대장장이. 1919년 9월 19일 라 스페치아*La Spezia* 출생. 수많은 전투에 참전. 특히 1944년 8월과 1945년 1월 체리*Zeri*(아푸아니아*Apuania*), 1944년 10월 칼리체 알 코르노빌리오*Calice al Cornoviglio*(라 스페치아) 지역에서 벌어진 전투에 참전한 '정의와자유' 소속 파르티잔. 1945년 2월 12일, 피뇨네*Pignone*(라 스페치아)에서 "몬테로사*Monterosa*" 사단 소속 부대가 실시한 소탕 작전 중 체포됨. 1945년 4월 10일, 라 스페치아의 제21 보병 연대 병영에서 검은 여단의 특별법원에 의해 재판을 받음. 1945년 4월 11일, 로베르토 데 마틴, 로베르토 푸스코, 단테 네티, 파올로 페로초와 함께 산 베네데토 그라벨리아 다리에서 총살됨.

사랑하는 부모님 그리고 형제들에게

유감스럽게도 이번에는 운명이 저의 편이 되어 주지 않았어요. 인내심이 필요한 때입니다. 지금 저는 영성체를 했어요. 제가 저에게 해를 끼친 모든 이들을 진심으로 용서했듯, 제가 여러분에게 드린 모든 슬픔에 대해서도 용서를 구합니다.

저는 평온하고 고결하게 죽음을 맞이할 작정이니, 제가 죽었다고 생각하지 마시고 항상 우리 가족 안에 있다고 여기며 힘을 내셨으면 합니다.

저의 최후의 순간을 평상시처럼 아무 일도 아닌 듯이 받아들여 주세요. 저는 그걸로 충분하니 용기를 내세요.

여러분의 기도 속에 항상 제가 있기를…. 가족 모두에게 그리고 친척들에게 작별 인사와 이별의 입맞춤을 보냅니다. 용기 내어 줄 것을 다시 한 번 부탁드립니다.

형무소에서 제가 남긴 문서, 벨트, 지갑, 코트를 챙겨 가 주세요. 그리고 마리아에게 제 반지를 건네주고, 저와 함께한 추억이 있는 만큼 소중히 간직해 달라고 해 주세요.

이제 저는 마리아에게 짧은 편지를 남길 거예요. 반지를 꼭 간직해 달라고 말해 주세요.

용기 내어 주실 것을 재차 당부드리며, 작별의 입맞춤을 보냅니다. 여러분의,

알도

폼페오 베르가마스키*Pompeo Bergamaschi*(세레노*Sereno*)

19세. 직공. 1925년 9월 21일 포지오 루스코*Poggio Rusco*(만토바*Mantova*) 출생. 토리노 거주. 1943년 10월, 수사 계곡에서 카를로 카를리가 지휘하는 가리발디 의용군에 합류. 부상당한 상태로 수많은 전투에 참전. 1944년 3월 25일, 아스티가에 있던 정치대에 의해 토리노의 자택에서 체포되어 3개월 후 누오베 형무소로 이송. 구타와 고문으로 건강 상태가 악화되어 의무실에 입원. 1944년 10월 14일, 들것에 누운 상태로 법정 변론 기일에 출석, 특별법원에서 재판을 받음. 사형을 선고받고 1944년 10월 23일, 들것에 누운 채로 토리노의 국립포병사격연습장에서 "엑스 마스*X Max*"[1] 소대에게 총살됨.

1944년 10월 15일

카를로 카를리 의용군 부대원들에게

친애하는 동지 여러분, 몇 자 적어 알려 드립니다. 저는 오늘 토리노의 중죄형무재판소에 다녀왔습니다. 어리석어 빠진 공화주의자들은 길고 긴 진술 끝에 제게 사형을 구형하고 재판을 종결했습니다. 친애하는 동지 여러분, 저는 괜찮습니다. 언젠가 여러분이 저를 위해 복수해 줄 것을 알기에 행복하게 죽을 것입니다.

제가 항상 그래 왔듯 여러분 또한 자신의 의무를 다하리라 믿어 의심치 않기에 제가 마지막으로 할 일은 동지들의 귀에 들릴 정도로 우렁차게 "계곡의 모든 파르티잔 동지들 만세!"를 외치는 것일 겁니다.

베르가마스키 폼페오 세레노

---

1   살로 공화국의 군사 조직으로 유니오 발레리오 보르게세 공☆이 지휘했으며, '가라앉지 않는 모터보트'라는 별명으로도 불렸다(옮긴이).

디노 베리소*Dino Berisso*(세르조*Sergio*)

20세. 막노동자. 1925년 1월 1일 코고르노*Cogorno*(제노바) 출생. 1944년 가을부터 가리발디 "치케로*Cichero*" 사단의 파르티잔으로 활동. 1945년 2월 11일, "몬테로사" 사단 소속 부대가 실시한 소탕 작전 중 로르시카*Lorsica*(제노바)에서 체포됨. 키아바리*Chiavari* 형무소에 수감. 1945년 3월 2일, 특별재판에 소환되어 "몬테로사" 사단의 전쟁법원에서 재판을 받음. 같은 날 저녁 디노 베르테타, 도메니코 야코포, 파올로 모타, 로메오 네사노, 퀸토 페르시코, 세르조 피옴벨리, 리날도 시모네티, 체사레 탈라사노, 카를로 체미데와 함께 보스코 페라야*Bosco Peraja*(제노바의 칼바리*Calvari*) 지역에서 "몬테로사" 사단 소속 소대에게 총살됨.

E(약혼녀)와 그녀의 가족에게 작별 인사 전해 줘. 혹시 네가 운 좋게 출소하게 되면, 동지들에게 내 원한을 풀어 달라고도 전해주고. E에게 안녕이라고, 잘 지내라고 말해 줘. 그리고 나의 동지들에게는 이렇게 말해 줬으면 해. "그는 영웅처럼 갔다."

안녕, 입맞춤을 보내며….

세르조

도메니코 베르티나티 *Domenico Bertinatti*(니노*Nino*)

25세. 회계사. 1919년 1월 28일, 폰트 카나베세*Pont Canavese*(토리노) 출생. 제341 보병 연대 "모데나*Modena*" 소속 소위. 1944년 5월, 제4 가리발디 사단 소속 제47 여단에 합류하여 부사령관이 됨. 1944년 가을, 니볼라스트로*Nivolastro*(토리노의 론코 카나베세*Ronco Canavese*)와 보스코(폰테 달 크레스트*Ponte dal Crest*)에서 벌어진 전투에 참전. 1944년 11월 16일, 부모님께 안부를 전하기 위해 이동하던 중, 론코 카나베세의 행정위원 조반니 발소니의 밀고로 쿠오르녜*Cuorgne*(토리노)역에서 독일군에게 체포됨. 1944년 11월 24일 14시 20분, 쿠오르녜에 있는 자신의 모교 살레시아니 학교 근처에서 알도 마리누치와 함께 총살됨.

1944년 11월 24일 14시 15분, 쿠오르녜

세상에서 가장 사랑하는 나의 부모님,
어여쁜 여동생 토니노 그리고 나의 꼬맹이 안젤리카에게

저는 오늘 총살당합니다. 저 때문에 울지 마세요. 저는 우리가 늘 함께할 천국에서 여러분 모두를 기다리고 있을 거예요. 제가 무고하게 죽는 건 맞지만, 저를 이 자리까지 끌고 온 자들을 모두 용서합니다. 진심으로 용서합니다. 그러니 여러분도 그들을 용서해 주세요.

여러분이 제 곁에서 저를 지켜보고 있다고 생각하며 눈을 감겠습니다. 너무너무 사랑합니다. 가끔 저로 인해 괴로웠던 적이 있다면 용서해 주세요. 여러분의 니노는 하늘나라에서 여러분을 지켜보며 기다리고 있을게요.
가족 모두에게 작별 인사를 보냅니다. 우리 천국에서 만나요. 제 유품을 보내 드리니 추억으로 간직해 주세요.

나의 사랑하는 가족 모두 또 만나요.
여러분의,

니노

카를레토 베사나 *Carletto Besana*(스코이아톨로 *Scoiattolo*[1])

24세. 직물공. 1920년 7월 31일 바르차노 *Barzano*(코모 *Como*) 출생. 1943년 9월 8일 이후, 브리안차 *Brianza*와 발사시나 *Valsassina*(레코 *Lecco*) 지역 간의 연결책이자 공급책으로 활약. 부상을 당한 뒤 수배가 내려지자 은신함. 1944년 10월 12일, 동생 구에리노의 부상 소식을 듣고 비안디노 *Biandino*(발사시나 *Valsassina* 계곡)로 한달음에 달려갔으나 이탈리아군 무장 친위대에 의해 동생이 사살됨. 동생의 시신이 안치된 동굴에서 동생 곁을 지키던 중, 오조노 *Oggiono*에 주둔하고 있던 같은 무장 친위대에게 체포됨. 카사르고 *Casargo*(레코)로 이송. 고문받음. 1944년 10월 13일, 카사르고의 독일군과 파시스트군이 함께 출석한 법원에서 재판을 받음. 1944년 10월 15일 5시, 인트로비오 *Introbio*(레코)의 공동묘지에서 베네데토 보키올라, 안토니오 첸달리, 프랑코 구아르니에리, 안드레아 론키, 베니토 루비니와 함께 이탈리아군 무장 친위대에게 총살됨.

사랑하는 어머니께

우리의 사망 소식을 듣게 되시더라도 꼭 기운 내세요. 성사를 받은 저는 이제 평화롭게 눈을 감은 채 주님의 곁으로 갑니다. 어머니, 아들 구에리노는 잊으세요. 제가 구에리노의 죽음을 목격했으니까요.

부디 천국에서 만나요. 아들 카를로. 안녕히 계세요.

---

1 이탈리아어로 '다람쥐'라는 뜻(옮긴이).

마리오 베틴촐리*Mario Bettinzoli*(아드리아노 그로시*Adriano Grossi*)

22세. 산업기사. 1921년 11월 21일 브레시아*Brescia* 출생. 포병 예비군 중위. 1943년 9월, 독일군에게 무장한 채 저항하다 체포되어 사형선고를 받음. 갇혀 있던 감방에서 탈옥 후 브레시아로 귀환. 사비아 계곡*Valle Sabbia*에서 무장군 지휘관으로 활동 중이던 자코모 페를라스카와 합류. 그곳에서 부지휘관이자 발사대發射臺 구축을 책임지는 제3 중대의 중대장이 됨. 1944년 1월 18일, 지휘관 페를라스카와 함께 지역 상황 보고 차 지방 사령 본부로 향하던 중, 브레시아의 모레토가에서 파시스트 단체에게 다시 체포됨. 1944년 2월 14일, 의용군을 조직한 자라는 죄목으로 브레시아 독일군사법원에서 재판을 받음. 1944년 2월 24일, 자코모 페를라스카와 함께 브레시아 제30 포병 연대의 병영 근처에서 총살됨.

1944년 2월 23일 21시

내가 세상에서 가장 사랑하는 부모님,
형제자매, 할머니, 숙모, 숙부 그리고 사촌들에게

주님께서는 제가 가족에게 도움이 되려 할 때 저를 여러분 모두로부터 떼어 놓으시려는, 제가 감히 그 뜻을 헤아리기 힘든 결정을 내리셨습니다. 그러나 이는 분명 주님의 거룩하신 뜻입니다. 절망하지 마세요. 차라리 저를 위해서는 그분에게 좀 더 빨리 이를 수 있도록 해 달라고 그리고 여러분 스스로를 위해서는 저와의 이별을 견딜 수 있도록 해 달라고 기도해 주세요.

모든 인생은 시험의 연속입니다. 저에게는 마지막 시험이 남았어요. 이제 곧 그 시험대에 오를 거예요. 하지만 유감스럽게도 좋은 점수를 받지는 못할 것 같아요. 그럼에도 불구하고 저는 최소한 기독교인으로 죽을 수 있으니, 이것이 여러분에게 큰 위안이 되리라 확신합니다. 제가 여러분의 동의도 구하지 않고 저 스스로를 죽음으로 이끌 위험한 길에 들어선 것이라면, 그에 대해 용서를 구합니다. 몇 분 전, 주님께서 성직자를 통해 저를 용서해 주셨듯이, 여러분도 저를 용서해 주시기 바랍니다.

내일 아침 사형 집행 전, 저는 영성체를 할 것이고, 그러고 난 다음에는…. 저를 위해 기도해 주시는, 존경해 마지않는 살레지오[1] 회원들과 가톨릭 액션*Catholic Action*[2]의 청년들에게 저를 기억해 달라고 전해 주세요.

저는 여전히 여러분이 하느님의 뜻을 달게 받아들이기를 권합니다. 주님께서 나치 친위대가 아닌 저를 부르셨다는 사실이 여러분에게 영원한 위안이 되어 줄 것입니다.

여러분이 이 편지를 읽을 때 얼마나 많은 눈물을 흘릴지 눈에 선하네요. 여러분의 입에서 흘러나오는 소리가 흐느낌이 아닌, 저의 영원한 안녕을 비는 기도이기를 바랍니다.

너무너무 사랑하는 여러분, 이제 저는 모두에게 마지막 인사를 올립니다. 자식으로서, 형제로서 애정을 담아 안아 드립니다. 이 영적 포옹은 죽음보다 우월하며, 주님 안에서 우리 모두를 하나로 연결해 줄 것입니다. 기도해 주세요!

여러분의 영원한,

마리오

---

1   1845년 토리노에 창설된 수도회. 성 프란체스코 살레지오를 수호성인으로 모신다.(옮긴이).
2   이탈리아의 G. B. 가소니가 창설. 교회 당국의 지도나 위임에 따라 평신도가 성직자의 사도직을 돕는 역할을 하며 포교, 자선·사회사업, 출판사업 등에 종사한다(옮긴이).

퀸토 베빌라콰 *Quinto Bevilacqua*

27세. 모자이크 세공사. 1916년 4월 27일 마르모르타*Marmorta*(볼로냐*Bologna*) 출생. 사회주의 투사. 1943년 9월 8일의 여파로 토리노의 지하운동조직에 가담. 조직책 및 연결책으로 활동하며 제1 피에몬테 지역 군사위원회 회원으로 지명됨. 1944년 3월 28일, 군사 임무 수행 중 토리노의 공화파쇼연합 분자들에게 체포됨. 1944년 4월 2일부터 3일까지, 피에몬테 지역 군사위원회 회원들과 함께 국방특별법원에서 재판을 받음. 1944년 4월 5일, 프랑코 발비스 외 6명의 피에몬테 지역 군사위원회 회원들과 함께 토리노의 마르티네토 국립포병사격연습장에서 국립공화국수비대에게 총살됨.

1944년 4월 3일, 토리노

너무너무 사랑하는 부모님께

　이 편지를 받으셨다면, 두 분은 이미 나쁜 소식임을 확실히 감지하셨을 테지요. 기운 내세요. 특히 심약하신 우리 어머니, 100세까지 장수하실 수 있게 더 건강하시고 더 오래 사시도록 노력해 주세요. 그렇지만 어머니의 뜻(어머니가 잘못된 일이라고 부르셨던, 이 운동에 합류하기를 원치 않으셨던 일)을 거스르면서까지 아들이 이루려고 한 성과는 끝내 보지 못하실 거예요. 두 분의 아들은 테러와 파괴공작이라는 혐의로 기소되었는데, 이는 전혀 사실이 아니에요. 저는 무죄예요. 저는 그저 모든 노동자들의 이익을 위해 인생을 바친 사회주의자일 뿐입니다.

　불행은 마치 번개처럼 저에게 떨어졌지만, 마음만은 평온합니다. 저는 항상 제가 할 수 있는 한 선행을 베풀어 왔고, 여전히 그러려고 노력 중이니까요.

　저 때문에 울지 마세요. 이 글을 쓰고 있는 저도 울지 않고 있으니까요. 스스로도 믿기지 않을 정도의 굳은 결의를 지닌 채 저는 이

제 죽음을 맞이하러 갑니다. 그러니 기운 내세요. 그리고 형제들에게 제 말의 의미를 정확하게 이해시켜 주세요. 마르첼라에게도 최대한 집에서 보내는 시간을 늘리라고 부탁하는 편지를 썼습니다. 공장에 절대 나가지 말고 계속 집에서 일하라고 말이에요.

만약 마르첼라가 생활비를 혼자 감당하기 버거워하면, 부디 부모님께서 제 형제들에게 좀 도와주라고 설득해 주시길 부탁드립니다. 저는 마르첼라를 아주 잘 알아요. 그녀는 주변 사람에게 지나친 요구를 하지 않는 아주 검소한 아내이지요. 그리고 언젠가 부모님께서 마르첼라와 함께 지내기를 원하신다면, 아마도 그건 부모님께서 제게 주시는 가장 훌륭한 선물이 될 거예요. 저는 마르첼라가 부모님의 부탁을 기꺼이 받아들일 거라고 확신합니다.

전에 침실 문에 달 빨간색 두꺼운 커튼 천을 찾아냈을 때, 소파 커버도 그 천으로 씌워 줄 거라고 마르첼라에게 약속했던 적이 있어요. 언제라도 다시 돌아갈 수 있을 거라는 제 생각이 이루어졌다면, 집을 정리정돈하고 떠날 수 있어 더할 나위 없이 행복했을 텐데…. 그리고 아버님 어머님께서 저 대신 장인어른께 용서를 구한다고 전해 주세요. 그렇게 해 주신다면, 저에게는 아주 큰 기쁨이 될 것입니다.

친애하는 부모님, 성심을 다해 마지막 인사를 올립니다. 이 아들이 어머님, 아버님을 변함없이 사랑했다는 것을 잊지 말아 주세요. 사후 세계가 있다면, 저는 그곳에서 부모님을 그리워할 새도 없이 두 분을 자주 뵈러 올 것입니다. 부디 힘을 내시고 저 때문에 울지 마세요.

사랑과 애정을 담아 마지막 인사를 올립니다. 마음으로나마 꼭 안아 드릴게요.
　아들,

퀸토

　추신: 이것은 나의 유언이 될 수도 있다.

　현재 마르첼라의 집에 있는 제 물건들은 이유 불문하고, 심지어 법적 수단을 행사하더라도 절대 취할 수 없습니다. 이것은 여러분을 불신하여 쓰는 글이 절대 아닙니다. 배우자 사망 시, 그의 부모와 형제들이 원할 경우 무엇이든 가져갈 수 있다는 이곳 피에몬테 *Piemonte*의 관습 때문입니다.

　다시 한 번 부모님께 감사의 뜻을 표하며 입맞춤을 보냅니다.
　아들,

퀸토

주세페 비앙케티_Giuseppe Bianchetti_

34세. 직공. 1909년 5월 18일 몬테스케노_Montescheno_(노바라_Novara_) 출생. 1943년 11월 8일 부터 10일 사이 빌라도솔라_Villadossola_(노바라) 봉기 중 일어난 파르티잔 운동과 무관한 사람이었으나, 우연히 파르티잔으로부터 부상당한 독일군 포로를 떠맡게 되어 그를 의무실로 데려감. 얼마 후 그 독일 병사가 그를 알아보는 바람에 구타당한 후 체포됨. 1944년 1월 말, 노바라의 독일군사법원에서 재판을 받음. 1944년 2월 9일, 노바라에 서 독일군 소대에게 총살됨.

1944년 2월 8일

사랑하는 동생 조반니에게

네가 나 때문에 치러야 했던 그 많은 희생도 모자라 이런 편지까지 받게 해서 미안해. 내가 30분 안에 총살당한다는 사실을 네게 숨길 수가 없구나. 그러니 내 딸들을 가능한 한 최선을 다해 키워줄 것을 부탁한다. 너도 알다시피 우리는 아버지 없이 자랐지. 내 어린 딸들도 나와 같은 운명을 타고 났나 하는 생각이 드는구나.

너와 네 가족 모두에게 행운이 있기를.
내 동생에게 보내는 마지막 작별 인사를 받아 주렴.

주세페

하나만 더 수고해 주겠니? 노바라로 와서 내 외투와 유품을 가져가 다오. 안녕.
너의 형,

주세페

노벨로 비앙키_Novello Bianchi_

24세. 직공. 1919년 11월 24일 빌라도솔라(노바라) 출생. 1943년 가을, 공산주의자 레디미스토 파브리_Redimisto Fabbri_의 지휘 하에 빌라도솔라의 공장 노동자들이 독자적으로 조직한 무장 노동자 단체에 입회. 빌라도솔라의 무장 봉기(1943년 11월 8일부터 10일까지)에 가담. 1943년 11월 24일, 빌라도솔라의 자택에서 파시스트가 이끄는 독일군에게 체포됨. 노바라 형무소로 이송. 1943년 12월 25일, 프랑코 발차니와 함께 노바라의 사격장에서 총살됨.

1943년 12월 25일, 노바라

사랑하는 어머니께

제 인생의 마지막 순간에 이르니, 엄마와 제가 사랑하는 모든 이들이 생각납니다. 저는 저의 운명에 순응하며, 하느님께서 당신의 왕국에서 저를 기쁘게 맞아 주시길 희망합니다. 그리고 그분에게 제 영혼이 닿게 하기 위해 조용하게 생을 마감하려 해요.

제가 바라는 단 하나는, 어머니께서 부디 강해지셔서 마음에 충격을 안겨 드릴 이 무서운 재앙을 잘 견뎌 내셨으면 하는 겁니다. 저는 하늘에 계신 예수님께서 신실한 신자들 가운데 서 있는 저를 환영해 주시리라 믿어 의심치 않습니다. 때문에 저는 하늘나라에서 엄마를 지켜볼 수 있을 것이고, 어머니를 아주 잔인하게 괴롭히는 이 모든 고통이 서서히 사그라지는 것을 기다리면서 어머니를 지켜드릴 거예요.

그러니 어머니는 이 모든 것을 견뎌 내시면서, 먼 곳에 있어 수년간 만나지 못한 그리운 아들 구스타보만 생각하세요. 그렇게 모든 것을 조용히 감내해 주세요. 구스타보를 기다리셨다가 제가 끝내

해 주지 못한 입맞춤을 대신해 주세요. 저는 마지막 순간까지 그 아이를 생각할 거예요.

저는 어머니께서 저 때문에 눈물을 보이시는 걸 원치 않아요. 고통이 밀려올 테지만, 마음을 단단히 먹으세요. 제가 최근에 이 끔찍한 순간을 죽음과 분리시킨 것처럼요. 거듭 말씀드립니다. 강해지셨으면 좋겠어요. 용기를 내셨으면 좋겠어요. 그리고 저를 위해 기도해 주세요. 혹여 제가 과거에 어머니께 크나큰 고통을 안겨 드린 적이 있다면, 용서를 구합니다.

저는 이제 곧 하느님께 갈 거예요. 그분께서도 저의 죄를 사해 주실 겁니다. 하늘에서 항상 어머니를 뵈러 올게요. 저는 마지막 순간에 어머니를 떠올리며 눈을 감을 거예요. 내 사랑 어머니, 제가 당신을 아주 많이 사랑했다는 걸 항상 잊지 마세요. 꼭 힘과 용기를 내셨으면 합니다. 우리는 언젠가 다시 만날 거예요. 그때 저는 어머니께 키스를 퍼부을 거랍니다. 생각의 끈을 놓지 않고 엄마를 단단히 붙잡고 있을게요.

엄마, 안녕히 계세요.

아들,

노벨로

이 순간 제 마음속에 떠오르는 모두에게 작별의 입맞춤을 보냅니다.

줄리오 빌리에리*Giulio Biglieri*

32세. 노바라 지역에서 사서로 일함. 1911년 10월 9일 라퀼라*L'Aquila* 출생. 공로십자훈장 3개를 수여받고 동성무공훈장을 추천받음. 1943년 9월 8일 이후, 알토 노바레세*Alto Novarese*(벨트라미*Beltrami*)와 세시아 계곡*Val Sesia*(모스카텔리*Moscatelli*)의 무장군들과 함께 군사 임무 수행. 제1 피에몬테 지역 군사위원회 입회. 1944년 3월 30일, 피에몬테 지역 군사위원회 집회 참석 중 토리노의 산 조반니 성당 제의실에서 공화파쇼연합 분자들에게 체포됨. 1944년 4월 2일부터 3일까지 피에몬테 지역 군사위원회 회원들과 함께 국방특별법원에서 재판을 받음. 1944년 4월 5일, 토리노의 마르티네토 국립포병사격연습장에서 프랑코 발비스 외 6명의 회원들과 함께 국립공화국수비대에게 총살됨. 사후에 은성무공훈장을 추천받음.

1944년 4월 3일, 토리노

너무너무 사랑하는 부모님께

이 마지막 편지를 쓰는 동안에도 죄책감이 제 마음을 옥죕니다. 부모님께 불행의 가시관을 씌우는 것과 같은 큰 고통을 안겨 드려 가슴이 아픕니다.

저는 저의 충동과 이상을 따르다가 끔찍한 사건의 덫에 걸렸습니다. 저를 위한 부모님의 당부를 항상 그리고 전투에 나갈 때는 더더욱 염두에 두고 있었건만, 그럼에도 불구하고 얽히고설킨 상황들에 엮여 돌이킬 수 없는 막다른 길에 이르게 되었습니다.

부모님께 저의 체포 사실을 알릴 틈도 없었지요. 그러는 사이 당국은 제게 끔찍할 정도로 가혹한 행위를 저질러 가며 저를 희생양으로 몰고 갔습니다. 이 모든 것에 누가 책임을 져야 하는지는 역사가 판단할 테지만….

부디 저를 용서해 주시고 용기를 잃지 마세요. 사람에게 있어 죽음이란 일찍 오건 늦게 오건, 누구에게나 닥치는 일이니까요. 그러니 지나치게 슬퍼할 것이 못 됩니다.

사랑하는 파올로가 죽은 후 다시 닥친 이 두 번째 충격은 부모님을 아주 강하게 만들 것입니다. 그 어떤 역경이 닥치더라도 꺾이지 않고 단단해지셔야 합니다. 또 부모님의 여러 손주들에게도 무한한 애정을 쏟아 주세요. 정신력이 강하고 용감한 아이들로 키워 주세요. 그 아이들은 부모님의 기쁨이 될 것입니다.

그리고 나의 착한 누이들, 슬퍼하지 마. 조카들만 바라보며 잘 키워 줘. 그 아이들은 누이들의 인생에 큰 기쁨을 가져다줄 거야.

형제들에게, 형들의 성격에 저의 유연함을 더해 보세요. 어떤 면에서 형들은 저와는 다른 생각을 갖고 계시니까요. 조국을 섬기고자 하는 방식은 각자 다르지만, 우린 모두 조국을 진정으로 사랑하고 있지요.

롤라, 아드리아나와 아멜리아, 나의 동기로서 너희들에게도 애정을 표한다. 가장 사랑하는 조카들에게, 삼촌의 뽀뽀를 받아 주렴.

사랑하는 부모님, 그럼 이제, 저는 떠납니다. 용서를 구하며….

줄리오

1944년 4월 3일, 토리노

친애해 마지않는 보라시오에게

죽음의 화살은 활시위를 떠났고, 그것은 곧 나에게 날아올 거야.

나는 너를 가장 친한 친구 중 한 명으로 기억해. 네가 괴로워할 것을 알아. 너와는 반대로 나는 평온한 영혼과 얼굴로 순교자로서의 길을 떠날 거야. 이를 위한 나의 대의명분은 충분했고, 그것에 쏟은 내 삶은 헛되지 않았어….

친구 한 명이 성찬식(영성체)을 받으라고 나를 설득했어. 이미 고해성사를 마쳤으니 곧 성찬을 받게 될 거야.

너만큼은 아니더라도 내게도 믿음이라는 것이 조금은 생긴 것 같아. 영혼의 깊은 곳에서 겸손과 평화의 몸짓이 느껴지고, 내 의식 또한 다시 찾은 듯해. 이로써 나는 죽음을 기쁘고 평화롭게 맞이할 수 있게 되었어. 하느님이 계시다면, 나를 내치실 수는 없을 거야.

나를 기억해 줘.
잘 있어.

줄리오

친애하는 다닐로에게

이 편지가 너의 손에 닿을 때, 너는 분명 이것이 내 운명에 관계된 것임을 알게 될 거야. 엄청난 운명이었다는 것을…. 나는 너의 현명한 충고들을 마음에 새기고 있었지만 결국 죄를 뒤집어쓰고 궁지에 몰렸어.

재판에 대해 간단히 말하자면, 치욕 그 자체였어. 하지만 언젠가 진실은 밝혀질 거야.

친구들에게 나를 기억해 달라고 전해 줘. 나는 죽는 게 두렵지 않아. 나 자신을 희생하면서까지 얻고자 했던 대의, 즉 조국을 위한 명분은 충분했으니까. 마음으로나마 안아 줄게.

네 가족도 나를 기억해 주었으면 좋겠어.

줄리오

1944년 4월 3일, 토리노

가장 사랑하는 코스탄티노에게

토리노에서 있었던 우리의 행복한 만남을 생각하는 중간중간, 무의식 속에 숨어 있던 죽음의 그림자가 호시탐탐 내 목을 조이고 있어. 훗날 너는 그들이 내 삶을 어떻게 파멸에 이르도록 했는지, 그 끔찍한 운명에 관해서 알게 될 거야.

그렇다고 해서 겁먹을 필요는 없어. 나는 죽음이 두렵지 않으니까. 나는 평화롭게 죽을 거야. 모두가 완수해야만 하는 큰 도약을 이루어야 할 시간이 내게도 다가오고 있어. 누가 상관이나 하겠어? 누구나 한 번은 치러야 할 통과의례인 것을…. 그저 내게 조금 일찍 찾아온 것일 뿐….

가장 소중한 친구라고 생각하는 네가 우리 집에서 내 문서들을 분류해 주면 좋겠어.

내 시들은 한쪽으로 빼놨다가 네가 간직해 줘. 그것들을 출판해 달라고는 부탁하지 않겠지만, 알베르티노가 타이프라이터로 친 복사본을 갖고 있지는 않은지 확인 좀 부탁할게. 나는 그를 잘 알거든. 가치가 없다고 여겨지는 시들은 가차 없이 찢어 버려 줘. 또 이런저런 개인 메모나 일지들도 폐기해 줘. 누구도 관심 없을 테니. 우편물을 포함해서 다른 문서들은 전부 나의 부모님께서 직접 파기하실 수 있도록 해 줘. 나는 내 문서들이 여기저기 돌아다니는 것을 원치 않거든.

사진 필름도 찾아 주겠어? 내 사진들 중 무난한 걸로 고른 다음, 인화해서 친구들에게 나눠 줘. 친구들이 무척 좋아할 거라고 믿어. 그리고 모두에게 날 기억해 달라고 전해 줘.

너에게는 추억으로 촌타를 남길게. 알베르티노 집에 있으니 그곳에 들러서 데려가. 촌타를 잘 보살펴 줘. 부탁이야.

애정을 듬뿍 담아 안아 줄게.

안녕. 너의,

줄리오

1944년 4월 3일, 토리노

나의 소중한 알베르티노에게

원기왕성하고 예민한 너에게 내일 아침에 전해질 소식은 아주 끔찍한 고통이 될 거야.

나는 네 안에다가 항상 희망으로 가득 찬 애정이 싹트는 씨앗을 심어 두었어. 나는 시간이 흐름에 따라, 환경이 변함에 따라 조금씩 나아져 가는 네 모습을 보았단다.

공부하는 시간을 좀 늘리면서 예전처럼 꾸준히 노력해 보렴. 인생을 살아가면서 미래에 대한 희망에 생명을 불어넣는다는 마음가짐으로 말이야. 그러면 언젠가 그 희망에 꽃이 필 것이고, 네게 큰 기쁨이 될 거야.

또 학교 밖에서도 지식을 넓혀 가면서 네가 선택한 길을 갈고 닦아 가렴. 내 책들은 전부 너의 것이란다. 책에 관심을 기울이고 그 안에서 지성의 빛과 영혼의 위안을 얻는 법을 알아내렴.

할아버지, 할머니, 아버지, 고모 그리고 사촌들에게 잘하고, 언젠가 나에 대해 너에게 이야기해 줄 사람들에게도 잘해 드리렴.

안녕, 알베르티노.
나를 잊지 마.

삼촌 줄리오

레나토 빈디 *Renato Bindi*

19세. 농민. 1924년 8월 12일 아시아노*Asciano*(시에나*Siena*) 출생. 1944년 1월 10일, 제5 "베르살리에리*Versaglieri*"[1] 연대를 떠남. 시에나 지역에서 활동하는 가리발디 돌격사단 "스파르타코 라바니니*Spartaco Lavagnini*" 파견대에 합류. 1944년 3월 11일 새벽, 몬티차 노*Monticiano* 코무네에서 시에나의 국립공화국수비대가 실시한 소탕 작전 중 체포됨(함께 체포된 동지들 중 조반니 보니니와 프랑스인 로버트 한덴은 그 자리에서 사살되었으며 릴리오소 안토니우치, 알리차르도 아비, 알바로 아비, 체사레 보리, 솔리마노 보스키, 아르만도 파브리, 에치오 필리피니, 파우스티노 마시, 아첼리오 피에리는 바로 그날 스칼바이아*Scalvaia* 묘지에서 총살됨). 3명의 동지들과 함께 몬티차노로 이송되었다가 후에 다시 시에나 병영으로 이송됨. 1944년 3월 13일, 산타 키아라 병영에서 시에나 특별군사법원에 의해 재판을 받음. 1944년 3월 13일 18시, 톰마소 마시와 함께 시에나의 라 마르모라 병영에서 총살됨.

1944년 3월 13일

사랑하는 부모님 그리고 가족 모두에게

3월 11일, 민병대가 저를 체포하여 시에나로 끌고 갔습니다. 사랑하는 어머니, 그자들이 저를 처형시키려 합니다. 저는 모든 죄를 사하는 고해성사와 영성체를 했어요. 여러분 모두에게 볼 키스 해 드립니다. 저는 가족을 위해 항상 기도할 것입니다. 부디 행복하시고, 저는 죄를 용서받고 기쁘게 떠나니 항상 저의 행복한 모습만 떠올려 주세요.

언젠가 우리는 천국에서 다시 만날 것입니다. 저는 신부님의 도

---

1   '저격수'라는 의미의 이탈리아 육군 보병대 소속 특수 부대. 알레산드로 라 마르모라*Alessandro La Marmora* 장군에 의해 1836년 창설된 조직으로 나중에 왕립 이탈리아 육군 조직에 속하게 되었다. 기동성이 뛰어났으며 깃털로 장식된 화려한 복장 때문에 쉽게 알아볼 수 있었다.

움을 받았습니다. 저를 위한 성체강복식을 부탁드리면서 엄마, 아빠, 가족과 친척 모두 그리고 수도원장님께 저의 진심을 담은 사랑의 입맞춤을 보냅니다.

　아들,

레나토

베네데토 보키올라 _Benedetto Bocchiola_(마르코_Marco_)

20세. 정비공. 1924년 5월 14일 밀라노 출생. 1944년 3월부터 6월까지 산악 지대에서 활동하는 무장군의 무기 수집 및 공급책으로 활동. 이후 수개월간 나치가 점령한 병영과 검문소 기습 작전을 포함해 다양한 활동에 참여. 1944년 10월 10일, 이탈리아군 무장 친위대가 실시한 소탕 작전 중 비안디노 계곡_Val Biandino_(레코)에서 체포됨. 1944년 10월 13일, 카사르고_Casargo_(레코)에서 독일군과 이탈리아 파시스트군이 혼재해 있는 법원에 의해 재판을 받음. 1944년 10월 15일, 인트로비오_Introbio_(레코)에서 카를레토 베사나 외 4명의 동지들과 함께 이탈리아군 무장 친위대에게 총살됨.

— 자신이 처형될 것을 미리 알고 몇 시간 전에 쓴 글.

1944년 10월 15일

너무너무 사랑하는 부모님께

저는 아주 건강히 잘 지내고 있다는 것을 알려 드리고자 몇 자 적습니다. 부모님 역시 저처럼 건강하시길 바랍니다. 아무 염려 마세요. 만일 제 소식을 접하지 못하시더라도 마음 졸이지 마시구요.

저의 안부를 전하며 사랑의 입맞춤을 가득 담아 보냅니다.
부모님의,

니노 올림

30세. 이탈리아 국가헌병대 중위. 1914년 2월 27일 페네스트렐레*Fenestrelle*(피네롤로) 출생. 1944년, 키소네 계곡(피네롤로)에서 활동하는 자치 사단 "아돌포 세라피노*Adolfo Serafino*"에 합류. 1944년 8월, 전투와 무장 투쟁에 참가. 12일간의 교전 끝에 트론체아 계곡*Val Troncea*(피네롤로)을 지키는 무장군을 이끌게 됨. 1944년 8월 11일, 세스트리에레 *Sestriere*(피네롤로)에서 "몬테로사" 사단과 독일군 부대가 함께 벌인 소탕 작전 중 8명의 동지들과 함께 체포됨. 발가벗겨진 채 고문당함. 부손*Bousson*으로 이송, 후에 세스트리 에레로 다시 이송. 고문당함. 1944년 8월 14일 17시, 부손에서 루치아노 벨트라모와 함께 독일군에게 교수형당함.

사랑하는 딀리아

나의 마지막 편지는 아마도 당신에게 위로가 될 거야. 그리고 나 는 하늘을 우러러 한 점 부끄러움 없이 눈을 감게 되겠지. 한평생 당신을 사랑해 온 나는 하늘나라에 가서도 당신을 생각할 테지만, 당신은 더 이상 내 생각을 하지 않았으면 해.

걱정 마. 나의 소중한 이여, 나를 대신해 일가친척들, 특히 장모 님께 작별 인사를 드리러 가 줘. 그런 다음 집으로 돌아와 나의 부 모님도 위로해 드렸으면 해. 끝으로, 마지막 순간까지 나 스스로도 마음을 굳건히 할게.

어머니, 아버지에게 입맞춤해 드리길. 그리고 날 안타깝게 여기 지 마.

안녕. 당신에게 진심 어린 키스를 퍼부으며….

루이지

조반니 보노 *Giovanni Bono*(조반니 *Giovanni*)

23세. 정비공. 1922년 토리노 출생. 1943년 9월, 투사 몇 명과 함께 카포디몬테 *Capodimonte* 용수로를 지키기 위한 나폴리*Napoli* 봉기에 참여하여 이를 성공적으로 이 끎. 1944년 3월 16일, 엔초 보에리*Enzo Boeri*가 지휘하는 이탈리아레지스탕스조직 (ORI:Organizzazione Resistenza Italiana)의 임무를 맡아 낙하산을 이용해 모타로네 *Mottarone*(노바라*Novara*)산에 내림. 모타로네산에서 활동하는 "스테파노니*Stefanoni*" 여단에 서 북부이탈리아민족해방위원회(CLNAI:Comitato Liberazine Nazionale del'Alta Italia) 의 무선 전신 통신사로서 첫 임무 수행. 이후, 브렘바나 계곡*Val Brembana*(베르가모*Bergamo*) 의 '정의와자유' 소속 사단 "오로비카*Orobica*"에서 복무. 1945년 3월 15일, 독일군 부대 가 불시에 실시한 소탕 작전 중 중상을 입은 상태로 체포됨. 발본디오네*Valbondione*(베르 가모)까지 들것에 실려 감. 고문당함. 체포 당일인 1945년 3월 15일, 함께 임무를 수행 하던 동지 알도 캄파넬라와 함께 발본디오네의 소광장에서 총살됨.

사랑하는 어머니, 사랑하는 아버지께

어머니, 아버지를 한시도 사랑하지 않은 적이 없습니다.
저는 주님의 은혜 속에서 행복하게 죽습니다.

조반니

약혼녀 난다에게

가끔씩 나를 생각해 줘.

조반니

아도르노 보르잔니 *Adorno Borgianni*

19세. 농부. 1924년 4월 1일 키우스디노*Chiusdino*(시에나) 출생. 1944년 2월 25일, 징병 통지를 받고 자취를 감춤. 시에나 지역에서 활동하는 가리발디 돌격 사단 "스파르타코 라바니니" 파견대에 합류. 1944년 3월 11일 새벽, 몬티차노 코무네에서 시에나의 국립 공화국수비대가 실시한 소탕 작전 중 15명의 동지들(추후 모두 총살됨)과 함께 체포됨. 구타당함. 몬티차노로 이송되었다가 다시 시에나의 병영으로 이송. 1944년 3월 13일, 산타 키아라 병영에서 시에나의 특별군사법원에 의해 재판을 받음. 1944년 3월 13일 17시 30분, 시에나의 라마르모라 병영에서 프리모 시미와 함께 총살됨.

너무너무 사랑하는 가족에게

저는 사형선고를 받았어요. 이제 저의 운명과 마주할 가족에게 크나큰 용기가 필요합니다. 여러분은 그렇게 제 운명을 받아들여야 합니다. 아주 큰 용기를 내야 하는 나의 부모님, 형제, 자매, 일가친척 모두에게 작별 인사를 보냅니다.
당신의 아들,

아도르노

제가 영성체를 했다는 말을 덧붙입니다.
아들,

아도르노

가장 아름다운 전사로서, 내 고향에 묻힐 수 있는 은총을 바랍니다.
아들,

아도르노 보르잔니

파올로 브라치니*Paolo Braccini*(베르디*Verdi*)

36세. 대학 강사. 1907년 5월 16일 카네피나*Canepina*(비테르보*Viterbo*) 출생. 피에몬테와 리구리아 지역의 동물실험연구소에서 동물의 인공수정에 관한 연구를 하는 동시에 토리노 대학에서 일반 축산 및 특별 축산학 강의를 함. 1931년, 반파시스트 사상을 지녔다는 이유로 정규직 교수 자리에서 쫓겨나 교육계를 떠남. 1943년 9월 8일 이후, 모든 사생활을 포기하고 토리노의 지하 운동에 참여. 행동당*Partito d'Azione*의 대표로서 제1 피에몬테 지역 군사위원회 회원으로 지명됨. 파시스트 경찰에게 쫓기면서도 4개월 동안 '정의와자유' 소속 무장군을 지휘. 1944년 3월 31일, 피에몬테 지역 군사위원회 회의 참석 중 토리노의 산 조반니 성당 제의실에서 공화파쇼연합 분자들에게 체포됨. 1944년 4월 2일부터 3일까지, 피에몬테 지역 군사위원회 회원들과 국방특별법원에서 재판을 받음. 1944년 4월 5일, 토리노의 마르티네토 국립포병사격연습장에서 프랑코 발비스 외 6명의 피에몬테 지역 군사위원회 회원들과 함께 국립공화국수비대에게 총살됨. 사후에 금성무공훈장을 수여받음.

1944년 4월 3일

사랑스러운 내 딸 잔나에게

이것이 내가 너에게 쓰는 처음이자 마지막 편지가 될 것 같구나. 마지막 순간을 몇 시간 앞두고 있는 지금, 내가 네 안에 살고 있다는 것을 알기에 이 아빠는 네게 제일 먼저 편지를 쓰고 있단다.

나는 내 이상을 위해 새벽에 총을 맞게 될 거란다. 내 딸아, 언젠가 이 아빠를 온전히 이해해 줄 거라고 믿는다. 내가 절대 울지 않았듯, 너도 이 아빠의 부재로 인해 울지 않았으면 한다. 아빠는 절대로 죽지 않을 거야. 아빠는 언제나 너를 지켜볼 거고, 보호해 줄 거야. 네가 엄마의 배 속에 있을 때부터 줄곧 그랬듯, 엄마는 언제나 네가 모두에게 좋은 일을 하며 살기를 바랄 거야. 엄마가 잔나 너를 위해 존재하듯, 나 역시 네가 원하는 모든 것으로, 네가 많이 사랑하는 아빠로, 너의 질투 유발자로, 죽지 않고 존재할 거야.

엄마 말을 잘 듣는 착한 딸이 되렴. 엄마는 네가 아빠의 좋은 점도 닮기를 원할 거야. 네 엄마는 나를 위해서라도 너를 잘 키워 줄 거란다. 그리고 이 아빠를 대신해 숨 막힐 정도로 뽀뽀를 해 주고 포근하게 안아 줄 거야.

너에게 해 주고 싶은 말이 아주 많지만 글을 써 내려 가는 이 순간, 시간을 앞질러 달려가는 내 생각의 속도를 따라잡을 수가 없구나. 미래엔 네게 행복한 일만 있을 거야. 지금 너에게 굳이 모든 것을 말해 주지 않아도 될 것 같다. 내 심장이 멈출 때, 나의 영혼은 네 엄마의 가슴속으로 들어갈 것이고, 그렇게 나는 네 엄마의 입을 통해 가끔씩 네게 말을 걸 테니까.

네 엄마는 네가 그 무엇보다도 가장 먼저란다.
이 아빠의 죽음을 잘 극복하고 의연하게 너의 길을 가길 바란다.
네 아빠가

사랑하는 나의 코카

아름다운 나의 아내, 내 보물. 나는 잔나에게 보내는 편지를 지금 막 끝냈어. 이제 당신 차례군. 이것은 잔나에게나 당신에게나 처음 쓰는 편지가 아니야. 물질적으로, 그러니까 펜으로도 썼지만 가슴으로, 생각으로도 이미 여러 번 썼으니까. 그러고 보니 죽은 뒤 영혼이 된 상태로 써 본 적은 아직 없군. 당신은 나를 만나지 못하고, 나 또한 당신을 만나지 못하니 지금 잔나를 만난다는 것은 더더욱 불가능하겠지. 그러니 편지라도 쓸 수밖에…. 내게 당신과 잔나는 떼려야 뗄 수 없는 특별한 존재야. 당신이 잔나를 품고 있었을 때처럼 말이야. 기억해?

나는 당신에게 큰일들에 대해서는 말하지 않을 거야. 굳이 말할 필요도 없고. 이제 곧 나는 당신의 영혼 안에 머물면서 당신의 가슴 깊은 곳에서 말을 걸 거야.

당신은 내가 왜 죽는지 잘 알 거야. 이를 항상 명심해 줘. 나는 모든 이들, 특히 우리의 아이, 우리의 피, 우리의 삶을 위해 이 길을 선택했어. 내 죽음 때문에 울 필요는 없어. 나는 후회할 틈이 없었어. 앞만 보고 가기에 급급했으니까.

나는 내 스스로가 죽음을 인지하지 못한 채 허망하게 죽고 싶지 않았어. 그래서 나는 당신을 위해, 내 아이를 위해, 내 신념을 위해 목숨을 지키려 애썼어. 하지만 신념을 지키기 위해서는 내 목숨을 내놓을 필요가 있어. 이제 나는 기꺼이 목숨을 내놓으려 해. 당신과 내 아이가 나를 용서해 줄 테니. 항상 나를 축복해 주고 사랑해 줘. 지금 나에게 필요한 건 그것뿐이야. 당신은 최대한 잔나의 교육에 힘써 줘. 내 안에서는 더 이상 존재할 수 없겠지만, 우리 딸을 향한 도덕적이고 영적인 내 모든 지원은 당신에게 옮겨 가 그 안에서 존재할 거야.

항상 행복한 날들만 계속되지는 않겠지만, 평온함은 늘 유지했으면 해. 나는 당신과 잔나가 그립지 않을 거야. 그리고 당신은 생각했던 것보다 내가 훨씬 더 가까이 있다고 느끼게 될 거야.

자, 이제 현실적인 일들에 대해 이야기할게. 내 친구들에게 도움과 조언을 구할 수 있을 거야. 당신과 우리 딸아이를 위해서 내 친구들, 특히 파우스토에게는 스스럼없이 도움을 청해도 좋아. 내 친구들은 나를 진심으로 아끼니까, 나는 그들이 그렇게 해 줄 거라는 확신이 있어. 내 친구들에게 당신은 가장 사랑받을 가치가 있는 친구의 아내일 테니. 장인어른, 장모님께서 당신을 위로해 주실 거야. 그리고 최소한의 의무감으로 가능할 때마다 우리 엄마를 생각해 줘.

당신이 내 시신을 수습할 수 있을지 모르겠어. 만약 가능하다면, 당신이 원하는 곳에, 당신과 우리 딸이 헌화할 수 있는 아주 소박한 곳에 나를 묻어 줬으면 해.

내가 죽은 뒤에 닥쳐올 비참함은 고스란히 당신과 우리 아이의 몫이 될 거야. 그럼에도 불구하고, 하나만 부탁할게. 아버지의 금시계를 파비오에게 전해 줘. 물론 가능할 때 말이야.

최대한 빨리, 형무소 관리자에게 가서 결혼반지를 포함해 금시계, 만년필, 연필과 열쇠 등 내 물건들을 인계받도록 해. 가능하면 내 책들은 그대로 보관해 줘. 아직 연구소에 남아 있는 내 책들은 회수해 오고. 나를 추억하도록 커프 링크*cuff link*[1] 한 쌍은 파우스토에게 전해 줘.

나의 코카, 이만 줄일게. 나를 위해서가 아니라 당신을 위해서 말이야. 당신의 마음을 아프게 하고 싶지 않아. 나는 당신과 오래도록 함께할 거야.

내 아름다운 영혼, 나의 사랑, 부디 나를 용서해 줘.
내 키스를 영원히 받아 줘.

당신의 남편

---

1 셔츠 소맷동을 잠그는 데 쓰는 작은 장식품(옮긴이).

나의 천사들에게

그들은 우리를 더 취조하기 위해 우리의 명줄을 24시간 연장해 놓았어.

이런저런 생각에 머리가 복잡한 하루였어. 내가 살아온 시간들이 주마등처럼 스쳐 지나갔는데, 내 아내인 당신과 내 딸이 가장 먼저 생각나더군.

나를 도와주고 따뜻하고 진심 어린 대화까지 나누었던 한 신부님 께서 말씀하시길, 특정 종교 의식을 행하면 시신 수습이 가능하다 고 하셨어. 그렇게 해. 나는 어떻게 하던 별 상관없지만, 그렇게 하 는 것이 우리 가족에게 위로가 될 것임을 아니까. 내 시신을 수습할 수 있게 된다면, 훗날 내 무덤 옆에 묻혀 줘. 당신과 함께 잠들 수 있게 된다면 행복할 것 같아. 나는 복받쳐 오르는 감정으로 그날만 을 기다릴 거야. 하지만 그날은, 내가 내 딸을 본 시간보다 더 오래 당신이 손자, 손녀 들을 본 다음, 아주 먼 훗날에 왔으면 해.

앞으로의 세상은 보다 좋아질 거야. 믿어도 좋아. 만약 이를 위해 내 목숨이 필요하다면, 축복할 일인 거야.

당신과 우리 딸에게 큰 축복과 지원이 따르기를 바라며, 두 사람 이 나를 사랑해 주고 기억해 주리라는 믿음을 간직하고 있으니 나 는 총살대 앞에서도 평온할 수 있을 거야. 또한 나의 신념은 나를 미소 짓게 하겠지.

내가 영원히 존재하는 것처럼,
당신과 잔나도 평생토록 마음속에 나를 간직해 주었으면 해.

당신의 남편, 너의 아빠가

II

Boris Bradac Bauder, Antonio Brancati, Mario Brusa Romagnoli,
Fortunato Caccamo, Luigi Campegi, Domenico Cane, Domenico Caporossi,
Eraclio Cappannini, Giacomo Cappellini, Arturo Cappettini,
Paolo Casanova, Giulio Casiraghi, Andrea Caslini, Mario Cassurino,
Giordano Cavestro, Bruno Cibrario, Luigi Ciol, Franco Cipolla, Leandro Corona,
Arrigo Craveia, Enzo Dalai, Claudio Franchi, Celestino Iotti, Lino Soragna,
Jules Federico Tagliavini, Cesare Dattilo, Matteo De Bona, Mario De Martis,
Amerigo Duò, Costanzo Ebat, Stelio Falasca, Ermes Ferrari, Pedro Ferreira,
Walter Fillak, Domenico Fiorani, Umberto Fogagnolo.

보리스 브라닥 바우더 *Boris Bradac Bauder*

24세. 의대생. 1920년 5월 10일 트리에스테*Trieste* 출생. 키바소*Chivasso*(토리노) 거주. 카나베세*Canavese* 지역에서 활동하는 제4 가리발디 사단의 회계원으로 활동. 전투 중 코리오*Corio*에서 체포됨. 치리에*Cirie*(토리노)의 병원에 입원 중 탈출 성공. 이틀 후, 밀고로 로카 카나베세*Rocca Canavese*(토리노)에서 다시 체포됨. 1945년 3월 26일, 로카 카나베세에서 파스콸레 데 굴리엘모, 피에트로 피오레와 함께 총살됨.

1945년 3월 26일

나의 전우들에게

오늘 저는 삶을 마감합니다. 이 최고의 순간, 여러분과의 좋은 추억이 주마등처럼 스쳐 가네요. 여러분은 저에게 선하고 충실한 동지였습니다. 단 하나 아쉬운 점이 있다면 온 세상을 비출 평화와 승리의 빛을 목전에 두고, 투쟁과 고통만을 겪은 채 모두가 바라는 평온함을 맛보지도 못하고 여러분 곁을 떠나야만 하는 것입니다. 저를 통해 더 이상 이탈리아인들이 피 흘리지 않기를 간절히 바랍니다. 이를 반드시 기억해 주세요.

모든 동지들을 얼싸안으며,
이탈리아 만세!

보리스

모로와 미셸에게는 호의적인 운명이 기다리고 있기를 바라고 또 바랍니다.

안토니오 브란카티 *Antonio Brancati*

23세. 학생. 1920년 12월 21일 이스피카*Ispica*(라구사*Ragusa*) 출생. 보병대 사관생도. 1944년 3월 1일, 그로세토*Grosseto*의 보틸리산*Monte Bottigli*에 주둔하고 있던 그로세토 군 사위원회의 "조직단*Gruppo di Organizzazione*"에 입회. 1944년 3월 22일, 소탕 작전 중이던 독일군과 파시스트 군대가 보틸리산의 오두막을 불시에 덮쳐 취침 중이던 10명의 동 지와 함께 체포됨. 1944년 3월 22일, 마이아노 라바키오*Maiano Lavacchio*(그로세토)의 한 학교에서 독일군과 파시스트군이 혼재되어 있는 법원에 의해 재판을 받음. 같은 날인 1944년 3월 22일, 마이아노 라바키오에서 마리오 베쿠치, 리노 차티니, 실바노 구이도 니, 알피에로 그라치, 코라도 마테이니, 에마누엘레 마테이니, 알치데 민냐리, 알바로 미누치, 알폰소 파사난티, 아틸리오 스포르치와 함께 총살됨.

너무너무 사랑하는 부모님께

저는 이탈리아를 완전히 파괴하려는 사람들과 뜻을 함께하지 않는다는 이유로 사형선고를 받았어요. 이 일로 인해 부모님을 다시 뵐 수 있을지 장담하기 어려워 이 편지를 씁니다.

저는 고통받는 우리의 사랑스러운 조국 이탈리아를 그들보다 더 사랑한 죄 말고는 어떠한 죄도 범하지 않았다고 맹세합니다. 그러니 이것을 명심하시고 모든 사람들 앞에서 항상 큰 소리로 당당하게 말씀하세요. 제가 죽게 된다면, 무고하게 죽는 것입니다.

혹여 제가 가끔이나마 부모님을 화나게 한 적이 있었다면, 부디 용서해 주세요. 그때는 너무 어려서 부모님께 철없이 반항한 것이니까요.

저를 위해서 선하신 하느님께 기도해 주세요. 너무 많은 생각은 하지 마시고요. 그리고 가난한 사람들에게 선행을 베풀어 저의 가난한 영혼을 구제해 주세요. 그동안 저를 길러 주시고 가르쳐 주신 것에 대해 무어라 감사의 말씀을 드려야 할지 모르겠습니다. 바라건대, 신께서 부모님께 정당한 보상을 해 주셨으면 합니다.

저를 대신하여 모든 형제들에게 입맞춤해 주세요. 펠리체, 코스탄티노, 루이지, 빈첸초 그리고 알베르토와 나의 사랑하는 약혼녀에게도요. 부디 괴로워하지 마시고 힘내세요. 제 복수를 해 줄 사람들이 있을 테니까요.

저를 향한 어머니의 사랑에 대해 생각하게 해 주시고 선을 베풀어 주신, 존경하는 마테이니 부부에게도 저를 대신해 은혜를 갚아 주시길 바라며, 그분들의 고마움을 잊지 말아 주세요.

저는 한시도 부모님 생각을 떨쳐 본 적이 없습니다.

우리가 이 지구상에서는 다시 만날 수 없을지라도 더 아름답고, 더 거룩하고, 더 공정한 천상에서 분명 다시 만나게 될 것입니다.

항상 저를 기억해 주세요.

강렬한 입맞춤을 보내며,

안토니오

부모님의 안토니오는 죽어서도 변함없이 부모님을 생각할 것이며, 하늘에서도 늘 지켜볼 거라는 것을 알아주셨으면 합니다.

마리오 브루사 로마뇰리 *Mario Brusa Romagnoli* (난도*Nando*)

18세. 자동차 수리공. 1926년 5월 12일 구아르디아레자*Guardiaregia* (캄포바소*Campobasso*) 출생. 1943년 가을, 란초 계곡*Valli di Lanzo* (토리노)의 "푸녜토*Pugnetto*" 의용군에 합류. 제노바의 산악 지대에서 투쟁. 첫 부상을 당한 뒤 체포. 탈출 성공. 자치사단 "몬페라토 ("마우리*Mauri* 무장군)"에 핵심 멤버로 들어감. 자신이 진두지휘한 교전에서 독일 장교와 병사들을 포로로 잡던 중 허벅지에 심각한 부상을 입음. 1945년 3월 25일, 회복이 안 된 상태에서 브루사스코-카바뇰로*Brusasco-Cavagnolo* (토리노) 부근의 전투에 참전. 1945년 3월 29일, 비안체-리보르노 페라리스*Bianze-Livorno Ferraris* (밀라노-토리노 철도선)에서 독일군 호송 열차를 탈취할 목적으로 교전을 벌이던 중 중상을 입음. 같은 날인 1945년 3월 29일 자정 무렵, 열차로 그를 이송하려던 중 3명의 동지들과 함께 중앙정부특공대(RAU:Reparto Arditi Ufficiali) 소속 정찰대에게 생포됨. 그날 밤, 파르티잔 사령관의 포로 맞교환 제의가 수포로 돌아가면서 동지들과 함께 사형선고를 받음. 1945년 3월 30일 아침, 프란체스코 베나, 주세페 가르다노, 비토리오 수만과 함께 리보르노 페라리스(베르첼리)의 광장에서 중앙정부특공대에게 총살됨. 그의 형 2명도 파르티잔으로 활동하다 전사했음.

어머니, 아버지께

아들 마리오는 이제 곧 보잘 것 없는 삶을 마감합니다. 망할 적군들이 저를 향해 총을 쏠 테니까요. 제 시신을 수습해서 필리포 형 옆에 묻어 주세요. 사랑하는 어머니, 아버지, 멜라니아, 안나마리아와 이모에게 작별의 입맞춤을 보냅니다. 또한 마리오 형이 친애했던 첼소에게도 볼 키스를 보냅니다. 형은 하늘나라에서 운명의 구원자가 되어 이 끔찍한 삶에서 여러분이 안전한 길로 갈 수 있도록 인도해 줄 것입니다. 안녕히 계세요. 이탈리아 만세!

마리오-난도

저는 12시에 죽음을 맞이할 것이므로, 12시 5분에는 더 이상 승리를 맞이하지 못할 것입니다.

포르투나토 카카모*Fortunato Caccamo*(티토*Tito*)

21세. 이탈리아 국가헌병대 대원. 1923년 1월 25일 산 그레고리오*San Gregorio*(레조 칼라브리아*Reggio Calabria*) 출생. 1943년 9월 8일 이후, 로마의 방위에 참여. 이탈리아 국가헌병대가 수도에서 철군한 10월 10일에 탈영하여 대다수가 이탈리아 국가헌병대원으로 구성된, 필리포 카루소*Filippo Caruso* 장군이 이끄는 부대에 합류. 몬티 알바니*Monti Albani*와 팔레스트리나*Palestrina*(로마*Roma*) 지역에서 다양한 전투에 참전. 자신이 속한 부대와 데시*Dessy* 중령과 에바트*Ebat* 중령이 지휘하는 부대 간의 연락책으로 활동. 1944년 4월 7일, 로마의 피아자 볼로냐*Piazza Bologna*에서 밀고를 당해 독일군 친위대에게 체포됨. 타소가*via Tasso*(로마)에 있는 형무소로 이송되어 그곳에서 37일간 구류. 수차례 고문당함. 레지나 코엘리 형무소로 이감. (연합군에 의해) 로마가 해방되기 바로 전날인 1944년 6월 3일 오전 10시, 공군 중위 마리오 데 마르티스, 중령 코스탄티노 에바트, 공안 경찰관 조반니 루피스, 중사 구이도 오를란두치, 공안 경찰관 에밀리오 스칼리아와 함께 브라베타 요새(로마)에서 이탈리아령 아프리카 경찰 소대에게 총살됨. 사후에 금성무공훈장을 수여받음.

5월 16일

친애하는 작은아버지께

제가 쓴 편지를 받지 못하셨다면 유감입니다. 편지를 아주 많이 썼는데 그것들이 사라져 버렸다는 걸 알게 되었습니다. 델피노 여사님이 제게 전화를 주셨을 때 여사님 앞으로 편지를 썼으니 그것을 받으면 즉시 알려 달라고 부탁드렸었거든요.

작은아버지의 충고를 받아들이지 않은 것에 대해서는 정말 죄송하게 생각합니다. 저는 (연합군에 맞서 어떠한 나쁜 일도 하지 않았기 때문에) 하루빨리 사면되기를 바라며 곧 다가올 재판을 기다리고 있습니다. 자비로운 주님께서는 힘들고 고통스런 시기를 보내고 있는 저를 보호해 주실 것입니다. 의욕을 잃으셨다는 말씀을 작은어머니께 전해 들었는데, 너무 걱정하지 마세요. 작은아버지의 기분은 이해하지만, 제 마음은 평온하답니다. 작은어머니와 사촌들이 저의 사면 요청 기도를 올린 성녀 리타*S. Rita*[1]께 무한한 신뢰를 보냅니다. 그 신뢰가 저를 저버리지 않을 거라 믿습니다. 지난밤, 평소 알고 지내는 사령부의 통역관이 저의 사면을 요청해 두었으니 지금 당장은 위험하지 않다고, 안심해도 된다고 귀띔을 해 주고 갔기 때문이에요.

친애하는 작은아버지, 저는 표현이 서툴러서 제 감정을 어떻게 표현해야 할지 모르겠지만, 저에게 아버지처럼 대해 주셨다는 것을 잘 압니다. 아버지를 비롯해 작은아버지를 다시 뵙지 못한 채 죽어야 할지도 모른다는 건 저에게 있어 가장 큰 유감입니다. 물론 레지나 코엘리 형무소에 머무는 동안 사면을 확신하지 않았다면 전 아무도 보고 싶지 않았을 거예요. 작은아버지를 (될 수 있는 한) 와락 껴안고 싶은 마음도 들지 않았을 것 같아요.

친애하는 작은아버지, 저는 작은아버지께서 성스러운 부활절을 저희 집에서 보내셨다는 걸 알고 무척 기뻤습니다. 그곳은 저와 제 가족에게 있어 세상 그 어떤 것과도 바꿀 수 없는 가장 소중한 곳이니까요. 제가 얼마나 가족과 함께하고 싶은지 상상도 못 하실 거예요!

작은어머니께서 건강 상태가 좋지 못하신대도 저를 위해 기도드리러 먼 길을 마다하지 않으신 거 알아요. 무슨 말씀을 드려야 할지 모르겠지만, 주님께서는 작은어머니의 기도에 응답해 주실 거예요.

---

1   학대받는 이들과 결혼 문제, 상처, 고통, 상실감으로 낙심한 이들의 수호성인. 성녀의 유해는 썩지 않은 채 이탈리아 카시아 대성당에 보존되어 있다(옮긴이).

소포에 대해 말씀드리자면, 전부 다 받았어요. 작은아버지께서 보내 주신 많은 것들 중에 살라메salame[1]가 가장 맛있었습니다. 제가 부탁드렸던 코냑도 잘 받았습니다. 그런데 제가 보내 드릴 리넨은 너무 더럽습니다. 그들이 기름을 바르거든요. 드릴 말씀이 아주 많지만 오늘은 이만 줄이겠습니다. 언젠가 정말로 제가 성녀 리타에게 믿음으로 간청드린 사면을 받게 될지 그 누가 알겠어요!

    작은 어머니와 사촌들에게 애정을 담은 포옹을 해 드립니다.
    사랑을 보내며.

                                                                  티토

    만약 제가 사면된다면, 저를 위해 헌신하신 작은어머니 에스터와 성녀 리타에게 감사의 뜻을 전하러 성당에 갈 거라고 약속드렸어요. 이제 신발은 보내지 마세요.

---

1   소금에 절여 만드는 육류 제품의 총칭(옮긴이).

루이지 캄페지 *Luigi Campegi*

31세. 노동자. 1913년 9월 22일 트로멜로*Tromello*(파비아*Pavia*) 출생. 초기에는 이 지역에서 활동하였으나 고발로 인하여 떠나게 됨. 사령관 C. 모스카텔리*C. Moscatelli*의 지휘 하에 있는 세시아 계곡(노바라)의 가리발디 여단에 합류하여 여단 사령관이 됨. 1944년 12월, 부모님을 만나러 고향으로 돌아가던 길에 체포되어 사형선고를 받음. 최후의 순간 탈출에 성공하여 소속 부대로 되돌아감. 밀라노에서 무기 수집 임무 수행 중 다시 체포되어 팔라초 디 주스티치아*Palazzo di Giustizia*[1]로 이송, 재판을 받음. 1945년 2월 2일, 밀라노의 주리아티*Giuriati* 경기장에서 프랑코 만넬리, 베니에로 만토바니, 비토리오 레스티, 올리비에로 볼포네츠와 함께 총살됨.

사랑하는 친구들에게

나는 사형을 선고받았어. 부탁컨대, 우리 부모님은 이 사실을 모르셨으면 해.

나 때문에 울지 마. 나는 12명의 부하들과 함께라서 행복하니까.

너희들에게 또 편지를 쓸 수 있기를 바란다.

너희 모두를 안아 주며,

지지루이지 캄페지의 애칭

---

1   이탈리아어로 재판소를 뜻한다(옮긴이).

도메니코 카네 _Domenico Cane_

30세. 실내장식가. 1913년 12월 11일 토리노 출생. 1943년 10월부터 "마테오티_Matteotti_" 무장군 소속 파르티잔이자 토리노의 애국행동단 일원으로 활동하며 산악부대에 필요한 자료 수집과 무기 탈환 등의 임무 수행. 1944년 3월 14일, 토리노에서 애국행동단 동지들과 함께 화물자동차를 탈취하기 위해 기습을 시도하다 정치수사국 분자들에게 체포됨. 1944년 4월 2일, 아서 카펠리 기자가 살해된 것에 대한 보복으로 토리노 모르겐가에서 도메니코 비넬리, 안젤리코 칼리가리스, 페르난도 콘티, 주세페 이고네티와 함께 총살됨.

너무너무 사랑하는 어머니, 페데, 아버지, 알베르토, 스테파노, 이모, 외삼촌, 마리아 그리고 내가 사랑하는 모두에게

앞으로 한 시간 후, 저는 더 이상 이 세상에 없을 것입니다. 어머니께서도 저처럼 강해지셔야 해요. 어머니께서는 "성자"가 되기 위한 힘은 바로 자신으로부터 나온다고 생각하시지요. 한평생 어머니의 고통과 헌신이 그에 대한 증거일 겁니다. 어머니께는 지금 죽음을 앞두고 자신이 사라지는 걸 막아 달라 애원하는 자식이 있습니다. 힘을 내세요. 아주 아주 큰 힘을 내셔야 합니다. 어머니는 곧 자식 하나를 잃게 되시겠지만, 머지않아 또 다른 자식이 귀환할 겁니다. 그러니 저의 사랑하는 동생 스테파노를 위해 사셔야 해요. 저에게 쏟으셨던 관심과 주의를 이제부터 스테파노에게 기울여 주세요. 어머니께는 저만큼 강해지셔야 한다는, 아들 도메니코의 요구를 확실히 지켜 주셔야 할 의무가 있습니다.

오늘 자정, 저는 곧 제가 죽게 될 거란 사실을 알았습니다. 지금은 새벽 4시 30분이네요. 저는 이제 어머니께 큰 힘을 드릴 방법을 알고 있을 페데에게 어머니를 부탁하려 합니다. 친애하는 페데, 부디 나를 용서해 줘. 내 모든 것을 걸고 네게 우리 어머니를 보살펴

줄 것을 간청한다.

　사랑하는 어머니. 자정부터 지금까지 4시간 동안 제가 살아온 지난 삶을 되돌아보았어요. 지금은 부모님 생각밖에 나지 않습니다. 어머니. 제가 평생 어머니 곁에서 함께해 드리지 못하게 된 것을 부디 용서해 주세요. 아버지께도 더 이상 약주는 그만 드시고 어머니 곁에 더 오래 계셔 달라고 전해 주세요. 그리고 저를 용서해 달라고도요. 어머니. 저는 어머니의 사진 한 장 갖고 있지 않지만, 어머니의 모습은 제 눈앞을 한시도 떠난 적이 없습니다. 저의 마지막 갈망은 어머니를 위해 존재하고 싶다는 것입니다. 어머니의 이름 안에 저의 삶이 모두 깃들기를 바랍니다. 어머니. 저는 의미 있게 사는 법은 모르지만 의미 있게 죽는 법은 알고 있습니다. 저는 결백하기 때문에 평온합니다. 그러니 고개를 꼿꼿하게 드시고 어머니의 아들은 죽는 그 순간에도 떨지 않았다고 당당하게 말씀하세요. 이제 가야 할 시간이 거의 다 되었네요. 어머니를 도와주시는 이모와 외삼촌 모두에게도 용서를 구합니다. 안녕히 계세요. 어머니. 페데, 아버지, 스테파노, 알베르토, 모두 안녕.

　어머니, 이제 작별 인사를 드립니다. 그리고 저의 온 마음을 당신에게 바칩니다. 모두에게 사랑의 입맞춤을 보내며.

　어머니, 어머니, 만반의 준비가 끝났습니다.

　　　　　　　　　　　　　　　　　　　　　도메니코 카네

도메니코 카포로시 *Domenico Caporossi* (미구엘 *Miguel*)

17세. 배선공. 1927년 8월 4일 마티 카나베세 *Mathi Canavese* (토리노) 출생. 이탈리아 공산당 입당. 란초 계곡과 카나베세에서 활동하는 제80 가리발디 여단의 소위급 파르티잔. 1945년 2월 17일, 가족 방문 차 치리에(토리노)에 갔다가 본가에서 "폴고레 *Folgore*" 사단의 병사들에게 체포됨. 치리에에 투옥됨. 36시간 동안 지속적으로 고문을 당함. 1945년 2월 21일, 재판 없이 루이지 베타니, 주세페 베타스, 루이지 보사, 아르칸젤로 카파소, 에르네스토 카사그란데, 조반니 모디카, 피에트로 오스페달레, 리날도 피카티, 비토리오 롤레와 함께 바르바니아 *Barbania* (토리노)의 주광장에서 "폴고레" 사단 소속 소대에게 총살됨. 사후에 공로십자훈장을 수여받음.

사랑하는 어머니께

저는 죽습니다만, 파르티잔으로서, 제 입술에는 미소가 머금어지고 제 심장에는 신념이 가득 차 있습니다. 저는 행복하게 죽음을 맞을 것이니 우울해 하지 마세요. 친구들과 일가친척들에게도 작별인사 대신 전해 주세요. 그리고 사랑하는 아버지, 할아버지, 할머니, 일레노, 꼬맹이 임페리오, 모두 꼭 안고 입맞춤해 드립니다.

부디 저를 항상 기억해 주세요.
안녕히 계세요.

당신의 아들,

도메니코

20세. 폴리뇨 산업학교(페루자*Perugia*) 학생. 1924년 1월 8일 이에시*Iesi*(안코나*Ancona*) 출생. 1943년 11월, 안코나 지역에서 활동하는 제5 가리발디 여단에 합류하여 참모장이 됨. 1944년 1월과 4월, 세라 산 퀴리코*Serra San Quirico*, 카베르나르디*Cabernardi* 교외에서 치러진 전투에 참전하고 독일군이 사용 중이던 아르체비아*Arcevia*(안코나)의 스니아 비스코사*Snia Viscosa*[1]에 대한 사보타주*sabotage*[2]에 참가. 1944년 5월 4일 새벽, 산탄젤로*Sant'Angelo*와 아바첼리*Avacelli* 사이에서 차량을 바꿔 타던 중 독일군에게 체포. 운전병이 정보원이었을 것으로 추정됨. 아르체비아로 이송. 1944년 5월 5일, 재판 없이 주세페 라티에리, 주세페 밀레티, 마리노 파트리냐니, 데알도 시피오니와 함께 아르체비아의 담벼락 아래에서 총살됨.

— 그의 자필 편지는 체포된 장소와 총살된 장소 사이의 길에 버려져 있었음.

1944년 5월 5일, 아르체비아

⟨저는 독일군에 포로로 잡힌 청년 카판니니 에라클리오입니다. 이 편지를 습득하신 분은 이에시에서 세라데이콘티*Serradeiconti*로 피난을 간 농부 카르비니 댁, 저의 가족에게 전달 부탁드립니다.⟩

사랑하는 부모님과 일가친척 모두에게,

생의 마지막 순간에 저는, 여러분과 저 그리고 우리 자식들에게 아주 많은 희생을 요구하는 우리의 사랑하는 조국에 대해 생각하고

---

1 선박 제조 회사(옮긴이).
2 노동자의 쟁의행위 중 하나로 고의적인 사유재산 파괴나 태업 등을 의미하나, 군사적으로는 전선의 배후 또는 점령 지역에서 적의 군사장비, 통신선, 군사시설 등에 피해를 주거나 파괴하는 행위를 일컫기도 한다(옮긴이).

있습니다.

저 때문에 울지 마세요. 저는 항상 여러분 가까이에 있을 거니까요. 저는 지상이 아닌 곳에서도 여러분을 변함없이 사랑할 것입니다. 여러분은 저의 유일한 위로가 될 것입니다. 제가 그랬던 것처럼 강해지세요.

저의 모든 지인들에게 작별 인사 전해 주세요.

여러분의 영원한,

에라클리오

피콜라 마리아 그라치아에게 입맞춤을 보내며,
이 편지를 전해 주신 분께 감사의 인사를 드립니다.

자코모 카펠리니 *Giacomo Cappellini*

36세. 초등학교 교사. 1909년 1월 24일 체르베노*Cerveno*(브레시아) 출생. 1944년 6월부터 1945년 1월까지, 브레시아에서 '녹색화염*Fiamme Verdi*'[1] 소속 사단 "티토 스페리*Tito Speri*"의 "페루치오 로렌치니*Ferruccio Lorenzini*" 여단 대대장으로 활동. 독일군과 국립공화국수비대 군인들을 포로로 잡은 3번의 기습 작전을 진두지휘. 일련의 사보타주 임무완수. 1945년 1월 21일, 부상당한 상태로 로치오*Lozio*(브레시아) 지역에서 전투를 벌이다 체포됨. 1945년 3월 22일, 브레시아성城에서 브레시아 군사법원에 의해 재판을 받음. 1945년 3월 24일, 브레시아성에서 총살됨. 사후에 금성무공훈장을 수여받음.

존경하는 부모님께

제가 쓴 이 편지를 받으셨을 때 저는 더 이상 이 세상에 없을 것입니다. 떠나기 전에 한 번쯤은 뵈었으면 좋으련만, 신의 섭리에 따르는 게 더 낫다고 믿습니다.

어쩌면 저로 인해 너무 큰 고통에 시달리게 되실지도 모르겠습니다. 그런데도 부모님의 고통을 덜어 드릴 수 없어 한탄스럽기만 합니다. 부모님의 마지막 입맞춤을 받지 못하고 떠나는 것은 아마 몹시 고통스러울 거예요. 하지만 걱정하지 마세요. 저는 평온하고 굳건합니다.

저는 조국을 위해 모든 것을 바친 저의 행동에 대해 일말의 양심의 가책 없이, 마지막까지 저의 의무를 완수한다는 생각으로 죽음을 맞이할 것입니다.

존경하는 아버지, 어머니.

이 순간, 부모님의 사랑을 먹고 자란 아들이 느끼는 이런 종류의

---

1   로마 가톨릭 신자들로 구성된 이탈리아 무장 저항군(옮긴이).

감정은 펜으로는 절대 담을 수 없습니다. 저는 부모님의 소중한 이름을 계속 부르며 떠날 것입니다. 저는 진심으로 많이, 아주 많이 부모님 곁에 있고 싶어요. 힘을 내세요. 저를 위해 울지 마시고요. 저는 더 나은 삶이 있는 곳에서 부모님을 지켜보며 우리가 영원히 함께할 때까지 기다리고 있겠습니다.

혹시 저도 모르게 고통을 드린 적이 있다면 모두 용서해 주세요. 부모님의 인생을 기쁨으로 채워 드리고 싶었는데 그것은 고사하고…. 존경하는 아버지, 어머니, 모두 용서해 주신 거 맞죠? 저는 이제 저를 거두어 주실 하느님께 가야 하는 제 운명을 담담히 받아들입니다.

저는 누군가를 비난하지 않아요. 제 사견을 따르지 않는 사람들을 미워하지도 않습니다. 저의 동지들도 저처럼 그들을 미워하지 않았으면 합니다.

곧 만나기를 바라는, 사랑하는 마르티노, 알프레도 그리고 엘비라. 힘내. 이들이 저의 빈자리를 채워 줄 거예요. 이들의 사랑 속에서 저의 사랑도 찾게 되실 거라 믿습니다.

안녕, 내가 사랑하는 모든 이들. 안녕히 계세요.

마음으로나마 꽉 안고 얼굴 가득 저의 입술 도장을 찍어 드립니다.

자코모

내 사랑 빅토리아에게

안녕. 아름다운 꿈은 종종 행복한 삶에 대한 헛된 희망을 품게 하

지. 신은 이를 원치 않으셨고, 당신의 자코모는 당신으로부터 점점
더 멀어져 마지막 키스를 나누는 기쁨조차 맛보지 못한 채 떠나게
되었어. 빅토리아, 당신을 사랑했어. 나보다 당신을 더 소중히 여겼
고, 나를 행복하게 해 주는 미덕을 지닌 당신을 존경했어. 하지만
이제 난 한때의 동반자로서 무시할 수 없는 사람 정도로 당신의 기
억 속에 남을 테지.

사랑하는 빅토리아, 존재를 탄압하는 죽음의 고통이 어마어마하
게 크다 하여도 나는 굳건하고 평화로워. 지상에서는 더 이상 당신
과 맺어질 수 없지만 나는 당신을 아주 많이 사랑했고, 당신 역시
당신을 변함없이 사랑하는 나를 절대 잊지 않을 거라고 확신하기에
내 마음은 아주 평온해.
나는 내 의무를 다했음을 알기에 힘이 나. 그러니 나의 빅토리
아, 당신도 힘내. 그리고 무너지지 마. 당신의 자코모는 또 다른 삶
을 살게 될 곳에서 나의 유일한 기쁨이었던 당신을 지켜볼 거야. 부
모님, 누이, 처남, 지노와 비탈레에게 작별 인사 전해 줘. 모두에게
깊은 애정을 갖고 나를 기억해 달라고 해 줘. 내 사랑 당신, 죽는 그
순간까지 당신의 사랑스런 이름을 계속 부르리라 약속하며, 당신에
게 퍼붓을 키스를 받아 줘.

당신의,

자코모

추신 : 지금보다 더 행복했던 어느 날 당신이 내게 준 결혼반지
를 당신의 반지와 합쳐 줘. 나의 빅토리아, 누군가 당신을 사랑했다
는 사실만은, 그리고 지금도 변함없이 당신을 사랑하는 나와의 가
장 소중한 추억만은 평생 간직해 주었으면 해.

당신의,

자코모

너무너무 사랑하는 마르티노, 알프레도 그리고 엘비라에게

　나를 강타한 잔혹한 운명으로 인해 너희들의 사기가 꺾이지 않았으면 해. 너희들은 나보다 운이 좋으니 살아가면서 사랑하는 부모님께 나 대신 큰 위로가 되어 주길 바라. 공교롭게도 부모님께는 너희들의 지속적인 위로가 필요할 테니…. 부모님을 잘 부탁해. 이 지경에 이르고 나니 부모님이 나에게 얼마나 소중한 존재였는지, 부모님의 존함 자체만으로도 나에게 어떤 감정들이 솟구쳐 오르는지 새삼 알게 됐어. 우리의 조국도 아주 많이 사랑해 주길 바란다. 오늘날 우리의 조국은 너무 비참한 상태이니, 조국을 원망하지 말고 이 형의 희생을 받아들이길 바란다.

　안녕, 마르티노, 알프레도, 엘비라.
　너희들을 보고 떠났으면 큰 위안이 되었으련만, 감내할 수밖에…. 다시 한 번 아버지, 어머니를 부탁한다. 그리고 날 잊지 마. 마음을 단단히 먹으렴. 내 모든 애정을 담아 가슴을 꽉 끌어안고 작별의 입맞춤을 보낸다.

자코모

아르투로 카페티니 *Arturo Cappettini* (주세페 *Giuseppe*)

43세. 상인. 1900년 3월 17일 체메 로멜리나 *Zeme Lomellina* (파비아) 출생. 파시스트들에게 조사를 받을 때마다 매번 반파시스트라는 이유로 박해를 받던 공산당 투사. 스위스와 프랑스로 강제 송환. 1943년 9월 8일 이후, 제3 가리발디 여단 소속 애국행동단에 합류. 산악 지대에서 활동하는 파르티잔들에게 식량 및 물품을 공급해 주고, 자신의 점포에 지하 신문과 전쟁 물자들을 숨겨 놓음. 1943년 12월 19일, 파르티잔들에게 물자를 공급하기 위해 모르타라 *Mortara* 지역에 갔다가 그곳에 있는 어머니의 집에서 체포됨. 이후, 친동생과 동지들이 밀라노에 있는 그의 점포에서 전쟁 물자들을 나르던 중 밀고를 받은 경찰들에게 불시에 공격당함. 이 새로운 기소 건을 근거로 모르타라에서 밀라노의 산 비토레 형무소 제6별동으로 이송. 독일군 친위대에게 고문을 당함. 1943년 12월 31일, 밀라노의 카놀라 사격장에서 가에타노 안드레올리, 체사레 폴리와 함께 총살됨.

사랑하는 어머니께

이 편지를 받으셨을 때쯤이면, 저는 이 세상에 없을 것입니다. 적의 총탄을 맞고 이미 죽었을 테니까요. 그러니 저의 사랑하는 딸들을 잘 부탁드립니다. 저를 대신해 뽀뽀 많이 해 주세요. 틸데에게도요. 제가 그랬던 것처럼, 제 아이들도 위대한 애국자가 될 수 있도록, 제 복수를 위해서라면 모든 것을 바칠 수 있도록 잘 가르쳐 주세요. 마지막으로 모두에게 진정 어린 마지막 입맞춤을 보냅니다. 안녕히 계세요.

이탈리아 만세! 공동의 이상 만세!
당신의,

아르투로

파올로 카사노바 *Paolo Casanova*

21세. 제빵사. 1923년 11월 알타무라*Altamura*(바리*Bari*) 출생. 베로나에 주둔하는 제8 베르살리에리 연대 소속. "베로나" 여단의 파르티잔 사령부와 접촉한 후 자신이 복무하는 병영에서 탄약을 훔침. 1944년 9월 12일, 유출 준비를 마친 탄약 상자가 발각되어 독일군 친위대에게 체포됨. 1945년 1월 11일, 베로나의 독일군사법원에서 파르티잔 의용군으로 활동하고 탄약을 공급한 죄목으로 재판을 받음. 1945년 2월 9일 새벽, 베로나의 포병사격연습장에서 총살됨.

1945년 2월 9일, 베로나에서

너무나 많이 사랑하는 어머니께

인생의 마지막 순간, 저는 어머니께 드린 모든 슬픔에 대해 용서를 구하는 편지를 쓰고 있어요. 지금 이 순간, 저의 마음과 영혼은 어머니 가까이에 있어요.

그 옛날, 어머니 곁에 머물던 그 아름다운 날들처럼 지금 어머니를 안아 드릴 수 없다는 것이 저의 유일한 슬픔입니다.

사랑하는 어머니, 하느님을 알게 해 주시고, 기독교인이 되는 법을 가르쳐 주셨으며, 저를 좋은 길로 인도해 주셨지요. 저를 위해 해 주신 그 모든 일에 대해 감사드립니다.

제가 이제 곧 겪을 일은 우리를 위해 예수 그리스도께서 겪으셨던 일에 비하면 아무것도 아닙니다. 그리고 지금 이 순간, 성직자께서 저에게 도움과 위안을 주시러 이곳에 와 계시기에 저는 기쁘답니다.

사랑하는 어머니, 제게 닥칠 운명을 어머니께서 모르고 계신 것이 그저 다행이라고 생각합니다.

친애하는 아버지, 제가 아버지의 명령과 충고에 귀를 기울이지 않았던 점 그리고 아버지의 뜻에 반하여 행한 모든 일들을 용서해 주세요. 저처럼 완고한 사람들은 이런 최후를 맞이하나 봅니다.

그럼에도 불구하고, 제가 잘못한 것은 아무것도 없다는 것을 믿어 주세요. 그렇기에 저는 저를 죽음으로 이끈 자들을 용서하면서, 하늘을 우러러 한 점 부끄러움 없이 죽습니다.

이 순간, 제가 사랑하는 사람들이 '저의 용서를 받아 줄 거라고 확신하며' 용서를 구합니다. 제게 여러분의 거룩한 축복을 베풀어 주시고, 부디 저를 이해해 주시기 바랍니다.

저는 형제자매를 비롯하여 모든 지인들과 일가친척들, 사랑하는 조부모님께 입맞춤과 포옹을 해 드리는 것으로 삶을 마감하려고 합니다.

파올로

1945년 2월 9일, 베로나에서

사랑하는 형제들에게

나는 내가 저지른 모든 비뚤어진 일들에 대해 용서를 구하면서, 이 마지막 말을 내 형제들에게 남기려 해. 형제들이 나보다 더 잘되기를 바라고 또 어머니, 아버지께 죄송할 일은 하지 않았으면 좋겠어. 내 마지막 소원을 새겨듣고 지켜 주길 바라. 특히 사랑하는 사베리오, 너는 평소에 어머니, 아버지 말씀을 잘 듣지 않고 좀 삐딱했잖아. 과거에는 그랬더라도 이제부턴 사랑하는 부모님을 위로해 드릴 방법을 찾아봐. 그리고 항상 부모님을 기쁘게 해 드리려 노력해 줘.

사랑하는 베네란다 누나, 나는 지금 이 순간 사랑하는 내 조카들과 매형이 하고자 하는 모든 일들이 잘되기를 바라. 나를 용서하고, 나와의 소중한 추억을 간직해 줘.

이제 나는 모두의 축복을 빌면서 포옹해 주는 것으로 내 삶을 마감하려 해.

여러분의 사랑하는 형제,

파올로

44세. 전기기계 조립공. 1899년 10월 17일 세스토 산 조반니*Sesto San Giovanni*(밀라노) 출생. 1921년부터 이탈리아 공산당원으로 활동. 1930년, 반파시스트 활동으로 체포되어 반파시스트 검속 비밀경찰(OVRA: Opera Vigilanza Repressione Antifascismo)에게 고문을 당하고 징역 5년 형을 선고받음. 1932년, 특사로 석방. 1935년, 다시 체포되어 6개월간 구류. 1943년, 세스토 산 조반니의 에르콜레 마렐리*Ercole Marelli*[1] 공장에서 파업을 주동한 혐의로 세 번째 체포되어 3개월간 투옥. 1943년 7월 25일 이후, 에르콜레 마렐리에서 노동자 정치 운동 주도. 1943년 9월 8일 이후, 지하 활동을 조직하고 파르티잔을 위한 무기와 보급품, 선전 자료 수집 및 배포. 1944년 7월 12일, 체포되어 몬차 형무소로 이송. 독일군 친위대에게 고문당함. 밀라노의 산 비토레 형무소 제5별동으로 이감. 1944년 8월 10일, 아브루치 대로*viale Abruzzi*에서 벌어진 독일군 차량 폭탄 테러에 대한 보복으로 잔 안토니오 브라빈, 렌초 델 리초, 안드레아 에스포시토, 도메니코 피오라니, 움베르토 포가놀로, 툴리오 갈림베르티, 비토리오 가스파리니, 에미디오 마스트로도메니코, 안젤로 폴레티, 살바토레 프린치파토, 에랄도 손치니, 안드레아 라니, 리베로 테몰로, 비탈레 베르테마티와 함께 밀라노의 로레토 광장*Piazzale Loreto*에서 파시스트 소대에게 총살당함.

1944년 7월 17일, 몬차

사랑하는 에르미니아에게

면회 와 줘서 너무 기뻤어. 당신이 나를 위해 해 준 모든 일들에 대한 고마움은 한시도 잊지 않을게. 모든 일이 잘되어야 할 텐데…. 여기서 온종일 특별하게 하는 일 없이 지내다 보니 줄담배를 피우게 돼. 그래서 말인데, 담배 좀 보내 주면 좋겠어. 지난번 보내 준 것들은 고맙게 받을게. 그런데 앞으로 닭고기는 넣지 마. 우리 형편에 닭고기는 사치니까.

---

1   1891년 에르콜레 마렐리가 설립한 밀라노 소재 금속 가공 회사(옮긴이).

나는 건강해. 그러니 당신도 건강하길 바라.
본가와 처가에는 안부 인사를, 당신에게는 진한 키스를 보내며….

줄리오

내 사랑에게

어제 먹을 것과 입을 것을 받아서 너무 기뻤어. 당신이 내게 해
준 모든 일에 대한 고마움은 평생 잊지 않을 거야. 하지만 하루 빨
리 내 상황이 확실히 마무리돼서 집으로 갈 수 있으면 좋겠어. 내
얘기를 하자면, 딱히 새로운 소식이 없긴 한데, 이것 하나는 말해
줘야 할 것 같아. 전에 내가 독방에 갇혀 있다고 말했잖아. 이곳에
서의 하루는 얼마나 긴지 끝이 없는 것처럼 느껴져. 왜 나를 동지들
과 함께 두지 않는지 저들의 의중은 알 수 없지만 인내심으로 모든
것을 이겨 낼 거야.

나는 건강해. 당신과 우리 가족도 건강하길 바라.
우리 가족과 처가 식구들의 행복을 빌며.
지네토에게는 입맞춤을, 당신에게는 격렬한 키스를 보내.

줄리오

1944년 8월 3일, 몬차

나의 사랑 에르미니아에게

여기 상황에 대해 말하자면, 그날이 그날이야. 혹 새로운 일이 생기다면 잊지 않고 꼭 알려 줄게.

방이 바뀌었어. 새로 배정받은 감방에는 빈대가 없어서 행복하다고 말할 수는 있겠네. 그런데 요점은 말이야, 아직도 감방에 나 혼자 있다는 거야. 도대체 나를 왜 동지들이 있는 방에 넣어 주지 않는 건지 이해가 안 돼.

나는 아주 건강해. 그러니 당신과 우리 가족도 그랬으면 좋겠어.

사랑하는 당신과 가족에게 안부를 전하며, 친척들과 친구들에게도 안부 전해 줘. 나를 대신해서 지노에게 뽀뽀 많이 해 주고.

줄리오

— 이 마지막 문장은 줄리오 카시라기가 밀라노의 산 비토레 형무소로 이감되기 전 몬차 형무소 출입구에서 작성한 것임.

"내 마음은 사랑하는 아내와 사랑하는 이들에게로,
내 몸은 내 믿음에게로."

줄리오

안드레아 카슬리니*Andrea Caslini*(로코*Rocco*)

23세. 목수. 1921년 9월 21일 고를레*Gorle*(베르가모) 출생. 1944년 6월, 베르가모 일대
에서 활동하는 제53 가리발디 여단에 합류. 폰테노*Fonteno*와 코르나 룽가*Corna Lunga* 전
투를 포함한 수많은 전투에 참전. 1944년 11월 17일, 소베레산*Monte di Sovere*의 말가 룽
가*Malga Lunga*(세리아나*Seriana*, 보르레차*Borlezza*와 카발리나*Cavallina* 계곡 사이)에서 벌어진
"탈리아멘토" 부대와의 전투에서 체포됨. 1944년 11월 19일, 로베레*Lovere*에서 탈리아
멘토 특별법원에 의해 재판을 받음. 1944년 11월 21일, 코스타 볼피노*Costa Volpino*(베르
가모) 묘지에서 구이도 갈림베르티, 조르조 팔리아와 이전에 파르티잔으로 활동했던 러
시아인 도네즈, 시모네, 몰로토프와 함께 "탈리아멘토" 소속 소대에게 총살됨.

1944년 11월 21일, 코스타 볼피노

사랑하는 아버지, 누나 그리고 매형에게

이 편지를 쓰는 지금으로부터 몇 분 안에 저는 형장의 이슬로 사
라질 것이기에, 여러분에게 보내는 이 편지로나마 작별 인사를 대
신합니다. 그러니, 때늦은 눈물은 흘리지 않겠다고 약속해 주세요.

저는 곧 있으면 사랑하는 어머니를 다시 만나게 될 테니 그것만
으로도 기쁩니다. 그리고 어머니와 함께 늘 여러분 곁에 있을 수 있
기에 행복합니다. 한 번 더 작별 인사 올리며 저의 죽음으로 인하여
모든 이탈리아인이 승리와 자유에 이를 수 있기를 간절히 바랍니다.
저는 이탈리아를 위해 이 한 몸 바칩니다!

아버지, 누나, 매형에게 악수와 입맞춤을, 조카들에게는 **뽀뽀**를
보냅니다. 저를 궁금해하시는 모든 이에게 작별 인사 전해 주세요.
우리 훗날 하늘나라에서 만나요.

머지않아 독립된 자유국가로서 번영을 되찾고 부흥하게 될 이탈리아여, 만세!

안드레아

마리오 카수리노*Mario Cassurino* (사에타*Saetta*)

20세. 수습 기계공. 1924년 6월 25일 제노바 출생. 이탈리아 공산당원. 1943년 9월 8일 직후, 제3 "리구리아" 가리발디 여단에서 파르티잔 활동 시작. 제노바와 그 일대를 공격 지점으로 삼고 산악 지대에서 활동. 1944년 4월, 독일군과 파시스트군이 함께 실시한 공습으로 여단이 해산됨. 제노바의 애국행동단에 들어감. 장교와 당 간부들을 대상으로 하는 교전에 참여하고 교량과 공장에 대한 사보타주 임무 수행. 1944년 7월 20일, 밀고로 베네치아 경찰국장이 이끄는 정치대에게 체포됨. 제노바 경찰국의 유치장으로 이송됨. 1944년 7월 29일 3시에서 4시경, 제노바의 경찰국에서 파시스트특별법원에 의해 재판을 받음. 재판 당일이던 1944년 7월 29일 5시, 발릴라 그릴로티, 알레안드로 롱기, 자친토 리촐리오, 고프레도 빌라와 함께 산 줄리아노 요새*Forte San Giuliano* (제노바)에서 검은 여단 소속 소대에게 총살됨.

1944년 7월 29일, 제노바

사랑하는 어머니 그리고 아우에게

제가 감옥에 갇힌 지 9일이 지났어요. 알도, 부탁 하나 할게. 이제 너는 더 이상 어린 아이가 아닌, 사리분별이 가능한 나이니까. 언젠가 미노가 돌아오면 나를 대신해서 작별 인사 전해 주었으면 해. 나 때문에 참아야 했던 모든 일들에 대해 용서를 바란다. 시간이 얼마 없으니 이만 줄일게. 내 모든 친구들, 이모, 엠마, 외삼촌들에게 안부 전해 줘. 스피나와 스피나 가족에게도 작별 인사 잊지 말고.

모두에게 작별 인사를 전하며 입맞춤을 보냅니다.
여러분의,

마리오

조르다노 카베스트로Giordano Cavestro(미르코Mirko)

18세. 중학생. 1925년 11월 30일 파르마Parma 출생. 1940년, 수많은 파시스트 무장 세력들이 동원령을 받고 집결한 곳 근처에 자체 제작한 반파시스트 게시물을 자발적으로 게시. 1943년 9월 8일 이후, 파르마 지역에서 처음으로 파르티잔 활동 시작, 강한 추진력으로 핵심 멤버가 됨. 1944년 4월 7일, 독일군과 파시스트군의 기습 공격으로 몬타냐나Montagnana(파르마)에서 체포됨. 파르마 형무소로 이송. 1944년 4월 14일, 파르마의 군사법원에서 재판을 받음. 사형선고를 받은 후 조건부로 사면되었지만 다시 볼모로 억류됨. 1944년 5월 4일, 바르디Bardi(파르마) 근처에서 라이몬도 펠린겔리, 비토 살미, 넬로 벤투리니, 에라스모 베누스티와 함께 4명의 병사를 살해한 것에 대한 보복으로 총살됨.

1944년 5월 4일, 파르마

친애하는 동지들에게

이제 우리 차례입니다.

우리는 이탈리아의 구원과 영광을 위해 전사한 3명의 동지들 뒤를 따라갑니다. 여러분은 본인의 임무에 대해 잘 알고 있을 것입니다. 저는 지금 죽습니다만, 미래에 이상은 찬란하게 빛나고 사람들은 아름답게 살게 될 것입니다.

우리는 악의 최후를 보고 있습니다. 요즘에는 가능한 한 많은 희생자를 만들고 싶어 하는 거대한 괴물을 보고 있는 듯합니다.

동지들이여, 살아 있다면 그대들의 손으로 아주 고귀한 어머니들, 아주 사랑스러운 소녀들, 아주 뜨거운 태양 빛, 아주 아름답고도 가여운 이탈리아를 꼭 되찾아 주세요. 저의 청춘은 꺾였지만, 제가 본보기로서 여러분에게 도움이 될 거라고 확신합니다. 우리의 육신은 해방의 위대한 등대가 될 것입니다.

사랑하는 어머니 그리고 사랑하는 모든 이들에게,

　불행히도 운명은 파시스트의 분노 해소용으로 저와 몇 명의 불운한 이들을 선택했습니다. 하지만 너무 걱정하지 마시고 최대한 빨리 저의 죽음을 받아들이세요.
　저는 아주 담담합니다.

　여러분의,

　　　　　　　　　　　　　　　　　　　　　　　조르다노

브루노 치브라리오 *Bruno Cibrario* (네비올로 *Nebiolo*)

21세. 설계사. 1923년 8월 26일 토리노 출생. 1944년 3월 1일, 토리노에서 활동하는 제9 여단 애국행동대에 합류. 1945년 1월 16일, 정치대와의 전투 후 토리노에서 체포됨. 1945년 1월 22일, 토리노의 반게릴라법원에서 재판을 받음. 1945년 1월 23일, 토리노에 있는 마르티네토 국립포병사격연습장에서 오라치오 바르베로, 디노 델 콜, 아메리고 두오, 페드로 페레이라, 엔리코 마르티노, 울리세 메시, 루이지 밀리아바카, 조반니 몬칼레로, 바티스타 추말리노와 함께 국립공화국수비대에게 총살됨.

1945년 1월 22일, 토리노의 미결구류 구치소에서

너무너무 사랑하는 산드라에게

체포된 지 7일 만인 오늘 아침, 난 사형선고를 받았어. 하지만 내 운명에 대해 절망한 건 아니야. 나는 나를 기다리고 있는 것에 대해 침착하게 대응하고 있는 중이야. 당신과의 추억은 이 끔찍한 날들 속에서 큰 위안이 되었지. 그들은 내 약점을 캐는 것만으로는 만족스럽지 않나 봐.

여자 친구에게 보내는 첫 편지를 이런 상황에서 쓰게 되리라고는 상상조차 해 본 적이 없어. 당신은 내 가슴에 말을 걸어 온, 나의 첫사랑이야. 당신이 나를 위해 존재하고 있었다는 걸 알기까지 꽤나 오랜 시간이 걸렸어. 지난 한 해 동안 난, 내 성격과 내가 선택한 이 삶 때문에 당신을 사랑하는 만큼 애정 표현을 하지 못하고 머뭇거릴 수밖에 없었어. 그러다 언젠가 당신이 아팠을 때, 당신이 없다면 내 모든 것을 잃는 거나 마찬가지라는 것을 깨달았어. 사랑해, 죽을 힘을 다해 당신을 사랑하고 있어.

요즘 내 머릿속에 줄곧 떠오르는 게 있어. 산드라, 반짝반짝 빛나는 당신의 두 눈은 내 감방을 환하게 밝혀 주고 있지. 나의 가장 소중한 기억들과 내 어머니에 대한 기억이, 당신에 대한 기억과 합쳐져 아주 크고 깊은 하나의 사랑으로 느껴져. 내가 편지를 써 내려가면서 받는 위안이 내게 덮친 엄청난 불행보다 훨씬 더 커(만약 나의 이 편지가 당신의 평정심을 잃게 만든다면 용서해 주길). 나 정말 이기적이지?

본론으로 돌아갈게. 나는 당신이 나를 결코 잊지 않았을 거라 확신해. 정말로 살고 싶어. 당신을 위해, 우리를 위해. 산드라, 그러니 날 절대 떠나지 마.

나의 나약함을 용서하고, 당신은 부디 내가 원하는 만큼 강해지길 바라. 힘나게 해 줄게. 나는 훌륭한 가리발디 의용군으로서 투쟁했고, 훌륭한 가리발디 의용군으로서 죽는다는 것을 알고 있어. 우리의 이상은 결국 승리를 거머쥘 것이고, 그 목표에 내가 조금이나마 기여했을 거라고 생각해(너무 건방져 보일지도 모르겠다).

행복해야 해. 그것이 내가 당신에게 가장 바라는 거야.

브루노

산드라, 산드라. 어머니 가까이 있어 줘. 어머니는 당신을 많이 필요로 하실 거야.

산드라에게

사면 신청이 기각되었어. 여러모로 고마워. 당신의 달콤한 미소는 늘 나와 함께하고 있어. 제발 나만큼 강한 사람이 되어 줘. 그리고 나를 대신해서 내 동료들에게 작별 인사를 전해 주면 좋겠어. 특히 톤다, 2명의 지라르디, 베네시오, 콘티 등등에게 말이야.

  나를 기억해 줘. 그리고 행복해야 해. 행운을 빌어. 나 때문에 울지 마. 이상을 위해 죽는 자는 울지 않거든. 나는 당신을 추억하며 행복하게 죽을 테니.

브루노

  나의 가장 소중한 어머니께

  제가 드린 고통에 대해 용서를 구합니다.
  하지만 겁쟁이가 아닌 이상 누구나 저처럼 했을 것입니다. 아버지께서는 제 말에 동의하지 않으실까요? 참전해 보셨으니 저를 이해해 주시겠지요. 저도 아버지를 이해하니까요.
  어쩌면 이것이 마지막 편지가 될지도 모릅니다. 그러니 딸들을 봐서라도 강해지셔야 합니다. 그들은 어머니처럼 강하지 않으니까요. 어머니께서는 제가 잘되기를 바라셨듯이 그들도 잘되기를 바라셔야 합니다.

  외삼촌들에게, 사촌들에게 저 대신 작별 인사 전해 주세요.
  저는 그들에게 편지를 쓸 수 없으니까요.
  막달라 누나와 그라첼라에게 볼 키스 많이 해 주세요.

브루노

169

가장 소중한 막달라 누나에게

어머니 가까이 살면서 항상 잘해 드려. 어머니께서는 누나를 많이 필요로 하실 테니. 그라첼라도 많이 사랑해 주고.

그라첼라, 잘 지내렴. 너의 대부를 위해 기도 부탁한다.
모두에게 입맞춤을 보내며….

브루노

아고스티나와 피닌에게 작별 인사 전해 줘. 그리고 경찰서에서 내 돈 9,000리라를 압수당했으니, 공장에서 내게 준 봉급이라는 진술서를 확보한 뒤 돈을 돌려받도록 해.

루이지 치올 _Luigi Ciol_ (레시스테레 _Resistere_)

19세. 1925년 10월 4일 텔리오 베네토 _Teglio Veneto_ 의 친텔로 _Cintello_ (베네치아 _Venezia_) 출생. 베네치아 지역에서 활동하는 여단 "이베라티 _Iberati_"의 분대장급 파르티잔. 1945년 1월 22일, 포살타 디 포르토그루아로 _Fossalta di Portogruaro_ 에서 체포됨. 우디네 _Udine_ 의 형무소로 이송됨. 고문당함. 1945년 3월 14일, 무장 의용군 소속으로 우디네의 독일영토군사법원에서 재판을 받음. 1945년 4월 9일, 우디네에서 28명의 파르티잔들과 함께 총살됨.

1945년 3월 14일, 우디네

저는 감옥에서 편지를 쓰고 있습니다.

가장 사랑하는 가족 여러분, 저는 이 마지막 편지와 함께 가족의 품으로 돌아갑니다. 제가 사형선고를 받았다는 사실을 알려 드려요. 하지만, 저 때문에 절망하지는 마세요. 원하던 일이 뜻대로 되지 않아 안 좋은 방향으로 흘러가더라도, 모든 것이 잘되기를 함께 기원해요. 사랑하는 어머니, 비록 제가 죽게 되더라도 어머니께는 저 말고도 아직 4명의 사자가 남아 있으니 너무 염려하지 마세요. 사형을 선고받은 사람들 중 저와 지노 노셀라가 가장 불행한 것 같아요. 우리는 지금 할 수 있는 게 아무것도 없으니까요. 이런 게 바로 운명인가 봅니다.

독일 법원에서 저는 루이지가 아닌 독일어로 보쉰 _Boschin_ (내가 부품 _Bosch_[1] 인가?)이라고 호명되었습니다. 우리 둘뿐만 아니라 코르도바도 _Cordovado_ 출신의 동지 베니토도 함께 있다는 걸 알려 드려요. 그 역

---

1 독일의 자동차 부품, 산업재, 자동화기기, 보안장치 제조회사(옮긴이).

시 사형선고를 받았지요. 모든 일이 잘되기를 바랐지만, 차례대로 호명되었답니다. 사형선고를 받은 37명 안에 저 역시 포함되었고요. 친척들과 마을 사람들에게 작별 인사 전해 주세요.

이상은 이상이니, 그 누구도 파괴할 수 없습니다. 파시즘은 죽을 것이고, 인민의 자유는 살게 될 것입니다.

나탈레 톰바와 그의 아내 지지아 그리고 주인 댁에 작별 인사 부탁드려요.

운명과 불행이 저의 목숨을 앗아 가게 된다면, 어머니, 아버지, 형제 모두에게 용서를 구합니다. 저들에 의해 이리저리 끌려다니고 사형선고까지 받았지만, 인민의 자유는 살아 있습니다.

이 편지는 제가 여러분에게 남기는 마지막 작별 인사가 될 거예요. 저를 위해 기도해 주시는 할아버지, 할머니께 입맞춤을 가득 담아 보내며, 모두에게 볼 키스를 보냅니다.

여러분의,

루이지

프랑코 치폴라*Franco Cipolla*(피도*Fido*)

20세. 제과제빵사. 1924년 7월 9일 밀라노 출생. 로디*Lodi*(밀라노) 거주. 이탈리아 사회 공화국의 군인으로 소집 명령을 받은 뒤 파르티잔 포로들을 시골에서 토리노 형무소로 이송시키는 업무를 맡음. 그중 두 그룹을 탈출시킴. 1944년 7월, '정의와자유' 소속 사단 "몬페라토"에 합류. 수많은 전투에 참가. 카살레 몬페라토*Casale Monferrato* 다리에 있는 파시스트 검문소에 대한 공격을 계획하고 지휘함. 1944년 12월 10일, 뒤이은 전투에서 전리품으로 얻은 무기를 포기하지 못하고 끝까지 수거하려다 칠리아노*Cigliano*(베르첼리) 주둔 부대에게 체포됨. 토리노의 누오베 형무소로 이송. 1월 19일, 반게릴라법원에서 재판을 받음. 1945년 1월 20일, 토리노의 마르티네토 국립포병사격연습장에서 국립공화국수비대에게 총살됨.

1945년 1월 19일, 토리노의 미결구류 구치소

사랑하는 어머니께

오늘 재판을 받으러 갈 예정임을 알려 드립니다. 일이 잘되기를 우리 함께 기원해요. 저는 양심에 거리낄 것이 없어요. 항상 제 의무를 다해 왔고 도움이 필요한 사람들을 도와 왔으니까요. 혹시나 예상과 다른 결과가 나오더라도 저를 위해 주님께 기도해 주세요. 제 생각은 하지 마시고 항상 즐겁게 지내셨으면 좋겠습니다.

형제자매들에게 작별 인사 전해 주세요. 꼬맹이 조카들과 외삼촌들에게도 작별의 볼 키스를 보냅니다. 저를 떠올리는 일이 슬플지라도 가끔씩 프랑코를 기억해 달라고 전해 주세요. 저의… 그녀에게도 작별 인사 전해 주세요. 사랑한다는 말도 함께요.

아들의 입맞춤과 포옹을 받아 주세요.

프랑코

항상 행복하시고 아프지 않도록 건강관리 잘 하세요.

아킬레와 그의 아내에게도 작별 인사 부탁드려요. 안녕히 계세요. 입맞춤을 보내며….

프랑코

1945년 1월 20일, 토리노의 미결구류 구치소

사랑하는 어머니께

죽음을 목전에 둔 지금, 어머니께 편지를 씁니다.

저를 용서해 주시고 저에게 악행을 저지른 자들도 용서해 주세요. 절대로 절망하지 마세요. 이것은 주님의 뜻이니까요. 우리는 저 하늘 위에서 언젠가 꼭 다시 만날 것이고, 하느님께서는 저를 해한 사람들을 벌하실 것입니다.

어머니께서 저로 인해 잃게 된 것들을 전부 원상태로 돌려놓고 싶어요. 또한 저로 인해 고통받으신 것들에 대해서도요. 저는 아직 젊기에 가족을 부양하며 열심히 일하고 싶었건만, 불행히도 무고한 죽음을 맞이하게 되었습니다.

형제자매들에게 작별 인사 전해 주시고 볼 키스 많이 해 주세요. 그리고 저를 대신해 조카들에게도 뽀뽀해 주시고 프랑코 삼촌을 기억해 달라고 전해 주세요. 저의 지인 모두에게 작별 인사를 전하며, 어머니께는 아주 많은 입맞춤과 포옹을 보냅니다.

어머니의 아들,

프랑코

절망하지 마시고 운명을 담담히 받아들이셔서 부디 안정을 찾으
시길 바랍니다.

프랑코

20세, 농부. 1923년 5월 5일 마라칼라고니스Maracalagonis(칼리아리Cagliari) 출생. 1944년 3월 12일, 무젤로 계곡에 위치한 비키오Vicchio di Mugello(피렌체) 코무네의 산 위에 있는 마을에서 이탈리아군 무장 친위대가 실시한 공습 중 체포됨. 피렌체 형무소로 이송. 1944년 3월 21일, 군대 소집일보다 3일 늦게 입소했다는 이유로 피렌체 특별전쟁군사법원에서 재판을 받음. 1944년 3월 22일 새벽 6시 30분, 퀴에토 퀴티, 안토니오 라디, 아드리아노 산토니, 구이도 타르제티와 함께 피렌체의 캄포 디 마르테Campo di Marte에서 국립공화국수비대에게 총살됨.

1944년 3월 22일, 피렌체

가장 소중한 부모님께

   슬픈 운명을 앞에 둔 제 소식을 듣고 두 분께서 받으실 고통에 대해 생각하면서, 주님이 내리신 결정을 묵묵히 받아들이기로 한 제 결정을 전해 드리고 또 위로해 드리고자 이 글을 씁니다.

   선하신 하느님께서 제게 이 고통을 견뎌 낼 힘을 주셨듯이, 두 분께도 부디 용기와 감내하실 수 있는 힘을 주시길 바랍니다. 아들로서 해야 할 도리를 다하지 못하고 떠나는 것이라면 부디 용서해 주세요. 선하신 하느님께서 저의 성체를 거두어 주실 것이고, 이제 그분과 함께하게 되어 기쁘다고 자신 있게 말씀드릴 수 있으니 저 때문에 울지 마세요.

   지금 이 순간, 어머니와 아버지, 할아버지, 할머니, 형제, 하나뿐인 여동생, 모든 친척들이 떠오릅니다. 저는 주님의 뜻을 달게 받기로 마음먹었으니, 여러분도 모두에게 고통을 안겨 드린 저 때문에 속 태우지 마시고 울지도 마세요.

   저의 이 희생으로 말미암아 그분께서 여러분에게는 축복을, 저에게는 우리 모두가 다시 만나게 될 천국을 내려 주실 것입니다.

　여러분에게 입맞춤을, 모두에게 포옹을.
　애정을 듬뿍 담아 보내며….

레안드로 코로나

아리고 크라베이아*Arrigo Craveia*

21세. 식료품 잡화점 직원. 1922년 10월 25일 톨레뇨*Tollegno*(비엘라*Biella*) 출생. 1944년
6월 24일, 아이라스카*Airasca*(토리노) 비행장에서 9명의 동지와 함께 도주한 뒤 "세르
조*Sergio*" 의용군(후에 산고네 계곡*Val Sangone*에 위치한 제43 알피니 자치 사단 "세르조 데 비티
스*Sergio de Vitis*" 소속의 "산드로 마뇨네*Sandro Magnone*"여단에 통합됨)에 합류. 1944년 6월 26일,
아이라스카 비행장에서 벌어진 탄약고 재탈환 작전에 가세해 독일군에 대항하다 전투
7시간 만에 17명의 동지는 사살당하고 그는 체포됨. 스카렌게*Scalenghe*(토리노) 코무네에
있는 독일군 본부로 이송. 이틀간 고문당함. 1944년 6월 28일 오전 7시 45분, 아이라
스카 비행장에서 잔카를로 브레시와 함께 독일군 소대에게 총살됨.

1944년 6월 28일

가장 사랑하는 어머니, 아버지께

저의 삶이 끝나기 전, 모두의 마음을 위로하고자 몇 자 적어 올립
니다. 미사에 참석하시면 저를 위해 기도해 주세요. 그리고 일가친
척 모두와 친구들에게 작별 인사 전해 주시고요.
그리고 제 시신을 수습해 주시면 감사하겠습니다. 이 엽서를 받
게 되신다면 어머니, 아버지의 사랑하는 아들 아리고가 쓴 것이니
추억으로 간직해 주세요.

안녕히 계세요.
리나와 모두에게 작별의 볼 키스를 보냅니다.

엔초 달라이*Enzo Dalai*(폴레토*Folletto*)
23세. 농부. 1922년 4월 13일 루차라(레조 에밀리아) 출생.

클라우디오 프랑키*Claudio Franchi*
19세. 제빵사. 1926년 1월 19일 로비오 로멜리나*Robbio Lomellina*(파비아) 출생.

첼레스티노 이오티*Celestino Iotti*
21세. 톱질꾼. 1923년 12월 5일 루차라 출생.

리노 소라냐*Lino Soragna*
20세. 농부. 1924년 5월 24일 곤차가*Gonzaga*(만토바*Mantova*) 출생.

율레스 페데리코 탈리아비니*Jules Federico Tagliavini*
22세. 배관공. 1923년 루차라 출생.

에밀리아가와 포강 사이에서 활동하는 제77 여단 애국행동대의 루차라 주둔 파견대 소속 파르티잔들. 지하 신문과 포스터 유포, 고립된 독일군 병사들을 무장 해제시키는 역할들을 하는 동시에 독일인에게 가는 식료품, 가축 등의 탈취 및 포강의 물자 수송용 페리보트 공격에 가담. 1945년 4월 12일, 검은 여단 "파파라르도"와 레조 에밀리아 지역에서 합류한 다른 검은 여단이 공동으로 실시한 소탕 작전 중 루차라 거주민 70여 명과 함께 체포됨. 레졸로(레조 에밀리아)의 한 학교로 이송. 다음날 레졸로 공동묘지의 경계 벽 뒤로 끌려가 독일군의 명령으로 자신들이 묻힐 구덩이를 판 다음, 다시 학교로 끌려가 끔찍한 고문을 당함. 1945년 4월 14일, 월터 콤파뇨니, 발릴라 노돌리니와 함께 검은 여단 소속 소대에게 총살됨.

— 아래의 편지들은 메모장에서 찢긴 종이 뭉치에 쓰인 것으로 미루어, 처형 직전에 쓴 것들로 추정됨.

안토니오와 루피 레나타의 달라이 엔초[1]
루차라 프리치가*via Frizzi*[2]

---

1 아버지 안토니오와 어머니 루피 레나타의 자식 달라이 엔초라는 뜻. 뒤에 나오는 나머지 편지들의 형식도 같다.
2 집 주소.

생각, 입맞춤, 포옹.

사랑하는 모든 사람들 그리고 동네 분들에게, 저의 이상인 영원한 평화와 *선의*를 위해 목숨을 바칩니다.

엔초 달라이

—위 편지에서 기울임 꼴로 쓰인 단어는 삭제하고 바꾼 흔적이 있는 것으로 보아 타인이 쓴 것으로 짐작됨. 엔초 달라이는 원래 검은 여단 소속의 사제로, 후에 파르티잔 협력자로 유죄 판결을 받은 것으로 추정됨.

아제노레와 가르디나치 카르멘의 프랑키 클라우디오
루차라 주케로가 *via Zucchero* 55

사랑하는 어머니께

저는 그 어떤 죄도 범하지 않았음에도 죽음을 맞게 되었습니다.
이 순간의 저처럼 힘과 용기를 내세요.
입맞춤, 포옹을 보내며.

프랑키 클라우디오

아르마노와 차니켈리 첼린다의 이오티 첼레스티노
루차라 프린치페 에우제니오 디 사보이아가 *via Principe Eugenio di Savoia* 42

두 분께 입맞춤과 포옹을 보내며, 제가 저지른 잘못에 대해 용서를 구합니다. 울지 마시길 바랍니다. 아버지, 어머니, 저의 운명에 관련된 모든 일들을 이해해 주셨으면 합니다.
울지 마세요. 사랑하는 가족에게 작별의 입맞춤을 보내며.

이오티 첼레스티노

가장 사랑하는 이들에게,

저는 지금 여러분 생각을 하고 있어요.
제가 고통을 안겨 드렸다면 부디 용서해 주세요.
저는 죽는 순간까지도 여러분 모두를 생각할 것입니다.
위로와 포옹을 보내며.

리노

故에르메스의 율레스 탈리아비니(페데리코)
루차라 G. 마르코니가_V. G. Marconi_ 35

자유의 어머니께,
저는 기독교인으로서, 공산주의자로서 죽습니다.

안녕, 이오네. 안녕, 도라. 나의 입맞춤을 항상 기억해 줘.
안녕히 계세요, 어머니. 안녕히 계세요, 할머니. 안녕히 계세요,
마리에타.

율레스

체사레 다틸로*Cesare Dattilo*(오스카르*Oscar*)

23세. 세스트리 포넨테*Sestri Ponente*(제노바)에 위치한 산 조르조 공장의 정비공. 1921년 9월 11일 코골레토*Cogoleto*(제노바) 출생. 1943년 9월 8일 이후 이탈리아 공산당의 투사로 활동. 1944년 7월 16일, 독일군이 산 조르조 공장의 노동자들을 대상으로 벌인 소탕 작전에서 가까스로 탈출. 아펜니노 리구레*Appennino Ligure*에 도착하여 "도리아*Doria*" 사단 소속 "아콰비앙카*Acquabianca*(사보나의 사셀로*Sassello*)" 파견대의 지휘를 맡음. 1944년 9월, "자코모 부라넬로*Giacomo Buranello*" 돌격 여단의 사령관으로 임명됨. 아펜니노 산맥과 리구리아 리비에라에서 독일군과 파시스트군에 대항하는 수많은 전투에 참전. 전투중에 "몬테로사" 사단의 알피니 2개 중대를 점령하고 군 장비 및 무기를 탈취함. 10월 초, 올비첼라*Olbicella*(모라레*Molare*의 알레산드리아*Alessandria*) 지역에서 독일군과 "몬테로사" 사단의 알피니 산악부대, 검은 여단의 민병대가 함께 실시한 소탕 작전으로 소속여단의 파르티잔 17명이 그 자리에서 사살되고 6명은 끌려가 교수형에 처해짐. 1944년 12월 9일 아침, "산 마르코" 사단의 병사들에게 체포되어 사셀로의 조보 요새*Forte del Giovo*로 끌려감. 이후 사보나의 산타고스티노 형무소로 이송된 후 다시 제노바의 학생회관 건물로 옮겨져 수차례 심문받음. 그 뒤 독일군 사령부 관할인 제노바의 마라시 형무소 제4동으로 최종 이감됨. 1945년 3월 23일 새벽, 크라바스코*Cravasco*(제노바) 지역에서 독일군 병사 9명이 살해된 것에 대한 보복으로 19명의 파르티잔 수감자들과 함께차출됨(그중 2명은 트럭에서 뛰어내려 탈출함). 같은 날 4시, 오스카르 안티보, 조반니 벨레그란디, 피에트로 베르나르디, 오를란도 비앙키, 비르지니오 비뇨티, 체사레 보, 피에트로 보이도, 줄리오 캄피, 구스타보 카피토, 조반니 카루, 프랑코 디오다티(생존자), 자코모 고로, 주세페 말린베르니, 니콜라 파네비노, 레나토 콰르티니, 브루노 리베르티, 에르네스토 살베스트리니와 함께 크라바스코의 묘지 근처 작은 계곡에서 독일군친위대에게 총살됨.

1945년 2월 17일

사랑하는 누치에게

안타깝게도 지금 내겐 당신에게 편지를 쓰면서 위안을 느낄 순간도 또 비참함을 느낄 시간도 얼마 남지 않았어. 매번 당신에게 단두 줄씩이라도 꾸준히 편지를 썼더라면 좋았으련만⋯. 가끔은 당신을 향한 배려이기도 했고, 쓸 엽서가 부족해서였기도 했어⋯. 날다시 만날 날만을 손꼽아 기다린다고 말해 줘.

마라시에서 보낸 71일 동안 내가 얼마나 학대를 당했는지 먼저 설명하는 게 좋겠어. 그래야만 당신이 나를 다시 만날 때 마음의 준비를 하고 내 모습에 실망하지 않을 테니. 나는 양 갈래의 덥수룩한 콧수염이 생겼어. 그리고 내 머리카락은 무참히 잘려 볼파라*Volpara*의 쓰레기통에 버려졌지. 이 끔찍한 형무소는 나를 최소 10년은 더 늙어 보이게 만들었어. 내가 출소한다 해도, 당신이 나를 더 이상 보고 싶어 하지 않을까 봐 겁이 나. 당신이 내 가리발디 의용군 동지 알도와 함께 산책한 일에 대해서는 아주 조금이지만 신경이 쓰여. 혹시라도 동지에게 내 여자를 뺏길까 봐 겁이 나!

당신 부모님은 우리 둘의 관계를 알고 계셔? 물론 내가 마라시에 수감 중이라는 것을 아신다면 나에 대해 편견을 갖게 되시겠지. 그렇다 해도 당신은 이해해 줄 거지? 감옥에 있는 약혼자를 말이야. 누치, 내가 마라시에 있게 된 것에 대해서는 한 치의 후회도 없다는 것을 알아줘. 나를 덮치고 싶어 안달하는 이 망할 놈의 운명을 어찌 막겠어! 하지만 이 운명은 부활을 앞둔 새로운 조국의 진정한 이탈리아인만이 맞이할 수 있다는 걸 명심해 주길 바라. 나를 믿는다면 네 부모님께 안부 전해 줘. 진한 키스를 보내며.

체사레

1945년 2월 27일

사랑하는 누이에게

소포로 보내 준 것들은 다 먹었어.

내 복무가 문제시되어 호의적인 판결을 받을 수가 없다고 하더군. 이런 일이 생기기 전, 2월 23일경 네게 편지를 보냈는데 거기에 2,000리라를 부탁했었거든. 만약 네가 그 편지를 받고 내가 부탁한 돈을 전달했다면 내게 알려 줘. 그리고 네가 돈을 전달한 사람을 알고 있다면 전부 돌려받아. 키아라, 잘 들어. 너는 이제부터라도 나를 상관없는 사람이라 생각하고 관심을 끊어야 해. 시간과 돈 그 어느 것도 내게 낭비하지 마. 이미 나는 모든 것을 내려놓았거든. 출구로 나가는 것만이 나의 유일한 희망이야. 내 말이 무슨 뜻인지 잘 알 거야. 게다가 앞으로 내게 어떤 일이 벌어질지는 전혀 중요하지 않아. 나는 장기판 위의 졸일 뿐이니, 그들이 설령 나를 죽인다 하더라도 조국의 역사가 찬란한 길로 나아가는 것만큼은 막지 못할 거야. 너도 알다시피 내가 좀 운명론적이잖아. 그렇기 때문에 나에게는 삶보다 이상이 더 중요한 거야! 그러니까 내 운명이 비극적인 끝을 보게 되더라도 내버려 둬.

요즘 여기서 여러 가지 귀중품들을 되돌려 받았어. 그러니 너도 하루 빨리 학생회관으로 가서 다른 것들도 받을 수 있는지 알아봐. 만약 가능하다면, 시계, 연필, 만년필 그리고 돈도 되찾을 수 있는지 알아보고. 그들이 만약 2만 7,000리라는 사셀로에 있다고 하면 상관없다고 말하고 그 돈을 회수하러 갈 수 있다고 해. 또 그들이 왜 그 돈을 돌려받아야 되는지 묻는다면, 부모님께서 필요로 하신다고 말하면 돼. 내가 체포되었을 때 거의 모든 가족의 돈이 내 주머니에 들어 있었으니까. 그리고 그들이 다른 질문을 하면 뭐라고 답해야 하는지 알지? 내가 한동안 집을 비웠지만, 10월 10일 이후에는 줄곧 부모님과 함께 지냈다고 말해야 하는 거. 물론 백에 아흔 아홉은 아무것도 묻지 않을지도 몰라. 반대로 꼬치꼬치 따져 물을지도 모르지. 내 물건들을 꼭 다시 가져오겠다고 약속해 줘. 언젠가 내가 집으로 돌아가면 필요할 테니까 말이야. 만약 내가 다시 돌아가지 못한다면, 내 물건들은 추억거리로 간직해 줘.

내 동생 메리, 부모님 댁에 가게 되면 알피노 여관에 들러 줘. 거기서 "일 무이시노*il muisino*"와 관련 있는 프란체스코가 어디 있는지 물어본 뒤 그에게서 내 가죽 재킷, 반소매 셔츠, 단화, 양말 한 켤레를 넘겨받아. 그런 다음 그 물건들을 부모님께 전해 드려. 어머니께는 구두공에게 1만 5,000리라를 갚아 주셨으면 한다고 전해 줘. 혹시 에치오가 벌써 갚았다면 그에게 그 돈을 돌려주셨으면 한다고도 말야. 그리고 에치오에게는 그가 값을 치룬 것을 내가 미리 알았다면, 왜 그랬느냐며 그를 나무랐을 거라고 전해 줘.
내 동생 메리, 알디나와 함께 사셀로로 돈을 찾으러 가 줘. 내가 편지를 통해 부탁한 것들을 전부 해 줬으면 좋겠어. 가능하다면 답장도 써 주고. 내가 네게 말한 것들을 내 친구 알리오에게도 편지로 알려 주었으면 해.

모두에게 포옹과 입맞춤을 보냅니다.

체사레

1945년 3월 13일

사랑하는 누이에게

드디어 연락을 다시 취할 수 있게 되었어. 네게 이미 수차례 편지를 썼는데, 어떤 편지를 받았는지 좀 알고 싶어. 번거로우면 신경 쓰지 않아도 돼. 지금까지 해 준 것만으로 이미 충분히 보상받았으니까.

예전에, 네게 해 달라고 부탁한 심부름이 몇 개 있잖아. 혹시 그
에 대한 결과를 알려 줄 수 있니? 나에 대해 궁금한 건 더 없어? 별
일은 없지? 아버지와 어머니께선 어떻게 지내시니? 계속 예전에
지내시던 그곳에 계시는 거야? 곧 너에게 버터와 돼지기름이 들어
있는 작은 소포가 갈 거야. 내 귀중품들은 잘 돌려받았겠지?

내가 알려 준 사전 지식은 면담할 때 도움이 될 거야. 그런데 요
즘 우리의 사기는 조금 꺾였어. 사실 며칠 전 저들이 수감자 7명을
데려갔는데 그들이 어떻게 되었는지 몰라서야. 여기서 어떤 보복을
당할지 두려워. 밖에서 뭐 들은 건 없어? 이것이 나의 유일한 근심
거리야. 언젠가 나도 그 수감자들과 같은 결말을 맞이할까 봐 두려
워. 혹여 내게도 그런 일이 생긴다면, 네가 부모님에게 위로가 되어
드렸으면 해.

모두에게 포옹과 입맞춤을 보내며
여러분의,

체사레

─그들은 총살 직전에 그가 쓴 마지막 편지를 아들의 사형 소식을 듣고 급히 형
  무소로 달려온 어머니에게 읽어 준 뒤, 눈앞에서 바로 찢어 버렸다.

마테오 데 보나 *Matteo De Bona* (라리 *Lari*)

27세. 농학자. 1918년 1월 24일 벨루노 *Belluno* 출생. 낙하산부대원. 튀니지에서 이탈리아 공산당의 지하 조직에 의해 선발되어 정치·군사적 임무 수행을 위해 북이탈리아로 파견됨. 1944년 8월, 동지 알레산드로 테아뇨(죽음을 맞이하는 순간까지 늘 함께 작전에 투입됨)와 낙하산을 이용하여 빌라프랑카 사바우다 *Villafranca Sabauda* (아스티 *Asti*) 부근에 낙하. 이탈리아 국가헌병대에게 곧바로 체포되어 독일군에게 인계됨. 토리노의 누오베 형무소로 이송. 이후 독일로 이송되던 중 베로나에서 탈출 시도. 다시 체포되어 베로나에 투옥. 1944년 9월, 볼차노 강제수용소로 이송 도중 탈출. 벨루노와 밀라노 지역을 거쳐 토리노에 도착한 후 제6 여단 애국행동대와 접촉. 1945년 2월 15일, 밀고를 당해 토리노에서 검은 여단의 민병대에게 세 번째로 체포됨. 1945년 3월 2일, 토리노의 특별군사법원에서 재판을 받음. 1945년 3월 3일, 토리노의 마르티네토 국립포병사격연습장에서 알레산드로 테아뇨와 함께 국립공화국수비대 병사들에게 총살됨.

친애하는 형님과 형수님께

모든 희망의 불씨가 다 꺼져 버린 마지막 순간, 저는 더 이상 전진할 수 없는 막다른 길에 이르렀습니다.

저는 사형을 언도받았어요. 총살대가 저를 기다리고 있다는 것이 마치 사실이 아닌 것처럼, 제 마음은 그 어느 때보다 평온하고 고요합니다. 저는 제 친구와 함께 있습니다.

형님께 부탁드립니다. 다른 가족에게도요. 저의 죽음으로 인해 절망하지 말아 주세요. 이 순간 제가 그렇듯, 여러분도 언제나 평온하시고 고요함을 잃지 않길 바랍니다.

더 이상 드릴 말씀이 없습니다. 포옹과 함께 영원한 볼 키스를 해 드립니다. 다시 한 번 작별 인사 올립니다.

여러분의 애정 어린,

마테오

마리오 데 마르티스Mario De Martis

23세. 국문과 학생. 1920년 9월 20일 사사리<i>Sassari</i> 출생. 공군 중위. 1943년 9월 8일, 임무 수행 후 돌아가던 중 그로세토 근처에서 독일군에게 불시에 검거됨. 탈출에 성공한 후 로마에 도착. 수석 부관의 임무를 띠고 "나폴리<i>Napoli</i>" 의용군 소속 "아촌<i>Hazon</i>" 대대에 합류. 지하조직에 물자 공급 및 사보타주 임무 수행. 1944년 3월 28일, 로마 자유의 광장<i>Piazza della Liberta</i>에서 스파이가 파 놓은 함정에 빠져 게슈타포<i>Gestapo</i>[1]에게 체포됨. 타소가 형무소로 이송. 여러 차례 고문을 당함. 1944년 4월 23일, 레지나 코엘리 교도소로 이송. 1944년 5월 9일, 독일군사법원에서 재판을 받음. 로마의 해방을 하루 앞둔 1944년 6월 3일 오전 10시, 브라베타 요새(로마)의 제방에서 포르투나토 카카모 외 4명의 파르티잔과 함께 이탈리아령 아프리카 경찰에게 총살됨.

— 로마의 타소가 형무소에서 쓴 일기장의 메모.

1944년 4월 10일

14일이 지났어. 머지않아 자유를 탈환할 수 있기를 마음속으로 바라며 일기를 쓰려고 해. 지난 14일 동안 나는 타소가에 있는 독일군 친위대의 감옥에서 지냈어. 할 말은 차고 넘치지만, 앞으로 일어날 일들만 생각하고 툴툴 털어 버렸으면 해. 우선, 내 감방에 대해서 말해 볼게. 내 방은 2층에 있고 5호로 표시되어 있어. 영영 켜질 생각이 없어 보이는 난방기, 점등될 기미를 보이지 않는 전구, 언제 열릴지 모른 채 굳게 닫혀 있는 문과 창문. 물론 문과 창문은 벽으로 막혀 있지. 들어오기는 무척 쉽지만 나가기란 하늘의 별 따기인 이곳에는 침대 역할을 하는 두 개의 긴 나무 의자도 있는데,

---

1 정식 명칭은 'Geheime Staatspolizei.' 독일 비밀국가경찰로, 독일군의 나치 친위대와 더불어 체제 강화를 위하여 활동했다(옮긴이).

그 자리는 장기 수용자의 지정석이야. 이곳에선 낮과 밤이 끝없이 이어지는 시간들을 견디는 것밖에 별 수가 없어. 시간을 분 단위, 초 단위로 계산하는 것은 불가능하니까. 수감 생활은 그날이 그날이야. 날이 저물면 밤이 찾아오고, 오늘이 가면 내일이 오고…. 동이 트면 새벽빛에 눈을 뜨고, 마음의 눈으로 희망을 깨워.

하지만 14일 동안 품어 온 희망은 헛된 것이었어.

—자신의 사진 뒷면에 쓰여 있던 글.

1944년 5월 10일, 레지나 코엘리

사랑하는 어머니,

24시간 전, 저는 독일군사법원에서 사형선고를 받았습니다. 제가 엄청 고통스러운 이유는 단 하나, 어머니를 다시 안아 드릴 수 없기 때문입니다!

어머니, 아버지, 저로 인해 두 분께서 화가 난 적이 있으시다면, 부디 저를 용서해 주세요! 그러나 제가 지금 그 어느 때보다 부모님을 사랑하고 있다는 걸, 저를 위해 해 주신 일들에 무한한 감사를 느끼고 있다는 걸, 그것만은 알아주셨으면 합니다.

아주 격한 입맞춤을 보내며

마리오

—로마에서 하숙을 했던 그라나타 가족에게 쓴 편지.

친애하는 그라나타 부인께

아시다시피 저는 지난 9일, 독일군사법원에서 사형선고를 받았습니다. 아마도 그 판결문은 벌써 케셀링 장군[1]의 서명까지 받은 상태일 거예요. 그 후에 형이 집행되겠지요. 편지에 쓰고 싶은 말은 너무나도 많은데, 어디서부터 어떻게 시작해야 할지 모르겠어요.

부담스러워 하실 일이긴 하나, 거절하지 않으실 거라고 믿고 부탁 하나 드립니다. 전쟁이 종식되었을 때, 모든 사람이 자신이 원하는 만큼 자유를 누리게 되었을 때, 사랑하는 저의 어머니와 저의 마음속으로 들어온 운명의 여인 랄라에게 행복하게 해 주고 싶었다는 말을 꼭 전해 주세요. 랄라는, 그 어느 것도 나를 막아 세울 수 없게 해 주었고, 모든 것을 견딜 수 있게 해 주었으며 모든 고통 속에서도 언제나 저를 웃게 하고, 제 고통을 덜어 주었습니다.

또 어머니, 아버지 두 분께 가끔이나마 슬프게 해 드렸다면 부디 용서해 달라고 전해 주세요.

살아가면서 두 분을 애써 잊으려고 노력했습니다. 그렇게 하지 않으면 견딜 수 없었으니까요. 제 입장에서는, 선의가 부족해서가 아니라, 외부 세력과 그리고 상대할 가치가 없는 자들과 투쟁해야 하는 기구한 운명 앞에서 정에 치우치는 것은 의미가 없다고 생각했기 때문입니다. 두 분은 제게 살아가는 법을 가르쳐 주셨습니다. 제가 그 소중한 가르침을 가슴 깊이 새기고 있었다는 걸 그 어느 때

---

1 독일군 지휘관 알베르트 케셀링Albert Kesselring을 말한다(옮긴이).

보다 절실히 느끼고 있습니다.

저는 아주 평온합니다. 마치 자유를 쟁취할 날이 곧 다가오고 있
는 것처럼, 정해진 그날을 기다리고 있습니다. 얼굴을 마주보면서
말할 수 있었다면 더 좋았으련만…. 직접 설득할 수도 있고, 엄마
와 랄라를 위해 뭔가를 줄 수도 있었을 테니까요.

랄라에게는 진심으로 행복하길 빈다고 전해 주세요. 그녀는 정말
불행한 소녀입니다. 부모님을 여읜 것만으로도 충분히 힘들 텐데,
이번에는 저로 인해 그와 같은 충격을 다시 받게 될 테니까요. 혹여
저를 고발한 스파이가 있다면 제가 아무리 부인해도 소용이 없을
테니…, 어쩌면 전 형무소에 갇혀 랄라를 다시 볼 수 없을지도 모
릅니다. 하지만 그와 반대의 상황이 된다면 저는 랄라를 다시 안아
줄 수 있을 것이고, 지금은 허락되지 않는 그녀와의 행복을 이룰 수
있을 것입니다.

자, 이제 사랑하는 사람들에 대한 생각은 함께 접도록 해요. 눈에
는 눈물이, 마음에는 고통밖에 남는 것이 없으니까요. 부모님의 병
이 싹 사라지면 좋으련만…. 안나와 테레사 누나뿐만 아니라 저 역
시 부모님이 완쾌되시기를 바랍니다. 두 명의 꼬맹이 사촌 여동생
에게도 애정 어린 포옹과 뽀뽀를 보냅니다.

그리고 엄격한 태도 때문에 제가 "라 차리나_la zarina_"[1]라고 부르던
그분은 잘 지내나요? 그녀 또한 완벽히 회복될 거예요. 그녀에게
항상 감사하는 마음을 갖고 있고 연민의 마음 또한 느낀다고 전해

---

1   아촌 대대의 대대장인 라차리노 데시_Lazzarino Dessy_ 중령을 말한다. 데시 중령은 두려움 없이 일을 추진할
    수 있는 사람이었다고 한다(원주原註).

주세요. 그녀가 언제나 차분한 마음을 갖고 침착하게 행동한다면 저 또한 기쁠 거라고도 말이에요. 이젠 더 이상 비상소집 상황이 벌어져도 그녀 곁을 든든하게 지켜줄 수 없지만, 이제 도시에는 더 이상 폭탄이 떨어지지 않을 것 같다고 전해 주세요.

사형선고를 받은 저의 동지들은 특사를 기대하고 있습니다. 여기서 말하는 특사는 교황님께서 적극 개입하셔서 공군 원수 케셀링에게 청원을 보내는 걸 말합니다. 혹시 가능할지 누가 알겠어요? 그건 그렇고, 저는 너무도 쉽게 내려진 유죄 판결에 허무함을 느낍니다. 형무소에 재심 요청 부탁드립니다.

저의 애정 어린 인사가 잘 도착하기를 바라며 안나와 테레사 누나에게, 그리고 매형들에게도 안부 전해 주세요.

마리오

친애하는 외삼촌께

이제 30분 안에 우리 6명 모두는 총살될 것입니다. 지금 제 마음은 온통 운명에 가로막힌 채 안아 드릴 수 없는 어머니와 여러분에게 달려가고 있습니다.

저는 이제 다른 곳에서 여러분을 기다릴 거라고 모두에게 전해 주세요.

아주 많은 입맞춤과 포옹을 보내며

마리오

아메리고 두오 *Amerigo Duò*

21세. 기계공. 1923년 7월 16일 빌라노바 말테사나*Villanova Maltesana*(로비고*Rovigo*) 출생. 1943년 12월부터 피에몬테산에서 레지스탕스의 초기 핵심 구성원들과 함께 활동. 1944년 3월, 키아람베르토*Chialamberto*(란초 계곡) 지역에서 독일 부대와 전투를 벌이던 '정의와자유' 소속 파견대의 명령을 받고 지원을 나갔으나, 수많은 전사자들을 남겨 둔 채 어쩔 수 없이 도주함. 1944년 5월, 사령관 페드로 페레이라와 함께 발레 다오스타*Valle d'Aosta*로 이동. 1944년 10월, 체르비니아*Cervinia* 지역에서 벌어진 전투에 참전. 같은 해 11월, 동상으로 하지가 절단된 동생의 생명을 구하기 위해 자수를 함. 이후 사면을 받고 활동 재개, 곧바로 토리노의 애국행동대와 접촉. 1945년 1월 17일, 토리노의 포르타 누오바*Porta Nuova*역 근처에서 비밀 회동을 하던 중 검은 여단 병사들에게 기습 공격을 당함. 1945년 1월 22일, 토리노의 반게릴라법원에서 재판을 받음. 재판 도중 거친 언행으로 지휘관 페레이라를 방어하다가 징역 25년 형을 선고받음. 사면 신청을 거부함. 1945년 1월 23일 새벽, 브루노 치브라리오 외 9명의 파르티잔과 함께 토리노의 마르티네토 국립포병사격연습장에서 국립공화국수비대에게 총살됨. 그의 동생 베네리나 두오 또한 파르티잔으로 활동하다 병에 걸려 사망함.

1945년 1월 23일

사랑하는 어머니와 형제들, 친애하는 모든 친척들,
숙부님들, 숙모님들께

이 편지로 저의 마지막 소원을 전합니다. 죽음을 몇 분 앞둔 제가 그러하듯 여러분도 용기를 내세요. 제가 그 누구도 비난하지 않듯 여러분도 부디 그렇게 해 주세요. 이것은 제 운명이니까요.

여기 아스티가*via Asti*에 위치한 형무소에서 보관 중인 제 지갑을 찾아가 주세요. 함께 보관되어 있는 제 물건들도요. 또 저의 고해를 들어 주시는 성직자께서 제 신발과 외투를 드릴 것입니다. 죽음을 앞둔 순간에 할 말이 별로 없다는 건 있을 수 없는 일이지만, 제가 말수가 적다는 것은 이미 다들 알고 계실 거예요.

어머니, 아버지, 지나, 지노, 조반니, 침착하세요. 부탁컨대, 제가 운명을 받아들이고 울지 않듯 여러분도 울지 마세요. 강해지기를 바랍니다. 어머니께서는 가족들에게, 저를 아는 모든 이들에게 용기를 주세요. 저 때문에 슬퍼하지 마시고요.

이제 저는 뺨에 흐르는 눈물을 닦고 여러분 모두를 안아 주어야 합니다. 당신의 아들은 하느님 앞에서, 제 이상을 빼앗아 간 사람들 앞에서 무고하게 죽는다는 것만 알아주세요.

지노가 빨리 치유되어 아주아주 용감한 남자가 되는 게 저의 가장 큰 소원이라고, 그에게 전해 주세요.

아메리고

사랑하는 지노에게

용기를 내렴. 그리고 나를 위해 울지 않길 바란다. 빨리 나아서 집으로 돌아가야 해. 어머니와 아버지께 용기를 북돋워 드리렴. 이제부터 너는 나 대신 장남 역할을 해야 될 테니 말이야. 나는 그러지 못했지만 너만이라도 부모님을 떠나지 말고 항상 곁에서 함께해 드려야 해. 지노, 나는 단 한 방울의 눈물도 흘리지 않고 네게 볼 키스해 줄 거야.

안녕.

아메리고

— 행동당의 동지들에게 보내는 편지.

1945년 1월 23일

친애하는 동지들에게

동지들에게 바라는 저의 마지막 소원은 울지 마시고 용기를 내
셨으면 하는 것입니다. 지금 이 순간, 동지들이 저의 모습을 본다
면 흡사 결혼식을 하러 가는 새신랑 같다고 생각할지도 모릅니다.
그러니 더욱 용기를 내어 우리의 유일한 이상인 이탈리아의 해방을
위해 투쟁해 주세요. 저는 범죄자가 아닌 애국자로서 모두의 안녕
을 위해 죽는다는 것을 기억해 주십시오. 또한 저의 투쟁이 죽어서
도 계속된다고 생각한다면 여러분도 공동체를 위해 투쟁해 주세요.

산중에서 저와 함께했던 동지들을 위해 기도합니다.
모두 용기 잃지 마시길. 저는 의용군 소속으로 사형선고를 받고
등을 돌린 상태로 총살될 것입니다. 하지만 그들은 저의 소속을 증
명할 만한 그 어떠한 증거도 없습니다.
부탁컨대 동지들이여, 부디 저희 부모님께 많은 용기를 드리고
도움을 필요로 하실 때 두 분 가까이 계셔 주십시오.

모두에게 뜨거운 포옹을 보냅니다.
힘내세요. 이탈리아 독립 만세!

두오 아메리고

코스탄초 에바트*Costanzo Ebat*(코스탄초*Costanzo*)

33세. 참모본부 포병 중령. 제2차 세계대전에서 은성무공훈장을 수여받음. 1911년 5월 4일 리보르노 출생. 1943년 가을, 로마에서 활동하는 나폴리 의용군에 합류하여 라치오*Lazio*주, 로마, 특히 치비타베키아*Civitavecchia* 지역에서 독일 방어군 조직을 정찰하는 임무를 맡음. 이후 살바티 대령과 함께 "빌리*Billi*" 의용군에서 활동. 1944년 3월 28일부터 30일 사이, 의용군 조직에 침투해 스파이 노릇을 하던 파시스트 분자의 밀고로 로마에서 파시스트들에게 체포됨. 타소가 형무소로 이송되었다가 레지나 코엘리 형무소로 이감. 고문당함. 1944년 5월 9일, 로마의 독일군사법원에서 재판을 받음. 1944년 6월 3일, 마리오 데 마르티스 외 4명과 함께 로마 인근의 보체아 요새*Forte Boccea*에서 이탈리아령 아프리카 경찰 소대에게 총살됨. 사후에 금성무공훈장을 수여받음.

1944년 5월 11일, 로마

나의 사랑 그녀와 인자하신 분들께

감당할 수 없는 큰 불행을 겪는 동안 우리의 깊은 애정은 더 끈끈해지고 확실해졌습니다. 어머니께서는 제가 친어머니처럼 여기는 분으로, 사려 깊고, 부드럽고, 숭고하신 마음으로 저에게 사랑을 베풀어 주셨습니다.

어머니의 아들로서 당신께 축복이 깃들기를 바라며, 그 희생에 대한 보상으로 당신께 삶의 평화와 평온이 전해지기를 주님께 간청합니다. 어머니께서 지난 7개월 동안 저를 위해 얼마나 많은 일을 해 주셨는지, 얼마나 많은 희생과 불이익을 겪으셨는지 기억하고 있습니다. 이에, 겸허히 용서를 구합니다. 이제 저를 위해 울지 않으셔도 됩니다. 저는 제 운명에 만족하며 행복해하고 있으니까요. 제 앞에 죽음이 다가와도 눈 하나 깜짝하지 않고 미소 지을 수 있어요. 삶을 두려워한 적이 없었던 것처럼 저는 죽음 또한 두려워하지 않습니다. 사랑하는 어머니들, 저로 인해 두 분이 울지 않으셨으면 좋겠습니다. 저는 절대 두 분과 떨어지지도, 두 분을 버리지도 않을 겁니다. 제 말을 꼭 믿어 주세요.

사랑하는 마리아. 착한 당신을, 나의 사랑과 당신의 사랑을 모두 합친 우리 사랑의 힘만큼 아주 꽉 안아 줄 거야. 당신이 나로 인해 고통을 받았다면 하느님 앞에서 용서를 구할게.

당신을 너무나도 사랑하는,

코스탄초

1944년 5월 11일, 로마의 레지나 코엘리 형무소에서

마리오에게

나의 꼬맹이 니니_{마리오의 애칭}, 엄마가 원하는 대로 이 아빠는 아무 말도 하지 않고 떠날 거란다. 대신 아빠가 보고 싶을 때마다 읽을 수 있도록 네게 편지 한 통을 남기려 해.

아빠의 꿈은 네가 커 가면서 네 방식대로 세상을 배워 가는 모습을 보는 거였어. 네가 너의 생각과 감정을 잘 다스리는 모습을 말이야. 하지만 그런 아빠의 꿈은 이제 물거품이 되었단다. 앞으로 나는 너의 본보기로 남게 될 것이고, 너는 이러한 나의 정직과 충성의 발자취를 따르는 법을 알게 되겠지. 아빠는 네가 분명 그 길을 따를 거라 확신한단다. 가치 있게 사는 법을 알게 될 테니까. 그렇지? 내가 네 할아버지 무덤 앞에서 신성한 맹세를 했듯, 너 또한 내 무덤 앞에서 그렇게 하겠다고 약속해 주렴. 그것은 네게 아주 거룩한 일이 될 테니, 항상 내 이름을 마음에 품고 자랑스럽게 여

겨야 한단다.

할머니를 많이 사랑해 드리렴. 아빠로 인해 겪으실 괴로움을 덜
어 드리고, 공허함을 덜 느끼시도록 아빠의 빈자리를 완벽하게 채
워 드려야 한단다.

엄마 또한 많이 사랑해 드려야 해. 엄마가 너를 낳고 키우면서 얼
마나 많은 희생과 고통과 굴욕을 견뎌 내야 했는지 너는 절대 알지
못할 거야. 네 엄마가 살아오면서 불행한 일을 얼마나 많이 겪었는
지, 그럼에도 불구하고 얼마나 다정다감하고 좋은 사람인지도 말이
야. 그러니 너는 애정과 선행으로 엄마에게 꼭 보답해야만 한단다.

그리고 특히 조국을 사랑하는 마음과 믿음을 가지렴. 세상의 모
든 사랑 중에서, 조국에 대한 사랑을 최우선으로 삼아야 해. 만일
조국의 부름을 받게 된다면, 기쁜 마음으로 콧노래를 부르면서 네
인생을 바치려무나. 그러면 내가 지금 느끼는 이 감정을 그때 너도
느끼게 될 거야. 조국을 위해 목숨을 바치는 것이 얼마나 아름다운
일인지, 또 그 죽음이 얼마나 가치 있는 일인지를 말이야.

네 아빠는 한순간도 나약한 적이 없었고, 자신감 넘치는 육체와
정신을 소유한 강한 남자로서 마지막 순간까지 사랑하는 조국에 대
한 의무를 다했다는 걸 알아야 해. 그리고 미소 지으며 떠났다는 것
을 절대 잊지 마렴.

강하고 위풍당당하며 선량하고 올바른 사람이 되길.
너의 아빠,

코스탄초

1944년 5월 11일, 로마

사랑하는 어머니께

어머니가 받게 되실 엄청난 괴로움을 생각하며 가슴이 찢어질 듯
한 심정으로 영원한 이별을 고합니다. 제가 없더라도 견뎌 내실 수
있으시죠? 저의 때 이른 죽음을 원하신 하느님께 오직 한 가지 은
혜를 베풀어 달라 간청드리고 있습니다. 그것은 우리 조이에타와
꼬맹이 마리오의 안녕을 위해, 어머니께 고통을 극복하실 수 있는
힘을 주셨으면 하는 것입니다.

어머니, 저로 인해 야기된 이 불행에 대해 용서를 구합니다. 이
것은 제가 하느님을 앞에 두고 하는 회개이기도 합니다. 하지만 저
는 평온한 마음으로 죽을 것입니다. 마지막 순간까지 제 의무를 다
하고 떠나게 되어 기쁘니까요. 저는 이런 제가 자랑스럽습니다. 공
교롭게도 인생은 저 같은 이상주의자들에게, 가족을 무척 많이 사
랑하지만 그럼에도 불구하고 조국을 향한 애정을 항상 최우선시 하
는 이들에게 종종 깊은 실의를 안겨 주지요. 하지만 저는 개인적 만
족감과 주변 사람들에 대한 감사함 외에는 아무것도 생각하지 않았
습니다. 저는 항상 조국의 안녕을 위해 제 모든 것을 내어 주고 기
꺼이 바치는 일을 기쁨으로 여기며 살았습니다. 어머니께서는 제가
이를 위해 얼마나 많은 일을 했는지, 얼마나 많은 희생을 했는지 그
리고 얼마나 많은 투쟁을 했는지 잘 아실 거예요. 때로는 저를 염려
하는 마음 때문에 불안하기도 하셨을 테지요. 그럼에도 내색 한 번
없이 저를 이해하고 존중해 주신 분은 어머니밖에 없습니다.

하느님께서도 돈 몇 푼에 형제들을 팔아넘긴 야비한 스파이들을

용서할 수 없으실 거예요. 이것만 생각하면 통쾌한 기분마저 듭니다.

어머니, 거듭 말씀드리지만 부디 힘을 내세요. 저희가 과거에 함께 보낸 소중한 추억의 시간들이 어머니의 여생 동안 위안이자 벗이 되어 드릴 테니까요.

저는 결코 어머니를 버리지 않을 것입니다. 어머니가 가장 사랑하는 아들이 기도해 드릴게요. 부드러운 볼 키스를 보내며.

어머니의,

코스탄초

1944년 6월 3일, 레지나 코엘리

사랑하는 어머니께

어머니, 저의 몸은 어머니를 영원히 떠나지만, 마음만은 여느 때처럼 어머니 곁에 머물며 어머니를 위해 많은 기도를 드릴 테니 울지 않으셔도 됩니다. 그리고 저를 아는 모든 사람에게 편지를 썼습니다. 그 편지들은 케코가 가지고 있어요.

저는 언제나 그랬듯 지금도 만족스럽고 행복합니다. 그러니 어머니께서도 지금의 상황을 겸허히 받아들이시고 하느님의 뜻 앞에서 강해지셔야 합니다.

전쟁터의 대포 옆에서, 좀 더 영웅답게 전사했더라면 좋았으련만…. 어쩔 수 없지요!

나의 조이에타에게, 마리오에게, 케코와 모두에게 그리고 마리아에게 제 모든 애정을 보냅니다. 어머니, 우리에게 잘해 주셨던 숙부님들도 잊지 마세요. 사랑하는 어머니를 힘껏, 아주 힘껏 안아 드리고 입맞춤을 보냅니다.

　이탈리아 만세!

　어머니의,

　　　　　　　　　　　　　　　　　　　　　　　코스탄초

스텔리오 팔라스카 *Stelio Falasca*

18세. 학생. 1926년 1월 1일 키에티 출생. 팔롬바로*Palombaro*와 펜나피에디몬테 *Pennapiedimonte*, 파라 산 마르티노*Fara San Martino*(키에티) 지역에서 활동하는 "팔롬바로 *Palombaro*" 의용군 소속 파르티잔. 1943년 12월, 독일군 부대에 대항해 무장 투쟁. 순찰 대와 교전 중 독일군 3명 사살. 1944년 1월, 키에티 근처에서 파시스트 민병대 피오레 시의 병사들에게 체포됨. 키에티의 산 프란체스코 다 파올라*San Francesco da Paola* 형무소로 이송됨. 고문당함. 1944년 2월 10일, 키에티의 지방 관청에서 독일군사법원에 의해 재 판을 받음. 1944년 2월 11일, 니콜라 카보르소, 피에트로 카펠레티, 벤니아미노 마시 모 디 마테오, 라파엘레 디 나탈레, 알도 그리포네, 알프레도 그리포네, 비토리오 만넬 리, 알도 세바스티아니와 함께 피네타 디 페스카라*Pineta di Pescara* 공원에서 독일군 소대 에게 총살됨.

1944년 2월 10일, 키에티

나의 가장 소중한 아버지께

　제 인생의 마지막 순간, 저는 오직 아버지 생각뿐입니다. 제가 평 소 아버지의 화를 돋운 적이 있다면, 부디 용서해 주세요. 그리고 전에 어머니께 편지 한 통을 보냈었는데, 아직 받지 못하셨다면 중 위나 소령에게 물어보시기 바랍니다. 저는 이곳에서 항상 두 분을 생각하고 있는데, 이게 저의 유일한 위안이랍니다.

　비록 저의 운명은 비참했지만, 제가 한 모든 일에 대해서는 조금 의 후회도 없습니다. 적어도 저를 나쁘게 생각하는 사람은 없을 거 예요. 죽기 전에 저를 아는 모든 사람들을 만나 보고 떠나면 좋으련 만…. 아버지께서 저 대신 모두에게 작별 인사 전해 주세요. 저의 대부와 그분의 가족, 아달지소와 그의 가족, 빈첸초, 안조리노, 아델 레 등에게도요. 그리고 그들에게 저의 이름을 너무 빨리 잊지는 말아 달라고도 해 주세요. 두 분의 고통이 몹시 클 거라는 건 잘 알고 있습니다. 저 또한 그랬으니까요. 하지만 두 분을 다시 뵌 이후부터는 울지 않고 있습니다. 저는 총살대 앞에서도 웃음을 잃지 않을 거예요. 가여운 어머니에게는 아버지와 일바만 남겠군요. 그러니 아버지, 어머니를 화나게 하지 마세요. 가끔 아버지 때문에 어머니가 화내신 적이 있잖아요. 저도 어머니께 종종 별 생각 없이 그랬는데, 지금은 진심으로 뉘우치고 있습니다. 저는 곧 주세피나 누나가 있는 곳으로 갈 것이고, 그곳에서 누나를 다시 만날 거라 믿고 있어요. 누나와 함께 천국에서 모두를 지켜볼게요. 제가 드리는 기도를 통해 저의 죄가 조금이나마 사해지기를 바라며 저의 죽음을 모두에게 알려 주세요. 몬테카티니*Montecatini*의 숙부님들에게도요.

부모님께 다시 한 번 용서를 구합니다. 저는 떠나지만, 이 오빠를 위해 기도해 줄 사랑하는 동생 일바를 생각하니 기쁩니다.

저를 대신하여 모두에게 작별 인사 전해 주세요. 특히 두 분께, 셀 수 없을 정도로 아주 많은 작별 인사와 제가 할 수 있는 한 가장 많은 볼 키스를 보냅니다. 일바, 아델레, 니콜라 등 모두에게도 볼 키스를 듬뿍 보내며, 예수님의 이름으로 저를 위해 미사를 올려 주시길 부탁드립니다.

아버지께 작별 인사와 볼 키스를 보냅니다.

스텔리오

에르메스 페라리 *Ermes Ferrari*

22세. 루차라(레조 에밀리아) 지방 관청에 고용된 초등학교 교사. 1922년 7월 29일 루차라 출생. 1944년 9월 10일, 제77 여단 애국행동대에 합류. 고립된 독일군 병사들을 무장 해제시키는 역할을 하는 동시에 독일인에게 가는 식료품, 가축 등을 탈취하고 포강의 물자 수송용 페리보트 공격에도 가담. 1945년 4월 8일, 아르놀도 아반치와 함께 페라라에 주둔 중이던 검은 여단 "파팔라르도"의 병사들에게 체포됨. 레졸로(레조 에밀리아)에 위치한 정치수사국 본부로 이송. 고문당함. 레졸로 정치수사국 본부에서 즉결심판을 받음. 1945년 4월 17일 아침, 아르놀도 아반치와 함께 레졸로 공동묘지의 경계 벽 뒤에서 검은 여단 소속 소대에게 총살됨.

— 해방 이후에 발견된 그의 짧은 편지는 감방의 한쪽 벽 잔해 더미 속에 묻혀 있었음.

1945년 4월 13일

사랑하는 어머니 그리고 가족에게

저는 아반치와 함께 지방 관청의 …에서[1] 출발하여 곤차가로 향하다가 지금은 레졸로의 검은 여단 병영에 딸린 건물에서 지내고 있습니다. 우리는 아마 내일 아침쯤 레조로 떠나게 될 것입니다. 화요일 아침, 저는 아버지와 리나 그리고 주세피나를 봤는데 아마도 세 분은 저를 보지 못한 것 같아요. 하지만 저는 전혀 기분 나쁘지 않아요.

선하신 하느님께서 우리에게 응답해 주실 거예요. 그러니 하느님께

---

1 편지에서 알아보기 어려운 부분.

기도해 주세요. 비록 어머니는 세상이 끝났다고 생각하시겠지만요.

어머니, 아버지, 리나에게 한없는 볼 키스를 전합니다. 주세피나
에게도 뽀뽀를.
저는 이곳에서도 항상 잊지 않고 어머니를 생각합니다.

친애하는 부모님께

죽음을 맞이할 시간이 이제 얼마 남지 않았습니다.
이제 눈물을 거두시고, 저희를 위해 선하신 주님께 기도해 주세
요. 그 기도는 저의 육신이 아닌, 저의 영혼을 위한 것이어야 합니다.
어머니, 아버지, 리나에게 볼 키스를 보내며. 안녕히 계세요. 주
세피나에게는 작별 인사와 뽀뽀를.

당신의,

에르메스

페드로 페레이라*Pedro Ferreira*(페드로*Pedro*)

23세. 보병 중위. 1921년 8월 3일 제노바 출생. 1943년 9월, 프리울리*Friuli*에서 활동하는 무장군 소속 파르티잔으로 투쟁 시작. 피에몬테로 이동하여 탄크레디 갈림베르티의 지휘 하에 있는 '정의와자유' 소속 무장군 "자유 이탈리아*Italia Libera*"에 합류. 이후 그라나 계곡*Valle Grana*(쿠네오)에서 활동함. 1944년 1월, 란초(토리노) 계곡에서 활동하는 부대의 지휘를 맡음. 그 후 카나베세와 발레 다오스타에서 활동하는 '정의와자유' 소속 제7 알피니 사단의 명령을 받고, 발레 다오스타에 위치한 캄포르케르*Champorcher* 계곡에서 무장군 조직. 임무 수행 중 토리노에서 처음으로 체포되어 투옥. 포로 맞교환이 이루어져 석방. 1944년 12월 31일, 그의 부하들에게 거금을 주고 덫을 놓은 스파이 때문에 밀라노에서 두 번째로 체포됨. 공화파쇼연합 정치국의 지시로 토리노로 이송. 1945년 1월 22일, 반게릴라법원에서 재판을 받음. 1945년 1월 23일, 브루노 치브라리오 외 9명과 함께 토리노의 마르티네토 국립포병사격연습장에서 국립공화국수비대에게 총살됨. 사후에 금성무공훈장을 수여받음.

1945년 1월 22일 22시, 토리노 아스티가의 형무소에서

친애하는 어머니와 아버지, 이코에게

제가 쓴 이 편지가 도착했다면, 여러분은 이미 여러분 앞에 닥친 불행한 소식을 접하신 후겠지요. 여러분이 고통과 절망으로 비탄해하며 눈물 흘리시는 모습이 눈앞에 선합니다. 하지만 시간이 어느 정도 지나면 흐르던 눈물은 마를 것이고, 목구멍을 타고 올라오던 '꺼억꺼억' 하는 통곡 소리 또한 잦아들 것이며, 부들부들 떨리던 손은 언제 그랬냐는 듯 더 이상 떨리지 않을 것입니다. 그때는 분명 여러분에게 이 편지를 제대로 읽을 수 있는 힘이 생길 것입니다.

사랑하는 소중한 저의 가족들, 23년을 사는 동안 제가 가족들에게 얼마나 많은 고통을 안겨 드리고 얼마나 많은 심려를 끼쳤던 건지! 여러분에게 얼마나 소홀했는지, 또 얼마나 위안이 되어 주지 못했는지, 얼마나 실망을 안겨 드렸던 건지!

내일 동이 틀 무렵, 총살대 앞에서 "발포" 신호를 기다리며 꼿꼿하게 서 있을 때, 희생자의 고통을 잊게 해 줄 한 줄기 환한 빛이 저의 얼굴에 내리비칠 것입니다. 그 빛은 제 얼굴에 드리워진 슬픔의 그림자를 거두어 갈 것입니다. 이 슬픔의 그림자는 지금껏 살아온 저의 인생을 저버려야만 하는 것에 대한 후회가 아니라, 저의 죽음으로 제가 가장 소중히 여기는 가족과 사랑하는 사람들, 존경하는 이들이 겪게 될 고통에 대한 생각과, 누군가의 아들로서, 형제로서 의무를 다하지 못하고 떠나는 것에 대한 후회입니다.

바로 이것이, 짧지만 아주 강렬한 삶을 살았던 한 인간이 생이 끝나기 몇 시간 전 글을 남기는 이유입니다. 저는 지금 당장 어머니, 아버지, 이코의 발밑에 무릎을 꿇고 제가 했던 잘못과 미처 다하지 못한 효도에 대해 용서를 구하고 싶습니다. 사랑하는 어머니, 어머니께서는 무척 인자하시고 사랑스러우시며, 상냥하시고 겸손하시며, 꾸밈이 없으신 분입니다.

어머니의 삶은 갈보리*Calvary*[1]와도 같았습니다. 어머니의 인생은 가시밭길이었지요. 그렇기에 관심과 사랑으로 늘 어머니를 위로해 드리고 저의 모든 것을 어머니께 바침으로써 어머니의 수고와 고통, 고난과 한탄을 제 손으로 끝내 드려야 했는데, 조국을 위해 헌신하고 싶었던 마음에 항상 어머니와 멀리 떨어져 지내면서 외로움과 괴로움, 고통만을 안겨 드렸습니다. 이제는 그것도 모자라….

그리고 아버지, 선량하신 우리 아버지. 아버지께서는 다소 거칠고 단순하시지만 한편으론 너무 훌륭하고 관대한 분이시지요. 또한

---

1 예수가 처형된 예루살렘성 밖의 언덕 이름으로 '골고다'라 부르기도 한다(옮긴이).

의무에 대한 충성심뿐만 아니라 주도면밀함까지 갖추셨죠. 사랑하는 아버지, 지금 제가 드리는 말씀이 조금이나마 위로가 되었으면 합니다.

이코, 사랑하는 내 동생 이코. 네가 또다시 울 거란 생각에 마음이 아프구나. 이 죗값을 어떻게 갚아야 할까? 하지만 이 같은 불행 또한 너 자신을 위해 필요한 거란다. 자극에 반응해야 해! 고통의 풍파 속에서도 삶을 계속 이어 나가며 그 풍파에 반응해야 한단다. 몇 날 며칠, 몇 달, 몇 년을 그렇게 살다 보면 돌을 잘게 부수어 모래로 만드는 바다의 파도처럼, 쉽사리 사그라들 것 같지 않던 고통도 시간의 파도에 점점 무뎌져 쓰라린 기억으로 변하게 될 거야.

여러분의 아들과 형제가, 힘과 열정을 끌어모으기 위해 항상 태양을 향해 고개를 돌리고 있던 반디에라*Bandiera* 형제[1]나 치로 메노티 *Ciro Menotti*[2], 오베르단*Oberdan*[3], 바티스티*Battisti*[4]처럼 죽었다고 생각하시면 조금이라도 위로가 될 것입니다. 그들은 자신의 '모든 것'을 걸고 헌신했던 조국을 위해 결국 목숨까지 바쳤습니다. 자신이 한 맹세를 결코 저버리지 않으려, 명예를 위해, 언젠가 승리를 거머쥐게 될 자유와 정의를 위해 기꺼이 목숨을 내놓은 것입니다. 이 폭풍이 지나가고 나면, 파괴된 도시와 황폐해진 시골의 하늘 위로 조화와 평화

---

1 1820년경 카르보나리당 활동을 시작으로 1870년경에 막을 내린 이탈리아 국가통일운동기의 민족주의자 에틸로 반디에라*Attilio Bandiera*와 에밀리오 반디에라*Emilio Bandiera*를 말한다(옮긴이).

2 1817년 이후 카르보나리당의 당원으로 활동한 열렬한 민주주의자. 이탈리아 통일운동의 순교자로서 이상적인 인물로 꼽힌다(옮긴이).

3 굴리엘모 오베르단*Guglielmo Oberdan, 1858~1882.* 이탈리아의 민족통일주의자로 처형 직전 "이탈리아 만세"를 부르짖어 국가를 위한 순교자로 널리 알려졌다. 통일 이후 이탈리아 도시 전역에 그의 동상이 세워졌다(옮긴이).

4 체사레 바티스티*Cesare Battisti.* 이탈리아의 애국자, 지리학자, 사회주의 정치인으로 제1차 세계대전 때 민족통일주의자로 활동했다(옮긴이).

의 상징인 비둘기가 올리브 나뭇잎을 입에 물고 날아갈 것입니다.

이제 어머니, 아버지, 이코에게 작별 인사를 할 시간입니다. 저는 인간의 심판보다 하느님의 심판을 받기 위해 준비해야 합니다. 어머니, 제가 예수 그리스도 가까이로 가게 되면 어머니께서 고통으로 괴로워하지 않도록, 편치 않은 몸이 더 악화되지 않도록, 어머니를 위해 기도드릴 것입니다.

보카레로, 엔리코 등에게 보내는 편지 한 통, 저의 첫사랑 피에리나에게 보내는 편지 한 통을 동봉합니다. 그녀에게 쓴 편지를 제 친구들 중 한 명에게 전해 주면, 편지를 받은 친구가 책임지고 그녀에게 전할 것입니다. 그럼, 이제 안녕을 고합니다.
제가 사랑하는 이들이여, 고통이 끝난 후 여러분의 행복을 위해 하늘나라에서 기도할 것입니다.
끝없는 볼 키스와 포옹을 보내며.

여러분의,

페드로
24시

1945년 1월 22일 24시, 토리노 아스티가 형무소에서

내 사랑 피에리나에게

내일 동이 틀 때 즈음, 파시스트 공화국수비대가 내 삶을 끝내 버릴 거야.

내가 어떻게 체포되었는지, 또 재판은 어떻게 진행되었는지에 대해 자초지종을 일일이 말할 물리적인 시간이 없어. 그에 관한 이야기라면 나의 동지(코르소 몬테 그라파 7/17 *Corso M. Grappa 7/17*)[1]나 친구들에게 건네 들을 수 있을 거야.

피에리나, 죽음의 문턱에서 내가 하고 싶은 말은, 당신은 나의 처음이자 유일한 사랑이었다는 거야. 만약 내가 계속 살 수 있다면 당신에게 청혼하고 당신을 행복하게 해 줬을 텐데….

내 인생에서 가장 비극적인 이 시간에, 과거의 일들이 주마등처럼 아주 빠르게 눈앞을 스쳐 가고 있어. 피에리나, 그런데 말이야, 과거의 모든 일들 가운데 내 인생을 통틀어 진심으로 행복했었다고 손꼽을 만한 이틀이 있어. 그중 하루는 1940년 6월 30일 내가 당신과 사랑에 빠진 날이고, 나머지 하루는 1941년 여름 모데나 군사 아카데미*R. Accademia di Modena*로부터 입학 허가를 받았던 날이야.

1940년 6월 30일 이후 우리가 떨어져 지낸 수년 동안, 나는 우리가 사랑했던 날들의 추억 속으로 여러 번, 아주 여러 번 잠겼어. 1년이 넘는 시간 동안 피에몬테 계곡에서 산악병으로 활동하며 생과 사의 기로를 오갔던 일들과, 그렇게 내 이상을 위해 투쟁한 대가로 목숨을 바치기 직전인 지금, 이제 나는 피에리나 당신을 회상하는 데 좀 더 집중하고 싶어. 안녕, 피에리나. 당신에게 행복한 일들만 가득하길 바라. 부디 살아도 사는 게 아닌 그런 삶을 살지 말고, 새로운 사랑을 다시 찾았으면 해.

안녕, 피에리나, 안녕히.

---

1 동지의 집 주소.

"내 가슴속에 내려앉은 작은 피에라."[1](이거 기억나? 우리가 헤어질 때 내가 당신에게 바친 엔데카실라보_endecasillabo_[2]잖아.)

당신을 향한 진정한 사랑을 단 한순간도 저버린 적 없었던 나를 영원히 기억해 줘.

마지막 키스를 보내며. 당신의,

페드로

1945년 1월 23일 0시 45분

마리아 이모, 이다 이모, 리나, 비앙카, 니니에게
친애하는 모든 친척들에게

최후의 발걸음을 내딛기 전, 여러분께 드리고 싶은 말씀은 무궁무진하지만, 지치고 기진맥진하여 더 이상 글을 써 내려갈 힘이 없습니다. 부디 고통에 강해지세요. 기독교인으로서 제가 드리는 이 부탁을 꼭 받아들이시고 이겨 내셔야 합니다.

안녕히 계세요. 그리고 저를 위해 기도해 주세요. 저는 왕립 육군 장교로서의 명예를 지켰고, 마지막까지 조국을 섬긴 것에 만족하며 생을 마감하려 합니다.

포옹을 보내며, 여러분의

---

1 명사에 접미사 −ina를 붙이면 축소형이 되는데, 여자 친구의 이름 피에리나 _Pierina_를 작은 피에라라고 표현한 언어유희다(옮긴이).
2 각 행의 음절을 11개로 통일하고 4, 6, 11번째 음절에 강세를 두는 11음보 형식의 시(옮긴이).

페드로

— 행동당 동지들에게 보내는 편지.

1945년 1월 23일 1시 30분

가장 친애하는 이들이여,

아시다시피 어제 저녁, 토리노의 공화국 특별전쟁법원에서 저에 대한 판결이 내려졌습니다. 저는 다음의 두 가지 죄로 기소되었습니다. 첫 번째는 무장 의용군 소속이라는 것. 두 번째는 란초 계곡의 불특정 지역에서 독일군 포로 네 명을 사살한 죄와 영국군 수감자들을 도운 죄. 첫 재판에서는 사면을, 두 번째 재판에서는 징역 25년 형을, 세 번째 재판에서는 사형선고를 받았습니다.

내일 동틀 무렵, 저는 총살될 것입니다. (1921년 8월 3일에 태어난) 저의 짧은 생은 이렇게 끝나지만, 저는 1943년 9월 8일부터 최후의 순간까지 가장 강렬하게 존재했던 인간으로서 조국에 온전히 헌신했습니다. 저는 숭고한 희생을 통해 조국과 제 자신에 대한 의무를 완수했기에, 기쁘고 만족스럽게 죽음을 맞이할 것입니다.

온갖 오해와 부당함으로 가득했던 운명에서 벗어나게 되었으니,

---

1 카네피나에서 출생하고 토리노에서 사망한 반파시스트 파르티잔. 행동당 산하 무장조직 '정의와자유'를 조직했다(옮긴이).
2 반파시스트 파르티잔. 피에몬테 지역의 레지스탕스 중 가장 중요한 인물로 피에몬테 민족해방위원회에서 국가의 영웅으로 선포한 탄크레디 두초 갈림베르티*Tancredi Duccio Galimberti*를 말한다(옮긴이).

이보다 더 아름다운 죽음은 없을 것입니다. 저의 이름이 파올로 브라치니*Paolo Braccini*[1], 페로티*Perotti*, 사치*Sacci*와 갈림베르티*Galimberti*[2]의 뒤를 잇는다는 것은 저에게 과분한 영광입니다. 내일이 올 거라는 생각만 하면 마음이 복잡하고 혼란스럽습니다. 하지만 이 시간, 죽음에 대한 생각을 잠시 내려놓으니 마음이 차분해지고 정신도 맑아져 저 스스로도 놀라울 정도입니다.

저는 특별한 분석력과 비판정신으로 아득한 과거에서부터 최근까지의 저 스스로를 전부 되짚어 보고 있습니다. 그 결과, 제가 저지른 잘못은 다음과 같습니다. 가족을 떠나 그들에게 소홀했던 것 (하지만 일부러 그런 것은 아닙니다)과 특히 최근에 했던 큰 실수입니다. 반면, 제가 이루어 낸 공로는 저의 권한 밖의 일이니 열거하지 않겠습니다. 저는 정치적 지표를 공고히 하기 위해 최근 행동당의 강령을 다시 공부하며 점차 고베티와 로셀리의 열렬한 지지자가 되었습니다.

죽음을 몇 시간 앞둔 지금, 저는 제가 속해 있는 당의 모든 당원들에게 당부하고자 합니다. 여러분들이 내일의 새로운 이탈리아를 만들기 위해 필요한 건강하고 자유로운 에너지를 가져다 주길 바랍니다. 저는 비록 스파이의 덫에 걸려 끝내 죽음에 이르게 되었지만, 이 비극적인 순간에도 마음만은 평온하고 고요합니다. 이런 마음은 제가 어떠한 원한도 품지 않고, 그 누구에게도 무의미한 복수심을 품지 않았기에 가능한 것입니다.

하지만 그자는 내일의 이탈리아에서 인간의 정의에 의해, 그렇게 되지 않는다면 내세의 정의에 의해 확실하고도 냉정한 심판을 받고 죗값을 치르게 될 것입니다. 오늘날의 이탈리아 사회공화국은 적을 인간으로서의 존엄 따위는 아예 없이, 그저 진압해 버려야 할 대상이라고만 간주하고 서둘러 판결을 내린 후 대량 학살을 자행하고 있습니다. 하지만 내일의 새로운 이탈리아는 이러한 범죄의 잔상을 좇아서는 안 되기 때문에 "냉정한 심판"이라는 표현을 사용한 것입니다. 비록 우리의 적이긴 하지만 그들은 사회공화국의 조직이나 기관에 소속된 자로서 자신의 직분을 충실히 이행한 것일 수도 있습니다. 따라서 그들의 소속과 인격을 평가할 때 그들이 저지른 악행보다는 인간적으로 행한 선행에 비중을 두고 최대한 배려하고 존중해 주어야 합니다. 저는 주로 산에서 임무를 수행했기 때문에, 공화국 사람들을 만나 볼 기회가 그리 많지는 않았습니다. 하지만 이곳에서 저는 정치국 사람을 만날 수 있었습니다.

죽는 그 순간 우리가 어디 소속인지를 알게 하기 위해, 우리의 가치를 드높이기 위해, 전투에 참여할 때나 공무 수행 중 제복에 항상 달고 다니던 "정의와 자유"의 삼색배지. 그것을 향한 저의 이상은 항상 그래 왔듯 내일 처형 때에도 가슴속 깊이 새겨질 것입니다. 그리고 "라디오 바리Radio Bari"가 마르카치 중위를 "전범"으로 법정에 세우려 하는 그 기소 건은 철회해 주시기 바랍니다. 물론 그 중위는 파시스트가 맞습니다. 따라서 우리의 적인 것도 사실입니다. 그러나 그가 사는 세상에서는 아주 보기 드물게 충직하고 정직하며 명예로운 적입니다. 그는 비록 적이지만 자신이 보기에도 충직하다고 생각되는 파르티잔들에게는 항상 정중하게 대해 주었고, 경우에 따라서는 거의 사랑에 가까운 관심을 쏟아 주었습니다. 재판에서 저는 그를 증인으로 세웠고, 그는 자신이 할 수 있는 선에서 최대한 저를 옹호해 주었습니다. 마르카치 중위의 이 같은 공로를 인정해 주어야 한다고 생각합니다. 제가 증언을 요청한 바르베티 중위 역시 마르카치 중위처럼 저도 놀랄 정도로 법정에서 저를 치켜세우면서 끝까지 방어해 주었습니다. 결과에 상관없이, 마르카치 중위와 바르베티 중위에게 진심 어린 감사의 마음을 전합니다.

죽음을 앞둔 이 순간에 제가 느끼는 감정들을 동지들과 공유해야 한다고 생각합니다.

친애하는 동지 여러분, 마지막 인사를 전하기 전 여러분께 제 가족을 부탁드리려 합니다. 저를 교육시키랴, 훈련시키랴, 말로는 형언할 수 없을 정도로 어마어마한 희생을 감수한 저의 가족은 자신들을 부양할 것이라 기대했던 제가 죽게 되면 경제적으로 궁핍한 상태에 처하게 될 것입니다. 올해 67세이신 아버지께서는 현재 딱히 하시는 일이 없습니다. 어머니께서는 58세이시고, 아우는 21세입니다. 제 아우는 어릴 적 선천성 질환에 걸려 직업을 구할 수도, 일을 할 수도 없습니다.

저의 가족은 가진 게 아무것도 없습니다. 때문에 여러분의 도움이 절실합니다. 부디 어려운 상황에 처한 저의 가족을 딱하게 여겨주셔서, 우리가 생전에 전사자들의 가족들을 각별히 생각하며 사랑과 관심을 쏟아 왔듯, 저의 가족에게도 그렇게 해 주시길 부탁드립니다.

친애하는 동지 여러분, 이제 작별 인사만을 남겨 두고 있습니다. 우리 행동당은 이탈리아와 운명을 같이하고 있습니다. 우리는 이탈리아를 파멸로 이끌고, 우리의 문명이 사라질 때까지 헛다리 짚는 일만 반복하는 선동 정치세력을 없앨 것입니다. 그리하여 해방된 내일의 이탈리아에서 국가를 점진적으로 회복시키고 전 국민을 도덕적으로 재교육시킬 것입니다. 곧 있으면 연합군이 독일군의 방어선을 뚫을 것입니다. 그러면 이탈리아 전체가 해방될 것이고, 여러분의 이 오랜 투쟁 또한 끝날 것입니다. 그날이 오면 삶, 공기, 빛, 태양, 투쟁과 승리의 기쁨 그리고 자유의 환희가 여러분을 맞이할 것입니다…, 행복하길 바랍니다…. 안녕히 계세요….

모두를 얼싸안으며, 동지 여러분의

페드로

몇 시간 내로 저에게도 죽음의 순간이 찾아올 것입니다.

저는 모든 것을 내려놓아 평온합니다. 오히려 최선을 다한 일들을 마무리 지을 수 있어서 진심으로 자랑스럽습니다. 총살대 앞에 서게 될 저는 그들이 죽일 만한 가치가 있는 사람일 것입니다.

저는 친애하는 탄크레디 갈림베르티(두초)의 피 묻은 셔츠 조각을 항상 간직하고 있었습니다. 1944년 1월 13일, 그라나 계곡으로 함께 지원을 나간 그분께서 중상을 입으셨던 투쟁의 그날을 지금도 생생히 기억합니다. 내일 아침, 저는 사형 집행자에게 그 셔츠 조각을 건네며 은혜의 총탄을 맞고 흘린 내 피를 그 셔츠 조각에 묻혀 달라고 요청할 것입니다. 그리고 내 동지들을 위하여 그 셔츠 조각을 원하는 사람이 생길 때까지 보관해 달라고 부탁할 예정입니다.

저는 처형당한 두 명의 행동당원의 피가 봉인될 이 셔츠 조각이 우리 모두가 지금껏 지속하고 있는 이 유혈 투쟁의 역사적 유물로서 당 사무국에 보관되었으면 합니다.

안녕히! 여러분을 얼싸안으며

페드로

<h1 align="center">월터 필락Walter Fillak(젠나이오Gennaio[1], 마르틴Martin)</h1>

24세. 학생. 1920년 6월 10일 토리노 출생. 반파시스트 사상을 표현했다는 이유로 제노바 과학고등학교에서 제적당한 뒤 독학을 강요받음. 1940년에서 1941년 사이 겨울, 제노바 대학교 공업화학부에서 토리노, 카살레, 리보르노, 로마에서 활동하는 공산당 세포 조직[2]과 연락을 취할 학생 공산주의자들의 세포 조직을 설립하고, 삼피에르다레나Sampierdarena의 노동자들과 첫 번째로 접촉함. 1942년, 제노바 출신의 공산당 간부들과 함께 반파시스트 검속 비밀경찰들에게 처음으로 체포됨. 도시의 형무소로 이송. 아푸아니아의 형무소로 이감되었다가 특별법원의 처분에 따라 로마의 레지나 코엘리 형무소로 이감. 1943년 7월 25일[3] 이후 석방됨. 1943년 9월, 토리노에서 해산된 군의 작전부대를 다시 조직. 피안 델라 카스타냐Pian della Castagna(아퀴Acqui)의 파르티잔으로 활동. 제노바 인근 파견대의 사령관이 됨. 카판네 디 마르카롤로Capanne di Marcarolo(제노바) 고지대에서 활동하는 제3 가리발디 여단 "리구리아"의 정치부 지도원으로 임명됨. 1944년 3월 2일, 동지 부라넬로(추후 체포되어 총살됨)와 함께 제노바에서 수많은 무장 투쟁과 임무들을 수행. 독일군과 파시스트에 맞서 여러 차례 교전을 벌이던 중 여단이 해산되자 아퀴를 거쳐 밀라노로 이동. 다시 유고슬라비아Yugoslavia로 이동하려던 중 쫓기게 됨. 계획이 실패하여 스위스로 넘어감. 3개월 후 귀환. 코녜Cogne(발레 다오스타) 지역의 정치 지도원으로 활동. 발레 다오스타 계곡의 하류, 카나베세, 비엘라에서 활동하는 제7 가리발디 사단의 사단장이 됨. 1945년 1월 29일에서 30일 밤 사이, 라체Lace(이브레아Ivrea)에서 정보원을 따라 부하들(추후 전부 총살됨)과 함께 독일군 부대에 잠입했다가 체포됨. 1945년 2월 4일, 쿠오르녜(토리노)의 독일군 사령부에 의해 재판을 받음. 1945년 2월 5일 15시, 쿠오르녜 인근 알페테Alpette 도로에서 교수형 당함. 당시 형을 집행했던 이들은 처형자를 밧줄에 매단 뒤 죽기 직전 밧줄을 끊고 집행을 중단했다가 몇 시간 후 동일 행위를 반복함.

1945년 2월 4일

사랑하는 아버지께

---

1 이탈리아어로 1월을 뜻한다(옮긴이).
2 정당이나 단체의 기반이 되는 조직. 특히 공산당의 말단 조직을 뜻한다.
3 연합군의 시칠리아 공격 이후 무솔리니가 체포되고 이탈리아 파시스트 정권이 몰락한 때(옮긴이).

저는 운이 없게도 독일군의 포로가 되었습니다. 총살을 당하게 될 것이 거의 확실합니다.

저는 이탈리아인으로서, 공산주의자로서 제 의무를 완수했다는 것을 충분히 인지하고 있기에 침착하고 평온합니다.

특히 저는, 인생을 송두리째 바쳐야만 꿈꿀 수 있다는 걸 알면서도 제 이상을 사랑했습니다. 이러한 저의 강인한 의지는 저로 하여금 죽음을 평온하게 받아들일 수 있게 해 줍니다. 더 이상은 어떤 말씀을 드려야 할지 모르겠습니다.

저의 마지막 포옹을 보냅니다.

월터

저를 아껴 주신 모든 이들에게 작별 인사를 고합니다.

사랑하는 어머니께

이것이 저의 마지막 편지가 될 것입니다. 저는 곧 총살될 것입니다. 마땅히 모든 이탈리아인들에게 감사와 존경을 받아야 할 공산주의자들의 권리를 위해 그리고 조국의 해방을 위해 저는 열심히 투쟁했습니다. 죽음이 두렵지 않기에 평온하게 죽음을 맞을 것입니다.

어머니와 릴리아나에게는 포옹을, 여자 친구 이네스에게는 작별 인사를 보냅니다.

그럼 안녕히….

월터

내 사랑 이네스에게

나는 포로로 잡혔고, 곧 총살될 거야. 하지만 대의를 위해 한 일들이었기에 후회하지 않아. 시간을 거스른다 해도, 나는 같은 인생을 살 거야. 우리가 알고 지낸 시간이 그리 길지 않았던 만큼 고통의 시간 또한 짧게 지나가기를 바라며, 내가 당신에게 주고 싶었던 행복이 빠른 시일 내에 당신에게 가닿기를….

마지막 키스를 보내며

월터

도메니코 피오라니 *Domenico Fiorani*(밍고*Mingo*)

31세. 세스토 산 조반니(밀라노) 지역에서 화학 처리 기술자로 일함. 1913년 1월 24일 라론*Raron*(스위스*Switzerland*) 출생. 파시즘이 세력을 확장해 나가는 동안 노동 단체를 조직하고 지하 간행물 제작 및 배포 등의 활동을 함. 1943년 7월 25일 이후부터 정치 활동을 활발히 벌였고, 1943년 9월 8일 이후엔 비밀리에 대규모 활동을 계속해 나감. 세스토 산 조반니의 사회당 조직책. 식량과 장비를 공급하기 위해 산악 지대에서 활동하는 무장대와 연락 유지. 1944년 6월 25일, 부스토 아르시치오*Busto Arsizio*(바레세*Varese*)에서 정보원을 따라온 정치 경찰들에게 체포됨. 1944년 8월 10일, 아브루치 대로*viale Abruzzi*에서 벌어진 독일군 차량 폭탄 테러에 대한 보복으로 줄리오 카시라기 외 13명과 함께 밀라노의 로레토 광장에서 파시스트군 소대에게 총살됨.

저의 숨이 멎는 마지막 순간까지
펄떡거리는 저의 심장을
여러분 모두에게 바칩니다.

이탈리아 만세!

움베르토 포가뇰로*Umberto Fogagnolo*(기술자 비앙키*Bianchi*)

32세. 전자공학 기술자. 1911년 10월 2일 페라라 출생. 에르콜레 마렐리사의 관리자. 1943년 7월 25일 이후, 세스토 산 조반니(밀라노) 지역에서 공장 방어를 위해 노동자 조직 결성. 1943년 9월 8일 이후, 사회당 대표로 세스토 산 조반니 지역의 민족해방위원회 회원으로 임명됨. 1944년 봄, 밀라노 외에도 롬바르디아*Lombardia*주의 여러 지역에서 벌어진 사보타주에 매우 적극적으로 참여함. 밀라노에 수감된 정치범 구출 시도에 참여. 1944년 7월 13일, 밀고로 에르콜레 마렐리사 공장에서 독일군 친위대에게 체포됨. 몬차 형무소로 이송되었다가 밀라노의 산 비토레 형무소 제5별동으로 이감. 수차례 고문을 당함. 1944년 8월 10일, 아브루치 대로에서 벌어진 독일군 차량 폭탄 테러에 대한 보복으로 줄리오 카시라기 외 13명과 함께 밀라노의 로레토 광장에서 파시스트군 소대에게 총살됨.

─ 그가 죽음을 불사하고 파르티잔 활동을 시작했을 무렵 아내에게 쓴 편지.

1943년 7월 31일, 밀라노

나의 나디나에게

프롤레타리아와 부르주아 계급 간의 갈등을 담은 연극을 보다가 지금 우리가 처한 상황과 닮아 있다고 느꼈어. 나비의 날갯짓이 큰 태풍을 일으킬 수 있듯이 민중운동은 실제 큰 투쟁으로 이어질 수 있어. 모든 민중운동은 본 무대에 오르기 전에 꼭 치러야 하는 총연습과도 같지. 하지만 아무리 연습을 완벽하게 했다 해도 연습은 연습일 뿐 실전에서 성공하리라는 보장은 없어. 만약 주께서 내가 관람했던 이 연극을 보신다면, 전쟁이 심각한 문제라는 것과 이 연극이 실화를 바탕으로 한 것을 알고 계신다 해도, 무대 위에서 배우들이 벌이는 가짜 전투들 때문에 너무 웃겨서 웃음이 절로 나셨을 거야.

우리의 현 상황은 과거에 소위 혁명운동[1]이 걸어갔던 그 운명을 따르고 있어. 그때도 권위는 사라지고, 수비대는 무장 해제된 뒤 인질로 잡혀 가고, 길도 끊겼었지. 이러한 혁명운동 역시 목적도 계획도 없었어.

이 연극은 비극이 아니지만, 시간이 갈수록 연극의 분위기가 점점 우울하게 변했기 때문에 처음 막이 올랐을 때 그 우스꽝스러운 분위기 속으로 다시 돌아가고 싶어지더군. 만약 주인공이 방정스러운 행동을 하지 않았다면 관객들은 웃을 수 없었을 거야. 연극 무대 위의 결투 장면에서 부르주아를 두려워하며 칼로 찌르는 것을 주저하는 프롤레타리아의 모습이 가여웠기 때문에 나는 웃음이 나오지 않았어.

오늘날에는 그때와 같은 상황이 벌어져서는 안 돼.

나는 요즘 열의가 넘치는 시간들을 보냈어. 이 기간 동안 나는 내 모든 것을 걸었고, 내 인생에서 가장 큰 패를 던졌기 때문에 이제 그 이전으로는 되돌아갈 수 없어. 우리 아이들을 위해 그리고 당신의 미래를 위해, 당신이 모든 것을 알고 있는 게 좋을 것 같아. 당신이 미리 알고 있으면, 내 인생에서 가장 비극적이고 힘든 순간에 당신에게 의지할 수도 있을 테니 말이야. 이곳에서 나는 내가 거룩하고 공정하다고 믿는 그 목적을 향해 달려갈 노동자 조직을 결성했어. 우리는 벌써 집회도 했어. 20년간의 거짓 애국심[2]을 뿌리 뽑고 파괴하는 일을 우리 손으로 직접 하게 되리라고는 생각지도 못했지.

---

1 프롤레타리아 혁명. 즉 노동자를 비롯한 무산 계급 중심의 혁명 세력이 자본주의 체제를 전복시키고 공산주의를 이념으로 하는 사회를 건설해 나가는 투쟁 과정. 사회주의 혁명 또는 공산주의 혁명이라고도 한다(옮긴이).
2 자국의 인종. 민족이 이를 구성하는 개인, 무리, 단체보다 우월하다고 주장하며, 국가를 최고의 숭배 가치로 여기는 파시즘을 말한다(옮긴이).

바리케이드가 쳐지고 유혈 사태가 일어난 지도 꽤나 오래되었군. 프롤레타리아는 혁명적으로 단결한 후 전투에서 어느 정도 상승세를 탔고, 새로운 지도자와 인민들은 연극의 주역처럼 살아 보려 귀족의 옷을 차려 입었지. 반란군들이 우리 도시에 불을 지르고 폭동을 일으켰던 격동의 시간들 그리고 그 속에서 이탈리아 전역이 몸살을 앓았던 그날 이후, 우리는 얼마나 멀리 온 것일까? 그때나 지금이나 우리들의 행동 요인은 부족했고, 노예처럼 죽도록 일했지만 임금은 쥐꼬리만 하다고 말해도 저들은 더 이상 말을 못 꺼내게 하거나 재판의 구실조차 안 된다고 일축해 버리니, 우린 인류를 향해 부르짖을 수밖에 별 도리가 없었어. 만약 삶이 참을 수 없을 정도로 고통스럽고 그래서 행동으로 옮겨야 할 필요성을 느낀다면, 밖으로 나가서 투쟁을 해야 해.

나디나, 지금 나는 인생을 오롯이 즐기고 있으니 부디 나를 용서해 주었으면 해. 하지만 다른 것은 몰라도 이것 하나만큼은 확실하게 말할 수 있어. 그 누구보다도 당신과 우리 아이들을 항상 생각하고 사랑한다는 걸. 그러나 슬프게도 이상을 위해 살았던 모든 사람들의 삶에는 말을 멈추고 행동으로 옮겨야 하는 결정적인 순간이 있어.

요즘 나는 한 편의 연극 무대에 올라온 듯한 삶을 살았는데, 그중에는 비극의 순간도 있었어. 그렇다고 해도 당신만은 항상 그래 왔듯 침착했으면 좋겠어. 지금 나는 당신 곁에 있고 싶은 마음이 간절하니, 당신도 온 마음을 다해 전적으로 나만 생각해 줘. 일이 예상과는 다르게 흘러가고 있어서 우울하고 걱정도 많이 돼. 나 대신 우리 아이들에게 뽀뽀 많이 해 주고, 아이들과 함께 기도해 줘.

움베르토

추신 : 이 편지는 찢어 버리길.

— 몬차 형무소에서 쓴 편지.

1944년 8월 3일, 몬차

나디나에게

　저들로부터 여러 날 학대당해 힘들었는데 당신이 면회 와 줘서 기뻤어. 물론 내 수감 생활은 그 10분간의 대화를 기다리는 것만으로 끝나는 건 아니야.

　다행히 나는 전자공학 공부와 독일어 문법 연습으로 지루하지 않은 시간을 보내고 있어. 하지만 우리 아이들 생각이 너무 많이 나고, 그 생각을 떨칠 수가 없어. 애써 생각 안 하려고 했지만, 그럴 때마다 내게 돌아오는 건 괴로움과 슬픔뿐이었지. 때로는 아무것도 하지 않고 넋 놓고 있는 게 너무 힘들어서 무슨 일이든 할 수 있었으면 하고 간절히 바라고 있어.

　디타 편에 아르놀도 형한테 당신에게 전화하라고 신신당부해 둘게. 가능한 한 빨리 내가 필요하다고 했던 면도기 좀 가져다 줘. 형무소 관리사무소에 맡기면 돼. 또 올 때마다 사무소에 들려 수거해 갈 리넨을 달라고 해. 형 보고 나 대신 아이들을 자주 만나러 가서 뽀뽀 많이 해 주라고 부탁할게. 요즘 내가 원하는 단 하나는 바로 약간의 공기야. 이곳은 열기로 숨이 턱턱 막힐 지경이거든. 14일은 아버지 생신이니 시간 맞춰 편지 쓰는 것 잊지 말고. 항상 당신 생각 많이 하고 있어. 키스를 보내며

나디나에게

나를 괴롭게 하는 사람이 바로 당신이라는 것을 믿을 수 없을 테지. 당신이 내게 말하지 않고 혼자 숨기고 있는 게 있는 것 같아. 안 좋은 일이라도 생긴 거야? 왜 울었어? 우리 집이 파괴된 이후 내가 어머니를 뵌 적이 없다는 걸 당신은 알 거야. 그러니 간곡히 부탁할 게. '당신이 필요하다고 생각되면' 어머니께 내 소식을 알리고, 나를 볼 수 있게 해 드린다고 말씀드려. 그런 다음 아르놀도 형에게 전화를 걸어서 어머니께서 밀라노로 오실 수 있도록 도와 달라고 부탁해도 좋아.

나디나, 우리에게 세 명의 자녀가 있다는 사실을 잊지 마. 그리고 당신은 엄마가 처음 되었을 때의 그 초심으로 돌아가야 해. 그리고 늘 그랬던 것처럼 강해져야 해. 세상의 어떤 것도 우리의 사랑보다 크지 않고, 당신도 알다시피 그 어떤 힘으로도 우리의 사랑을 결코 파괴할 수 없어. 부디 내 가까이 있어 줘. 나를 기억하고 매일 편지 써 줘.

당신의 편지는 나에게 고통의 구렁텅이 속 한 줄기 위안이자 평화니까. 우리가 부부로서 하나가 된 것은 하느님께서 우리에게 주실 수 있는 가장 위대한 은혜였어. 언제든지 나와 함께할 거라는 확신을 줘. 기도해 줘. 나를 잊지 말아 줘.

조이아에게도 나를 기억해 달라고 전해 줘. 내 마음은 평화로워. 당신에게 키스를.

움베르토

—시체 안치소에 있던 아이들의 시신 중 한 구에서 발견된 사진 뒷면에 그가 남
긴 글이 적혀 있었다.

눈감는 그 순간, 여러분을 생각할 것입니다.
이탈리아 만세!

III

Alfredo Formenti, Massimiliano Forte, Renato Francesconi, Bruno Frittaion,
Venanzio Gabriotti, Guido Galimberti, Tancredi Galimberti, Ettore Garelli,
Paola Garelli, Arturo Gatto, Gino Genre, Ugo Genre, Errico Giachino,
Raffaele Giallorenzo, Eusebio Giambone, Roberto Giardino, Alfonso Gindro,
Leone Ginzburg, Dante Gnetti, Balilla Grillotti, Romolo Iacopini, Guglielmo Jervis,
Carlo Jori, Giorgio Labò, Alessandro Laggiard, Ivo Lambruschi,
Franca Lanzone, Amedeo Lattanzi, Paolo Lomasto, Aleandro Longhi,
Mario Lossani, Ugo Machieraldo, Renato Magi, Walter Magri.

47세. 모형 기술자. 1897년 2월 9일 베로나 출생. 공산당 투사. 박해받는 정치인의 가족을 원조하는 소코르소 로소*Soccorso Rosso*[1]의 일원. 정치적 감시를 받고, 공안 조치 상의 이유로 수차례 체포됨. 1943년 9월 8일 이후, 지하 간행물 제작 및 배포. 리구리아 지역 군사 사령부로부터 삼피에르다레나(제노바)의 파르티잔 무장군 지휘권을 위임받음. 주거지를 산악 부대들과의 연락 센터로 만듦. 1945년 1월 17일 18시, 밀고로 삼피에르다레나의 비토리오 베네토 광장*Piazza Vittorio Veneto*에 있는 스퀼라리 바*bar*에서 검은 여단의 병사들에게 체포됨. 검은 여단의 사령부인 산 나차로 요새*Forte San Nazaro*로 이송되었다가 학생회관 건물로 옮겨진 후 최종적으로 마라시 형무소로 이송. 고문당함. 1945년 1월 29일, 제노바 두칼레 궁전*Palazzo Ducale*에 위치한 특별군사법원에서 재판을 받음. 1945년 2월 1일 7시 30분, 사바티노 디 넬로, 안젤로 가초, 피에트로 피네티, 루이지 리바, 페데리코 비넬리와 함께 제노바 – 리기*Genova-Righi*의 카스텔라치오 요새*Forte Castellaccio* 부근 도개교 아래에서 검은 여단 소속 소대에게 총살됨.

1945년 2월 1일, 제노바

나의 사랑하는 아내에게 다음의 것들을 남깁니다.

다이아몬드가 박힌 금반지 1개
백석이 박힌 화이트 반지 1개
펜던트가 달린 금목걸이 1개(5달러)
내 이니셜이 새겨진 은시계 1개
현금 10만 370리라(5,000리라는 이미 찾음)

포르멘티 알프레도

---

1 1922년에 설립된 국제 사회 봉사 조직으로, 국제공산당과 연결되어 전 세계의 급진적인 정치범들에게 물질적, 인도적 지원을 했다(옮긴이).

228

1945년 2월 1일, 제노바

가장 사랑하는 아내에게

당신에게 내 죽음에 대한 용서를 구하며 용기 내어 줄 것을 부탁하오. 비록 사랑 표현을 많이 하지는 않았지만, 신의를 가지고 당신을 진심으로 사랑했으니 비록 내가 곁에 없더라도 당신이 눈감는 그날까지 나를 기억해 주오. 받아야 할 돈도 있고 내가 사용하던 물건들도 있으니, 작업장으로 가 주오. 그곳에 가면 누군가 당신에게 그것들을 줄 테니. 당신에게 작별 인사를 남기며, 나를 대신해 모두에게 작별 인사를 전해 주었으면 하오.

마지막 키스를 남기며. 당신의 남편

포르멘티 알프레도

(나를 위해 해 주길 바라는 일이 있소) 티나, 내 죽음의 무게를 견뎌 줘. 장인어른과 장모님께 작별 인사 전해 드리고. 안녕히.

마시밀리아노 포르테*Massimiliano Forte*

19세. 제노바 루피니 학교*Ruffini Institute* 상업과 학생. 1925년 5월 4일 카사코*Casacco*(우디네) 출생. 1944년 7월 입대 후 베네치아의 독일 해군 사령부에 배치되어 리도 디 베네치아*Lido di Venezia*의 포병 부대에 대한 사보타주에 참여하고, 전우 3명을 강제 총살하라는 명령에 따른 것으로 추정됨. 리미니 해안에 있는 독일군 포병대로 이동 배치된 후, 그곳에서 2명의 병사들에게 함께 북쪽으로 탈영하자고 설득함. 2명의 병사들이 베네치아 사령부에 그의 도주 계획을 고발한 것을 알고 혼자 탈영. "오소포*Osoppo*" 사단의 파르티잔 파견대가 있는 곳으로 가려고 시도함. 사칠레*Sacile*(우디네)의 독일군 친위대에게 체포. 파도바*Padova*의 형무소로 이송되었다가 베네치아의 산타 마리아 마조레 형무소로 이감. 1944년 9월 23일, 베네치아의 독일 해군 사령부에서 재판을 받음. 1944년 10월 25일 오전 7시, 리도 디 베네치아의 요새에서 총살됨.

존경하는 아버지께

저는 곧 인생의 끝에 다다를 것입니다. 그러나 아직 몇 시간은 살수 있지요. 이 시간은 오롯이 아버지와 어머니 두 분을 기억하는 데만 전념할 것입니다. 사랑하는 아버지, 저는 강한 남자로서 죽을 것이고, 지금 이 순간에도 평온함을 느끼니 저의 죽음을 두려워하지 마십시오.

저는 제 운명을 받아들였습니다. 하느님께서 원하시니까요. 이 슬픈 세상을 떠나는 데 있어 두 분에 대한 걱정 말고 다른 미련은 없습니다. 저는 모두를 용서합니다. 그러니 두 분께서도 그리해 주시길 바랍니다. 저는 두 분이 이 끔찍한 불행 때문에 하느님을 향한 의무를 소홀히 하시는 걸 원치 않습니다. 그분께서 원하시는 대로 저는 저세상에서 이곳과는 아주 다른 삶을 찾을 것입니다.

아버지, 어머니를 부탁드립니다. 죽는 순간 저의 마지막 말이 될, '어머니'라는 그 거룩한 이름 때문에 제 마음이 얼마나 아픈지 모릅니다. 저는 저를 죽음으로 몰아넣은 밀고자처럼 겁쟁이가 아니기에 죽음이 두렵지 않습니다. 저 대신 복수를 해 달라고 드리는 말씀이 아닙니다. 아버지께서는 그저 어머니께 힘이 되어 주실 방법만 생각하세요. 제가 이 거룩한 분의 말씀을 들었다면, 이 지경까지는 이르지 않았겠지요. 저는 비록 어머니께 지금과 같은 슬픔을 안겨 드렸지만, 이 순간만이라도 그분의 마음을 헤아려 드리고, 용서를 받고 떠나고 싶습니다. 안녕히 계세요, 나의 아버지. 이승에서는 작별 인사를 전하지만, 언젠가 우리는 다시 만나게 될 것입니다. 장담합니다.

이제 몇 분 있으면 죽음으로 저를 처단하겠다며 벼르고 있는 시카리*sicari*[1]들이 올 것입니다. 저는 숭고한 죽음을 통해 세상의 모든 불행으로부터 해방될 거라고 스스로에게 최면을 걸고 있습니다. 아버지, 안녕히 계세요. 그리고 절망하지 마세요. 이 아들이 강한 남자로 죽을 거라는 걸 아버지가 알고 계신다는 것과, 두 분을 제외하고는 이 세상에 별 미련이 없다는 것, 이 두 가지가 저를 버티게 하는 유일한 힘입니다.

저는 저만큼이나 아버지도 정신력이 강하시다는 걸 알고 있습니다. 그러니 아버지께서도 이를 받아들이시고, 저의 영혼을 위해 하느님께 기도해 주세요. 낙담하지 마세요. 지금 이 순간 저의 유일한 근심거리는 아버지께 감당하기 힘든 고통을 안겨 드린다는 것이긴 하지만…. 하느님처럼 저를 용서해 주세요.

---

1 원래는 유대인들이 로마의 통치를 받던 시절, 단도를 들고 다니며 폭력적인 혁명 활동을 벌였던 극단주의적인 유대인 조직을 말하나, 여기서는 자신을 처형시키려는 자들을 빗대어 표현했다(옮긴이).

안녕히 계세요. 그리고 잘 지내세요. 두 분을 위해 기도할게요.

작별의 볼 키스를 보내며, 저를 대신해 사랑하는 어머니께 입맞춤해 주세요.

당신의 아들

레나토 프란체스코니*Renato Francesconi*(칭가로*Zingaro*[1])

19세. 기계 수리공. 1925년 2월 25일 크레발코레*Crevalcore*(볼로냐) 출생. 1944년, 군대에 징집되어 독일에서 훈련받음. 이후 이탈리아로 귀환하여 "몬테로사" 사단에 배치됨. 1944년 7월, 자신이 소속된 리구리아의 "몬테로사" 사단과 "코두리*Coduri*" 사단 소속 "롱기*Longhi*" 여단에 비밀리에 잠입하여 파르티잔의 정보원으로 활동함. 1944년 10월 9일, 밀고로 카사르차 리구레*Casarza Ligure*(제노바)에서 체포됨. 키아바리(제노바)의 형무소로 이송. 1944년 10월 10일, 키아바리에서 재판을 받음. 1944년 10월 12일, 카사르차 리구레의 공동묘지 앞에서 3명의 파르티잔과 함께 총살됨.

1944년 10월 12일

가장 사랑하는 가족에게

지금 나는 인생의 막다른 길에 서 있기에, 프랑카와 아우들에게 강한 포옹과 진심이 담긴 소원 그리고 작별 인사를 보낸다. 내 걱정은 하지 말고, 특히 어머니께는 절대 알리지 말아 줘. 친구들과 주변 사람들 모두에게도 대신 작별 인사 전해 주고. 다시 한 번 작별 인사를 건네며 모두의 행운을 빈다.

안녕히….

형,

프란체스코니 레나토

리비오에게 편지 쓸 때 아무 말도 하지 마. 그게 리비오를 위해서도 좋을 테니. 달리 할 말이 없구나. 마지막으로 또 인사한다.

---

1 이탈리아어로 집시, 방랑벽이 있는 사람이라는 뜻(옮긴이).

너희들을 너무너무 사랑하는 형,

프란체스코니 레나토

브루노 프리타이온Bruno Frittaion(아틸리오Attilio)

19세. 학생. 1925년 10월 13일 산 다니엘레 델 프리울리San Daniele del Friuli(우디네) 출생. 1939년까지 산 다니엘레 지역 최초의 공산주의 세포 조직 설립에 전념. 전문창업학교 (직업기술학교—옮긴이) 과정을 이수하던 중 1943년 9월 8일을 맞이하게 됨. 이후 학교 를 중퇴하고 지역에서 활동하는 파르티잔 무장군에 합류. 탈리아멘토 여단 소속 "피사 카네Pisacane" 대대가 벌인 모든 전투에 참전. 그 후 "실비오 펠리코Silvio Pellico" 대대의 파견대 부국장을 맡음. 1944년 12월 15일, 동지인 아드리아노 카를론과 함께 임무와 관련된 일로 숙부 댁에 머무르다 밀고를 받은 이탈리아군 무장 친위대에게 체포됨. 우 디네 형무소로 이송. 수차례 고문당함. 1945년 1월 22일, 우디네의 독일영토군사법원 에서 재판을 받음. 1945년 2월 1일, 아드리아노 카를론, 안젤로 리포니, 체사레 롱고, 엘리오 마르쿠츠, 잔니노 푸토, 칼로제로 차푸토, 피에트로 차니에르와 함께 타르첸 토Tarcento(우디네)의 묘지 근처에서 총살됨.

1945년 1월 31일

나의 사랑하는 이들에게

제게 주어진 이 마지막 순간에, 여러분을 향한 저의 애정이 그 어 느 때보다 샘솟고 있어 마지막으로 몇 자 적어 올리고자 합니다.

우리의 적들은 저를 사랑하는 모든 이들이 저에 대해 슬픈 기억 만 간직하기를 바라나 봅니다. 저들은 제게 사형을 선고하였고, 한 시라도 빨리 저를 죽이고 싶어 합니다. 제 생애 최후의 순간에도 저 의 이상은 조금도 꺾이지 않았습니다. 오히려 더 강해졌다고나 할 까요. 그러니 여러분도 운명이 우리에게 남겨 둔 불행 때문에 흔들 리지 말고 굳건해지시길 바랍니다.

용기를 내십시오. 여러분의 고통에 대해 보상받을 그날을 고대 하면서 이 모든 것을 견뎌 내십시오. 저는 떠나지만, 지금껏 살아온 인생이 헛된 것이 아니었길 바랍니다. 제가 죽는 날을 기념하여 큰 전투라도 벌어지면 좋으련만….

영원한 작별을 고하며, 여러분을 슬프게 하는 모든 일에 대해 용
서를 구하며 이만 줄입니다. 아버지, 어머니, 이네스, 아니타, 안녕
히. 엘리오가 돌아오는 그날, 그에게 작별 인사를 전해 주세요.

영원히 안녕.

브루노

1945년 1월 31일

에다에게

너에게 나의 마지막 몇 마디를 남기고 싶어. 에다, 유감스럽게도
이 편지는 내 유서가 될 거야. 그렇게 됐어. 운명이 그렇게 되기를
원하거든. 나는 네가 부디 깊은 불행에서 헤어 나와 가능한 한 빨리
위안을 찾기를 바라.

에다, 저들은 내게 사형선고를 내렸고, 곧 나를 죽일 거야. 내 육신
을 거두어 갈지라도, 내 안에 있는 이상은 그들도 어쩌지 못할 거야.
나는 한 치의 후회도 없이 죽을 거야. 나는 대의를 위해, 정당한
목적을 위해 내 생을 바칠 수 있어서 오히려 자랑스러워. 이런 나
의 희생이 헛되지 않고 오히려 큰 투쟁의 도화선이 되기를 바라. 그
명분 하나로 나는 지금껏 아무것도 묻지 않고 묵묵히 내 할 일을 해
왔으니, 언젠가는 이 모든 희생에 보상이 따르기만을 바랄 뿐이야.

나에게 있어 최고의 보상은 내 이상이 꽃피는 것을 보는 거였어.

안타깝게도 이를 보고 떠나지는 못하지만. 비록 내가 노력한 시간이 아주 짧았다 해도 나는 항상 충실했다고 자신 있게 말할 수 있어.

　에다, 운명은 우리를 갈라놓고 우리의 사랑을 끊어 놓았지만, 내 가슴속에 간직하고 있는 당신을 향한 사랑은 우리가 영원히 행복해 질 그날만을 기다리고 있어.
　에다, 당신을 진심으로 그리고 변함없이 사랑해 온 한 남자와의 추억이 늘 당신 곁에 함께할 거야. 모두에게 안녕을.

　안녕, 에다.

프리타이온 브루노

베난치오 가브리오티 _Venanzio Gabriotti_

61세. 전문직 종사자. 1883년 4월 26일 치타 디 카스텔로_Citta di Castello_(페루자) 출생. 파시스트 정부에 의해 해산당하기 전까지 치타 디 카스텔로의 인민당 서기를 지냄. 제1차 세계대전 참전 용사로 2개의 은성무공훈장을 수여받음. 1944년 초, 치타 디 카스텔로의 '비밀 구호 및 해방위원회'의 의장을 맡음. 치타 디 카스텔로 외곽에서 활동하는 "산 파우스티노_San Faustino_" 여단의 사령관과 직접 접촉. 1944년 5월 5일, 파르티잔 사령관과 접촉했다는 이유로 직무 중 체포당함. 동료 파르티잔들과 함께 유죄 판결을 받고 이탈리아 국가헌병대의 지방 병영에 수감. 독일군 친위대에 인계. 1944년 5월 9일, 재판 없이 치타 디 카스텔로 인근 산타 마리아 델 라테_Santa Maria del Latte_ 교회 근처의 스카르토비아_Scartobia_ 자갈밭에서 국립공화국수비대에게 총살됨. 사후에 은성무공훈장을 수여받음.

마돈나 디 폼페이, 19시 30분

제가 사랑하는 모든 이들에게

어쩌면 지금 이 시간은 불행했던 제 인생의 마지막 순간일지도 모릅니다. 제 삶에 햇살이 비친 날은 단 하루도 없었지만, 그럼에도 불구하고 저는 저의 이상인 조국의 위대함을 위해 투쟁해 왔습니다.

사랑하는 식구들, 나의 손자, 손녀 들, 너희들의 모습이 어렴풋이 떠오르는구나. 내가 손주들을 변함없이 사랑했음을 그 아이들이 잊지 않기를 바란다.

아니타, 당신에게 부탁할게. 내가 살아생전에 그랬던 것처럼, 파스콸리 노부인과 잘 지냈으면 좋겠어. 그녀를 통해 나를 기억할 수 있을 거야.

내 모든 친구들, 동지들에게 볼 키스를 보냅니다. 나를 죽음으로 몰고 가는 자들을 부디 용서해 주십시오. 애정을 듬뿍 담아 친척들, 누이, 며느리와 손주들을 꼭 안아 주며.

신부님께는 기도로 자비를 베풀어 주시길 바라고, 주교님께는 축복과 기도를 부탁드립니다.

베난치오 가브리오티

구이도 갈림베르티 *Guido Galimberti*(바르비에리 *Barbieri*)

38세. 직공. 1906년 2월 18일 키뇰로 디솔라 *Chignolo d'Isola*(베르가모) 출생. 10대 때부터 공산주의 투사로 활동. 1926년부터 1933년까지 정치범으로 람페두사 *Lampedusa*, 우스티카 *Ustica*, 폰차 *Ponza* 등의 섬에 격리 수용. 본래 활동지였던 레도나 *Redona*(베르가모)로 복귀한 뒤 반파시스트 활동을 하다가 다시 체포되어 밀라노의 산 비토레 형무소에 6개월간 구금. 1943년 9월 8일 이후, 베르가모에서 활동하는 제53 가리발디 여단 설립에 참여. 폰테노와 코르나 룽가 전투 등 수많은 기습 작전에 참여. 1944년 11월 17일, 소베레산의 말가 룽가(세리아나, 보르레차와 카발리나 계곡 사이)에서 벌어진 "탈리아멘토" 부대와의 전투에서 체포됨. 1944년 11월 19일, 로베레에서 탈리아멘토 특별법원에 의해 재판을 받음. 1944년 11월 21일, 코스타 볼피노(베르가모)의 묘지에서 안드레아 카시니 외 4명(3명은 러시아인)의 파르티잔들과 함께 "탈리아멘토" 부대에게 총살됨.

1944년 11월 21일 로베레

사랑하는 어머니께

이 세상에서 다시는 저를 볼 수 없다 해도 울지 마세요. 이것이 우리의 운명이니까요. 저는 군인으로서 그리고 이탈리아인으로서 죽습니다. 또한 저를 죽음으로 몰고 가는 그 누구에게도 미워하는 마음을 갖지 마세요. 그들은 제 인생길에서 만난 유일한 군인들이니까요. 어머니께 작별 인사 올리며 사랑의 입맞춤을 보냅니다. 저는 어머니가 강인해지실 거라 믿습니다.

당신의 아들

구이도

안녕히 계세요!

사랑하는 아내에게

 나를 위해서나, 어머니를 위해서 부디 강해져야 해. 당신을 행복
하게 해 주리라 다짐했건만, 그렇게 해 주기는커녕 이렇게 고통과
슬픔을 겪게 만들다니. 힘을 내!
 우리 아이들이 좋은 교육을 받고, 이탈리아를 사랑하는 법을 배
우고, 조국에서 필요로 하면 기꺼이 달려가도록 훈육해 주었으면
좋겠어. 작별 인사를 보내며. 안녕히.

당신의 남편

 아이들의 사진은 무덤까지 가져갈게. 어쩌면 내 시계와 반지를
돌려받을 수 있을지도 몰라. 그것들은 당신이 간직해 줘. 장인어른,
장모님, 처남과 처가댁 친척들에게도 작별 인사 전해 줘.

사랑하는 꼬마 숙녀들에게

 지금 너희들은 아빠의 마지막 인사가 담긴 이 편지를 제대로 읽
을 수 없겠지만, 너희들이 나중에 커서 글을 읽고 이해할 수 있을
때가 되면 이 편지가 아빠의 마지막 편지임을 알게 되겠지. 아빠가
이탈리아의 해방을 위해 투쟁했고, 군인으로서 그리고 이탈리아인
으로서 죽었다는 것도 말이야. 이 편지를 읽을 때 너희들이 울지 않
기를 바라. 안녕 꼬마 숙녀들. 너희들에게 내 입술이 닿기를. 너희
들이 좀 더 크면 엄마에게서 이탈리아를 사랑하는 법을 배웠으면
해. 온 마음을 다해 너희들을 사랑한단다.

 안녕.

사랑하는 형제, 조카, 형수, 친척 모두에게

작별 인사를 전하며, 여러분은 더 이상 적에게 짓밟히지 않아도 되는 자유 이탈리아를 볼 수 있기를 바랍니다. 모두 안녕히 계세요. 첼레스티노회 수녀님들께도 작별 인사 전해 주세요.

탄크레디 갈림베르티 *Tancredi Galimberti*(두초 *Duccio*)

38세. 변호사. 1906년 4월 30일 쿠네오 출생. 10대 때부터 반파시스트군으로 활동. 1943년 7월 25일 쿠네오에서, 7월 26일에는 토리노에서 독일군에 저항해 봉기를 일으키자며 군중에게 연설을 함. 1943년 9월 10일, 마돈나 델 콜레토*Madonna del Colletto*(쿠네오의 발디에리*Valdieri*)에서 훗날 쿠네오 지역의 '정의와자유' 무장군으로 확장될 초기 핵심 유격대를 조직함. 1944년 1월 13일, 그라나 계곡의 산 마테오*San Matteo*(쿠네오)에서 전투 중 부상을 당함. 다시 전투에 복귀하여 피에몬테 지역의 '정의와자유' 소속 무장군들을 총지휘하고 제1 피에몬테 지역 군사위원회 부사령관으로서 직무를 다함. 파시스트와 독일군에게 추적당함. 10개월 동안 지역별로 이동하면서 무장군들을 점검하고 도시와 산악 지대에서 활동하는 무장군들과 연락을 유지해 나감. 1944년 11월 28일 아침 토리노에서, 아스티로 이동 중이던 정치대에게 체포됨. 토리노의 누오베 형무소에 수감. 고문당함. 형무소로부터 아무런 통보도 받지 못한 채 끌려감. 호송차에 실림. 토리노-쿠네오 간선 도로에 접해 있는 첸탈로*Centallo* 근처로 끌려간 뒤 1944년 12월 2일 저녁 반역죄로 총살됨. 사후에 금성무공훈장을 수여받음. 국민 영웅으로 추앙됨.

1944년 12월 1일

저는 선의와 이상을 목적으로 행동했습니다.

이러한 까닭에 저의 마음은 고요하니 여러분 또한 그래야만 합니다.

두초

에토레 가렐리*Ettore Garelli*(곰마*Gomma*, 볼로*Bollo*)[1]

51세. 하급법원의 공문서 기록계에서 근무. 1893년 6월 4일 토리노 출생. 1915년부터 1918년까지 전쟁에 참전한 공로로 동성무공훈장과 공로십자훈장을 수여받음. 1943년 9월 8일 이후 이탈리아 공산당에 입당. 포사노*Fossano*(쿠네오) 하급법원에서 부서 최고 관리자로 근무. 정치·군사·방첩 활동과 관련된 R군단 소속 제3 산악사단의 X과에서 지속적으로 활동. 파르티잔 저항 운동을 위해 신병 모집. 파르티잔 무장군 본부들을 돌면서 피에몬테 지역 사령부들 간의 연락 유지. 1944년 11월 25일, 비밀문서를 소지한 상태로 포사노 하급법원의 정책비서관에게 체포. 쿠네오의 이탈리아 국가헌병대 병영으로 이송. 1944년 11월 26일, 쿠네오역 광장에서 마리아 루이사 알레시 외 3명의 파르티잔들과 함께 제5 검은 여단 "리돈니치"의 병사들에게 총살됨. 사후에 금성무공훈장을 추천받음.

1944년 11월 26일, 쿠네오

가장 사랑하는 이들에게

이 편지는 내가 지상에서 보내는 마지막 순간에 쓰는 거야. 나는 아무런 잘못도 하지 않았기에 마음이 아주 평온해.

나는 당신과 아이들을 자신의 코호트[2] 속에서 보살피시고, 나를 환영하며 맞이해 주실 하느님을 생각하고 있어. 가족들이 내게 쏟은 크나큰 애정을 본의 아니게 엄청난 고통으로 대갚음해서 미안해.

이 비극을 계기로 아모스에게 우리 가족을 챙겨 달라고 특별히 부탁해 둘게.

무한한 사랑을 담아 모두에게 입맞춤을 보내며.

에토레

---

1 이탈리아어로 곰마는 지우개, 볼로는 인지, 소인을 뜻한다. 그의 직업에 빗대어 이렇게 부른 것으로 추정된다(옮긴이).
2 통계적으로 동일한 특색이나 행동 양식을 공유하는 집단(옮긴이).

파올라 가렐리*Paola Garelli*(미르카*Mirka*)

28세. 양모나 솜 등을 빗는 사람comber. 1916년 5월 14일 몬도비*Mondovi*(쿠네오) 출생. 1943년 10월 이후, 사보나에서 지하 활동 수행. "그람시*Gramsci*" 사단 소속 "콜롬보*Colombo*" 여단의 애국행동대에 합류하여 도시 근방에서 활동하는 분대에게 식료품 및 자재 공급. 1944년 10월 14일부터 15일 사이 밤, 사보나의 거주지에서 검은 여단의 병사들에게 체포됨. 사보나의 파시스트연맹 본부로 이송. 1944년 11월 1일, 재판 없이 주세페 발다사레, 피에트로 카사리, 루이자 코마토, 프랑카 란초네, 스테파노 펠루포와 함께 사보나의 프리아마르 요새의 해자에서 파시스트 소대에게 총살됨.

사랑하는 밈마에게

네 엄마는 이제 떠난단다. 그러니 부디 잘 있으렴. 항상 삼촌들 말 잘 듣고 공부 열심히 해야 돼. 엄마를 사랑해 주었던 것처럼 너를 돌봐 주시는 삼촌들 또한 항상 사랑해 드리렴.

엄마는 평온하단다. 네가 엄마 대신 사랑하는 친척들, 할머니와 그 외 모든 사람들에게 이 엄마가 안겨 준 고통에 대해 용서를 바란다고 전해야 한단다. 엄마 때문에 울어서는 안 돼. 그리고 이 엄마를 부끄러워해서도 안 돼. 네가 어른이 되면 엄마를 더 잘 이해하게 될 거야. 딱 한 가지만 부탁할게. 공부 열심히 하렴. 하늘나라에서 너를 위해 기도할게.

너와 모두에게 포옹을 보낸다. 우리 밈마를 떠올리며

너의 불행한 엄마

아르투로 가토 *Arturo Gatto*

36세. 사무직. 1908년 4월 5일 아그리젠토*Agrigento* 출생. 볼로냐 행동당 운영위원회 회원. 볼로냐에서 활동하는 제8 여단 "마시아*Masia*"의 파르티잔. 연락책으로 활동. 1944년 9월 4일, 볼로냐의 토스카나가*via Toscana*에서 파르티잔들의 신임을 얻는 데 성공한 파시스트 정보원들의 함정에 빠져 볼로냐 행동당 운영위원회의 모든 구성원과 함께 국립공화국수비대에게 체포됨. 1944년 9월 14일부터 19일까지, 볼로냐 군사법원에서 재판을 받음. 1944년 9월 23일 오전 8시, 볼로냐 행동당 운영위원회 동지들인 사리오 바사넬리, 산테 카셀리, 마리오 주리니, 마센치오 마시아, 아르만도 콰드리, 피에트로 차넬리, 루이지 초볼리와 함께 볼로냐의 사격장에서 총살됨.

1944년 9월 13일

나의 사랑 리나에게

8일 이후로 편지를 보내려고 애를 썼지만, 그럴 수가 없었어. 당신이 이번 주 안에 이 편지를 받을 수 있기를 바라. 나는 지난 4일 저녁, 토스카나가에서 총기를 소지한 6명의 사복 경찰에게 체포되었어(습격당했다고 말할 수 있어). 그리고 마치니*Mazzini* 외곽에 있는 국립공화국수비대의 지역사찰단 정치국으로 호송되었지.

1,300리라 정도 되는 돈을 포함해 주머니에 있던 건 전부 압수당했어. 그들이 나 몰래 우리 집을 수색한 게 확실해. 이렇게 일이 꼬이게 될 줄 누가 알았겠어!

나에게 죄를 뒤집어씌우는 고소 건이 아주 많아. 난 1941년 이후 해직되었을 뿐, 도주한 게 아닌데도 말이야!

나는 6일까지 민병대의 병영에 갇혀 있었고 그 이후로 지금까지는… 잘했어, 몬테.[1]

저들이 나를 어떻게 할지 나도 잘 모르겠어. 문 이음새에서 삐걱

거리는 소리가 들릴 때마다 저들이 나를 총살대로 끌고 갈지도 모른다는 생각만 들 뿐, 그 외에 별다른 환상은 없어.

어제 다른 방에 있던 동지 12명이, 애국자 흉내를 내며 우리를 함정에 빠뜨렸던 경찰들에 의해 죽임을 당했어. 그 일로 인해 나는 지금 기운이 많이 떨어진 상태야.

요즘 당신과 메리 생각을 꽤 많이 하고 있어. 어떻게 지내? 두 사람에 대해 알 길이 없으니 너무 궁금해. 당신이 볼로냐로 왔으면 하지만, 온다 하더라도 나와 이야기를 못 할 수도 있어. 앞으로 두 사람 모두 건강하고 모든 일이 잘되기를 바라. 내 친구에게 보낸 또 다른 편지에 당신에게 돈을 좀 보내 주었으면 한다고 부탁해 뒀어. 친구가 나의 부탁대로 해 주기를 바랄 뿐이야.

나의 유일한 고통은 내가 당신에게 고통을 준다는 사실이야. 어쨌든 일은 벌어질 테니 그렇게 되더라도 평정심을 잃지 마. 동요하지 말고 정신 똑바로 차려야 해. 메룰라가 내 유언장을 가지고 있어.

만약 프리모가 볼로냐에 오면, 우리 집으로 보내서 서랍장에서 갈아입을 옷가지와 욕실 선반에 있는 치약과 칫솔, 세면대에 있는 비누와 수건을 가져오도록 부탁해 줘. 담배까지 가져온다면 금상첨화겠지. 아, 소금도 조금. 여기 관리소로 (내 이름으로) 보낼 수 있는 것은 전부 다 보내 줘. 프리모는 이곳을 자유롭게 드나들 수 있거든. 관리소 사무실 안에는 여직원도 있는 것 같아.

---

1   맥락과 맞지 않게 갑자기 이런 말을 한 것으로 미루어 아마도 그를 함정에 빠뜨린 정보원의 이름이 아닐까 추정된다(옮긴이).

여긴 먹을 만한 게 거의 없어서 잘 먹지도 못하고 별다르게 하는 일도 없어. 무지방, 무염 수프 한 사발과 시꺼먼 빵 한 덩이가 전부지. 하루를 버티려면 먹을 게 더 필요해. 제공되는 음식을 다 먹어도 배가 차질 않아. 그러니 프리모에게 50~70리라 정도를 보내 줘. 그 돈은 관리소에 보증금으로 맡겨 둔 뒤 과일(kg당 9리라)을 판매할 때 사 먹으려고 해.

이 편지에서는 총살 또는 독일로의 추방이나 최소한 이곳에서 멀리 떨어진 다른 장소로의 이감 등에 대해서 이야기하지 않을래.

이모, 레아와 이보에게 안부 인사 전해 줘. 만약 소금이 필요하면 프리모를 준뇨대로 12*viale 12 Giugno*의 담배 가게로 보내서 내 이름으로 사 오라고 해.

당신과 메리에게 사랑의 입맞춤을 보내며.

아르투로 가토

내게 관심을 보이는 변호사가 있어. 걱정 마.

1944년 9월 19일 볼로냐

나의 사랑 리나 그리고 가장 사랑스런 내 딸에게

나는 얼마 전 사형선고를 받았고, 내일 새벽이 되면 나를 포함한 7명의 불운한 이들이 각자의 인생에 종지부를 찍게 될 거야. 울지 말고 마음 단단히 먹어. 체스카와 프랑코에게도 그렇게 전해 줘.

리나, 나는 하느님 앞에서, 모든 사람들 앞에서, 당신에게 사랑스런 메리, 우리의 착한 딸 마리사메리의 애칭를 맡기고 떠나. 그 아이를 아주 많이 사랑해 줘.

　우리 가족을 잘 보살펴 달라고 부탁해 놓은 사람이 몇 명 있어. 그리고 체스카네 가족과 함께 살도록 해. 그들에게 우리 집으로 오라고 편지를 쓰면 돼.

　리나, 메리, 프랑코와 체스카, 안녕히.
　적당한 때가 오면 아우디노트 대로_viale Audinot_의 카네 씨와 기술자 테스토니에게도 연락해 줘. 안녕.

　메룰라가 내 유언장을 가지고 있어.
　마치니 외곽에 있는 국립공화국수비대의 지역사찰단 정치국이 내 돈 1,300리라와 서류, 집 열쇠 등을 가지고 있으니 추후에 돌려 달라고 요청하면 돼.

　모두에게는 안녕을. 당신에게는 키스를

아르투로 가토

1944년 9월 19일 볼로냐

　나의 사랑하는 "토포리노_Topolino_¹"에게

　너에게 이 편지를 쓰는 사람은 바로 아빠란다. 때로는 너에게 엄격하게 대했던 적도 있었지만, 그럼에도 불구하고 이 아빠는 너를

1　이탈리아어로 미키마우스를 뜻함(옮긴이).

너무 사랑했다는 걸 기억해 주렴. 메리, 너를 다시 볼 수는 없지만 아빠를 잊지 말아 다오. 내가 너의 아빠라는 것에 자부심을 가지고 이 아빠를 자주 생각해 주었으면 해. 아빠를 죽이는 것은 바로 정치야. 네 아빠는 강도나 살인자가 아니었다는 걸 기억해야 돼.

엄마를 많이 사랑해 드리렴. 부탁한다. 그리고 공부 열심히 하고 너 자신을 존중하렴. 내 동지들은 너를 버리지 않을 거야.

네게 축복이 깃들기를. 내 사진에 뽀뽀해 주고 항상 이 아빠를 위해 기도해 주렴. 매일 밤 잠들기 전에 내게 뽀뽀해 주겠니?

네 아빠는 울지 않을 거란다. 그러니 너도 울지 마.

엄마와 너의 집을 사랑해야 해.

엄마의 고통을 위로해 드리고 아빠 대신 뽀뽀 많이 해 드리렴.

마음으로나마 꼭 안고 뽀뽀해 주며,

너의 아빠가

지노 젠레_Gino Genre_**와 우고 젠레**_Ugo Genre_**(지노와 우고)**
지노, 20세, 1924년 12월 15일 포마레토(토리노) 출생.
우고, 18세, 1926년 10월 7일 포마레토 출생.

형제. 페로사 아르젠티나_Perosa Argentina_(토리노)의 콘토니피치오 발레수사_Cotonificio_
Vallesusa(직물 회사—옮긴이)의 기계공. 게르마나스카 계곡 및 키소네 계곡을 거쳐 펠리체
계곡에서 활동하는 '정의와자유' 소속 제5 알피니 산악사단 "세르조 토야"의 파르티
잔. 지노는 그 부대의 지휘관, 우고는 같은 부대의 핵심 참모로 활동. 1945년 1월 26일,
토레 펠리체의 판타_Panta_ 마을에 머물던 중 부대원 전원이 독일군에게 체포됨. 피네롤
로의 이탈리아 국가헌병대 병영으로 이송. 검은 여단의 지역사령부에 인계됨. 이미 또
한 명의 형제가 추방되어 있던 독일로 둘 중 한 명이 추방되는 조건하에 사면을 제의받
았으나, 이를 거부하고 함께 주어진 운명에 따르기로 함. 1945년 3월 10일 17시, 폰테
키소네_Ponte Chisone_(피네롤로)에서 라파엘레 잘로렌초, 마리오 로사니, 루이지 에르네스토
몬네트, 루이지 팔롬비니, 프란체스코 살비올리와 함께 피네롤로의 검은 여단 소속 민
병대와 독일군 소대에게 총살됨.

사랑하는 부모님께

죽기 전에 쓰는 저희의 마지막 편지입니다. 너무 낙담하지 마세
요. 우리의 운명은 두 분께서 원하시는 바를 이루어 드리는 거였는
데, 거기에서 크게 벗어나는 일은 아니니까요. 저희는 의기양양하
게 죽음을 맞을 것입니다. 그러니 사랑하는 어머니, 기운 차리셔야
해요. 올바른 길을 가도록 좀 더 교육시켜야 하는 두 딸과 돌아올
날만 손꼽아 기다리시는 형도 있으니까요. 형이 돌아오면 저희가
겪은 일에 대해 알게 되실 겁니다.

모든 친척들, 구에리노와 그의 가족, 저의 대모와 아저씨, 큰아버
지와 사촌들에게 작별 인사 전해 주세요. 제가 직접 세례를 해 준,
정말 사랑하는 저의 대자代子'가 저를 항상 생각할 수 있도록 기억
을 떠올려 주세요. 라우라에게도 작별 인사 전해 주시고, 가끔 저를

생각해 달라고도 말해 주세요. 엘사와 그녀의 가족 모두에게 작별 인사 부탁드려요.

사랑하는 어머니, 두 아들은 먼저 하늘나라에 가 있는 동지들의 뒤를 따를 것입니다. 사랑하는 어머니, 용기 내세요. 어머니, 할머니, 아버지, 안녕히 계세요. 누이들에게도 잘 지내라고 전해 주세요. 그리고 두 딸 브루나와 리타를 생각하세요.

우리의 사제께도 작별 인사 전해 주시고 언제나 신실한 저희를 위해 기도해 달라고 해 주세요. 클라우스 씨, 감독관님, 보카 등 모두에게 대신 작별 인사 부탁드려요.

어머니, 공장 사람들에게 전달할 내용을 몇 자 적겠습니다.

〈친애하는 감독관님, 동료들 그리고 동지들, 우리의 마지막 인사를 받아 주세요. 우리는 항상 여러분과 함께 보낸 아름다운 시간을 기억할 것입니다. 안녕히 계세요.

_지노, 우고 그리고 동지들〉

네리나가 오면 저 대신 작별 인사 전해 주세요. 레테치아 숙부, 빈과 빈의 아이에게도 마지막 인사를 전합니다. 포마리니 가족 모두에게도요. 안녕히 계세요. 어머니, 아버지, 모두 용기를 내십시오. 제가 간직하고 있던 사진들을 함께 보냅니다. 알도의 사진이 버려지는 것은 원치 않으니까요. 두 분께서 이 사진들을 잘 간직해 주셨으면 합니다. 그리고 알도에게는 아무 말도 하지 마세요. 그럼 부

---

1 가톨릭에서는 세례식 때 종교적 가르침을 주는 후원자를 지정하는데 그 후원자를 대부, 대모라 하고 후원을 받게 된 이를 대자, 대녀라 한다(옮긴이).

디 안녕히 계세요. 하늘나라에서 작별 인사 올립니다.

우리를 위해 기도해 주세요.

지노

친애하는 부모님께

저 또한 형과 마찬가지로 부모님께 마지막 인사를 올립니다. 사리 분별을 잘 못하는 운명이 저희의 삶을 저지하려 하지만, 개의치 않습니다. 저희는 힘과 용기를 잃지 않고 죽음 앞으로 당당히 걸어 갈 것입니다.

친애하는 어머니, 아버지, 지노 형과 저처럼 강해지시기를 부탁 드립니다. 리타와 브루나, 니노와 리비아, 에벨리나에게 볼 키스해 주세요. 또 루차나와 꼬맹이 프랑코를 힘껏 안아 주시고 구에리노 와 욜란다에게도 볼 키스를 해 주세요.

지금껏 두 분이 저희를 위해 해 주신 일들에 대해 감사의 인사를 전하며 이만 줄입니다.

사랑하는 어머니, 아버지, 할머니, 여러분을 항상 사랑하는 두 아들이 입맞춤해 드립니다.

안녕히 계세요. 안녕히. 볼 키스를 보내며.

우고

에리코 자키노Errico Giachino (에리히Erich)

28세. 학생. 1916년 3월 10일 토리노 출생. 토리노 상과대학을 졸업하고 제15 "아우티에리Autieri" 연대의 소위가 됨. 1943년 9월 8일, 피에몬테 산맥에 도착하여 해산된 군인들과 함께 초기 유격대를 조직. "마테오티" 여단의 대표로서 제1 피에몬테 지역 군사위원회의 일원으로 지명됨. 최초의 애국행동대 분대들을 조직하는 임무도 맡게 됨. 1944년 3월 31일, 토리노의 산 조반니 성당 제의실에서 열린 피에몬테 지역 군사위원회 회의 참석 중 공화파쇼연합 분자들에게 체포됨. 1944년 4월 2일부터 3일까지, 피에몬테 지역 군사위원회의 모든 회원들과 함께 국방특별법원에서 재판을 받음. 1944년 4월 5일, 프랑코 발비스 외 6명의 피에몬테 지역 군사위원회 회원들과 함께 토리노의 마르티네토 국립포병사격연습장에서 국립공화국수비대에게 총살됨. 사후에 금성무공훈장 및 은성무공훈장을 수여받음.

사랑하는 아버지와 어머니께

먼저, 제가 두 분께 안겨 드린 고통에 대해 용서를 구합니다. 그러나 절망하실 필요는 없습니다. 우리를 억압하는 이 모든 불행이 사라진 더 나은 세상에서 우리는 반드시 다시 만나게 될 거니까요.

저는 오늘 밤 두 분께 편지 쓰는 일을 결코 멈추지 않을 것입니다. 저의 용기는 부족하지 않으며, 부족해서도 안 됩니다. 두 분께서도 용기를 잃으시면 안 됩니다. 저는 항상 두 분 곁에 있을 테니, 두 분 또한 제가 긴 여행을 떠났고, 언젠가 꼭 돌아올 거라고 생각하셔야 합니다.

제 약혼자에게도 일러두었으니 곧 그녀가 두 분을 찾아뵈러 갈지도 몰라요. 그렇지 않으면 두 분께서 그녀가 있는 곳으로 가 주셔도 좋습니다. 그녀를 딸처럼 대해 주셨으면 해요. 제가 두 분께 못다 드린 사랑을 그녀가 저 대신 조금이라도 전해 드릴 수 있길 바랍니다.

저는 두 분을 기억하고 또 항상 생각하고 있습니다. 제가 눈감는 마지막 순간에 떠올릴 얼굴은 늘 사랑을 표현해 드리지 못한 두 분이 될 것입니다.

두 분과, 그녀와 그리고 앞으로 낳게 될 아이들과 함께 알콩달콩 살고 싶었던 제 꿈을 이루지 못해 마음이 아픕니다. 두 분을 행복하게 해 드리고 싶었지만 안타깝게도 그러지 못 할 것 같습니다. 저는 오늘 법정에서 두 분을 뵙고 너무 고통스러웠습니다. 두 분께 슬픔을 안겨 드린 것이 너무 괴로웠습니다. 어머니께서 저 없이 살아가실 생각을 하면 제 눈앞이 깜깜해지지만, 그럼에도 강해지셔야 합니다. 재차 말씀드려요. 꼭 강해지셔야 해요. 그렇게 되도록 노력하세요. 그리고 바라건대, 저의 그녀에게도 애정을 쏟아 주세요. 그녀도 아버지가 안 계시니 어머니와 그녀가 서로에게 위안이 되어 주기를 바랍니다.

저에게는 이루고 싶은 소원이 하나 더 있습니다. 제가 치던 피아노를 제 방에 다시 들여놓고 그 위에 저의 초상화와 장미 한 다발을 올려 주셨으면 합니다.

14시

죽음과 마주할 시간이 가까워지고 있지만 제 마음을 지배하고 있는 것은 오직 두 분에 대한 생각뿐입니다. 두 분이 저의 사랑을 얼마나 그리워하게 되실지 저도 잘 압니다. 그럼에도 불구하고 재차 말씀드립니다. 걱정하지 마십시오. 하늘나라에서 두 분을 항상 지켜보며 곁에 머물 테니까요.

시간은 어느덧 운명의 순간을 향해 치닫고 있습니다. 제 생각 많이 해 주세요. 제가 충분히 표현해 드리지 못했던 사랑을 그녀에게서 찾으셨으면 해요. 그녀는 너무나 좋은 사람이라 두 분을 충분히 이해하고 사랑해 드릴 거라 믿습니다. 또한 두 분의 마음을 잘 헤아려 드리고 마음껏 애정을 표현해 드릴 것입니다. 만일 그렇게 된다면 저는 너무 기쁠 것 같습니다. 신부님께도 진심으로 그렇게 되기를 바란다고 말씀드렸습니다.

어머니, 아버지, 그럼 안녕히 계세요.

에리히

사랑하는 테레사에게

나는 내 인생의 마지막 순간, 모든 것이 다양한 빛깔로 보이는 이 최고의 순간에 당신에게 편지를 쓰고 있어. 죽음을 앞두고 내가 마지막으로 어떤 생각을 하는지, 나를 믿어주는 당신한테 털어놓고 싶고 또 그렇게 해야 한다고 생각하기 때문이지.

요즘 내가 당신이 원하는 만큼 당신에게 전념할 수 없었던 것에 당연히 미안해 해야 하지만, 내가 우리 조국의 안녕을 위해, 보다 높은 이상을 위해 헌신했음을 당신도 알고 있으니 이해해 주리라 믿어. 설사 며칠 안에 처형을 당할지라도 절대 후회하지 않을 거야.

내 운명이 지금과 같은 순간을 맞게 될 거라는 걸 당신에게 알리고 싶지 않았기 때문에, 고통에서 벗어날 목적으로 미리 써 둔 유서는 없어. 나는 내가 한 일에 대해 한 치의 후회도 없어. 나는 우리 민중의 안녕을 생각했고, 내가 믿었던 바를 행동으로 옮겼어. 하지만 지금 나는 내 입장을 정당화하기보다는 당신이 나를 이해해 주었으면 하는 마음으로 편지를 쓰고 있어.

나는 항상 당신 생각을 해. 당신은 내가 믿을 수 있는, 달콤한 인생을 함께하고 싶었던 유일한 여자였어. 그 꿈이 이루어지기를 간절히 바랐건만…. 운명과 주님은 다른 결정을 내렸지.

오직 당신만 나를 믿어 주면 돼. 아니, 꼭 믿어 줘야 해. 당신은 내가 진심으로 믿었던 유일한 사람이자 엄청나게 사랑한 사람이야. 당신 생각 때문에 고통스러웠던 순간에도 당신을 향한 나의 애정은 결코 식지 않았음을, 항상 믿어 주길 바라.

테시테레사의 애칭, 나를 기억해 줘. 항상 나를 기억해 줘. 내 마지막 소원이야. 더는 바랄 수도, 바라지도 않을게. 당신이 내 어머니에게 가서 그분의 마음을 헤아려 드리고 위로해 드렸으면 해. 그리고 하나 더 부탁할게. 당신이 나에게 준 사랑을 그분께도 전해 줘. 나와 함께 보냈던 달콤한 순간들을 그분과 함께 추억해 줘. 그분의 어린 딸이 되어 줘. 멈출 수 없는, 끊임없는 키스를 퍼부으며.

안녕, 테시. 나의 끝사랑.

에리히

라파엘레 잘로렌초*Raffaele Giallorenzo*

24세. 구두장이. 1921년 1월 18일 아울레타*Auletta*(살레르노*Salerno*) 출생. "니차 카발레리아*Nizza Cavalleria*" 연대 소속 군인. 1943년 9월 8일 이후, 토레 펠리체(피네롤로) 지역 최초의 파르티잔 저항군들과 함께 무장 투쟁. 이후 게르마나스카 계곡과 키소네 계곡을 거쳐 펠리체 계곡에서 활동하는 '정의와자유' 소속 제5 알피니 산악사단 "세르조 토야"에 합류. 1945년 1월 3일, 토레 펠리체에서 검은 여단의 병사들에게 체포됨. 피네롤로(토리노)의 이탈리아 국가헌병대 병영으로 이송. 1945년 3월 10일 17시, 젠레 형제 외 4명의 파르티잔과 함께 폰테 키소네(피네롤로)에서 피네롤로의 검은 여단 소속 민병대원들과 독일군 소대에게 총살됨.

1945년 3월 5일, 피네롤로의 감옥

사랑하는 에밀리아에게

마지막 순간, 난 당신을 생각하면서 눈을 감을 거야. 오늘 저녁 나는 사형선고문을 읽어야 했어. 내가 한 모든 일에 대해 해명해야 했지만 그냥 마음을 내려놓고 하느님께 위로를 받는 쪽을 택했어. 에밀리아, 죽음이 우리를 갈라놓지만 나는 오직 당신을 위해 기도하고 싶어. 언젠가 내 가족에게 나의 사망 소식과 사망 장소를 알려주었으면 해.

에밀리아, 나는 당신과 처가 식구들이 울지 않기를 바라. 대신 모두가 나의 죽음을 받아들이고, 언젠가 우리가 천국에서 다시 만날 거라는 희망을 품고 용기를 내면 좋겠어. 당신을 남겨 두고 가서 미안해. 토레 펠리체의 모든 이들에게 작별 인사 전해 줘. 처가 식구들에게도 볼 키스 전해 주고.

마음으로나마 당신을 꽉 끌어안고 사랑의 키스를 보내며.

당신의 가장 사랑하는,

라파엘레

당신이 에르네스토를 찾아가 위로를 받았으면 해.

1945년 3월 6일, 피네롤로의 감옥

사랑하는 에밀리아에게

여명이 밝았어. 밤새 내 영혼은 선량하신 예수님과 함께했어. 우리는 신부님과 이곳에 함께 있어. 죽는 그 순간까지도 함께 있어 주실 거야. 나는 의욕이 충만한 상태로 지금 이 순간을 받아들이고 있어. 에밀리아, 그동안 내가 당신에게 사소한 잘못이라도 했다면 용서해 줘. 그리고 용기를 내. 이것은 나의 운명이니까. 하느님께서는 나와 함께하시기를 원하셔. 메를레토 씨와 그의 가족, 로시나 양과 그녀의 어머니께도 작별 인사 전해 줘. 당신에게 키스를 퍼부으며, 끊임없이 키스를 퍼부으며 이만 당신을 떠날게.

당신의 가장 사랑하는,

라파엘레

1945년 3월 8일, 피네롤로의 감옥

사랑하는 에밀리아에게

월요일 저녁부터 나는 줄곧 사형 집행을 기다리고 있는데, 아직까지 감감무소식이야. 우리의 사기는 여전히 충만해. 나는 하느님께 위안을 받으면서 내 가족과 당신 생각을 하고 있어. 용기를 줘. 그리고 나를 위해 기도해 줘.

언젠가 천국에서 당신을 만날 날을 고대하며, 나는 이제 떠날게.

라파엘레

1945년 3월 9일, 피네롤로의 감옥

사랑하는 에밀리아에게

하느님의 보살핌으로 우리는 지난밤을 잘 보냈어. 벌써 오후로 접어들었는데도 사형이 언제 집행될지는 아직도 몰라. 선량하신 예수님께 바친 내 마음은 두근거리고 있어.

또 한 번 (마지막) 사랑의 키스를 보내며, 안녕히.

라파엘레

에우세비오 잠보네*Eusebio Giambone*(프랑코*Franco*)

40세. 라이노타이프*Linotype*[1]를 다루는 식자공. 1903년 5월 1일 카마냐 몬페라토*Camagna Monferrato*(아스티) 출생. 공산주의 투사, 20세가 되기 전부터 그람시와 파로디 곁에서 공장 점거와 관련된 활동들을 함. 1923년 프랑스로 추방. 독일에 저항하는 프랑스 내의 지하운동에 참여. 특히 프랑스에서 활동하는 친독 성향의 이탈리아 파시스트들과 치열한 교전을 벌임. 1942년 비시 정부*Vichy government*[2]의 경찰에게 체포되어 베조네 강제수용소에 수감됨. 1943년 7월 25일, 프랑스에서 추방되어 토리노로 귀환. 1943년 9월 8일의 여파로 토리노의 지하운동에 합류. 도시 방어를 위해 노동자로 이루어진 분대를 조직하는 특별 임무 수행. 이탈리아 공산당 대표로 제1 피에몬테 지역 군사위원회의 일원으로 지명됨. 1944년 3월 31일, 토리노의 산 조반니 성당 제의실에서 열린 피에몬테 지역 군사위원회 회의 참석 중 공화파쇼연합 분자들에게 체포됨. 1944년 4월 2일부터 3일까지 피에몬테 지역 군사위원회 회원들과 국방특별법원에서 재판을 받음. 1944년 4월 5일, 토리노의 마르티네토 국립포병사격연습장에서 프랑코 발비스 외 6명의 피에몬테 지역 군사위원회 회원들과 함께 국립공화국수비대에게 총살됨. 사후에 금성무공훈장 및 은성무공훈장을 수여받음.

토리노의 미결구류 구치소, 1944년 4월 3일 월요일 22시

사랑하는 루이세타에게

하고 싶은 말은 많은데 무슨 이야기부터 꺼내야 할지 모르겠어. 지금 내 머릿속은 글보다는 말로 표현하는 게 더 쉬운 생각들로 가득 차 있거든. 나는 되도록 차분하게, 지금 이 순간 나의 정신 상태와 내가 생각하는 모든 것에 대해 당신에게 분명하고도 정확하게 표현하려고 노력할 거야.

---

1 한 줄의 활자를 한 묶음으로 만들어 자동으로 판짜기를 하는 기계. 자동 식자기라고도 한다(옮긴이).
2 제2차 세계대전 중이던 1940년 6월 프랑스가 독일에 항복한 후, 비시 지역에 세워진 친독親獨 정권. 정식 명칭은 프랑스국(옮긴이).

내 마음은 평온해. 아주 차분한 상태야. 나도 내가 이토록 침착하게 죽음을 대할 수 있으리라고는 생각조차 못 했어. 그렇다고 죽음에 초연한 것은 아니야. 오히려 죽게 되어 매우 유감스러울 따름이지. 그럼에도 불구하고 다시 한 번 말하지만 내 마음은 평온해.

나는 신자가 아니니 저세상의 삶을 믿지 않는다는 거 알지? 죽게되어 유감인 건 맞지만 한편으론 죽는 것이 두렵지만은 않아. 그래, 나는 죽음이 두렵지 않아. 그렇게 따지면 나는 영웅인 건가? 정말로 전혀 두렵지 않거든. 그 이유에 대해 생각해 보니, 당신이 나를 이해해 줄 거라는 단순한 사실 그것 하나 때문인 것 같아. 나는 하늘을 우러러 한 점 부끄러움이 없기에, 죽음이 별일 아니게 느껴지고 마음이 평온한 것 같아. 남에게 해를 끼치기는커녕 짧은 생애 동안 타인을 돕는 일에만 열중하며 선을 베풀었으니, 나는 양심에 거리낄 것이 없어. 또한 나는 억압받는 인류를 해방시키고자 하는 위대하고 거룩한 대의를 위해 내 모든 것을 내어 주면서, 모든 노력을 바쳐 가면서, 겸허하게 그리고 끊임없이 투쟁해 왔어.
몇 시간 후에도 내 마음이 지금과 같을 거라고는 장담하기 힘들지만, 이틀 동안 진행된 재판에서 사형선고를 받았을 때와 같이, 그리고 지금과 같이, 총살대 앞에서도 평온하고 차분할 거라는 확신이 들어.

저들은 우리에게 사형선고를 내리고 과연 무사할 수 있을까? 당치 않아! 저들은 우리를 처형함으로써 새로운 역사가 쓰이는 것을 막을 수 있다고 믿고 있지. 헛다리 짚은 거야! 우리가 품고 있는 이상이 승리하는 걸 막을 수 있는 것은 아무것도 없는데, 이 따위 공포심으로 자유의 전사들을 저지할 계획이라고? 어림없어! 그런데 말이야, 나는 저들이 이러한 환상에 사로잡혀 있다고는 생각하지 않아. 저들은 우리의 이상을 막을 수 없다는 것을 알고는 있지만 자신들이 패배할 마지막 결전의 순간을 최대한 늦추기 위해 공포를 조장하는 것뿐이야.

어쨌든, 우리는 대의를 위해 모든 것을 바칠 운명을 지닌 가족이야. 오늘, 내 운명은 전장에서 먼저 떠난 비탈레와 같아.

전에 나와 긴 이야기를 나누었던 신부님께서 지금 오셨어. 하지만 나는 그분께 고해하고 싶지 않기 때문에 조금 고민이 돼. 나는 신자가 아니니 내 입장에서는 고해하는 게 옳지 않다고 생각되거든. 하지만 아주 좋은 분인 것 같아서 그분이 나를 조용히 지켜보실 때 내가 나직한 목소리로 그분께 당신을 찾아가 당신에게 고해를 받아 달라고 부탁드렸어.

죽음을 목전에 둔 내가 당신에게 나의 평온함, 나의 침착함, 나의 이상에 대해서만 이야기하니 어쩌면 당신이 보기에는 내가 좀 이기적일 수도 있겠지만, 당신은 내 진심을 알 거야. 사랑하는 루이사, 내 이상이 인류애를 위한 것이었는지, 가족애를 위한 것이었는지 나조차도 혼란스러워. 내가 앞에서 죽게 되어 유감스럽다고 한 것은 다름 아니라 더 이상 우리 가족의 사랑을 받을 수 없고, 그들에게 고통만 남긴 채 떠나야 하는 게 슬퍼서야.

우리가 21년간 서로의 위대한 사랑 속에서 살았던 것처럼, 내가 떠난 후에는 그 사랑을 우리 아이에게서 새롭게 찾기를 바라. 우리의 열렬했던 청춘의 사랑과 성숙했던 중년의 사랑 사이에는 그 어떤 차이도 없었고, 그 어떤 부족함도 느끼지 못했어. 우리 지셀라가 바로 이 두 가지 열정의 결실이잖아.

나는 이곳에서 우리가 함께한 21년이라는 시간을 되돌아보고 있어. 나는 완벽한 남편이자 아버지로 항상 변함없이 우리 가족을 사랑해 왔다고 확신하기 때문에 마음이 아주 평온해. 내 완벽함에 대해 이야기 나눌 수 있는 기회가 주어졌다면…, 잠깐이라도 가족을 만날 수 있다면 내 완벽한 평온함을 보여 주고 그를 통해 용기를 얻도록 꼬옥 안아 줬을 텐데….

그래, 불가능한 일이지. 하지만 우리가 서로 만나지 못한다고 해도, 나는 당신이 분명 강하고 용감해질 거라 확신해. 이 불행한 일로 감수성이 풍부하고 예민한 우리 지셀라가 충격을 받아 동요하지 않도록 용기를 북돋아 주어야 하는 사람은 바로 자신이라는 것을 당신도 알고 있을 테니까.

지금부터는 곧 닥칠 앞으로의 일들에 대해 실질적으로 대처할 수 있는 방법을 몇 가지 알려 주려 해. 적은 액수긴 하지만 동지(공산당-원주)에게 줘야 할 6,000리라라는 돈이 있다는 것을 까먹지 마. 하지만 그 6,000리라는 당신 돈이라고 생각하고 써도 돼. 그 동지는 더 이상 나를 채무자로 여기지 않을 테니까. 그는 내가 궁지에 몰렸을 때에도 나를 기꺼이 도와주었으니, 꼭 필요하다면 그 돈을 써도 돼. 혹시 수색 중에 우연히 저들에게 이 돈을 압수당했다면 주저 말고 돌려 달라고 요청해. 또 하나, 당신이 알다시피 체포 당시 내 주머니에 있던 3,064리라가 여기 구치소에 기탁되어 있으니 내 개인 물품인 시계, 펜 등과 함께 찾아가.

앞으로는 내 동지의 도움으로 잘 정착해서 살 수 있을 거야. 그는 불과 어제까지만 해도 내게 낯선 사람이었지만, 어제와 오늘 이틀 동안 우리는 꽤 친해졌거든. 다행히 그 동지에게는 무죄 판결이라는 행운이 따랐어. 그 친구는 내게 지셀라가 학업을 계속할 수 있도록 도와주겠다고 약속했어.

당신에게 지셀라의 미래가 달려 있으니 반드시 용감해져야 해.

또 건강을 잘 유지하고, 엄마로서 본문을 다하려면 강해져야 하니 마음 단단히 먹고 기운 내 줘.

마음을 추스르고 나면, 가능한 한 빨리 다음의 일들을 해 줬으면 해. 카마냐*Camagna*, 오치미아노*Occimiano*, 산 마르티노*S. Martino*로 짧게나마 여행을 좀 다녀와. 지셀라의 마음을 다른 곳으로 돌려야 하니까. 또 사촌들도 만나게 하고. 그렇게 하면 불안해 할 게 뻔한 당신과 우리 딸 지셀라 두 사람 모두 마음의 양식과 에너지를 얻을 수 있을 거야.

상황이 허락된다면, 부모님에게 꼭 가 줘. 하지만 절대 서두를 필요는 없어. 지셀라의 미래를 위해 공부를 계속 시킬 수만 있다면, 나는 더 바랄 게 없으니까.

이만 줄일게. 더는 할 말이 없어. 우리 가족을 향한 내 사랑에 대해서라면 몇 시간이건 계속 이야기할 수 있지만, 굳이 말하지 않아도 내 마음을 충분히 알 거라 믿어.

지셀라에게 편지를 쓰고 나니 쉴 시간이 거의 없어서 피에트로에게는 편지를 쓰지 못했어. 난다, 루이지나, 피에리나, 리나에게도 내가 애정을 갖고 기억하고 있다고 전해 줘. 나를 대신해 그들을 안아 줘. 엘사와 프랑코에게는 작은아빠 에우세비오에 대해 말해 주고. 친구들, 아랫사람, 윗사람 할 것 없이 모두에게 작별 인사 전해 줘. 당신이 그들을 다시 볼 수 있을 때, 내가 그들을 모두 나의 사람으로 여기며 사랑했노라고 이야기해 줘. 그리고 당신을 위해서, 지셀라를 위해서 꼭 힘을 내. 내가 나의 모든 것을 기꺼이 바쳤기에 당신과 지셀라가 최고의 세상을 보게 될 거라고 확신하듯, 당신도 언젠가 이를 알게 될 거야. 용기를 내. 내가 남편으로서, 아버지로서 받은 사랑만큼 나 역시 우리 가족을 사랑해.

내가 살아온 모든 시간만큼 당신을 꼬옥 안아 주며.

에우세비오

사랑하는 지셀라에게

네가 이 편지를 읽을 때쯤이면 아빠는 더 이상 이 세상에 존재하지 않을 거야. 너에게 가끔 명령조로 엄하게 말하고 퉁명스럽게 대했던 적도 있지만, 속마음은 그렇지 않았단다. 너를 많이 사랑했으니 이 아빠를 무서워하지 않았으면 좋겠다. 네 아빠는 정의와 평등이라는 이상을 추구하다가 사형선고를 받았어. 현재 네가 이런 것들을 완벽하게 이해하기에는 너무 어린 나이기는 하다만, 나이가 들면 분명 이 아빠를 자랑스러워할 거야. 네가 이 아빠를 사랑하고 있다는 것을 이미 알고 있긴 하지만, 그때가 되면 지금보다 더 사랑하게 될 거야.

울지 말거라, 사랑하는 지셀리나'. 눈물을 닦고, 내가 사랑하는 너의 엄마를 꼬마 숙녀인 네가 진심을 다해 위로해 드리렴.

내 인생은 끝나지만, 네 인생은 이제 시작이란다. 인생은 살아 볼 만한 가치가 있는 거거든. 이상을 품었을 때, 정직하게 살 때 그리고 자기 자신뿐만 아니라 모든 인류에게 쓸모 있는 사람이 되겠다는 야망을 가질 때 말이야.

아빠는 네게 선행을 베푸는 사람이 되어야 한다고 항상 가르쳤고, 그 결과 네가 지금의 용감한 꼬마 숙녀로 성장하게 된 것이란

---

1 지셀라의 축소형으로 '리틀 지셀라'라는 뜻(옮긴이).

다. 앞으로 엄마를 돕고 용기를 드리려면 더 용감해져야 해. 아빠의 마지막 부탁을 들어 주면 내일은 더 용감해져 있을 거야.

자신만의 미래를 만들기 위해서는 지금까지 해 온 것처럼 열심히 공부해야 해. 언젠가는 너도 누군가의 아내이자 어머니가 될 거야. 그때 네 아빠가 부탁했던 것, 특히 엄마에 대해 말한 부분을 기억하렴. 너의 미래를 위해서뿐만 아니라 너 스스로가 사회에 더 보탬이 되는 사람이 될 수 있도록 공부 열심히 하거라. 만일 공부를 지속할 수 없는 상황이 닥쳐 일자리를 구해야 할지라도, 일을 하면서 계속 공부해야 최고의 경지에 오를 수 있다는 것을 기억해.

이 글을 써 내려가는 동안 나는 너의 가장 좋은 면만 생각하고 있단다. 너를 너무 많이 사랑하기 때문에 내 눈에는 너의 결점들은 보이지 않고 네가 가진 좋은 자질들만 보여. 하지만 너도 모든 아이들(그리고 어른들)처럼 분명 결점이 있을 테니 너에게 좋은 점들만 있다는 생각은 버리렴.

소녀로 자라는 동안 이 아빠를 자주 생각해도 좋다만, 나를 떠올릴 때 고통이 아닌 좋은 일들만 기억해 주길 바란다. 그러니 울지 말고 지금은 네 또래들처럼 그저 재미나고, 즐겁게 놀아야 해.

엄마가 힘들어할 때, 마음을 어루만져 드리고 용기를 북돋아 드리고 힘이 되어 드려야 한단다. 용감해야 해. 항상. 충분히 사랑받을 자격이 있는 너의 엄마를 언제나 사랑해 드리렴.

너를 엄청나게 많이 사랑하는 이 아빠는 너를 안아 주고 싶은 생각뿐이란다. 아빠는 눈감는 그 순간까지 너와 엄마를 생각할 거야.

너의 아빠가

로베르토 자르디노*Roberto Giardino*(플로크*Floc*)

22세. 기계공. 1922년 2월 22일 밀라노 출생. 밀라노에서 활동하는 "청년전선*Fronte della Gioventu*"[1] 여단 소속 "스텔라 로사*Stella Rossa*"[2] 분대의 파르티잔으로 활동. 1944년 12월 7일, 밀라노의 옴브리아 대로*viale Umbria*에서 자치 군단 "에토레 무티"의 병사들에게 체포됨. 1945년 1월 12일, 무장 의용군 소속으로 재판을 받음. 1945년 1월 14일, 밀라노의 주리아티 스포츠경기장에서 세르조 바초니, 렌초 보타, 아르투로 카페키, 아틸리오 폴리, 로베르토 리코티, 주세페 로사토, 루노 로시, 잔 카를로 세라니와 함께 총살됨.

1945년 1월 14일, 밀라노

가장 사랑하는 부모님께

두 분께 용기를 드리기 위해 몇 줄 적고자 합니다. 이 순간, 두 분 모두 저처럼 용기를 내시고 곧 돌아올 렌초를 생각하세요. 이모, 외삼촌, 렌초, 줄리에타 모두에게 작별 인사 전해 주세요. 두 분께 제가 드릴 수 있는 가장 따뜻한 포옹을 보냅니다.

안녕히 계세요, 어머니. 안녕히 계세요, 아버지.

단 한순간도 두 분을 향한 사랑을 놓지 않았던 영원한 아들

로베르토 자르디노

---

1 1944년 1월 설립된 해방 투쟁 단체 중 이탈리아에서 가장 널리 알려지고 가장 큰 영향력을 발휘한 파르티잔 조직. '국가독립 및 자유를 위한 청년전선'이라고도 한다(옮긴이).
2 이탈리아어로 '붉은 별'이란 뜻(옮긴이).

알폰소 진드로 _Alfonso Gindro_(미르크 _Mirk_)

21세. 기계공. 1923년 6월 14일 토리노 출생. 애국행동단 소속 무장 조직 "단테 디 난 니 _Dante di Nanni_" 소속 파르티잔. 1945년 1월 19일, 토리노 자택에서 정치수사국에 의해 체포됨. 1945년 2월 11일, 조반니 카네파, 루벤스 파토렐리, 넬로 메네기니, 로렌초 비 알레와 함께 토리노의 마르티네토 국립포병사격연습장에서 국립공화국수비대에게 총 살됨.

1945년 2월 11일, 토리노

사랑하는 어머니께

제가 구금된 지도 21일이 지났습니다. 드디어 오늘 재판이 열렸 어요. 8시간이나 걸렸죠. 판결문을 다 읽고 난 뒤 제 마음은 아주 평온해졌습니다. 그 내용에 대해서는 제 입으로 말씀드리고 싶지 않습니다만, 신문에 실릴 것이니 어머니께서도 곧 알게 되실 겁니 다. 사랑하는 어머니, 불행하게도 그 판결문은 우리에게 불리한 내 용들이었고, 그렇게 우리는 사형선고를 받았습니다. 사랑하는 어머 니, 저의 슬픈 운명 때문에 울지 마세요. 어쩌면 제 운명은 이렇게 되도록 정해져 있었던 건지도 모르니까요. 기운 내세요. 제가 지금 껏 해 왔던 일도, 지금 처한 현실도, 그 어느 것 하나 후회스러운 건 전혀 없답니다.

사랑하는 어머니, 정당한 이상과 성스러운 대의를 위해 투쟁하 다 목숨을 바친 이 아들을 자랑스럽게 여겨 주십시오. 통쾌한 승리 의 빛이 곧 이 나라를 비출 것입니다. 저라는 존재가, 사악한 범죄 를 저지른 것에 만족하지 못하는 인간들의 불순한 의도로 인해 빨 리 꺾여 버리게 된 것에 대해 애석해 하지 마시고요. 사랑하는 어머니, 저는 항상 당신을 생각합니다. 가슴이 찢어질 듯한 고통을 느끼시리라 생각되지만, 용기와 힘을 내세요.

사랑하는 어머니, 제가 가끔 속상하게 해 드린 적이 있다면 용서해 주세요. 그때는 제가 어렸기 때문에 제대로 된 판단을 하지 못했어요. 하지만 저는 인민을 위해서 그리고 어머니를 위해서 무엇이든 하려고 했습니다. 어머니께서 과거의 모든 고통에서 벗어나 최소한 노년만이라도 평화롭게 보내실 수 있도록 해 드리고 싶었건만, 운명이란 참 야속하네요! 결국 저는 제가 원하는 바를 성취할 수 없게 되었습니다.

제가 어머니의 현명한 조언을 듣지 않았었다면 부디 용서를 바랍니다. 그때의 제 마음은 질풍노도와 같았으니까요. 어머니, 저를 용서해 주세요. 어쩌면 이 시간이야말로 제가 어머니의 편에 서서 가시밭길 같기만 하던 어머니 인생의 고통을 조금이나마 덜어 드릴 수 있는 기회인 것 같습니다. 지금 이 순간만큼은 제 마음이 어머니 곁에 있으니까요. 사랑하는 어머니, 이것은 저의 마지막 편지가 될 것입니다. 힘내세요. 기운 내시고요.

항상 어머니를 생각하고 한시도 그 생각을 떨쳐 버린 적이 없는 아들이 볼 키스를 듬뿍 보내며 힘껏 안아 드립니다.

안녕히 계세요. 당신의 아들

알폰소

사랑하는 어머니에게

우리가 곧 총살될 거라는 사실은 이미 알고 계시지요. 불행히도 운명은 저의 편이 아니었습니다. 사랑하는 어머니, 강해지세요. 용기를 내세요.

제가 이토록 젊은 나이에 숨을 거두게 된다는 사실은 조금도 애석하지 않습니다. 세상에서 가장 사랑하는 나의 어머니, 저는 당신에 대해 생각합니다. 어머니의 괴로움에 대해 생각합니다. 저의 죽음을 슬퍼하지 마세요. 제가 말씀드렸듯, 강해지세요. 저를 기다리고 있는 게 무엇인지 잘 알고 있는 저처럼 말이에요. 힘내세요. 그리고 아들이 보내는 마지막 포옹을 받아 주세요.

알폰소

레오네 진츠부르그 *Leone Ginzburg*

34세. 대학 강사. 1909년 4월 4일 오데사*Odessa*(러시아*Russia*) 출생. 어린 시절 이탈리아
로 이주. 비아레조*Viareggio*와 토리노에서 공부. 에이나우디 출판사[1]의 창립자 중 한 명
이며 토리노 대학의 러시아문학 강사. 1933년 국가 파시스트당*Partito Nazionale Fascista*[2]에
대한 맹세를 거부했다는 이유로 해직됨. 1934년 3월에 체포, 9월에 '정의와자유'의 일
원이라는 이유로 로마 국방법원에서 4년 형을 선고받음. 1940년 아브루초로 이송되어
그곳에 구금. 1943년 7월 25일 이후, '정의와자유'에 합류하여 조직책으로 활동. 1943년
9월 8일 이후, 행동당 기관지 『자유 이탈리아*Italia Libera*』의 편집장을 맡아 로마의 바센
토가*via Basento* 55호 지하에 위치한 인쇄소에서 출판 활동. 1943년 11월 19일, 지하 인
쇄소에서 파시스트 경찰에게 체포됨. 그의 신원이 밝혀진 뒤 독일군에게 보고되어 로
마의 레지나 코엘리 형무소의 독일군에게 인계됨. 1944년 2월 5일, 로마의 레지나 코
엘리에서 고문을 받다 사망.

사랑하는 나의 나탈리아에게

　내가 쓰고 있는 이 편지가 유서가 되지 않기를 바라. 내가 죽을
날이 당장 오늘이 될 수도 있지만. 오늘 나는 당신의 근황을 듣고
당신이 나를 여전히 사랑한다는 확신이 들어서인지 하루 종일 짜릿
하리 만큼 행복했어. 이 흥분 상태는 오늘 저들과의 예기치 못한 만
남에서도 쉽사리 가라앉지 않았어. 이런 내 모습을 본 저들의 기분
은 당연히 좋을 리가 없었지. 이곳에서 지내려면 인내심이 필요해.
어쨌든 저들이 나를 죽인다면, 당신은 그 어떤 경우에도 내 뒤를 따
라와선 안 돼. 나보다는 당신이 아이들에게 훨씬 더 필요한 존재니
까. 특히, 작은아이에게 말이야.

1　이 책 『레지스탕스 사형수들의 마지막 편지』를 출간한 이탈리아 출판사.
2　베니토 무솔리니가 창당한 파시즘 정당으로 1921년부터 1943년까지 권위주의, 국가주의 및 전체주의
　에 입각한 통치를 했다(옮긴이).

내가 얼마나 오랫동안 위험한 상황에 노출된 채로 살아왔는지 당신이 알았더라면 한시도 마음 편한 날이 없었을 거야. 그런 당신을 생각해서라도 저들은 당장 이런 행위를 중단해야 해. 나도 알아, 이런 말들이 당신에게는 그 어떤 위로도 되지 않는다는 것을. 하지만 내가 아이들을 향한 양심의 가책과 당신에 대한 불안함 때문에 비참해졌다면 좀 위로가 될까? 우린 서로를 다시 보게 될 거라는 희망의 끈을 놓아서는 안 돼. 나는 기억 속으로 밀려드는 많은 감정들을 바탕으로 글귀를 짜 가며, 짜임새 있고 일관된 하나의 작품을 완성함으로써 내 마음을 진정시킬 거야.

그건 그렇다 치고, 이제 다른 이야기를 할까 해. 내가 가장 마음 아픈 것 중 하나는 내 주변 사람들(그리고 때로는 나 자신)이 개인적인 위기 상황에 처했을 때, 그 상황에만 온통 집중한 나머지 그 외의 일상적 문제들에 대해서 너무 쉽게 무감각해졌다는 점이야. 그러니 이제부터는 내가 아닌 당신에 대해서 이야기하려 해. 내 염원은 당신이 가능한 한 빨리 일상으로 돌아가는 거야. 일을 하고, 집필 활동도 하며 타인에게 유용한 사람이 되어 줘. 내 조언이 당신에게 큰 도움이 될지는 모르겠지만 분명 자극제가 될 거라 생각해.
나의 부드러움과 책임감을 고스란히 담을 수 있는 건 창작뿐이야. 창작에 몰두해서 복받쳐 흐르는 눈물을 잊고 마음을 단단히 하려 노력 중이야. 당신 역시 뭐라도 좋으니 사회 활동을 통해 다른 사람들의 세계를 접했으면 좋겠어. 당신의 유일한 교두보였던 나를 뛰어넘어 이젠 다른 사람들에게도 가까이 갔으면 좋겠어.
당신에게 아이들이 있다는 것은 당신이 거대한 힘을 비축해 두고 있다는 것을 의미해. 안드레아가 나를 다시 못 본다 하여도 나를 꼭 기억해 주면 좋으련만⋯. 아이들 생각이 계속 머릿속을 떠나지 않지만, 우울해지지 않기 위해 아이들 생각은 되도록이면 오래

하지 않으려 애쓰고 있어. 하지만 당신 생각은 애써 떨쳐 내려 하지 않아. 당신을 생각하는 일은 내게 항상 피로회복제와 같은 효과를 내거든. 요즘 들어 친숙한 얼굴들을 다시 보는 게 그렇게 들뜰 수가 없어. 이런 내 마음을 충분히 이해할 거야. 요즘은 하루빨리 일상으로 돌아갈 날만을 손꼽아 기다리면서, 상황이 급변하기를 바라고 있어.

너무 늦은 시간에 글을 쓰기 시작하는 바람에 이제 그만 써야지 하는 생각이 드는데도 그러고 싶지가 않네. 전등 불빛에 의지해 이 편지를 쓰고 있는데, 오늘따라 유독 어두침침하군. 그렇긴 하지만, 내가 쓴 글을 다시 읽어 볼 희망 같은 건 접고, 불이 어두워 앞이 잘 보이지 않아도 더듬거리면서 계속 글을 쓸 거야. 내 손에 들린 톰마세오*Tommaseo*[1]의 책을 보고 있자니 내가 지금 쓰고 있는 편지와 시각장애인이 된 후 그가 적은 일기의 내용들을 자연스레 비교하게 되는군. 다행히 나는 내일 아침까지만 시각장애인으로 살면 돼.

잘 있어, 내 사랑. 우아한 내 사랑. 며칠 후면 우리의 6주년 결혼 기념일이야. 그날이 오면 당신은 어떻게, 어디서 나를 찾게 될까? 그날 당신의 기분은 어떨까? 나는 최근에 우리가 함께 보냈던 보통의 일상에 대해 다시 생각해 봤어. (나름의 결론을 내려 보면) 우리의 유일한 적은 나의 두려움이었어. 어떤 이유로든 두려움에 사로잡혀 있을 때 나는 그것을 제대로 극복하지 못했고, 의무를 이행할 때도 능력을 충분히 발휘하지 못했어. 의욕이 없었지. 당신도 그렇게 생

---

1 이탈리아의 언어학자, 언론인 및 수필가인 니콜로 톰마세오*Niccolo Tommaseo, 1802-1874*로 추정된다. 이탈리아어 사전, 동의어 사전 등을 편집했다(옮긴이).

각하지 않아? 만약에 우리가 다시 만나게 된다면, 그때는 나도 두려움에서 해방되어 있을 것이고, 한 치 앞도 보이지 않는 지금의 이 막막한 상황 역시 우리의 평범한 일상에 더 이상 존재하지 않을 거야.

내가 당신을 얼마나 많이 사랑하는지 당신은 모를 거야. 만약 당신을 잃는다면 나는 기꺼이 당신을 따라 죽을 각오가 되어 있어(이것도 내가 최근에 내린 결론이야). 당신을 잃고 싶지 않아. 내가 죽는 한이 있어도, 당신만은 절대 잃고 싶지 않아. 당신에게 친절하고 다정다감하게 대해 준 모든 이에게 고마움을 표해 주고 안부 인사도 함께 전해 줘.

당신에게 잘해 준 분들이 아주 많을 거야. 장모님과 처가 식구들에게 감당하기 힘든 큰 고통을 남기고 폐를 끼친 것에 대해 사죄의 말씀 올려 줘. 나를 대신해 아이들에게 뽀뽀해 주고. 네 명의 아이들 모두에게 축복이 내리기를. 세상에 와 줘서 고마워, 내 사랑. 사랑해. 내 키스를 받아 줘. 내 몸에 있는 세포 하나하나까지 당신을 사랑해. 내 걱정은 많이 하지 마. 그저 나를 전쟁 포로라고 생각해. 특히 이런 전쟁에서는 나와 같은 처지의 사람들이 아주 많아. 그들은 거의 대부분 집으로 돌아갈 거야. 최대한 많이 돌려보내 주길 바라자. 나탈리아, 그렇게 되지 않을까? 당신에게 또 키스할래. 한 번더 그리고 또 한 번 더 키스를 보내며.

용기 내.

레오네

단테 녜티*Dante Gnetti* (폴고레*Folgore*)

21세. 기계공. 1923년 9월 14일 라 스페치아 출생. 라 스페치아 지역에서 활동하는 무장조직 '정의와자유' 소속 파르티잔. 칼리체 알 코르노빌리오*Calice al Cornoviglio* 주변에서 벌어진 수많은 전투에 참전, 특히 1945년 1월에 벌인 대대적인 일망타진 작전에 참여. 1945년 2월 28일, 회의 참석 차 이동하던 중 산 베네데토*San Benedetto* (라 스페치아) 지역에서 "몬테로사" 사단과 독일군에게 체포됨. 1945년 4월 10일, 라 스페치아의 제21 보병 연대 병영에서 검은 여단의 특별법원에 의해 재판을 받음. 1945년 4월 11일, 알도 벤베누토 외 3명의 파르티잔들과 함께 산 베네데토의 그라벨리아 다리에서 총살됨.

1945년 4월 11일

사랑하는 이들에게

저는 이제부터 몇 시간 동안만은 죽음에 대한 생각을 접고 오로지 여러분 생각만 하기로 했습니다. 저는 지금 그 어느 때보다 여러분이 그립습니다.

이 순간 여러분 모두의 곁으로 가까이 다가가 작별의 볼 키스를 해 주고 싶지만, 저에게는 이조차 허락되지 않습니다. 그래서 제 앞에 놓인 이 편지지가 여러분이라 생각하고 여기에 입을 맞춥니다.

친애하는 여러분, 제가 드리게 된 고통에 대해 용서를 구합니다. 너무 많이 울지 마십시오. 주님은 결국 이렇게 되기를 원하셨고, 그분의 뜻대로 되었습니다. 저는 하늘나라에서 여러분을 지켜볼 것이고, 항상 가까이 있을 것이며, 여러분의 일이라면 발 벗고 나서서 도울 것입니다.

사랑하는 어머니, 사랑하는 아버지, 사랑하는 안나와 욜레, 저는 여러분 곁을 영원히 떠납니다. 누이들은 서로 아껴 주고, 사랑하는 사람들을 잘 돌봐 주었으면 해. 내가 없어도 절대 허전해 하지 마.

안나와 욜레, 너희들 앞에 행복한 미래가 펼쳐지길 바란다.

제가 사랑하는 사람들, 특히 어머니, 너무 힘들어하지 마세요. 저는 성찬식을 잘 마친 뒤 어머니의 이름을 부르며 고요하게 죽을 것입니다. 언젠가 우리 모두가 다시 만나 함께 살게 될 하늘나라에서 여러분을 기다리겠습니다.

안녕히 계세요.

단테

발릴라 그릴로티 *Balilla Grillotti* (다니엘레*Daniele*)

42세. 전기기계공. 1902년 3월 10일 몬티뇨소*Montignoso*(마사 카라라*Massa Carrara*) 출생. 1922년 파시스트들에게 구타당해 사망한 몬티뇨소 부시장(사회주의자)의 아들. 1922년, 반파시스트 활동으로 투옥됨. 석방 후 제노바로 이주하여 폴체베라 계곡*Val polcevera*의 지하 노동자 운동 조직의 수뇌부 중 한 명이 됨. 1943년 9월 8일 이후, 이탈리아 공산당의 폴체베라 계곡 일대 책임자로 활동. 그 후, 제르마노 요리, 자코모 부라넬로, 월터 필락의 측근으로서 제노바 지역의 애국행동단 부지휘관으로 활동하다 1944년 7월 초 요리가 사망한 후 지휘관이 됨. 특히 파시스트 장군 암살 작전과, 세라발레*Serravalle*와 제노바를 잇는 세카강의 교량 및 폴체베라강 위에 놓인 철도 교량, 페지노*Fegino*에 위치한 소치에타 페트롤레아*Societa Petrolea*의 적재 창고 등의 파괴 작전에 가담. 이후 3개월 동안 자취를 감춤. 1944년 7월 19일 밤, 오랜만에 가족을 만나러 갔다 밀고를 받고 자택 근처에서 잠복 중이던 정치대에게 체포됨. 제노바 경찰국으로 이송된 다음 마라시 형무소와 학생회관 건물로 다시 이송. 고문당함. 1944년 7월 29일, 3시에서 4시 사이 경찰국에서 제노바의 파시스트특별법원에 의해 재판을 받음. 재판 당일인 1944년 7월 29일 5시, 마리오 카수리노 외 3명의 파르티잔들과 함께 산 줄리아노 요새(제노바)에서 검은 여단 소속의 소대에게 총살됨. 사후에 은성무공훈장을 수여받음.

7월 29일

가장 사랑하는 이들에게

최후의 순간인 지금, 나는 온통 너희들 생각뿐이야. 그래도 잘 견뎌 내고 있으니 너무 염려하지는 마. 나는 행복하게 죽을 거야. 너희들을 아주 많이 사랑했다는 사실만 말하고 떠날게.

줄리아, 내게 항상 좋은 아내가 되어 주었듯 아이들에게도 좋은 엄마가 되기 위해 노력해 줘. 월터, 착하게 잘 자라 주렴. 엄마가 이 고통을 이겨 낼 수 있도록 곁에서 위로해 드리고. 되도록 말을 길게 하고 싶다만, 그게 과연 무슨 소용이 있을까? 너를 울릴 게 뻔한데 말이지.

줄리아, 만일 경제적으로 어려움에 처하면, 내가 소중히 여기던 물건들일지라도 당신에게 도움이 된다면 망설이지 말고 전부 처분해. 오토바이도 포함해서 말이야. 나로 인해 피해를 입은 모두에게 용서를 구하고 싶어. 또 용서받고 싶어.

모든 친구와 지인들에게 작별 인사 전해 줘. 친조카, 외조카 모두에게 뽀뽀해 주고. 내 형제자매들과 매형, 매제, 처형, 처제 들에게도 작별 인사 부탁해. 월터에게 뽀뽀해 주고 그 아이를 지켜 줘. 아직 엄마 손이 많이 필요한 나이니. 나로 인해 너무 낙심하지 말았으면 좋겠어. 나는 당신이 포기하지 않을 거라고 믿어. 이 최고 수준의 시험을 통과하기 위해 당신이 큰 힘을 낼 거라고 믿어 의심치 않아.

당신을 너무너무 사랑해. 내 눈 앞에 당신과 월터가 있다고 생각하고, 그 모습을 떠올리며 행복하게 죽을 거라는 걸 알아줘.

키스, 키스, 키스를 보내며. 안녕히

발릴라

추신 : 137리라 동봉

로몰로 이아코피니 *Romolo Iacopini*

45세. 로마의 스칼레라 필름*Scalera Film*[1]의 숙련공. 1898년 2월 9일 로마 출생. 제1차 세계대전 참전 용사로 당시 전투에서 부상을 당함. 공산주의자. 독일이 로마를 점령한 후, 사회주의자 및 공산주의자 대표들과 함께 로마에 위치한 몬테 마리오*Monte Mario*산의 마키아*Macchia* 지역과 지옥의 계곡*Valle dell'Inferno*에서 활동하다 해산된 수백 명의 파르티잔들을 모아 의용군을 조직함. 영국인 포로들을 숨겨 주고 식량을 조달해 줌. 독일 호송대를 기습 공격하고 지하 간행물 배포 활동을 펼침. 1943년 12월 6일, 로마의 프린치페 영화관에서 밀고자를 따라온 독일군 친위대에게 체포됨. 타소가 형무소로 이송. 수차례 고문당함. 레지나 코엘리 형무소로 이감. 플로라 호텔에서 독일군 사령부에 의해 재판을 받음. 1944년 2월 2일, 브라베타 요새(로마)로 끌려감. 에토레 아레나, 벤베누토 바비알레, 월터 브랑코, 오타비오 치리우, 엔초 말라테스타, 카를로 메를리, 아우구스토 파롤리, 지노 로시, 구에리노 스바르델라, 필리베르토 촐리토와 함께 이탈리아령 아프리카 경찰 소대가 지상에다 발포하면, 독일 장교가 사형수의 목에 총을 쏘는 방식으로 죽임을 당함.

"레지나 코엘리", 1944년 1월 3일

친애하는 어머니께

그동안은 편지를 쓸 수 없었기에 오늘에서야 비로소 편지를 올립니다. 다 잘될 것이니 안심하십시오. 저는 항상 조국을 사랑하는 마음으로 열렬히 섬겨 왔다고 믿고 있습니다. 저는 1943년 12월 6일, 콜라 디 리엔초가*via Cola di Rienzo*에서 어떤 사람과 공동주거단지에 대해 이야기를 나누던 중 체포되었습니다. 하지만 그들은 가능한 한 빨리 저를 풀어 주어야만 할 거예요. 저는 제가 추구하는 사회적 이

---

1 1938년부터 1950년까지 운영된 이탈리아 영화 제작 및 배급 회사. 영화 산업을 진흥시키려는 베니토 무솔리니의 파시스트 정부로부터 많은 지원을 받았다(옮긴이).

상이 저들에게 피해를 끼쳤다고 생각하지 않으니까요. 저를 위해 어머니께서 해 주신 모든 일에 감사를 표합니다. 저는 이곳에서 일주일에 두 개씩 정기적으로 소포를 받았습니다. 하지만 한 달에 한 번 이상은 편지를 쓸 수 없으니, 독일군 사령부 측에 베네토가*via Veneto*에 있는 플로라 호텔에서 면회를 하게 해 달라고 요청하세요. 가족 모두에게 안부 전해 주시고요.

로몰로

"레지나 코엘리", 1944년 1월 16일

친애하는 어머니께

제 건강 상태는 어머님이 바라시는 만큼 아주 좋습니다. 나의 어머니, 이 또한 지나갈 테니 힘내세요. 그리고 잘 지내시고 계신지 저에게 알려 주세요. 제 마음은 아주 평온합니다. 예전처럼 어머니를 포옹해 드리고, 우리가 함께 살 수 있도록 하느님께서 최대한 빨리 우리를 이 상황에서 벗어나게 해 주시길 바랍니다.

요즘 제 인생, 제가 살아온 시간들에 대해 자주 생각해 봤습니다. 저의 착각일지도 모르지만, 저의 진짜 조국인 고향은 제 탓을 하지 않으리라 확신합니다. 저의 진짜 조국 덕분에 저는 과거 여러 전쟁에 참전할 수 있었고, 파시스트들에 의해 변조된 조국에 맞서 행동할 수 있었습니다. 그렇기에 저의 조국은 편애하는 아들을 대하듯 항상 저에게 호의적일 것입니다. 어머니, 다른 것은 몰라도 이것만은 확신합니다. 만약 이러한 확신이 없었더라면, 저는 이 순간을 견디지 못하고 아마 오래 전에 죽었을지도 모릅니다. 조국과 어머니는 이 끔찍한 처지에 놓인 저를 버티게 해 주는 힘입니다. 조국과 어머니는 제가 진정으로 유일하게 신성시하는 존재임에도 변변히 해 드린 것이 없다는 게 애석할 따름입니다.

빠른 시일 내에 재킷과 바지 한 벌을 받았으면 합니다. 입고 있는 옷들이 찢어졌거든요. 우리 옷을 아주 거덜 내어 버리네요! 그리고 가능하시면 빵을 좀 보내 주셨으면 합니다. 저는 어머니의 보살핌을 받으며 자랐지만 그렇지 못한 이들 또한 이곳에 많이 있습니다. 저와 같은 고통을 겪고 있는, 정에 굶주린 동지들과 함께 빵을 나누어 먹고 싶습니다.

어머니께서는 제가 동지들을 얼마나 사랑했는지 잘 아시죠? 자신과는 무관한 일임에도 불행한 이들을 보호하려 매 순간 저와 함께 노력한 제 동지들은 그동안 단 한 명도 이탈하지 않고 모두 같은 곳을 바라보며 같은 꿈을 꾸어 왔습니다. 어머니! 그런 사회는 아름다워질 수밖에 없습니다!
가족과 친척들에게 안부 인사 전해 주세요. 어머니께 거룩한 축복과 포옹을 보내며.

당신의 아들

로몰로

친애하는 어머니께

어머니께 이렇게 크나큰 고통을 안겨 드리게 될 줄은 꿈에도 생각해 본 적이 없습니다. 하지만 운명은 제가 이렇게 되기를 원했습니다. 어머니께 용서를 구합니다. 사랑하는 형제자매, 친구들에게도 용서를 구할게.

친애하는 어머니, 저를 이해해 주시고 이 끔찍한 순간을 견뎌 내주세요. 어머니께 안녕을 고하며 저보다 더 나은 삶을 영위하시기를 기원합니다. 또한 새로운 이탈리아가 새로운 세대를 위해 더 강력하고 더 가치 있고 더 자유로워졌으면 하는 바람입니다. 저는 진정한 이탈리아인으로서, 어머니의 축복을 빌면서 행복하게 죽을 것입니다.

어머니께 입맞춤해 드립니다. 너희들 모두에게 볼 키스를 보내며

여러분의

로몰로

추신 : 신부님께 아버지 시계를 맡겼습니다. 그분이 어머니께 그 시계를 전달하면서 저에 대한 이야기를 해 주실 거예요. 2,200리라가 들어 있는 제 지갑이 타소가에 있으니, 그곳에서 지갑을 찾아가세요.

굴리엘모 예르비스 *Guglielmo Jervis*(윌리*Willy*)

42세. 이브레아(토리노)에 위치한 올리베티사*Olivetti & C.S.P.A.*[1]의 공학자. 1901년 12월 31일 나폴리 출생. 1943년 9월 8일 직후, 발레 다오스타에서 파르티잔 무장군을 조직하기 위한 초기 활동에 참여. 숙련된 산악인으로 연합군 포로들을 알프스를 통해 여러 차례 스위스로 안내함. 1944년 1월, 이탈리아 경찰과 독일 경찰에게 추적당함. 이브레아에서 펠리체 계곡으로 이동. 그곳에서 게르마나스카 계곡과 키소네 계곡으로 활동 영역을 넓혀 가며 파르티잔 분대들을 고무시킴. '정의와자유' 소속 무장군의 병참 장교로 초기 발사대를 구축. 1944년 3월 초, 임무를 띠고 스위스에서 이탈리아로 돌아오던 중 소지하고 있던 무기와 폭발물이 발각되어 독일군 친위대에게 체포됨. 1944년 8월 5일부터 6일 사이 밤, 빌라르 펠리체*Villar Pellice*(토리노)의 주광장에서 독일군 소대에게 총살된 후 시신은 교수형에 처해짐. 사후에 금성무공훈장을 수여받음.

— 총살된 장소 인근에서 발견된, 성경책 표지에 핀 끝으로 눌러쓴 글.

"저 때문에 울지 마세요. 저를 불쌍히 여기지 마세요.
이상을 위해 임무를 완수하다 죽는 것이니까요."

---

1   이탈리아에 있는 유럽 최대의 사무기기 제조·판매 및 정보산업, 통신기술, 전기통신 서비스 업체(옮긴이).

카를로 요리*Carlo Jori* (밈모*Mimmo*)

34세. 기계공. 1909년 3월 25일 세스트리 포넨테(제노바) 출생. 1938년부터 1941년까지 칼라브리아*Calabria*에서 정치범으로 투옥 생활. 1943년 10월부터 토리노에서 제2여단 애국행동대 소속 파르티잔으로 활동. 1944년 1월 9일, 집 근처에 숨겨 놓은 무기 창고가 발각되어 정치수사국에 의해 체포됨. 체포 당일 토리노의 카사 리토리아*Casa Littoria*에서 재판을 받음. 수차례 고문당함. 1944년 1월 24일, 토리노의 사키가*via Sacchi*에서 구이도 베타치, 알도 카메라, 브루노네 감비노, 마우리치오 모소와 함께 총살됨.

사랑하는 어머니께

운명은 제가 이렇게 되기를 원했습니다. 그러니 겁먹지 마시고, 저처럼 용기를 내십시오. 저를 대신해 모든 친구들에게 작별 인사 전해 주세요. 사랑하는 어머니, 저는 어머니를 떠나야 합니다. 그것이 저의 숙명입니다.

현관에 돈이 있을 겁니다. 어머니께서 가져가세요.

제가 가끔이나마 과오를 범했다면 용서를 구합니다. 어쩌면 저의 운명에는 항상 비극이 자리하고 있었는지도 몰라요. 이렇게 끝까지…. 그러나 개의치 않습니다. 어머니께서는 저를 자랑스러워하셔야 합니다. 저의 희생이 헛되지 않았음을 이해하게 되실 날이 곧 다가올 테니까요. 울지 마세요. 어머니, 안녕히 계세요. 당신을 아주 많이 사랑했다는 것을 기억해 주세요. 모든 동지들에게 작별 인사 부탁드립니다. 힘내세요.

안녕히 계세요, 아들이 보내는 입맞춤과 포옹을 받아 주세요.

밈모

어머니, 안녕히

24세. 건축학과 학생. 1919년 5월 29일 모데나 출생. 제노바 거주. 1943년 10월, 잔프 랑코 마테이와 함께 로마의 공산주의자 동지들과 연락을 취하며 줄리아가*via Giulia* 25B 호에 "산타 바르바라*Santa Barbara*"라는 조직을 만듦. 이후 4개월 동안 애국행동단의 동지 들과 함께 계획 중인 전투에 대비하여 폭발 장치 제작 및 전기 장비들을 연구함. 1944년 2월 1일, 잔프랑코 마테이와 함께 작업장에서 일하던 중 독일군 친위대에게 불시에 검 거됨. 타소가 형무소 31호로 이송. 끔찍한 고문을 당함. 1944년 3월 7일, 브라베타 요 새(로마)에서 안토니오 부시, 콘체토 피오라반티, 빈첸초 젠틸레, 폴 라우퍼, 프란체스 코 리파르티티, 안토니오 나르디, 마리오 네젤리, 아우구스토 파시니, 구이도 라토파토 레와 함께 독일군 소대에게 총살됨. 사후에 금성무공훈장을 수여받음.

— 총살 직전 신부님이 대신 받아쓴 메시지. 고문을 당한 사람의 손을 통해 접촉
  성 감염이 생길까 우려하여 직접 글 쓰는 것을 금지함.

마리오의 라보 조르조. 1919년 5월 29일 모데나 출생. 건축학과
학생. 몬테베르데*Monteverde* 트롤리버스' 129번. 자친토 카리니가*via*
Giacinto Carini 66의 아르간 교수님께 가세요.
  저의 가족에게 최대한 평온하게 이 소식을 전해 달라고 부탁해
주세요.

---

1   공중에 달린 전기선에 직접 연결된 트롤리폴을 통해 전력을 공급받아 달리는 전차. 무궤도 전차라고도
    한다(옮긴이).

알레산드로 라지아르드 *Alessandro Laggiard*

24세. 직물공. 1920년 8월 14일 브레간체*Breganze*(비첸차*Vicenza*) 출생. 자치 사단 "발 키소네*Val Chisone*"의 파르티잔. 1944년 8월, 무장군의 철수를 강요하며 계속 압력을 가하는 독일군과 파시스트에 대항하여 전투를 벌임. 1944년 8월 11일, 세스트리에레(토리노) 지역 콜 듀 퓌*Col du Puy*에서 "몬테로사" 사단과 독일군 부대에게 체포됨. 페로사 아르젠티나로 이송. 1944년 8월 14일 20시 50분, 재판 없이 빌라르 페로사*Villar Perosa*(토리노)의 광장에서 로리스 탈리아 갈로포, 티발도 니에로와 함께 교수형에 처해짐.

— 편지의 원문은 프랑스어로 적혀 있었음.

빌라르 페로사, 1944년 8월 14일

사랑하는 부모님께

이것은 제 손으로 쓰는 마지막 편지가 될 것입니다. 저는 불행히도 공화주의자들에게 잡혔습니다. 울지 마세요. 이것이 저의 '운명'이니까요. 프라젤라토*Pragelato*의 학교 근처에 살고 계시는 버턴 부인이 저의 소지품을 가지고 계십니다. 그분께 샬리어 부인에 대해서도 물어보세요. 샬리어 부인이 제 양모 쿠션 두 개를 가지고 계시거든요. 저는 이제 더 이상 필요하지 않으니 두 분께 드립니다.

마지막으로 저를 대신해 모든 친구들에게 작별 인사 전해 주시기 바랍니다. 고해성사를 해서인지 마음이 평온합니다. 저의 시신은 비야르 돈 게이 카를로 신부님 편으로 반환될 것입니다.
사랑하는 부모님, 안녕히 계세요.
마지막으로 두 분을 포옹해 드리며.

이보 람브루스키|*Ivo Lambruschi*

19세. 농부. 1924년 10월 22일 캄페지네*Campegine*(레조 에밀리아) 출생. 파시스트군 소집에 응했다가 이후 탈영하여 1944년 1월 8일 파르티잔 유격대에 합류. 아펜니노 산맥(토스카나-에밀리아-로마냐)에서 활동하는 볼로냐 산악사단 "루포*Lupo*¹"와 제36 가리발디 여단 "비앙콘치니*Bianconcini*"에서 활동하며 수많은 전투에 참여. 1944년 8월 16일, 카판나 마르코네*Capanna Marcone*(피렌체) 지역에서 독일군과 교전 중, 부상당한 동지를 끈질기게 구하려다가 생포됨. 모스케타*Moscheta*(피렌체) 지역에 있는 독일군 사령부로 이송. 1944년 8월 22일, 모스케타 근처에서 독일군 소대에게 총살됨.

1944년 8월 20일

어머니께

어머니께서 저를 사랑하신다면 울지 마시고 고통을 잊기 위해 노력해 주세요. 어머니의 이보는 아직 죄수 신분입니다만, 예전처럼 어머니를 다시 안아 드릴 수 있는 자유의 날이 다가오길 간절히 기다리고 있습니다. 그러나 불행히도 운명이 저에게 호의적이지 않아, 제가 어머니께 돌아갈 거라는 확신이 없어진다 해도 울지 마세요. 어머님의 아들은 대의를 위해 죽는 것이니까요. 다시 한 번 말씀드립니다.

저는 "이탈리아의 거룩한 대의를 위하여" 죽는 것입니다.

이보 람브루스키

---

1 이탈리아어로 '늑대'라는 뜻(옮긴이).

프랑카 란초네_Franca Lanzone_

25세. 주부. 1919년 9월 28일 사보나 출생. 1943년 10월 1일, "그람시" 사단 소속 "콜롬보" 여단에 합류. 산악부대에 식량을 조달하면서 정보원으로 활동. 1944년 10월 21일 저녁, 사보나의 자택에서 검은 여단의 병사들에게 체포됨. 사보나의 파시스트연맹 본부로 이송. 1944년 11월 1일, 재판 없이 사보나의 프리아마르 요새의 해자에서 파올라 가렐리 외 4명의 파르티잔과 함께 파시스트 소대에게 총살됨.

　사랑하는 마리오에게

　나는 이 편지와 함께 내 인생의 마지막 시간 앞에 서 있어. 그러나 내가 살아온 시간에 결코 아쉬움은 없으니 죽어도 여한이 없어.
　나에 대한 당신의 의무를 잊지 마, 난 항상 당신을 기억할 거야.

　　　　　　　　　　　　　　　　　　　　　　　　　프랑카

　사랑하는 어머니께

　부디 저를 용서하시고 힘내세요.
　인명 人命은 인간이 어찌할 수 없는, 오직 하느님만이 결정할 수 있는 일입니다.

　입맞춤을 보내며. 당신의

　　　　　　　　　　　　　　　　　　　　　　　　　프랑카

아메데오 라탄치*Amedeo Lattanzi*

54세. 신문 가판대 주인. 1889년 6월 2일 페르모*Fermo*(아스콜리 피체노*Ascoli Piceno*) 출생. 제노바-산 테오도로*San Teodoro*의 사회주의자 단체 '알바 프롤레타리아*Alba Proletaria*'의 청년부에 등록. 1921년부터 공산주의 투사로 활동. 1938년, 반파시스트 활동으로 조사를 받음. 1943년 9월 8일 이후, 자신의 신문 가판대를 제노바 서부지역 분류센터로 만들어 지하 신문 『루니타*L'Unita*』와 『자유 이탈리아』, 민족해방위원회의 선전지들을 배포함. 파르티잔 의용군에게 무기 조달. 1944년 1월 4일, 밀고로 제노바의 페라리 광장*Piazza De Ferrari*에서 독일군 친위대와 정치대에게 체포됨. 학생회관 건물로 이송. 고문당함. 4일 후, 마라시 형무소 제4구역으로 이송. 1944년 1월 13일 밤, 제노바-알바로 국립공화국수비대 사령부가 합류한(재판이 열리기 몇 시간 전 두 명의 독일군 장교를 공격한 애국행동단 소속 파르티잔과 관련된 사건 때문에 참석) 제노바 특별법원에서 재판을 받음(바로 집행되어야 했던 그의 총살형은, 이탈리아 국가헌병대의 G. 아베차노 코메츠 소위와 그 밑의 헌병대원들이 애국행동단 소속 파르티잔들에 대한 총살형 집행을 거부하는 바람에 연기됨. 총살형 집행을 거부한 국가헌병대 대원들은 독일로 추방되었을 것으로 추정). 1944년 1월 14일 5시, 제노바의 산 줄리아노 요새에서 정치범 디노 벨루치, 조반니 베르토라, 조반니 자칼로네, 로메오 굴리엘메티, 루이지 마르사노, 구이도 미롤리, 자코모 베로넬로와 함께 파시스트 민병대에게 총살됨. 그리스에서 독일군의 포로가 되어 독일(도어가우*Dorgau*, 뉘른베르크*Norimberga* 그리고 마지막으로 숀필드*Schonfield*)로 추방당한 그의 아들 에밀리오는 감자를 캐는 강제 노역 중 기습 공격을 시도했다는 이유로 총살형을 선고받음.

사형선고를 받은 서명인 라탄치 아메데오 본인은 세 명의 자녀 이탈리아, 에밀리오 그리고 마리아와 나의 아내에게 모든 것을 상속함을 명확하게 밝힙니다. 저는 조용하게 눈을 감을 것입니다.

딸과 아들, 아내와 모든 친척들에게

저로 인해 고통받았던 모든 일에 대해 용서를 구합니다. 슬퍼하지 말고 하느님을 믿으세요.
매제 엘리조 델레피아네의 안내에 따라 나의 시신을 수습해 줘.
모두에게 입맞춤을 보내며.
불운한 남편이자 아버지가 입맞춤을 보낸다.

라탄치 아메데오

안녕. 안녕히

파올로 로마스토 *Paolo Lomasto*

17세. 1926년 8월 4일 나폴리 출생. 피네롤로(토리노) 지역에서 활동하는 파르티잔 무장군에 어떻게 합류하게 되었는지에 대해서는 알려진 바가 없음. 1944년 5월 말, 포넬레미나*Ponelemina*(피네롤로)에서 체포됨. 1944년 6월 26일, 이탈리아 무장 친위대에게 총살됨.

가장 사랑하는 어머니께

저는 지금 감방에서 마지막 편지를 쓰고 있습니다. 저는 이곳에서 어머니와 여동생 그리고 꼬맹이 조카를 생각하면서 그리고 죽음을 겸허히 받아들이면서 인생의 마지막 시간을 행복하게 보내고 있습니다. 어머니, 우리의 아름다운 나폴리로 돌아가시면 저를 대신해 아버지께 볼 키스 많이 해 드리세요, 그리고 제가 이탈리아를 위해 기꺼이 죽었다는 것도 말씀드려 주세요.

사랑하는 어머니, 제가 진작 어머니의 말씀을 들었다면 어머니와 가까이 살 수 있었겠죠. 하지만 어머니께서는 제가 안겨 드린 큰 슬픔에 대해 용서해 주실 거라 믿어요. 이는 예수님께서 원하시는 바이거나, 어쩌면 먼저 떠난 아우가 하늘나라에서 저와 함께하고 싶어서일지도 몰라요. 그 아이를 위해 기도해 주신 만큼 저를 위해서도 기도해 주세요.

저에게 주어진 생의 끝까지 어머니, 여동생 그리고 꼬맹이 조카를 생각할 거라 말씀드리며 이만 펜을 내려놓습니다. 미켈레에게 볼 키스 전해 주시고, 그 아이에게 (제가 할 수 없었던) 저의 역할을 대신해 달라고도 말해 주세요.

어머니께 이 아들의 영원한 입맞춤을 보냅니다.

모두에게 작별 인사 전해 주세요.

파올로 로마스토

사랑하는 누이에게

피네롤로에 갔던 날 저녁, 나는 발로스트로와 함께 있었어. 그는 제노바에 사는데, 지금은 베라르디 병영에 있어. 발로스트로를 기억해 줘.

너의 오빠

파올로 로마스토

35세. 세스트리 포넨테(제노바) 지역 산 조르조 공장의 보일러 직공. 1909년 6월 5일 안코나 출생. 어릴 적부터 공산주의 투사로 활동. 산 조르조 공장과 세스트리 포넨테 지역에서 공산당의 세포 조직을 만듦. 1942년 9월 8일, 처음으로 체포됨. 사르차나*Sarzana*(라 스페치아)의 형무소로 이송되었다가 제노바의 마라시 형무소를 거쳐 로마의 레지나 코엘리 형무소로 이감. 1943년 8월 4일에 석방되어 세스트리 포넨테로 귀환. 1943년 9월 8일 이후, 최초로 애국행동단을 조직하고 파르티잔 초기 핵심 구성원들을 산악 지대로 파견함. 애국행동단 활동에 활발히 참여하며 지하 신문 인쇄 및 배포. 1944년 7월 5일 밤, 밀고로 제노바 경찰국 정치대에게 체포됨. 마라시 형무소로 이송. 끔찍한 고문을 당함. 1944년 7월 29일 3시에서 4시 사이, 경찰국에서 제노바의 파시스트특별법원에 의해 재판을 받음. 자신의 책임이 아닌 일까지 떠안으면서 동지를 사형의 위기에서 구함. 재판 당일 5시, 마리오 카수리노 외 3명의 파르티잔들과 함께 산 줄리아노 요새(제노바)에서 검은 여단에게 총살됨.

1944년 7월 29일

친애하는 어머니께

저로 인해 받게 되실 큰 고통에 대해 부디 용서를 바랍니다. 아시다시피 저는 줄곧 공산주의자로 살아왔고, 이제 목숨으로 그 대가를 치러야 합니다.

친애하는 어머니, 눈물 홀리실 필요 없습니다. 그리고 저처럼 강해지셔야 합니다. 저는 항상 노동자로서의 제 의무를 다해 왔고 그 누구에게도 해를 끼친 적이 없으니, 이 순간 아무도 저를 비난해서는 안 됩니다.

언젠가 제노바에서 에우제니오를 본 적이 있는데, 그가 어머님을 뵈러 갈 수 없었던 것은 유감입니다.

저는 언제나 어머니와 형제들 생각뿐입니다. 이곳에서 신부님과 이야기를 나누었는데, 그분이 어머님께 용기를 드리러 가 주시겠다고 약속해 주셨습니다. 신부님은 아마도 어머님께 저의 침착함에 대해 말씀하실 것 같아요. 당은 저에게 임무를 부여했고, 저는 할 수 있는 모든 것을 해냈습니다. 신문 발행에 전념했고, 창간호를 인쇄하는 데도 성공했으니까요.

에우제니오, 오스발도, 넬로, 리틀 실바노와 리나, 모두에게 볼 키스와 작별 인사 꼭 전해 주세요. 비토리아, 에토레 그리고 그의 아이들에게 특히 많은 볼 키스 부탁드리고, 주세페 숙부와 숙모, 사촌들에게도 볼 키스 많이 해 주세요.

사랑하는 어머니, 끝없는 입맞춤을 보내며

당신의 아들

저의 마라시 형무소 수감 번호는 1053번이라는 걸 알려 드립니다.

마리오 로사니 *Mario Lossani* (칼보트 *Calvot*)

19세. 노동자. 1925년 4월 8일 토리노 출생. 피네롤로의 RIV사[1]에서 조각사로 근무. 1944년 6월 1일부터 게르마나스카 계곡과 키소네 계곡에서 활동하는 '정의와자유' 소속 제5 알피니 산악사단 "세르조 토야"의 파르티잔으로 활동. 1944년 8월 이후, 정보 수집과 전달, 서류 위조와 무기 수집 그리고 신규 지원자 모집 등의 임무를 수행하기 위해 작업장에서 계속 근무하라는 명령을 받음. 1945년 2월 21일 밤에서 22일 새벽 사이, 밀고로 자택에서 파시스트에게 체포됨. "리토리오" 사단의 책임자들에게 10일간 연속적으로 폭행과 고문을 당한 후 독일군에게 인계됨. 1945년 3월 5일, 독일 법원에서 재판을 받음. 1945년 3월 10일 17시, 젠레 형제 외 4명의 파르티잔들과 함께 폰테 키소네(피네롤로)에서 총살됨.

1945년 3월 5일 월요일 새벽 2시

사랑하는 어머니, 아버지, 숙부 외 모든 이들에게

어제 판결문을 읽었습니다. 저에게 주어진 시간은 최후를 향해 달려가고 있습니다. 저는 이제 모든 것을 내려놓고 평온하고 고요하게 죽음 앞으로 걸어갈 것입니다. 제 걱정은 마세요.

어머니, 저로 인해 항상 절망을 느끼셨다면 그에 대해 용서를 구합니다. 그 절망은 이번이 마지막이 될 것입니다. 아버지와, 저로 인해 절망하신 어머니 그리고 저 때문에 피해를 입은 모든 이들에게 용서를 구합니다. 죽기 전에 고해할 수 있기를 바랍니다. 어쨌든 저를 위해 기도해 주세요. 지금 이 순간, 기도가 절실합니다. 제가 아는 모든 사람에게 작별 인사를 보냅니다. 작업장 동료들에게 저의 사진을 나눠 주세요.

---

1 1906년 설립된 금속가공 회사(옮긴이).

마리우치아에게 작별 인사를 전하실 때 가끔 저를 기억해 주고 자주 기도해 달라고 말해 주세요. 아틸리오 그리고 구이도 외 7명이 저와 운명을 함께하게 되었습니다.

어머니, 아버지, 우리는 더 나은 세상에서 만나게 될 거예요. 어머니, 아버지, 안젤라, 조반니, 알도, 루차노, 주세피나, 리타와 비르질리오, 내 모든 친구들, 숙부님들, 숙모님들 그리고 마리냐노의 사촌들에게도 작별의 볼 키스를 아주 많이 해 주세요. 어쩌면 제가 빠뜨린 사람이 있을지도 모르겠네요. 그들에게도 역시 작별 인사 전해 주시고요. 아시다시피, 제가 지금은 정신을 차리기 조금 어려운 상태라….

저는 여전히 어머니가 보고 싶습니다. 하지만 뵙고 나면 헤어지는 게 너무 고통스러울 거예요. 죽음을 목전에 둔 저를 위해 기도해 주세요. 아버지와 어머니, 두 분이 오래오래 백년해로하시길 바랄게요. 하늘나라에서 두 분을 지켜볼게요. 그리고 RIV사에 가셔서 제 임금을 수령해 가세요.

여러분 기도해 주세요. 기도해 주세요. 저를 위해 기도해 주세요. 어머니, 아버지, 모두에게 작별 인사와 수많은 볼 키스를 보내며.
이 편지를 읽는 여러분에게는 미안하지만, 저는 지금 아무런 감정도 느끼지 못하고 있어요.

당신의 가장 애정 어린

마리오

아버지, 어머니, 다시 말씀 올립니다. 용서해 주세요. 당신의 가장 애정 어린 아들이 두 분께 했던 모든 일에 대해 용서를 구합니다.

저를 대신해 모두에게 작별 인사 전해 주세요. 안녕히 계세요, 아버지. 안녕히 계세요, 어머니. 모두들 안녕. 지금 저에게는 기도가 절실합니다. 저를 위해 종종 기도해 주세요. 항상 화목하시기 바랍니다. 지노와 세르조 그리고 다른 모든 친구들에게 작별 인사 전해 주세요. 헌화 대신 기도를 부탁한다고도 말해 주시고요.

3월 6일 화요일

저는 비록 떠나지만 아직은 한 줄기 희망이 남아 있습니다.

3월 7일 수요일

저는 하느님을 전적으로 믿습니다.

3월 8일 목요일

왠지 기적이 일어날 것만 같아 기운이 솟아납니다.

3월 9일 금요일 아침 9시

기운이 조금도 나질 않습니다.

고문이 이제 막 끝났고, 저는 지금 자포자기 상태입니다. 오직 하느님만이 우리를 구원해 주실 수 있습니다.

3월 10일 토요일

이제 끝입니다.
고해성사와 성찬식을 해 주시려고 신부님께서 와 계십니다.
안녕히 계세요.

우고 마키에랄도 *Ugo Machieraldo* (마크*Mak*)

35세. 직업군인(장교). 1909년 7월 18일 카발리아*Cavaglia*(베르첼리) 출생. 아에로나우티카 루올로 나비간테*Aeronautica Ruolo Navigante* 소속 공군 소령으로 복무하며 4개의 은성무공훈장을 수여받고, 2개의 은성무공훈장을 추천받음. 1943년 가을부터 밀라노의 지하 활동에 관여함. 1944년, 발레 다오스타에서 활동하는 무장군에 합류. 초반에는 파르티잔 대원이었으나 이후 발레 다오스타와 카나베세에서 활동하는 제76 가리발디 여단의 작전참모로 활동함. 1945년 1월 29일부터 30일 밤 사이, 밀고로 라체(이브레아) 지역에서 독일군 병사들에게 체포됨. 쿠오르녜(토리노)로 이송, 쿠오르녜의 독일군 사령부에 의해 재판을 받음. 1945년 2월 2일, 리초 오를라, 피에로 오티네티와 함께 이브레아의 공동묘지 경계 벽에서 총살됨. 사후에 금성무공훈장을 수여받음.

사랑하는 나의 메리에게

내 인생 최고의 동반자여, 이것은 당신의 우고에게 받는 마지막 편지가 될 거야! 나는 당신이 하루빨리 큰 위안을 받을 수 있는 방법을 찾았으면 좋겠어.

쿠오르녜의 독일 군사법원은 내게 총살형을 선고했어. 지금은 나와 저세상으로 함께 갈 두 명의 애국자(보르고프랑코*Borgofranco*의 리초 오를라와 이브레아의 피에로 오티네티)를 기다리는 중이야. 군인으로서 나는 조국에 대한 의무를 이행함에 있어 그 어떤 오점도, 그 어떤 두려움도 남기지 않았기에 이 순간 더할 나위 없이 평온해. 태어나고 살아온 이 땅을 위해 내가 흘린 피가 이탈리아를 더 위대하게 만들 거라고 굳게 믿어.

나는 군인으로서 항상 이런 순간에 대한 마음의 준비를 하고 있었고, 지금은 그런 마음이 내 영혼 속에서 더욱 커지고 있어. 이건 전에는 한 번도 느껴 본 적이 없는, 진정한 위엄을 가진 군인으로서 마지막 행동에 직면하도록 용기를 북돋아 주는 힘이야. 당신은 나의 이상적이고도 훌륭한 동반자가 되어 주어야 해. 당신이 앞으로 살아가면서 마음속에 우리 네나와 함께 나, 우고를 품고 혼자 견디는 법을 찾을 거라 믿어.

나는 이제 죽음을 맞이하러 가지만, 이것이 끝은 아니야.

당신과 네나에게 격한 입맞춤을 보내며. 당신의

우고

레나토 마지*Renato Magi*

18세. 벽돌공. 1925년 9월 8일 라디코파니*Radicofani*(시에나) 출생. 3월 초부터 라디코파니 지역에서 비토리오 타시의 지휘 하에 활동하는 무장군에 합류. 1944년 6월 15일, 수류탄으로 무장한 상태에서 독일군 정찰대에게 불시에 검거됨. 라디코파니-키안차노*Chianciano* 도로를 따라 비토리아라고 불리는 캔턴학교 근처로 끌려감. 1944년 6월 17일 7시, 비토리오 타시와 함께 독일군 소대에게 총살됨.

사랑하는 어머니께

금일 17일 7시, 저는 무고하게 총살될 예정입니다. 저의 시신은 캔턴학교 쪽에 있을 것입니다. 알베뇨*Albegno* 다리 쪽입니다. 바로 오셔서 제 시신을 수습해 주세요. 꼭 그렇게 해 주시길 부탁드립니다. 지금의 이 마음을 누그러뜨릴 방법이 없습니다.

어머니, 저를 위해 기도해 주세요. 우애 좋은 나의 형제들에게는 제가 결백하다고 말해 주시고요. 이 편지를 쓰는 동안, 제 마음은 타들어 가고 있습니다. 사랑하는 어머니, 아버지, 저의 시신을 바로 수습해 주세요.

착한 마리아에게는 제가 너무나도 많이 사랑했다고, 또 저를 오래오래 기억해 달라고 전해 주세요. 지금 제게는 아직 10분이라는 시간이 남아 있습니다.

모두에게 영원한 입맞춤을 보냅니다.

저의 첫사랑 마리아가 저와의 추억을 간직할 수 있도록 그녀에게 제 반지를 주세요.

30세. 목수. 1914년 5월 24일 포로토*Porrotto*(페라라) 출생. 1944년 10월부터 포조 레나
티코*Poggio Renatico*(페라라) 지역에서 활동하는 제35 가리발디 여단 "브루노 리치에리*Bruno
Rizzieri*"의 파르티잔으로 활동. 1945년 3월 13일, 독일군 병사들에게 체포됨. 페라라의
형무소로 이송된 후 파시스트들에게 인계. 고문당함. 1945년 3월 27일, 재판 없이 포
조 레나티코 묘지 경계 벽 근처에서 총살됨.

1945년 3월 26일, 페라라

사랑하는 아질레와 아이들, 어머니, 아버지와 형제들에게

이 마지막 편지를 통해 여러분께 제가 사형선고를 받았다는 걸
알려 드립니다. 하지만 저는 무고합니다. 양심에 거리낄 것이 하나
도 없기 때문에 평온하게 죽음을 맞을 거라 맹세합니다.

내 아이들에게, 이 아빠는 너희들이 걸어가야 할 길을 한 가지 알
려 주고 떠난다. 그 길은 바로 옳은 길이란다. 엄마를 사랑해 드리
고, 엄마가 지금 너희들을 돌보아 주시듯 미래에는 너희들이 엄마
를 돌보아 드려야 해.

아질레, 지나간 모든 일들은 다 용서해 줘. 앞으로는 모든 일이
잘되기를 바라. 아질레, 오랫동안 고통받은 사람들에게 인민의 안
녕을 바라는 나의 마음과 사랑이 가득 담긴 작별 인사를 꼭 전해
줘. 아질레, 내 모든 지인들에게 나를 경멸하지 말아 달라고도 해
줘. 오늘날 나처럼 죽음을 맞는 사람은 절대 죄를 지었다고 볼 수
없음을 그들도 언젠가는 알게 될 거야.
아질레, 내 시신을 보게 되더라도 절대로 눈물 흘리지 않겠다고

약속해 줘. 당신이 울면 나도 무척 속상할 것 같거든. 그리고 아질 레, 앞으로는 내 아이들이 가정에 충실하지도, 성실하지도 못했던 이 못난 아빠를 찾지 않게 해 주길 바라. 나의 이런 바람대로 아이 들이 내 빈자리를 느끼지 않도록 해 줘.

아질레, 어머니, 아버지, 형제들에게 이 편지로 마지막 작별 인사 를 대신하며 진심 어린 애정을 보냅니다. 여러분의 영원한

아들, 남편, 아빠

아질레, 당신이 내게 닿을 때까지 남은 시간을 확인할 수 있도록 시계를 선물로 보낼게.

IV

Giovanni Mambrini, Gesuino Manca, Rino Mandoli, Gilberto Manegrassi,
Giuseppe Manfredi, Stefano Manina, Alberto Marchesi, Irma Marchiani,
Luigi Marsano, Sabato Martelli Castaldi, Attilio Martinetto, Tommaso Masi,
Luigi Mascherpa, Gianfranco Mattei, Giovanni Mecca Ferroglia, Aldo Mei,
Andrea Mensa, Luigi Migliavacca, Renato Molinari, Violante Momesso,
Davide Monarchi, Luigi Ernesto Monnet, Massimo Montano,
Domenico Moriani, Giuseppe Cordero Lanza di Montezemolo, Tibaldo Niero,
Vittorio Novelli, Aristide Orsini, Nello Orsini, Luciano Orsini,
Piero Alfredo Ottinetti, Giorgio Paglia, Michele Pagliari, Andrea Luigi Paglieri.

조반니 맘브리니 *Giovanni Mambrini*

21세. 제빵사. 1922년 8월 7일 카스텔라르콰타 *Castell'Arquata*(피아첸차*Piacenza*) 출생. "스 포르체스카" 사단 제53 연대 소속 군인. 1943년 9월 8일, 트리에스테에서 본가로 귀 환, 그 지역에서 활동하는 초기 파르티잔 무장군과 접촉. 1944년 4월 5일, 콘티냐코 *Contignaco*(살소마조레*Salsomaggiore*)의 산 조반니에서 야간 통행금지 시간에 밖에 나갔다가 순찰 중이던 검은 여단 병사들에게 발각, 정지 명령에 불응하여 독일군과 이탈리아 국 가헌병대에게 공격을 받고 다리에 부상을 입은 채 체포됨. 파르마의 산 프란체스코 형 무소로 이송되었다가 카스텔프랑코 에밀리아*Castelfranco Emilia*(모데나)의 형무소로 이감. 1944년 4월 19일, 야간 통행금지 미준수 건과 탈영 후 파르티잔들을 원조한 건으로 특 별군사법원에서 재판을 받음. 1944년 4월 20일, 오스카르 포르타, 프리모 랄리 등과 함께 카스텔프랑코 에밀리아의 형무소에서 국립공화국수비대에게 총살됨.

1944년 4월 19일

가장 사랑하는 나의 어머니와 형제들에게

제가 가족의 일원이었다고 생각하지 마십시오. '파시스트들'이 제게 사형을 선고했지만, 부디 제 걱정은 마시고 여러분의 마음을 단단하게 하는 일만 생각하세요. 그리고 가끔 저를 위해 기도해 주 세요. 친애하는 산드로 형이 집에 오면 제 소식을 듣고 충격을 받지 않도록 잘 위로해 주세요. 제가 없으면 괴롭겠지만 여러분의 사랑 하는 잔니조반니의 애칭의 사기는 하늘을 찌를 듯합니다. 저는 지금 친 애하는 오스카르와 한방에서 지내고 있습니다. 우리의 사기는 변함 없이 충만합니다. 여러분도 모두 저와 같았으면 하는 바람입니다.

제 사건에 대한 재판은 30분가량 진행되었습니다. 그 후 선고를 받았지만 별다른 걱정은 하지 않습니다. 저는 하늘을 우러러 한 점 부끄러움이 없기에 평온하게 죽음을 맞이할 것입니다.

세상에서 가장 사랑하는 우리 어머니, 당신의 아들 잔니가 해 드리고 싶은 말은 바로 이것입니다. 마음 졸이지 마세요. 그리고 제 말에 따라 주세요. 간이침대에서 편지를 쓰고 있는 이 순간에도 제 손은 조금도 떨리지 않고 있다는 걸 어머니께서 보실 수 있다면 좋을 텐데. 이는 곧 제가 죽음을 두려워하지 않는다는 증거니까요. 말처럼 쉽지는 않겠지만 한 마디 올립니다. 견뎌 내세요. 그러면 몇 년 후에는 아무 일 없었던 것처럼 우리 가족 모두가 화목하게 살게 될 것입니다.

사랑하는 형들에게, 한 가지 부탁드립니다. 우리에게 항상 선하게 대해 주시는 어머니를 화나게 하지 말아 주세요. 살아가는 동안 이 말을 항상 가슴에 새기며 어머니의 미래에 대해 생각해 주세요. 유감스러운 점은 이제 다시는 형들을 볼 수 없다는 것입니다. 어쩌면 그게 더 나을지도 모르겠습니다. 부디 기운 내시기 바랍니다. 제가 이 순간 그러하듯 말이에요.

저의 총살형은 이곳 모데나 카스텔프랑코 근처에서 행해질 거예요. 가능하시면 살소*Salso*로 제 시신을 찾으러 와 주세요. 언젠가는 반드시 저들에게 복수할 날이 올 테니 제 원한을 대신 갚겠다는 생각은 하지 않으셔도 돼요.

모두를 영원히 꼭 껴안아 드리며 편지를 마칩니다.

잔니 맘브리니

이웃 모두에게 작별 인사 전해 주시고, 손님들에게는 이탈리아가 유능하고 소중한 제빵사 한 명을 잃었다고 말해 주세요.

모두에게 볼 키스를

잔니

사랑하는 여러분, 특별히 할 말이 있는 건 아니지만, 동요하지 않으시길 다시 한 번 부탁드리고자 여러분을 불러 봅니다. 온 마음을 다해 포옹과 볼 키스를 해 드립니다.

잔니

이 순간 사랑하는 소중한 조카를 잃게 된 모든 숙부님, 숙모님 들에게 작별 인사드립니다.

오레스테 숙부님과 그 가족께, 제가 군에 있었을 때 해 주신 많은 일들에 대해 감사를 표합니다. 숙부님 가족 모두에게 포옹과 볼 키스를 보내며.

여러분의 소중한

잔니 맘브리니

사랑하는 나의 어머니께

지난번 제가 병원에서 카르멘에 대해 말씀드린 적이 있었지요. 만약 아무 일도 일어나지 않았더라면 그녀에게 호감을 가졌던 저는 그녀 덕분에 무척 행복했을 거예요. 그녀에게도 편지를 썼으니 어머니도 한번 읽어 보세요. 저를 대신해 나바 사장님 부부에게 작별 인사 전해 주시고 포옹해 주세요. 저는 행복하게 죽음을 맞지만 언젠가는 저들에게 복수할 날이 반드시 올 것입니다.

스카차Scaccia[1]의 동지들에게

저는 오늘 파시스트군의 법정에 다녀왔습니다. 그곳에서 저는 오스카르 외 몇몇의 동지들과 함께 사형선고를 받았습니다. 하지만 걱정하실 필요 없습니다. 재판은 20분 정도 진행되었는데 결국 이러한 판결을 받았습니다. 우리는 다른 사람들과는 달리 양심에 따라 살아왔고, 그 양심에 한 점 부끄러움 없이 죽을 것이며, 그 어떠한 죄도 범하지 않았습니다. 이런 이유로 저는 친애하는 오스카르와 함께 죽는 게 기쁠 따름입니다. 인내하세요. 운명은 우리가 이렇게 되기를 원했고, 그 바람이 실제로 이루어진 것이니까요.

친애하는 동지들이여, 잔니와 오스카르는 여러분의 좋은 동지였습니다. 하지만 운명은 우리의 생이 총살형으로 끝나기를 원하고 있습니다. 부디 제가 이 세상에 없더라도 여러분 곁에 있다고 생각해 주세요.

동지들이여, 우리의 천명은 한 시간 이내에 주님의 왕국에 들어가도록 정해져 있으니 죽음을 목전에 둔 이 두 명의 동지가 하는 말에 부디 귀 기울여 주세요.

용기를 내십시오. 동지들 사이에서 우리의 이름이 회자되는 것을 하늘나라에서 듣게 된다면 정말로 자랑스러울 것입니다.

---

1   사냥할 때 몰이꾼을 뜻하며 여기서는 당시 활동하던 저항군의 명칭으로 추정된다(옮긴이).

모두에게 작별 인사를 보내며 얼싸안아 드립니다.
여러분의 친애하는,

　　　　　　　　　　　　잔니 맘브리니와 오스카르 포르타

　글을 쓸 줄 모르는 오스카르를 위해서 그의 이름을 함께 씁니다. 거듭 볼 키스해 드리며 위로가 필요하신 저희 어머니를 꼭 뵈러 가 주세요.

　항상 사기가 충만하시길!

제수이노 만카*Gesuino Manca*(피가로*Figaro*)

27세. 요리사. 1917년 3월 3일 테랄바*Terralba*(칼리아리) 출생. 베르살리에리 소속 상사, "오소포-프리울리*Osoppo-Friuli*" 무장군 제1 사단 소속 제4 여단 "발 메두나*Val Meduna*" 대대에 합류, 병참 장교로 활동. 1945년 1월, 독일군 부대가 실시한 소탕 작전에 의해 카바소 누오보*Cavasso Nuovo*(우디네)에서 체포됨. 1945년 2월 2일, 우디네의 독일영토군 사법원에서 재판을 받음. 1945년 2월 11일 6시, 카를로 베르나르돈, 미켈레 베르나르돈, 아스발도 베르나르돈, 레노 베르나르돈, 안토니오 키네세, 피에트로 도리고, 아틸리오 조르다노, 루이지 클레데, 리노 이우리, 페르난도 로비사, 프란체스코 로비사, 포르투나토 마랄도, 조반니 마로엘리, 브루노 파르메산, 오스발도 페트루코, 빈첸초 폰텔로, 루차노 프라돌린, 렌초 세레나, 레나토 스타빌레, 아델키 톰마소, 지노 참본, 조반니 참본과 함께 우디네 공동묘지 경계 벽에서 파시스트 소대에게 총살됨.

우디네, 1945년 2월 10일

가장 사랑하는 나의 아내에게

오늘 나는 사형을 선고받았어.

나는 아무에게도 해를 끼치지 않았어. 혹시나 나를 의심하는 사람이 있더라도 당신만은 나를 용서해 주길 바라. 나는 항상 희망을 갈구하며 주님께 기도를 드렸어. 당신도 나를 위해 기도해 줘. 우리 딸아이가 건강하게 자라기를 그리고 그 아이가 엄마와 할머니를 포함해 다른 모든 가족들처럼 자신을 아주 많이 사랑했던 이 아빠를 항상 기억해 주길 하느님께 기도해 줘.

가장 사랑하는 나의 피데스, 가능하다면 내가 친애하는 이들에게 내 운명에 대해 알려 줘. 나는 젊은 나이에 이렇게 죽게 되었지만 죽음을 기꺼이 받아들이며 행복하고 평온한 마음으로 주님 곁으로 갈 거야.

내 마지막 숨이 멎는 순간까지 이 편지를 간직해 줘. 그리고 시간이 날 때마다 꽃 한 다발을 들고 나를 찾아와 줬으면 해. 당신의 그 사랑스러운 목소리를 다시 들을 수 있게 말이야.

이 극한의 순간, 당신과 우리 꼬맹이에게 땅만큼 바다만큼 아주 큰 입맞춤을 퍼부으며.

안녕, 피데스. 용기 내, 당신의 영원한

제수이노

추신 : 카바소의 동지들 모두 나와 같은 운명을 맞이하게 되었어.

리노 만돌리 *Rino Mandoli* (세르조 보에로 *Sergio Boero*)

31세. SIAC사(기계 부품 제조업체—옮긴이)의 기계공. 1912년 12월 13일 제노바 출생. 1935년부터 이탈리아 공산당 당원으로 활동하며 지하 간행물 유포. 1939년 4월 25일, 처음으로 체포됨. 제노바의 마라시 형무소로 이송되었다가 로마의 레지나 코엘리로 이감됨. 국방특별법원에서 징역 8년 형을 선고받음. 카스텔프랑코 에밀리아(모데나)의 수감 시설에 구금됨. 1943년 7월 25일 석방. 1943년 9월 8일 이후, 다시 지하 운동을 시작함. 제노바 주변에서 활동하는 제3 가리발디 여단 "리구리아"의 정치지도원으로 임명. 1944년 2월 25일, 라바니노 *Lavagnino* 의 호수 근처에서 순찰 활동을 하던 파시스트 부대에게 체포됨. 알레산드리아의 형무소로 이송. 반복된 심문에서 세르조 보에로라는 가짜 이름으로 신분 유지. 제노바의 경찰국으로 이송된 후 본래의 신원이 확인되어 마라시 형무소 제4구역으로 이감. 1944년 5월 19일, 제노바의 오데온 시네마에서 암살을 기도한 죄로 발레리오 바바사노 외 15명의 파르티잔 및 42명의 정치범들과 함께 콜레 델 투르키노 *Colle del Turchino* 근처에서 처형됨. 사후에 은성무공훈장을 수여받음.

사랑하는 나의 가족, 친구 그리고 모든 동지들에게

이 슬픈 시간에 저의 가장 소중한 이들에게 작별 인사를 보내며, 제가 절실히 기대해 온, "미래"를 위한 최고의 소망이 이루어지기를 기원합니다.

눈물을 거두시고 저를 기억해 주세요. 그것이야말로 제가 간절히 원하는 유일한 보상이니까요.

인민이 흘리는 피가 많으면 많을수록 이탈리아는 훨씬 더 위대해질 것임을 기억해 주세요.

만돌리 리노

질베르토 마네그라시 *Gilberto Manegrassi*

20세. 정육점 점원. 1923년 9월 14일 코스틸리올레 살루초*Costigliole Saluzzo*(쿠네오) 출생. 1944년 1월부터 바라이타 계곡(쿠네오)에서 활동하는 제184 가리발디 여단 "모르비두치"의 파르티잔으로 활동. 1944년 2월, 안부 인사 차 들른 코스틸리올레 살루초의 부모님 댁에서 체포됨. 그와 동행했던 6명의 파르티잔들도 각자의 친척들에게 안부를 전하러 들렀다가 체포되어 모두 총살됨. 코스틸리올레 살루초에 수감되었다가 살루초를 거쳐 쿠네오에 최종 수감됨. 1944년 3월 20일 17시, 조반니 이사이아와 함께 쿠네오의 사격장에서 총살됨.

1944년 3월 20일

가장 사랑하는 부모님께

안타깝게도 이것은 두 분께 보내는 마지막 편지가 될 것입니다. 저는 착한 그리스도인으로서 성찬식을 마쳤습니다. 하느님께서는 제가 행한 모든 잘못을 용서해 주실 것입니다. 행여 제가 무의식적으로나마 잘못한 게 있다면 모두 용서해 주시기를 바랍니다. 저를 위해 기도해 주세요. 저도 두 분을 위해 기도드릴 것입니다. 또한 하느님께서 우리를 더 잘 받아들이실 수 있도록 가끔 미사를 올려 주세요. 운명은 제가 하늘나라로 가서 그곳에 있을 누이와 함께 두 분을 위해 기도하기를 바랍니다. 친구와 친척들에게는 제가 저지른 잘못에 대해, 그리고 제가 미처 알지 못하는 잘못들에 대해, 그 모든 것을 통틀어 전부 용서해 주기를 바란다고 전해 주세요.

꼬맹이 아드리아노가 성년이 되면 저의 삶에 대해 이야기해 주시고, 저를 대신해 볼 키스해 주세요. 아울러 매형, 숙부님에게도 큰 포옹을 남깁니다. 저에게 항상 잘 대해 주신 베르제스 가족에게도 볼 키스해 주세요. 리누차에게는 제게 일어난 모든 일은 천명이라고 말해 주세요. 우리는 곧 천국에서 다시 만날 것입니다.

이 삶이 끝나면 최소한 고통은 없어질 테니, 저에게는 어쩌면 이렇게 된 게 더 잘된 일인 것 같습니다. 조만간 우리 모두는 하늘나라에서 다시 모여 영원히 함께할 것입니다.

10분 뒤, 5시에 저는 천국으로 향하고 있을 거예요. 제 걱정은 마세요. 두 분의 기도 속에 제가 있기를 바랍니다. 아버지, 어머니, 일요일에 두 분 모두 성찬식을 하러 교회에 가시겠다고 약속해 주세요.

다시 한 번 안녕을 고합니다. 저 때문에 울지 마세요. 저는 평온합니다. 죽음이 가까워지면 더 평온해질 것입니다. 아버지, 어머니, 저를 꼭 용서해 주실 거죠?

두 분의 아들

질베르토

제 모든 지인들에게 저와의 추억거리가 될 만한 것을 전해 주세요. 그러면 그들도 저를 위해 기도해 줄 테니까요. 저희 걱정은 마세요. 작별 인사 올립니다. 부디 저희를 위해 기도해 주세요.

조반니(이사이아)[1]

---

1 같은 날 질베르토 마네그라시와 함께 처형된 파르티잔.

주세페 만프레디 *Giuseppe Manfredi*(디노*Dino*)

21세. 1923년 8월 21일 포사노(쿠네오) 출생. 1944년 7월, 쿠네오 지역에서 활동하는 제48 가리발디 여단에 합류. 1944년 8월 29일, "무티"군 및 "몬테로사" 사단의 산악대원들과 전투를 벌이던 중 체포됨. 1944년 8월 29일, 알바*Alba*(쿠네오)의 라 모라*La Morra*에서 총살됨.

가장 사랑하는 부모님께

저는 이제 곧 이 세상에서의 생을 마감합니다. 두 분께 드린 엄청난 고통에 대해 그저 용서를 바랄 뿐입니다. 거듭 용서를 구합니다. 어머니, 제가 아니더라도 어머니께는 더 훌륭한 자식들이 있다는 것을 잊지 마세요. 그러니 저의 죽음 때문에 너무 힘들어하지 마세요.

어머니, 아버지, 할머니와 할아버지, 누이들 그리고 숙부, 숙모님들께 작별 인사와 볼 키스 보냅니다.

안녕히 계세요.

피노

스테파노 마니나*Stefano Manina*(스텐*Sten*)

26세. 정육점 주인. 1917년 10월 12일 아스티 출생. 1943년 10월부터 랑게*Langhe*에서 활동하는 제9 가리발디 사단의 파르티잔으로 활동. 1944년 1월 15일, 밀고로 랑게(쿠네오)의 페를레토*Perletto*에서 독일군 친위대에게 체포됨. 1944년 1월 25일, 아퀴(알레산드리아)에서 독일군 친위대 특별법원에 의해 재판을 받음. 재판 당일인 1944년 1월 25일, 비토리오 노벨리, 리디오 발레와 함께 아퀴의 재무부 건물에서 총살됨.

가장 사랑하는 어머니, 사랑하는 조아키노,
레티치아, 로사, 루이지 그리고 엘미치아에게

행복한 삶을 사는 것은 저의 타고난 운명이었습니다. 하지만 저는 그렇게 평탄하게만 살고 싶지는 않았습니다. 저는 저에게 주어진 일은 무엇이든 척척 해낼 수 있는 사람이니까요. 여러분도 바로 이런 것이 운명이고, 이렇게 흘러가는 게 맞다고 받아들이면서 여러분 앞에 닥친 고통을 이겨 낼 수 있어야 합니다. 강해지세요. 저는 그저 멀리 일하러 간 것이고, 언젠가는 꼭 돌아올 거라고 생각해 주세요. 선한 주님께서 제가 저지른 잘못들을 용서해 주시길 바라고 있습니다. 저는 사랑하는 아버지와 곧 함께하게 될 것입니다. 여러분께 바라는 가장 큰 소원은, 군인이었던 시절 제가 돌아올 날을 손꼽아 기다리시던 그때처럼 기운을 내셨으면 하는 것입니다.

여러분께 저지른 잘못을 부디 용서해 주시길 바랍니다. 그리고 저를 자랑스럽게 생각해 주세요. 저는 이제 곧 하느님의 품으로 갑니다. 여러분 모두에게 격한 입맞춤을 보냅니다. 모날레*Monale*에 사는 줄리아에게 작별 인사 전해 주세요.

스테파노 마니나

알베르토 마르케시 *Alberto Marchesi*

43세. 상인. 1900년 9월 22일 로마 출생. 공산주의 투사. 1925년, 파시스트 정권에 반대하는 선언을 하여 주정부에 의해 추방됨. 그로부터 몇 년간, 음모에 가담했다는 이유로 수차례 체포되어 심문을 받음. 1943년 9월 8일 이후, 로마 근처에서 활동하는 "볼가*Volga*" 부대를 창설함. 자신의 집과 상점을 무기와 선전 자료의 보급 기지로 만듦. 일련의 레지스탕스 활동에 참여. 1944년 3월 12일, 밀고로 로마에 있는 자택에서 독일군 친위대에게 체포됨. 타소가 형무소로 이송. 인간의 한계에 다다를 때까지 모진 고문을 당함. 1944년 3월 24일, '비아 라셀라*via Rasella*'[1]가 가한 공격에 대한 보복으로, 타소가 형무소와 레지나 코엘리 형무소에 수감된 334명의 정치범들과 함께 로마 외곽의 포세 아르데아티네에서 총살됨. 사후에 금성무공훈장을 수여받음.

— 로마의 타소가 형무소 25호실 감방 벽을 손톱 끝으로 긁어 남긴 글.

내 아들 조르조에게

엄마를 사랑하고 꼭 껴안아 드리렴.
또 엄마를 돌봐 드려야 해.
너는 이 아빠 알베르토를 다시 못 보게 될 거란다.

알베르토

1   로마의 공산주의 게릴라 단체(옮긴이).

이르마 마르키아니*Irma Marchiani*(앤티*Anty*)

33세. 주부. 1911년 2월 6일 피렌체 출생. 1944년 초, 모데나 지역의 아펜니노(산맥)에 거점을 둔 파르티잔 저항군의 정보원 및 전령으로 활동. 그해 봄, "모데나*Modena*" 사단 소속 "로베다*Roveda*" 여단의 "마테오티*Matteotti*" 대대에 합류. 몬테피오리노*Montefiorino* 의 전투에 참여. 부상당한 파르티잔을 병원에 입원시키던 중 체포되어 고문당하고 코르티첼리*Corticelli* 수용소(볼로냐)로 이송됨. 이후 사형선고를 받았다가 다시 독일로의 추방을 선고받음. 탈출 성공. 지도원으로 임명되었던 소속 부대에 다시 합류하여 부사령관이 됨. 간호사, 선전원 및 전투원으로 펜나산*Monte Penna*, 베르토첼리*Bertoceli*, 베네델로*Benedello* 등 모데나 인근 지역에서 수많은 전투에 참여함. 1944년 11월 11일, 탄약 없이 소수의 부대원들과 적의 전선을 넘으려다 "발릴라*Balilla*" 부대의 전령과 함께 순찰 중이던 독일군 순찰대에게 체포. 로카 코르네타*Rocca Corneta*를 거쳐 파불로 넬 프리냐노*Pavullo nel Frignano*(모데나)로 이송. 1944년 11월 26일, 파불로에서 볼로냐 사령부의 독일군 장교에 의해 재판을 받음. 재판 당일인 1944년 11월 26일 17시, 렌초 코스티, 도메니코 귀다니, 가에타노 루제리와 함께 파불로 형무소 근처에서 독일군 소대에게 총살됨. 사후에 금성무공훈장을 수여받음.

1944년 8월 10일, 세스톨라*Sestola*, "카사 델 틸리오*Casa del Tiglio*"에서

가장 사랑하는 피에로, 나의 오빠에게

오랜 고민 끝에 오늘 오빠에게 몇 자 남기는 게 낫겠다는 결정을 내렸어. 언젠가 우리가 할아버지께 들었던 이상, 그러니까 지금은 내 소신이 된 그 이상을 따르면서 내가 뜻하고 행하고자 한 바가 무엇인지 오빠는 그 누구보다 잘 알고 있을 거야. 그러니 나를 이해해 줄 거라고 확신해. 나는 이미 무장군 소속이야. 대대장님은 나를 존중하고 신뢰하셔. 나는 상사들을 절대 실망시키지 않을 거야. 꼭 쓸모 있는 존재가 되고 싶어. 어때, 내가 내린 결정, 멋있지 않아? 그렇지?

너무 많은 일들 때문에 머리가 복잡하지 않다면 오빠도 나처럼

행동할 거라 확신해. 하지만 꼭 그렇게 해 주지 않아도 괜찮아. 가족 중 한 명이면 충분하고, 그 한 명이 바로 나니까. 어느 날 내가 펠리에게 이곳에 합류하라고 편지를 썼는데, 돌아온 답장에는 이렇게 쓰여 있었어. "공통의 위기 상황에서 나는 어떤 권리를 포기해야 할까?" 그래, 그의 말이 맞아. 자신의 권리를 포기하는 건 쉽지 않지. 나 역시도 마음이 편치 않았거든. 하지만 내 영혼과 내 마음이 내가 소속된 이 작은 공동체를 좋아하는 걸.

하지만 나의 모든 것은 전부 슬픔에 휩싸여 버렸어. 슬픔의 베일은 가장 아름다운 것들을 모두 덮어 버렸어. 내 마음속에는 모든 사람이 조국을 위해 일정 부분 기여할 의무를 지니고 있다는 생각(안타깝게도 많은 사람들은 그렇게 느끼고 있지 않지만)이 자리하고 있었어. 의무가 나를 부르는 소리는 나의 내면 깊은 곳에서 솟구쳐 오르듯 아주 크게 들렸지. 이제 나는 모든 것을 깔끔하게 정리하고 행복하게 떠날 거야.

"자네의 눈동자는 내가 어떤 명령을 내릴 것인지 이미 다 알고 있다고 말하고 있어." 대대장님은 내게 이렇게 말씀하셨어. "자네의 마음 쏨쏨이를 보면 신뢰하지 않을 수가 없어. 나는 결코 내 조직에 여성들을 들이겠다는 생각을 해 본 적이 없다네. 그런데 자네를 봤을 때 그 생각은 완전히 무너져 버렸지." 그분은 나를 단 두 번밖에 만난 적이 없었어.

하느님께서 내게 생명을 선물로 남겨 주신다면, 내 의무를 계속해 나갈 수 있어 무척 행복할 거야. 하지만 만약 그렇게 되지 않더라도, 울지 마. 나 때문에 울지 말아 줘.
딱 한 가지만 부탁할게. 나를 나쁜 여동생으로 생각하지 않았으면 해. 나는 행동파잖아. 내 영혼은 여러 곳을 배회해야 했지만, 이는 모두 높고 아름다운 나의 이상을 위한 것이었어. 사랑하는 오빠, 오빠가 제일 잘 알고 있잖아. 평온하고 고요한 내 표정 속에, 어쩌면 무언가를 달성하고자 하는 열망이 꿈틀거리고 있었을지도 모른다는 것을. 세월이 흘러 나이가 든 후, 내 몸을 내 뜻대로 가눌 수 없다 해도 내 의지는 결코 꺾이지 않을 거야. 하느님께서는 더 이상 기다리지 못하시고 바로 오늘 나를 만날 준비를 하고 계셔. 이것은 모두 그분의 뜻이야. 나를 기억해 줘. 사랑하는 피에로 오빠, 나를 축복해 줘. 지금 모두가 위험해진 거 알아. 하지만 위험하지 않은 곳이 어디 있겠어. 위험은 어디에나 조금씩은 있잖아. 작별 인사와 수많은 볼 키스를 보낼게. 오빠를 꼭 안아 주며

여동생

파제토

지나에게 그동안 고마웠다고 말해 주고 작별 인사 전해 줘.

파불로 형무소, 1944년 11월 26일

사랑하는 나의 팰리에게

나는 이제 인생 최후의 순간을 맞이하려 해. 사랑하는 팰리, 나를 기억해 줄 모든 이들에게 작별 인사와 볼 키스 전해 줘. 내가 우리의 이름에 먹칠할 만한 잘못은 결단코 한 적이 없다는 것을 믿어 줬으면 해. 나는 조국의 부름을 받았고, 조국을 위해 투쟁하다가 지금 이곳에 있어….

잠시 후면 나는 더 이상 이 세상 사람이 아닐 거야. 나는 자유가 반드시 승리할 수 있도록 내가 할 수 있는 일은 전부 했다고 확신해.

당신에게 키스를 그리고 또 키스를 보내며

파제토

나는 세스톨라에 묻히고 싶어.

루이지 마르사노Luigi Marsano(루이진Luigin)

27세. 제노바의 소치에타 테르모Societa Termo사[1] 전기공. 1916년 3월 16일 제노바 출생. 1941년, 해군의 공산당 하위 조직에 합류하여 그곳에서 사베리오 데 팔로Saverio De Palo(1944년 12월 20일 알레산드리아의 도바 수페리오레Dova Superiore에서 총살됨)와 함께 복무함. 1943년 9월 8일 이후, 제노바의 항구회사 내 민족해방위원회의 일원이 됨. 무기 운반, 부대 간의 연락책, 지하 간행물 유포 등의 활동을 함. 1944년 1월 4일, 사보나 지역의 파르티잔 부대로 수송할 의약품 수거 차 들른 카르미네 광장Piazza del Carmine의 한 집에서 체포됨. 학생회관 건물로 이송. 고문당함. 8일 후 마라시 형무소 제4구역으로 이감. 1월 13일 밤, 제노바-알바로 국립공화국수비대 사령부가 합류한(재판이 열리기 몇 시간 전 두 명의 독일군 장교를 공격한 애국행동단 소속 파르티잔과 관련된 사건 때문에 참석) 제노바 특별법원에서 재판을 받음. 1944년 1월 14일 5시, 제노바의 산 줄리아노 요새에서 아메데오 라탄치 및 6명의 정치범들과 함께 파시스트 민병대에게 총살됨.

사랑하는 어머니께

저는 이곳에서 줄곧 어머니 생각을 하고 있습니다. 최후의 순간을 마주한 지금까지도요. 울지 마세요. 손자, 손녀, 남편, 자식, 가족들을 생각하세요. 지금 이 순간 어머니께 더 이상 무슨 말을 해야 할지 모르겠습니다. 부디 저를 용서해 주세요.

아들

루이지

---

1   보일러 판매와 에어컨 및 난방 시스템 수리를 하는 회사 테르모 포넨테Termo Ponente로 추정된다(옮긴이).

사바토 마르텔리 카스탈디 _Sabato Martelli Castaldi_

47세. 공수 여단 대장. 1896년 8월 19일 카바 데 티레니_Cava de'Tirreni_(살레르노) 출생. 36세에 대장이 됨. 1개의 은성무공훈장과 3개의 동성무공훈장을 수여받음. 1934년 예비군에 배치됨. 공군의 수장 자격으로 무솔리니에게 보고함. 무기의 실효성과 효율성에 대해 비판하는 문서를 작성함. 이후 로마의 '폴베리피치오 스타키니_Polverificio Stacchini_'라는 화약 공장에서 로르디_Lordi_ 대장(나중에 함께 학살당함)과 함께 감독관으로 근무함. 1943년 9월 8일 이후, 레지스탕스에 합류하여 독일군에게 가는 물자들을 파괴하는 활동을 함. 로마의 지하 조직과 라치오_Lazio_ 및 아브루초의 파르티잔들에게 다이너마이트, 지뢰, 기폭 장치 등 대량의 무기를 제공하기 위한 수송 작전에 참여. 군사 지역과 군사 시설을 정찰해 관련 정보를 파르티잔 무장군에게 전달하고 로마 근처에 임시 비행기지를 준비하는 등 다양한 군사 임무 수행. 1944년 1월 16일, 체포된 폴베리피치오 스타키니 화약 공장 소유주의 석방을 위해 로르디 대장과 함께 타소가 형무소로 향함. 그간의 활동에 대한 확실한 증거들로 인해 독일군 대령 캐플러_Kappler_에게 체포되어 67일간 형무소에 수감됨. 수차례 고문당함. 1944년 3월 24일, 공산주의 게릴라 단체 '비아 라셀라'가 가한 공격에 대한 보복으로 타소가와 레지나 코엘리 형무소에 수감된 334명의 정치범들과 함께 로마 외곽의 포세 아르데아티네에서 학살당함. 사후에 금성무공훈장을 수여받음.

— 아내에게 비밀리에 보낸 짧은 편지.

내 방의 크기는 1.30×2.60미터야. 두 명이 함께 쓰고 있지. 이 방에는 하루 종일 켜져 있는 복도의 전등 빛이 반사되어 들어오는 것 외에 다른 빛이란 없어. 어느 순간 체중이 급격히 줄기 시작했어. 결국 이번 주에 영양실조에 걸려 치료를 받았는데, 그 치료란 바로 숨통이 끊어질 정도의 치명적인 구타였지. 내가 받은 치료는 정말 '신사적'이지 않았어. 이곳에서는 나를 '범죄자'로 낙인찍고 총살시키겠다고 협박하며 구타를 해. 걸핏하면 매질을 해 대곤 하지.

하루하루를 그렇게 지내다 보니 어느덧 47일째가 되었어. 곧 좋은 일이 생길 거라고 믿고 있었지만, 솔직히 지금은 어떻게 될지 잘 모르겠어. 하지만 어떻게 되든 상관없어. 내 마음은 아주 고요하고 평온하니까. 나는 네 개의 감방에 갇혀 있는 35명의 수감자들과 농담을 주고받거나 입술 사이로 혀를 떨면서 야유 소리(이 말 말고는 딱히 뭐라 표현하기가…)를 내며 기분 좋게 지내고 있어. 만일의 경우에 대비해, 편지를 이곳 약도 뒤에 써서 편지를 전달할 사람의 이름으로 보낼게. 저들은 나를 발로 밟고, 살이 연한 부분이건 단단한 부분이건 가리지 않고 신체의 모든 부위를 닥치는 대로 주먹질해 대. 그것도 모자라 나에게 24번의 채찍질을 가하던 그날 저녁, 나는 당신에게 약도를 보내야겠다고 생각했어. 나는 저들에게 만족스러운 분풀이 대상이 되어 주지 못했지. 24번의 채찍질을 당할 때 나는 나를 때리던 3명의 망나니들을 3명의 얼간이들로 만들어 버리려고 혀를 내밀며 야유를 보냈어(그 24번의 매질이 가해질 때 내가 내던 야유 소리는 마치 한 편의 시와 같았어! 타소가 형무소에서 채찍질을 해 대던 자의 손이 부들부들 떨리더니 급기야 손에 들고 있던 가죽 채찍을 바닥에 떨어뜨리더군. 그 모습이 어찌나 웃기던지! 분풀이로 내게 주먹질을 해 대긴 했지만). 이곳에서 지내며 가장 힘들고 고통스러운 점은 공기가 부족해 숨쉬기가 힘들다는 거야. 이와는 별개로 나는 거의 먹지 못하고 있어. 아프면 숨도 가빠지고 정신이 흐려질 텐데…. '여기서는' 매 순간 '정신을 똑바로' 차리고 있어야 하는데 말이야.

너의 몸이
더 이상 이 세상에
존재하지 않더라도
너의 정신은
남아 있는 사람들의 기억 속에서
훨씬 더 오래 살아 숨 쉴 거야.
항상 귀감이 될 수 있도록 행동하길

23세. 재무경찰. 1922년 2월 1일 아스티의 카스텔랄페로*Castell'Alfero* 출생. 1943년 9월 8일, 류블랴나*Ljubljana*(유고슬라비아, 현재는 슬로베니아)를 떠나 카스텔랄페로에 도착한 후 기독교 민주당원으로서 지역 레지스탕스를 조직하는 데 참여. 쿠네오 군사위원회의 명령에 따라 정치수사국에 비밀리에 들어감. 이후 롬바르디아, 리구리아, 피에몬테 지역의 파르티잔 부대 사령부와 연락을 취하면서 군사 및 정치 정보 제공. 1944년 11월, 쿠네오에서 검은 여단에게 발각되어 체포됨. 1945년 4월 25일 이른 아침, 엘리조 보티, 로코 브라찰레, 비르지니오 코르날리아, 레나토 토마티스와 함께 제시*Gessi*로 불리는 쿠네오의 오래된 묘지에서 검은 여단에게 총살됨.

1945년 4월 24일, 18시 정치수사국에서

나의 사랑 당신에게

강해지겠다고 약속해! 이 고통스러운 이별의 순간에도 꼭 그렇게 해 줘. 내가 당신을 얼마나 사랑했는지 당신도 잘 알 거야. 이별을 앞둔 이 순간, 당신과 아주 가까이 있는 듯한 기분이 들어. 내 염려는 하지 마. 우리가 마지막으로 만났던 그날 당신이 내게 말했지. 나는 위로가 필요 없는 사람인 것을 안다고. 당신 말이 맞아. 하지만 적어도 당신이 나보다는 근심 걱정을 덜 했으면 좋겠어. 내 말이 무슨 뜻인지 알 거야. 잘 새겨듣고 알아서 판단하길 바라.

30분 전에 카를로가, 변론도 들어 보지 않고 선고를 내린 법원의 판결을 우리에게 전달해 줬어. 나는 그 무엇보다도 사랑하고 숭배했던 당신에 대한 생각을 한시도 떨쳐 내 본 적이 없어. 어머니, 아버지는 내게 사랑만큼 큰 고통도 안겨 주셨어. 그런 부모님께 복종하며 버겁게 살아가던 내게 당신은 유일한 버팀목이 되어 주었지. 장모님을 통해서는 아낌없이 주는 사랑의 힘이 어떤 것인지 알게 되었고. 실제로 장모님은 내게 제2의 어머니와 같은 존재셨어. 또 주세페와 지네브라가 최근 몇 달 동안 내게 진심 어린 희생과 애정이 깃든 관심을 쏟아 주었다는 것도 알게 되었지. 그리고 마리오와 로지나가 최근 당신에게 보여 준 애정에 대해서도 생각해 봤어. 내가 너무도 사랑하는 조카들, 그 아이들을 보면서 한때 내가 우리 둘의 이상적인 결혼식에 대해 꿈꿨던 적이 있다는 걸 떠올렸고, 모든 친척과 친구 들을 생각하면서 내가 그들을 사랑했다는 것도 알게 되었어. 이 순간, 이 모든 것이 내 고통의 원인이 되고 있어.

내일 아침 나를 기다리고 있는 것이 무엇인지 난 이미 알고 있지만, 당신 생각을 하면 힘이 나. 모두가 나를 위해 기도해 줄 거라는 것을 알아. 나는 자신들에게 유리한 증거만 골라 나를 죽음으로 몰고 간 사형집행인들을 용서하며, 내가 사랑하는 모든 사람들, 특히 당신, 사랑하는 안나 마리아의 행복을 위해 하느님께 기꺼이 나를 희생양으로 바칠 거야.

안나 마리아, 당신은 아직 젊으니 자신을 위한 미래를 만들어 갈 기회가 충분해. 늦지 않았어. 나는 당신을 너무나도 원했고, 깊이 사랑하며, 당신을 행복하게 해 주고자 노력했던 동반자였지만, 그런 내 생각을 하느라 당신이 인생을 포기하는 건 원치 않아. 당신을 위한 내 마지막 바람에 하느님께서 꼭 응답해 주실 거라 확신해. 나는 이 소망을 위해 기도를 많이 할 거야. 행복할 때 가끔 나를 떠올려 주길. 나의 이 바람을 기억하고 기도해 줘.

여러 번 말했듯이, 내 죽음을 슬퍼하지 않았으면 해. 내가 죽은 후에도 나는 모두의 곁에 머물며 숨 쉬고 살아갈 것임을 기억해 달라고 전해 줘.

주세페에게 보내는 짧은 편지를 동봉하니 그에게 전해 주길.

D. 몽주가 면회를 와서 편지를 쓰다 말았어. 그 안쓰러운 녀석은 나를 위로해 주려 부단히 애썼지만, 나는 그가 내게 했던 일들이 생각나 격앙된 감정을 추스를 수가 없었어. 추후에 당신에게 나의 마지막에 대해 전해 줄 사람은 분명 그일 거야. 나는 그에게 당신을 향한 나의 사랑에 대해 이야기했으니, 그 말들을 당신에게 전해 줄 거야.

안나 마리아, 내 사랑, 우리 사이에는 작별 인사가 아닌 오직 안부 인사만 존재해야 해.

우리 부모님, 형, 형수, 파올리나, 조카, 친척, 친구들 그리고 우리에게 잘 대해 준 사람들에게 작별 인사 전해 줘.

당신을 아주 꽉 안아 주며

아틸리오

1945년 4월 24일, 정치수사국에서

친애하는 주세페에게

우선 형이 저를 위해 베풀어 주신 모든 일들에 대해 감사의 말씀을 드립니다. 이는 하느님의 뜻이니 슬퍼하지 마세요. 우리는 그분의 뜻을 받들어야 합니다. 저는 형을 향한 마지막 기도를 드립니다. 그냥 드리는 말씀이 아닙니다. 저는 형의 선량함을 알고 있고, 그 마음 씀씀이를 잊지 않고 있으니까요.

적어도 제가 기억하는 형은 그러한 사람입니다. 하지만 안나 마리아가 너무도 걱정됩니다! 부디 그녀를 챙겨 주세요…. 제가 형의 동생인 것처럼, 안나 마리아 또한 형의 누이나 다름없잖아요. 그 사실을 잊지 마세요.

그녀는 지금 형편이 좋지 않습니다. 제 생각대로라면 곧 다른 사람들의 지원이 있을 테니, 그전까지는 부디 형이 그녀를 도와주셨으면 해요.

만약 형이 쿠네오에 있는 저의 집을 되찾게 해 줄 수 있다면 최소한 그녀에게 가구 정도는 남겨 주세요. 그걸 받은 그녀가 얼마나 좋아할지 눈에 선합니다. 형이 그녀를 생각해 주는 것이야말로 저를 행복하게 해 주는 길임을 기억해 주세요.

형이 제 부탁들을 들어 주실 거라는 걸 잘 알고 있기에 더 이상 긴 말은 하지 않겠습니다.

저는 이미 제 사형을 집행할 자들을 용서하였고, 모두와의 추억을 위안 삼으며 태연하게 생을 마감할 거라고 모두에게 말해 주세요. 특히 저의 조카이기도 한 형의 어린 딸들에게 저를 대신해 뽀뽀해 주세요.

모두에게 저를 위해 기도해 달라고 전해 주세요.

형을 얼싸안으며

아틸리오

1945년 4월 24일 24시경, 정치수사국에서

나의 소중한 사랑에게

자정인데도 우리는 아직까지 즐겁게 잡담을 나누고 있어. 나를 포함해 모두 다섯 명인데 우리는 이렇게 유쾌한 농담을 주고받으며 하루하루를 보내. 지난번 D. 몽주가 왔었다고 말했잖아. 그때 그에게 지갑과 옷을 맡겼어. 우리는 산탐브로조*Sant'Ambrogio* 성당의 D. 파노리와 D. 오제로(형무소 담당 사제) 신부님께 고해성사를 했고, 내일 아침엔 성체도 받게 될 거야.

사랑하는 안나 마리아, 이 편지를 읽으며 당신은 아마도 울겠지. 그 눈물이 당신 자신 때문에 흘리는 눈물이라면, 앞으로 조금씩 나아가던 당신의 미래가 사라진 것에 대한 눈물이라면 이해해 줄게. 하지만 나로 인한 눈물은 흘리면 안 돼! 그건 옳지 않아.

안나 마리아, 지난번에 내게 하느님을 믿으라고 권했던 적이 있지. 지금 이 순간 그분이 내 곁에 가까이 있음을 느낀다면 당신은 믿어 줄까! 죽음이란 무엇일까? 언젠가는 죽게 되는 우리가 영원불멸의 귀신이 되는 것! 공포의 대상이 되는 거겠지? 그래. 그러거나 말거나 그 문제는 크게 신경 쓰지 않아! 그럼 뭐가 신경 쓰이냐고? 글쎄, 뭐가 있을까?

나는 행복한 순간에도 몇 번이나 지금과 비슷한 상황에 대해 생각했는지 몰라! 오늘 저녁에 문득 빅토르 위고*Victor Hugo*의 『사형수 최후의 날*Le dernier jour dun condamne*』을 읽었던 것이 생각났어. 아마도 그 책은 파이오네*Faione*에 있는 내 책들 사이에 있을 거야.

그 책의 내용을 바탕으로 나는 죽음의 순간에 대해 여러 번 생각했어. 이 얼마나 어리석은지! 지금 이 순간만 염두에 두고 있었으니 말이야. 안나 마리아, 모든 것의 최후에는 무엇이 남는지 알아? 최후에는 삶의 불순한 것들이 걸러지고 오직 거룩하고 순수한 것만 남아.

(장모님을 포함한) 부모님의 애정과 나의 애정, 거기에 하느님이 주시는 애정의 빛을 더해, 그 빛 아래에서 당신은 그 모두를 소중히

여기며 살기를 바라.

내 사랑, 당신을 향한 나의 깊은 사랑은 늘 변함이 없었어. 당신
도 알 거야. 지금 그 어느 때보다도 당신을 사랑한다고 느껴. 그 이
유는 당신과 하느님, 이 둘의 사랑에 더 가까이 있기 때문이야.

안나 마리아, 아마도 당신은 이 말만으로는 부족하니 더 큰 위로의
말을 해 달라고 할지도 몰라. 하지만 당신 남편이 평온하게 하느님을
뵐 준비를 하고 있다는 말보다 더 큰 위로의 말이 있을까?

하느님께서 나를 측은히 여기신다면 나는 그걸로 만족해. 그분은
나의 최후를 빛내 주시려 신부님을 보내 주셨어. 안나 마리아, 나는
내세로 가는 길목에서 이 같은 비참함을 경험하게 될 줄 전혀 몰랐
어. 그 고통에 대해 말하자면 우리가 과거에 함께 겪었던 공포와 비
슷해!

신앙이 없었다면 우리는 과연 무슨 힘으로 버텼을까? 신앙은 우
리에게 전율을 느끼게 해 주는 동시에 하느님이 한없이 위대하신 존
재라는 걸 깨닫게 해 주지. 우리는 그런 하느님께 자비를 베풀어 달
라고 간청드리는 거고. 당신은 그분의 자비심이 느껴질 때마다 더
큰 신앙심을 가지고 기도했었지. 당신은 결국 하느님께서 "너의 죄
를 사하노라."라고 말해 주실 것을 알고 있었으니까. 여기 당신 앞
에 자신감에 차 있는 한 남자가 있어. 그러니 더 이상 내 걱정은 마!

나는 당신과 어머니가 매일 7시가 되면 나를 위해, 나의 무사 귀
환을 위해 기도드리고 있다는 걸 알고 있어. 이제 하느님의 뜻을 받
들어 줘. 당신과 어머니가 기도드리는 그 시간들과, 나를 위해 기도
하는 두 사람을 생각하면서 나는 평온하게 죽을 거야.

내 사랑, 나는 지난날 당신이 나처럼 형무소에 있었을 때 내게 주
었던, 양피지에 그린 그림과 당신 사진을 지갑 속에 보관하고 있었

어. 나는 그것들을 내 심장 근처, 상의 안쪽 주머니에 넣어 두었어. 가슴에 품고 무덤까지 가지고 갈 거야. 이는 당신을 향한 내 애정의 상징이 되겠지. 내가 손가락에 끼고 있는 결혼반지는 내가 가져갈 게. 그 반지는 약 1년 전에 당신과 내가 한 믿음의 맹세를 떠오르게 하거든. 나는 그 맹세를 절대 저버리지 않았어.

당신도 가슴속에, 영혼 속에 나를 간직해 줘.

기도하고, 기도하고 또 기도해 줘. 내 기도 많이 해 주길 바라. 나 또한 안타깝게도 내가 당신에게 줄 수 없었던 행복을 하느님께서 대신 내려 주시길 간청드릴게.

이 순간 내가 평온함을 느낀다는 걸 당신은 알 거야. 곧 만나게 될 내 사형집행자들 앞에서도 그 평온함이 가시지 않는다면 좋겠어. 당신도 나처럼 당신의 고통 속에서 강해져야 해. 우리 부모님께서도 힘을 내실 수 있도록 도와줘.

어쩌면 내일은 하늘에 계신 장인어른을 뵐 수 있을지도 모르겠어. 만약 하느님께서 내가 그분과 함께 있기를 원하신다면, 나는 장인어른과 함께 당신을 지켜볼 거야.

당신에게 안녕이라는 말은 하지 않을게…. 예전에 약속했잖아, 우리끼리는 서로 안녕이라는 말은 안 하기로. 우리 부모님, 특히 홀로 계시는 장모님 그리고 또 누가 있더라…. 어머니의 위로가 되어 줘.

또 만나. 당신의

아틸리오

아침 6시야. 우리는 성체를 기다리고 있어. 나는 평온해. 온 마음을 다해 키스할게.

당신의

아틸리오

7시 30분 : 우리는 성찬식을 행했습니다. 힘이 나는 게 느껴지네요. 기도도 많이 했고요. 교황님의 축성도 받았습니다. 모두 강해지세요. 믿음을 가지세요.

가장 사랑하는 보티 엘리조 그리고 브라찰레 로코, 코르날리아 비르지니오, 토마티스 레나토, 모두 용기를 내길.

톰마소 마시 *Tommaso Masi*

19세. 농부. 1925년 2월 10일 카스텔누오보 베라르덴가*Castelnuovo Berardenga*(시에나) 출생. 시에나에 주둔한 제5 연대 소속 저격병. 1944년 1월 12일, 소속 부대를 떠남. 시에나 지역에서 활동하는 가리발디 돌격 사단 "스파르타코 라바니니"의 파견대에 합류. 1944년 3월 11일 새벽, 몬티차노 코무네에서 시에나의 국립공화국수비대가 실시한 소탕 작전 중 체포됨. 구타당함. 몬티차노로 이송되었다가 다시 시에나의 병영으로 이송. 1944년 3월 13일, 산타 키아라 병영에서 시에나의 특별군사법원에 의해 재판을 받음. 1944년 3월 13일 18시, 시에나의 라 마르모라 병영에서 레나토 빈디와 함께 총살됨.

사랑하는 부모님과 가족들에게

14일이 되면 저를 이곳에서 만나게 될 것입니다. 오늘 저는 재판에서 사형선고를 받았어요. 이제 더는 어쩔 수 없기에 저의 죄를 인정해야만 했습니다. 그리하여 저의 죄를 용서받기 위해 결국 고백성사와 성찬식을 했습니다.

사랑하는 부모님, 이것은 이미 예정된 일이기에 번복되지 않을 것입니다. 그러니 용기를 내십시오. 두 분의 마음을 아프게 해 드린 적이 있다면 부디 용서해 주세요.

사랑하는 부모님, 이제 작별 인사드립니다. 우리는 천국에서 다시 만날 거예요. 가족 모두에게 입맞춤을 보내며.

운 좋게도 저는 신부님의 도움을 받고 있습니다.

두 분의 아들

톰마소 마시

루이지 마스케르파 *Luigi Mascherpa*

51세. 해군 소장. 1893년 4월 16일 제노바 출생. 제1차 세계대전 당시 항공 관측자로 활동. 은성무공훈장을 수여받음. 1943년 9월, 레로스*Leros*(에게해*Aegean*)의 해군 기지에서 사령관으로 복무. 휴전 후 에게해 주변 섬에 주둔한 부대들의 지휘를 맡음. 9월 26일 레로스에서 시작된 독일의 대규모 공습과 11월 12일에 벌어진 독일 해군의 공격 이후, 1943년 11월 14일 군수품이 소진되어 항복하기 전까지 섬의 방위를 진두지휘. 독일군에 포로로 잡혀 폴란드로 추방됨. 1944년 1월, 베로나의 리 스칼치*Gli Scalzi* 형무소로 이송, 4월에 파르마의 산 프란체스코 형무소로 이감. 파르티잔들이 재판을 목전에 둔 정치범들을 탈출시키려는 계획을 세웠으나 그와 해군 대장 잉고 캄피오니*Ingo Campioni*는 이들의 호의를 거절함. 1944년 5월 22일, 파르마 특별법원에서 재판을 받음. 1944년 5월 24일, 잉고 캄피오니와 함께 파르마 사격장에서 총살됨. 사후에 금성무공훈장을 수여받음.

나의 프리다에게

힘을 내. 용기를 내. 신은 당신을 보호해 주실 거야. 당신을 안아 줄게. 온 마음을 다해 당신을, 어머니를, 형제들을, 할머니를 모두 안아 줄게. 나를 위해 기도해 줘. 나도 하늘나라에서 그럴 테니. 당신의 기도문 속에 내가 있기를. 하느님께서 나를 두고자 하시는 그곳에서 나는 항상 당신을 따라다닐 거야.

나의 유일한 죄목은 바로 조국을 사랑했다는 거야!

안녕, 나의 프리다, 당신에게 준 모든 고통을 용서해 줘.

아바테 데 빈센티스 신부님께서 마지막까지 나를 도와주실 거야. 또한 그분께서는 당신에게 나에 대해서도 말씀해 주실 거야.

한 번 더 말할게. 용기 내, 나의 프리다. 하느님은 당신이 모든 것을 견뎌 낼 수 있도록 해 주실 테니….

지상에서 보내는 내 마지막 키스를 받아 줘.

루이지

잔프랑코 마테이 *Gianfranco Mattei*

27세. 대학 강사. 1916년 12월 11일 밀라노 출생. 1937년부터 밀라노에서 반파시스트 운동에 참여. 밀라노의 폴리테크닉 대학교 *Polytechnic University of Milano*에서 정성분석화학[1]을 강의하고 단분자막 구조에 대해 연구함. 1943년 9월 8일, 강의와 연구를 포기함. 초기 무장대가 조직된 레코 지역과 발푸르바 *Valfurva* (손드리오 *Sondrio*)에서 발사대를 구축. 1943년 10월, 로마에서 공산주의자 동지들과 함께 무장 투쟁을 준비. 조르조 라보와 함께 줄리아가 25B호에 "산타 바르바라"라는 조직을 결성. 이곳에서 4개월 동안 애국 행동단의 동지들과 함께 계획 중이던 전투를 위해 폭발 장치를 제작하고 전기 장비들을 연구함. 1944년 2월 1일, 조르조 라보와 함께 작업장에서 일하던 중 독일군 친위대에게 불시에 검거됨. 타소가 형무소로 이송. 목숨이 끊어지기 직전까지 고문을 반복적으로 당함. 1944년 2월 4일(?) 타소가 감방에서 목매달아 스스로 목숨을 끊음.

— 자기앞 수표 뒷면에 연필로 쓴 글.

가장 사랑하는 부모님께

불운한 상황에서는 기구한 운명에 처한 사람이 죄를 뒤집어쓰는 법입니다. 이것이 저의 유서가 될까 두렵습니다. 두 분을 포함해 형제들 그리고 제가 사랑하는 모든 사람들이 저와 뜨거운 애정의 끈으로 이어져 있다는 걸 알고 계셨으면 합니다. 저 역시 그걸 알고 있으니, 이 말에 힘을 얻으셨으면 합니다.

여러분을 안아 드리며

잔프랑코

---

1   분석화학은 크게 정성분석과 정량분석으로 나뉘는데, 정성분석은 그 양을 분석하지 않고 원소 번호나 화학 구성물을 알아내는 것을 말한다(옮긴이).

조반니 메카 페롤리아 *Giovanni Mecca Ferroglia*

18세. 전기공. 1926년 3월 12일 마티*Mathi*(토리노) 출생. 제4 가리발디 사단 소속 제80 여단의 파르티잔. 1944년 3월, 카나베세 지역에서 활동. 1944년 8월 12일, 파르티잔 부대의 트럭을 기다리던 중 검은 여단의 트럭과 맞닥뜨리는 바람에 체포됨. 1944년 10월 7일, 토리노의 국방특별법원에서 재판을 받음. 1944년 10월 8일, 루이지 코멜리, 마리오 자르디니, 클라우디오 추카와 함께 토리노의 마르티네토 국립포병사격연습장에서 국립공화국수비대에게 총살됨.

사랑하는 어머니께

새벽 5시, 어머니께 드릴 마지막 편지를 짧게나마 써 봅니다. 큰 용기를 내십시오. 어머니, 우리는 천국에서 다시 만날 거예요. 저는 먼저 하늘나라에 가서 어머니를 위해 기도 많이 할게요. 어머니께서도 머지않아 제게 오실 테니, 그때부터 우리는 영원히 함께할 것입니다. 저에게 형벌을 내린 자들을 용서해 주세요. 저들은 자신이 무슨 일을 저지르는지 모르고 있으니까요.

저는 저의 이상을 위해 투쟁했고, 저의 희생이 헛되지 않을 것이라 믿고 있습니다. 동지들이 저의 원한을 풀어 줄 것입니다. 저들은 확실히 하느님의 심판을 받게 되리라 생각합니다.

어머니, 제가 가끔 화나게 한 적이 있더라도 어머니를 사랑했다는 건 변치 않는 사실입니다. 어머니, 제가 한 모든 일들에 대해 용서를 구합니다. 저의 운명을 탓하지는 마세요. 운명은 하느님께서 인간에게 부여해 주시는 것이니까요. 어머니의 고통을 충분히 이해하기에 용서를 구합니다.

지상의 삶은 지옥의 구덩이*bolgia*[1] 중 하나일 뿐이니 죽어도 상관없습니다.

어머니, 마지막 작별 인사를 올립니다. 우리 천국에서 다시 만나요.

안녕히 계세요.

조반니

1944년 10월 7일, 감옥에서

친애하는 친구에게

우리가 함께 학교에 다닐 때 그리고 산악 지대에서 같이 활동했을 때를 기억하길 바라. 그랬던 우리가 이제는 둘 다 포로가 되어 의무실에서 다시 만나게 될 줄이야. 포로 맞교환으로 네가 풀려난다는 소식을 들었을 때 너무 기뻤어. 적어도 너는 무사히 풀려나 내 복수를 해 줄 수 있을 테니까. 비록 내 운명은 이렇게 되었지만. 저들은 나를 이 세상에 존재하는 가장 역겨운 법정에 세웠어. 재판 과정에 대해 조금 이야기해 볼게. 저들은 나를 범죄자 취급하며 감옥에 가둔 뒤 법원으로 데려가서 피고인석에다 내동댕이쳤어. 재판관들은 전부 살인자이자 범죄자야. 그들은 우리에게 말 한마디 못 하게 했지. 입가에 미소를 띤 채 비아냥거리며 내게 사형을 선고했는데, 마치 희극을 보는 관객처럼 얼굴에 웃음을 띠고 있더군. 난 그 웃음이 정말 불쾌했어.

---

1 단테의 신곡 중 지옥 편에 나오는 말로, 제8층 사기지옥 '말레볼자malebolgia, 악의주머니'에 있는 10개의 구 덩이를 말한다(옮긴이).

나와, 이번에 같이 사형 판결을 받은 동지들이 부디 이 살인자들의 마지막 희생양이 되기를 바라. 그 대신 남아 있는 동지들은 먼저 떠난 우리를 위해 우리가 당한 것보다 더 통쾌하게 복수해 줘야 해. 나는 삶의 마지막 순간까지 대의를 위한 임무를 완수했기 때문에 기쁘게 죽을 거야. 이 말은, 내가 더 이상 하지 못하게 된 일을 다른 사람들이 대신해야 한다는 것을 의미해.

　이 편지를 쓰고 있는 지금으로부터 약 10시간 안에 나는 총살될 거야. 지금 나는 평소 파르티잔 동지들과 함께 있을 때처럼 행복하고 평온해.

　안녕!

　　　　　　　　　　　　　　　　　　　　　　　　조반니

알도 메이Aldo Mei

32세. 사제. 1912년 3월 5일 루오타Ruota(루카Lucca) 출생. 몬사그라티Monsagrati(루카) 교구의 신부. 정치적 탄압을 받는 사람들과 징병 기피자들을 도와 줌. 파르티잔들의 정신적 지주. 1944년 8월 2일, 피아노Fiano의 교회에서 미사 거행 직후 독일군에게 체포됨. 독일군의 소탕 작전으로 붙잡힌 30명의 파르티잔과 함께 루카로 이송. 루카의 피아 카사Pia Casa(강당―옮긴이)에 전원 감금. 유태인 청년을 자택에 숨겨준 혐의로 루카의 독일 사령부에 의해 재판을 받음. 1944년 8월 4일 22시, 루카의 엘리사 성문Porta Elisa 밖에서 독일군 소대에게 총살됨.

―성무일도서breviary[1] 표지의 여백에 연필로 쓴 글.

내 아우 나탈리노에게 성무일도서를 남깁니다. 네가 '사랑의 사도'가 되기를 주께 기도드리며, 이 불쌍한 형, 네가 가장 사랑하는 사제 알도가 이 세상에서 이루지 못한 일을 네가 대신 이루어 주기 바란다(사형선고를 받자마자 제일 먼저 네가 생각나서 이 편지를 쓰고 있단다!).

정의와 자비와 평화의 왕이시여, 그리스도 만세!

아메리코와 나의 소중한 가족들에게,

엄숙하게 죽음을 기다리는 동안 제가 여러분께 드릴 것이라고는 숭고하고도 크나큰 사랑밖에는 없습니다. 사랑하는 어머니, 울지 마세요. 사랑하는 아버지, 울지 마세요. 이토록 눈물로 가득 찬 이별을 하는 우리는 지상의 끔찍한 공포에서 벗어난 뒤 곧 천국에서 다시 만나 형언할 수 없는 큰 기쁨을 누리게 될 것입니다. 그때 우

---

1   가톨릭교회에서 부제 이상의 성직자와 종신 수도 선서를 한 수도자들이 매일 의무적으로 올리는 공통적인 기도를 담고 있는 기도서(옮긴이).

리 꼭 다시 만나요. 입맞춤과 축복을 보냅니다.

알도

1944년 8월 4일

아버지, 어머니께

안심하십시오. 이 엄숙한 시간에도 저의 마음은 평온하니까요.
저는 결코 죄를 짓지 않았으니 양심에 거리낄 것이 없습니다. 단지
제가 할 수 있는 선에서 사랑하는 조국을 위해 행동했을 뿐입니다.

제가 사형선고를 받은 이유는 다음과 같습니다. 첫째, 영혼을 구
원받고자 하는 청년을 숨겨 주고 보살펴 준 일. 둘째, 파르티잔들
에게 도움을 준 일, 즉 사제의 임무를 다한 것. 셋째, 앞의 두 가지
만큼 훌륭한 이유는 아닙니다. 라디오를 몰래 소지하고 있었던 것.

사랑을 위해서만 살고 싶었던 제가 증오의 어두운 폭풍우에 휩쓸
려 생의 마지막 순간을 마주하게 되었습니다. "주는 사랑입니다_Deus
Charitas est_." 그리고 주는 죽지 않습니다. 고로 사랑도 죽지 않습니다!
저는 저를 죽이려는 자들을 위해 기도하며 죽을 것입니다. 저들을
생각하면 마음이 조금 아픕니다…. 주의 위대한 용서가 필요한 시
간입니다! 저는 자비를 베풀고 싶습니다. 이를 위해 저는, 죄로 인해
파멸의 길을 걷게 된 온 세계를 자비로운 영적 포옹으로 따뜻하게
감싸 안습니다. 부디 주께서 저들이 저지른 수많은 죄에 대한 보상
으로, 성직자의 결백을 위해, 이 변변찮은 희생을 받아들이시기를.

오! 성직자의 결백. 오늘이야말로 이를 위해 미사를 꼭 드려야
하건만…. 예수를 바치는 대신, 저를 그분께 바칩니다. 자비의 사

도들께, 모든 성자들께 저를 바칩니다.

이 순간, 교구의 형제들이 생각납니다. 저는 그들을 충분히 선도하고 도와주지 못했습니다. 그들에게 정중히 용서를 빕니다. 모두 저를 위해 주께 기도해 주세요. 불쌍한 제 영혼을 위해 미사를 올려 주길 부탁드리며, 그 고마움에 대한 답례로 모두에게 75리라씩 드립니다. 자신도 모르게 저질렀을 저의 태만과 잘못에 대한 속죄로 100회 정도 미사를 올려 저의 영혼을 위로해 주세요.

바실리오, 베페 그리고 그들의 사랑하는 아내와 아이 들, 할머니와 아르자, 안나나 이모님, 카롤리나, 리비아, 조르지나, 단테, 실비오, 안눈치아토 그리고 일가친척들, 모든 지인들, 모든 루오타 지역 민들에게 뭐라 말씀드려야 될지 모르겠습니다. 제가 입양한 피아노의 양자들에게 여러 번 했던 말을 여러분께 해 드리겠습니다. 주 예수 그리스도의 은혜 속에 모든 것을 맡기시기를! 장엄한 죽음 앞에 섰을 때 이보다 더 소중한 것은 없습니다. 그렇게 우리 모두는 천국에서 다시 만나, 하느님과 영원히 하나가 되는 참되고 완전한 기쁨 속에서 더 이상 이별하지 않고 살게 되기를 바랍니다.

이 봉투 외에는 더 이상 쓸 여백이 없습니다. 불도 곧 꺼질 듯합니다. 내일 성모축일[1]에는 성모의 거룩한 모습을 뵐 수 있을까요? 제가 그런 행운을 받을 만할 자격이 있는 사람은 아닙니다만…. 선량한 영혼들이여, 모두 저를 위해 기도해 주소서. 한시라도 빨리 제

---

1   예수의 어머니 성모마리아가 보여 준 신앙을 강조하고, 신앙인들이 그 모범을 본받아 그리스도께 나아 가도록 하기 위해 제정한 날.

게 행운이 깃들도록!

이 순간에도 저에게 욕을 하면서 지나가는 자들이 있네요. "저들을 용서하여 주시옵소서*Dimitte illis*. 저들은 자기가 무슨 일을 하는지 모르나이다*nesciunt quid faciunt¹*" 주여, 어서 빨리 당신의 나라가 도래하기를 바라옵니다! 저는 마치 배신자나 살인자처럼 취급받고 있습니다. 그 누구에게도 악한 감정을 품어 본 적이 없었음에도 말입니다. 그 누구에게도 절대 그런 적이 없었다고 재차 말씀드리지만, 만에 하나 제가 누군가에게 나쁜 일을 저질렀다면 저는 이 감옥에서 주님 앞에 무릎을 꿇고 몇 번이고 용서를 빌겠습니다.

저를 신학교로 인도해 주셨던 우고 소르비 신부님께 천상에서 만나 뵐 것을 약속드리며 작별 인사 올립니다. 신학교의 친애하는 선배님들, 특히 말파티 사교님과 잔노티 신부님, 존재의 가장 결정적인 순간인 이 죽음 앞에서 제가 힘을 낼 수 있도록 격려해 주세요. 저는 천국에서 여러분을 위해 기도드릴 것입니다.

1944년 8월 4일

내 목숨만큼 사랑하는 아돌포

저는 아돌포 당신과 당신의 가족 모두를 구원하기 위해 평온하게 죽음을 맞습니다. 제 한 몸을 기꺼이 바칠 수 있어서 오히려 기쁩니다. 외람된 말씀입니다만, 저의 주 예수께서 사람들의 영혼을 구원

---

1 루카 복음서 23장 34절에 나오는 예수의 말씀(옮긴이).

하기 위해 목숨을 바치셨듯이 말입니다. 저는 당신이 그리스도교도
가 된다면 천국에서라도 성대한 잔치를 열 것입니다. 이를 위해 못
할 게 뭐가 있겠습니까! 만약 주께서 원하신다면 당신은 성직자도
될 수 있을 것입니다. 천국으로 떠나는 이 가여운 성직자를 대신해
성스러운 교회에서 제 뒤를 이어 주세요. 늘 평온한 날들만 계속되
길….

십자가를 걸고 가장 사랑하는

성직자 알도 메이

8월 4일, 5시

교회에서 여러 일들을 돌봐 주시는 부인께 아그네스[1]의 덕성이
깃들기를 빕니다. 주님께서는 당신이 저를 위해 애써 주신 일들과
제 직무를 도와주신 것에 대해 보답을 해 주실 것입니다. 성직자로
서 항상 모범을 보여 드리지 못한 점 용서해 주세요. 성녀가 되시기
를 바랍니다….

또한 불쌍한 아트리아나와 그녀의 가족들도 잘 보살펴 주시기를
부탁드립니다. 주님께서 모든 이들을 구원해 주시리라 믿어 의심치
않으므로 저는 기꺼이 먼저 갑니다….

리초티의 『예수 그리스도의 생애 *La Vita di G.C.*』와 조르다니의 『사회

---

1   로마의 명문가에서 태어나 동정을 지킨 채 순교한 성녀. 처녀, 혼약자 등의 수호성인으로 순결의 성녀로
   숭배받는다.

적 메시지*Messaggio Sociale*』, 두 권의 책을 남깁니다. 교구 도서관은 '가톨릭 액션'에, 특히 친애하는 청년들에게 맡길 것을 강력히 추천합니다. 모두가 항상 더없이 높은 이상을 추구하시기를….

제가 직무를 수행하는 데 있어 여러모로 도와주시고 힘이 되어 주셨던 전도사 여러분께 진심으로 감사드리며, 작별 인사와 아울러 축복을 전합니다.

메리에게 격려와 칭찬을 전하며, 기도실은 '예수성심회[1]'에 맡깁니다. "당신의 뜻대로 이루어지게 하소서*Fiat voluntas tua*."

제가 직무 수행을 하는 데 많은 도움을 주시고 저를 격려해 주신 모든 선량한 영혼들에게 주님의 보답이 있기를 바랍니다. 어떤 식으로든 저를 고통스럽게 한 사람들에게도 가장 관대하고 넓은 아량을…. 신앙생활에서 멀어진 가여운 형제들에게는 진심을 담은 따뜻한 배려와 충고를…. 살아 있는 동안 저는 무리를 떠나 흩어진 어린 양들을 위해 저의 직무를 충분히 다하지 못했습니다. 지금 저는 먼저 그들을 위해, 그들의 구원을 위해 목숨을 바칠 것을 맹세합니다.

저는 사랑을 베풀었다는 이유로 죽음 앞에 서 있습니다. 가장 사랑스러운 청년을 숨겨 주고 보살펴 주었기 때문입니다.

부디 자비로운 마음을 가지시길 모든 이들께 부탁드립니다. 그것이야말로 최고의 미덕이니까요. 예수 그리스도 안에서 하느님을 사랑하시고 서로를 형제처럼 사랑하십시오. 저는 세계를 파괴하고 그 위에 군림하는 증오의 희생양이 되어 죽습니다. 결국엔 그리스도교의 사랑이 승리할 것이기 때문에 죽는 것입니다.

---

1 예수의 거룩한 마음을 공경하고 기념하는 단체(옮긴이).

교회를 사랑하십시오. 교회를 위해 살고, 교회를 위해 죽으십시오. 그것이야말로 진정 가장 아름다운 삶과 죽음이니까요. 모든 민중은 그리스도교도로서 한 맹세를 명심하고 지키십시오. 현세에서는 자신을 황폐하게 만들고, 영원의 세계에서는 회복할 수 없을 만큼 심각한 파멸로 이끄는 죄를 범하지 마세요.

저의 수감 생활과 죽음에 대해 걱정해 주시고 깊이 위로해 주신 모든 분들께 감사를 표합니다.

피아노의 미천한 사제, 알도 메이

안드레아 멘사 *Andrea Mensa* (미르토 *Mirto*)

37세. 목수. 1907년 12월 7일 트론차노 베르첼레세 *Tronzano Vercellese* 출생. 공산주의 투사. 파시스트군에게 공격을 당해 부상을 입고 그의 동지는 사망함. 1943년 10월 초부터 란초 계곡의 파르티잔들과 함께 활동. P. 브라치니(125쪽 편지의 저자)가 체포되어 총살당한 후, 민족해방위원회와 무장군 부대 안에서 중요한 역할을 수행. 제2 가리발디 사단의 사단장이 됨. 1944년 말, 토리노 지역의 피아노에서 "폴고레" 사단의 병사들에게 체포됨. 1945년 1월, 치리에(토리노)에서 "폴고레"의 군사법원에 의해 재판을 받음. 1945년 2월 1일, 카셀레 토리네세 *Caselle Torinese* 에서 루이지 카피에로, 안토니오 가르볼리노, 아돌포 프라이오토, 마리오 타미에티와 함께 파시스트 소대에게 총살됨.

지노와 누이가 저들이 찾고 있는 베페 *Beppe*, 치마 *Cima*, 알로로 *Alloro* 에 대해 발설할까 봐 두렵습니다. 그러니 아무도 알 수 없는 곳에 그들을 숨겨 주었으면 합니다.

치마에게 저의 자리를 맡깁니다. 비앙코 디 산 마우리치오와 안젤로는 사무국을 구성하십시오.

치리에에 있는 줄리아에게 가세요. 그녀가 사무국 보조금 명목으로 가지고 있는 돈은 총 5,000리라입니다. 그 돈을 전부 수령한 뒤 전사자들 몫으로 지급해 주십시오. 제가 가진 서류들 사이에 "현금"이라고 쓰인 봉투가 하나 있을 것입니다. 안젤로에게 지급된 돈도 이 봉투에 있던 것이었는데, 그가 그 사실을 증명해 줄 것입니다. 제가 알로로에게 돈을 지급한 이후 며칠간 입금 내역이 없어 잔고가 거의 바닥이었습니다. 돈이 필요한 경우에는 베페에게 가서 물어보는 게 좋을 것 같습니다. 그에게 배당금이 있거나 여유 자금이 있을지도 모릅니다.

저의 서류들 중에는 우리 부대가 로바소메로에게 지급한 보조금 내역에 대한 메모가 있습니다. 그 돈은 나와 테레사가 줄리아로부터 받을 돈으로 선지급한 것이니, 줄리아가 여러분에게 그 돈을 줄 것입니다. 모두 1년 치인데 2만 리라 정도 됩니다. 저로 인해 이성을 잃었을 테레사에게도 관심을 가져 주십시오. 불쌍한 테레사는 자신이 할 수 있는 일은 전부 했으니까요.

상황이 심각하게 돌아가고 있습니다. 저들은 제가 하지도 않은 일들을 모두 뒤집어씌워 저를 기소했어요. 저에게 죄를 뒤집어씌우기 위해 조작된 문서들 때문에 상황이 많이 위태롭습니다. 건강 상태는 최악입니다. 마비 증상이 점점 더 심해지고 있어요. 너무 춥기도 하고요. 그리고 먹을 것 좀 보내 주세요. 저들은 며칠째 빵, 물, 수프만 주고 있습니다.

저들이 대대적인 일망타진 작전을 준비 중이니, 곤경에 빠지지 않게 모두들 몇 주 간은 조용히 지내는 게 좋겠습니다. 저는 요즘처럼 공산주의자인 것을 영광스럽게 느껴 본 적이 없습니다. 여러분도 부디 그 이름에 걸맞는 존재가 되기를 바랍니다. 진정한 공산주의자가 되어야 할 때가 언제인지 알아야 합니다.

제가 여러분 곁으로 다시 돌아가는 것은 힘들 것 같습니다. 하지만 저의 발자취를 따르면서 용기를 잃지 마시길…. 우리가 횃불을 높이 들게 될 아름다운 날들이 다가오고 있으니까요.

저는 돌포의 꾐에 빠져 저들에게 체포되었습니다. 그는 나를 함정에 빠뜨리기 위해 저들에게 사복을 입고 저희 집 밖에서 잠복하라고 시켰지요.

제게 볼일이 있거나 보내야 할 것이 있다면 미르토나 멘사 안드레아라는 이름을 찾으면 됩니다.

모두에게 안부 전해 주시고 동지들에게 이렇게 말해 주세요. 저의 말을 가슴속에 새기고 실행으로 옮기라고 말입니다. 내일은 우리의 것이며, 오늘 더 많이 일할수록 내일 더 많은 결실을 거둘 것이라고 동지들에게 꼭 알려 주세요.

알로로와 친애하는 모든 이들에게 포옹을, 치마에게 동지애 가득한 악수를, 모두들 열심히 일하고 부디 행운이 가득하길.

미르토

루이지 밀리아바카*Luigi Migliavacca*(옴브라*Ombra*[1])

19세. 선반공. 1925년 11월 2일 모아스카*Moasca*(아스티) 출생. 1944년부터 제155 가리발디 여단에서 파르티잔 활동을 시작하여 파견대 병참 장교의 자리에까지 오름. 독일군을 무장 해제시키기 위한 전투 및 활동에 참여. 1945년 1월 15일, 토리노에서 경찰국 정치대에게 체포됨. 토리노의 누오베 형무소로 이송. 토리노 군사법원에서 재판을 받음. 1945년 1월 23일, 페드로 페레이라 외 9명의 파르티잔들과 함께 토리노의 마르티네토 국립포병사격연습장에서 국립공화국수비대에게 총살됨.

토리노의 미결 구류 구치소

가장 친애하는 오데타 양과 베피노 양에게

이것이 내가 너희들에게 보내는 마지막 편지로구나. 사랑스런 누이들, 힘내. 너희가 이 편지를 받을 때쯤이면 나는 비열한 파시스트 총살대 앞으로 걸어가고 있을 거야. 여전히 모두의 안녕이라는 이상을 품은 채 투쟁하고 있는 동지들을 생각하면 나는 총살형이 부끄럽지 않아. 나는 공동의 대의를 위해 투쟁해 왔고, 나의 이상을 실현하기 위해 피를 흘렸기에 오히려 자랑스럽단다. 나를 기다리고 있는 운명도 이 사실을 알고 겁을 먹고 있겠지. 내 육신은 사라지지만 내 영혼은 사라지지 않는다는 것을….

그러니 사랑하는 어머니께서도 아들이 영광의 가리발디 여단에서 노동 계급의 해방을 위해 어떤 일도 마다하지 않으며 몸 사리지 않고 투쟁했다는 것을 자랑스럽게 여겨 주세요. 마지막으로 소원이

---

1   이탈리아어로 그림자라는 뜻(옮긴이).

하나 있습니다. 눈물은 거두어 주세요. 부탁드립니다. 저를 위해 절대로 우시면 안 돼요. 가슴을 당당하게 펴고 사셔야 합니다. 저를 자랑스러워해 주세요.

당신의

루이지

그리고 오데타와 베피노 너희들도 가여운 어머니께 용기를 북돋아 드릴 방법을 찾아보렴. 어머니를 행복하게 해 드려. 또한 어머니께 힘든 일이 생기면 항상 도와드려야 해.

사랑하는 베피노, 항상 용기를 잃지 말고 집안을 혼자 꾸려 나가시는 어머니를 도와드릴 수 있게 직업을 가졌으면 해. 네 오빠가 죽음을 택할지언정, 자신의 이상을 저버리지 않은 가리발디군의 병참장교였다는 사실을 자랑스럽게 여기길 바라. 그리고 이 편지를 받으면 로도비카가*via Lodovica*에 500리라를 받으러 가렴. 그곳에 가면 그 돈을 바로 받을 수 있을 거야. 카부르가*via Cavour*에 있는 825리라는 내가 이미 받았어. 나를 대신해 친구들 모두에게 작별 인사와 볼 키스 전해 줘. 여자 동창들 아르고, 다리오, 이르마, 베라 등등에게도.

숙부님, 숙모님, 사촌 등 모두에게도 작별 인사 전해 줘.

어머니, 오데타 그리고 베피노, 우리 가족을 변함없이 아껴 주시는 이들에게 입맞춤과 포옹을 보냅니다.

가장 큰 애정을 담아

루이지

로시에게 작별 인사 부탁해.

사랑하는 어머니께

용기를 내세요. 그리고 행복해지기 위해 애쓰셔야 해요. 이제 다 끝났습니다. 어머니와 오데타, 베피노에게 아름다운 일들만 생기기를 기원하며, 항상 용기 잃지 마세요. 오데타와 베피노는 어머니 말씀 잘 듣고.

입맞춤을 가득 보내며

루이지

토리노의 미결 구류 구치소, 1945년 1월 23일

너무나도 사랑하는 모두에게

저에게 불행이 엄습해 왔음을 알게 되었을 때 여러분께서 더욱 강해지셨으면 하는 마음에 이 편지를 씁니다. 죽음이 얼마 남지 않은 제가 그러하듯 여러분도 마음 단단히 먹으세요. 저에게 일어난 일들을 타산지석으로 삼길 바라며, 아무 일도 없었던 것처럼 항상 웃으며 지내시길 바랍니다.

사랑하는 누이들, 가장 힘든 순간에 어머니를 위로해 드릴 수 있게 애써 줘. 항상 어머니를 도와드릴 방법을 생각하면서 직업을 갖고 일을 하며 집안 살림을 꾸려 나가길 바란다.

사랑하는 어머니, 할 말은 너무도 많은데 말주변이 없어 제 생각을 어떻게 표현해야 할지 모르겠습니다. 그럼에도 더 이상 제 생각은 하지 마시라는 말씀만은 꼭 드리고 싶습니다. 어머니께서는 저의 죽음이 고통스러우시겠지만, 저를 위해서라도 꼭 이해해 주셨으면 합니다. 어머니께서 부디 대의를 위해 목숨을 바친 아들이 있었다는 사실에 행복해하시고 자랑스러워하셨으면 좋겠습니다.

사랑하는 오데타, 중앙경찰국으로 가 줘. 그곳에 가면 예전에 만지니가 찍어 준 사진이 몇 장 있을 거야. 추억용으로 간직해도 좋아. 가여운 어머니를 위로해 드리고 힘내실 수 있도록 해 드려. 평소에 내가 자주 해 드렸어야 했는데, 그럴 시간이 없었어.

자! 모두들 힘내시고 용기를 내세요. 여러분은 이제 곧 자유를 찾아 행복해질 것입니다.

모든 동지들과 친구, 친척 들에게 작별 인사를 보내며 볼 키스해 드립니다.

꼭 안아 드릴게요. 여러분 모두에게 볼 키스를

루이지

사진 뒤에 저의 글을 남깁니다.

"사랑하는 나의 사람들에게,
제가 죽은 후에도 저와의 추억을 곱씹으며
슬픔에 잠기지 않기를…."

루이지

레나토 몰리나리 *Renato Molinari*

34세. 변호사. 1910년 9월 18일 노바라 출생. 알피니 산악부대 예비군 장교. 1943년 9월 8일 이후 아브루초로 돌아와 초기 레지스탕스 부대를 조직하기 위한 모임에 참여하지만 계획이 수포로 돌아감. 1944년 2월 8일, 그가 수행한 활동에 대한 정보가 유출되어 테라모*Teramo*의 군 사령부에 소환된 후 독일군에게 인계되어 독일로 추방됨. 이후 비뗄*Vittel*(프랑스의 뫼르트에모젤*MeurtheetMoselle*)의 강제 수용소로 이송. 1944년 8월 14일, 수용소를 탈출하여 나흘 만에 약 250㎞를 행군. 도중에 독일군과 전투를 벌이고 있던 벨라루스 순찰대를 도와줌. 이후 베르농*Vernon*(프랑스의 코트다쥐르*Costa Azzurra*)의 숲에서 이탈리아 출신 G. 세베닌의 지휘를 받고 있던 '프랑스 국내군*Forces Francaises de l'Interieur*' 소속 "부르고뉴*Bourgogne*" 부대에 합류. 이들과 함께 세뮤르*Semur*의 해방을 포함한 다양한 활동에 참여. 코트다쥐르의 해방을 이뤄 낸 후, 파리에 위치한 이탈리아 민족해방위원회에 의해 '정의와자유' 소속 제4 알피니 산악사단 "카나베사나*Canavesana*"에 배치, 프랑스 국내군과의 연락 장교 역할을 맡음. 로카나*Locana*(토리노)에서 부대 간의 연락 임무를 수행하던 도중 독일군 부대에게 체포됨. 리볼리*Rivoli*(토리노)의 형무소로 이송. 1945년 3월 10일, 독일군을 살해한 것에 대한 보복으로 다른 6명의 장교들과 함께 리볼리에서 독일군 소대에게 총살됨.

1945년 3월 10일

친애하는 이들에게

저는 지금 인생의 벼랑 끝에 서 있습니다. 하지만 저의 목표는 달성했습니다. 저는 (그리 많지는 않지만) 저의 죄를 회개했습니다. 저는 하느님을 믿기에 그분께서 여러분을 지켜 주시리라는 것 또한 믿습니다. 여러분뿐만 아니라 제가 충성을 바친, 현재 엄청난 고통을 겪고 있는 우리의 이탈리아도 보호해 주실 것입니다.

친애하는, 친애하는, 친애하는 여러분, 여러분을 포옹해 드립니다. 부디 저를 용서해 주세요. 그러나 제가 걷고 있는 이 길은 저에게만 허락되었던 길입니다.

용기를 내십시오!

레나토 몰리나리

1945년 3월 10일

친애하는 숙부님께

그동안 부디 사면되었으면 하는 저의 바람이 사형선고로 돌아왔습니다.

저의 장례는 기독교장으로 치러 주시면 감사하겠습니다. 가족이 저의 시신을 수습할 때 도움이 되고자 제 인상착의를 다음과 같이 알려 드립니다. 퍼스티언*fustian*[1] 재킷, 갈색 스웨터, 파란색 스키 바지, 군화. 그리고 검은색 곱슬머리에 콧수염이 나 있습니다.

숙부님을 안아 드리며

레나토 몰리나리

---

1   우단 모양으로 짠 두꺼운 면직물(옮긴이).

비올란테 모메소*Violante Momesso*

21세. 목수. 1923년 5월 6일 노벤타 디 피아베*Noventa di Piave*(베네치아) 출생. 공산주의 투사. 1943년 10월부터 "베네치아" 여단(이후 "피아베*Piave*" 여단)의 파르티잔으로서 무기 수집, 신규 인원 모집, 선전 활동 등을 수행. 1944년 1월 11일, 산 도나 디 피아베*San Dona di Piave*(베네치아)에서 체포. 베네치아의 산타 마리아 마조레 형무소로 이송. 1944년 7월 28일 5시, 베네치아의 카 주스티니아니*Ca Giustiniani*가 공격당한 것에 대한 보복으로, 사건이 벌어진 카 주스티니아니 잔해 위에서 아틸라오 바소, 스테파노 베르타촐로, 프란체스코 비안코토, 에르네스토 단드레아, 조반니 펠리사티, 안젤로 그레사니, 엔초 구소, 구스타보 레보린, 벤체슬라오 나흐토, 아메데오 페루츠, 조반니 타마이, 조반니 트롱코 등 산 도나 디 피아베 지역의 동지들과 함께 총살됨.

감방에서

이번에도 이 편지가 잘 당도하기를 바랍니다. 사랑하는 어머니, 저는 아주 건강하니 우리 가족 모두와 꼬맹이 볼리 역시 저처럼 잘 지냈으면 합니다. 제가 우리 가족과 고향을 위해 젊은 시절을 다 바쳐 싸웠다는 것을 알고 계시다면 좋으련만…. 저는 지금 비록 감옥에 갇힌 신세가 되었지만 어머니께서는 한시도 웃음을 잃으셔서는 안 됩니다. 저는 항상 가족의 안녕을 위해 최선을 다해 왔습니다. 이제 전 우리가 흘린 피로는 갈증을 해소하지 못하는 저 짐승 같은 파시스트들로부터 더 이상 고문을 받지 않아도 됩니다.

제가 어머니와 가족에게 입맞춤을 할 수 있는 날이 머지않아 다가올 것입니다. 그때 이 저주 받은 형무소에서 벌어진 일들에 대해 제대로 설명해 드리겠습니다. 이상은 영원히 사라지지 않으니 그 이상이 저를 위해 복수해 줄 것입니다. 이 세상 그 누구도 이상적인 세상이 오는 것을 막을 수는 없으니까요. 어머니와 가족에게는 최고의 작별 인사를, 꼬맹이 볼리에게는 뽀뽀를.

우리는 곧 만나게 될 것입니다.

비올란테 모메소

─총살 직전에 작성.

사랑하는 모두에게

지금 쓰는 이 편지도 잘 도착했으면 합니다. 저의 건강 상태는 아주 좋으니 여러분도 그랬으면 좋겠습니다.

우리의 감방 생활은 늘 똑같습니다. 다양한 동료들과 함께 머물고 있지요. 제가 우리라고 말하는 이유는, 저를 포함한 여러 사람들이 아주 오랫동안 빛을 보지 못하고 어두운 감방에 갇힌 채 형제들처럼 서로를 존중하며 지내고 있기 때문입니다. 우리는 숨어서 카드 게임, 체커[1] 등을 포함한 몇 가지 놀이를 함께 하기도 합니다. 하지만 저들 모르게 해야 하기 때문에 늘 우리 중 한 명은 망을 보고 있습니다.

이렇게 소소한 놀이를 하고 있을 때에도 저를 아주 슬프게 만드는 갖가지 생각들이 제 머릿속을 한시도 떠나지 않은 채 빙빙 맴돌고 있습니다. 하지만 우리가 만날 시간이 점점 더 가까워지고 있다고 생각하면 한 번쯤 이런 시간을 가져 보는 것도 나쁘지는 않다고 생각합니다. 훗날, 거의 모든 사람들이 이 길에 뛰어들어 손에 잡히는 대로 어떤 무기라도 휘두르게 될 것이고, 가만히 손 놓고 있는

---

1   상대방의 말 뒤에 있는 칸이 비어 있을 경우 그 위를 가로질러 말을 잡는 게임(옮긴이).

사람은 비겁한 겁쟁이로 취급받게 될 거라 확신합니다. 무기가 부족해서 손 놓고 있었다는 핑계는 더 이상 변명거리가 될 수 없습니다. 어린이, 남성, 노인 할 것 없이 모두를 위한 무기가 준비되어 있으니까요. 이 땅에서 야만적인 독일 침략자들과 파시스트 폭군들을 몰아내기 위해 우리 모두는 단 한 번만이라도 협력해야 합니다. 인육에 굶주리고 피에 목마른 저 야수들에 대한 생각과 기억을 가능한 빨리 이 땅에서 지울 수 있도록 말입니다.

(저는 이미 들었지만) 우리를 위한 시간이 다가오는 소리가 들립니다. 슬프고 잔인한 운명의 소리 말입니다. 우리는 이곳에서 인간이라면 상상할 수조차 없는 고통과 고뇌를 겪고 있습니다. 파시스트 폭군들이 물도 주지 않은 채 5일 동안 우리를 내팽개쳐 두었다고 상상해 보십시오. 음식의 양은 새 모이만큼 밖에 되지 않는데 그마저 물과 빵 부스러기만 준답니다.

그럼에도 불구하고 이미 언급한 바와 같이 우리는 서로 가까이, 아주 가까이 있다고 느끼기 때문에 항상 용기를 잃지 않고 버티고 있습니다.

사랑하는 어머니, 제가 자유를 위해 피를 흘릴 일이 생긴다면 이를 계기로 저의 동지들이 힘을 합칠 수 있도록 그들에게 말해 주세요.

윌리에게 볼 키스를, 모두에게 포옹을

어머니를 너무나도 사랑하는 아들

비올란테

다비데 모나르키 *Davide Monarchi*

20세. 직공. 1924년 8월 29일 로마 출생. 1944년 8월 1일부터 '정의와자유' 소속 제3 여단 "베빌라콰*Bevilacqua*"의 파르티잔으로 활동. 1944년 9월 19일, 전투 중 체포됨. 체포 당일 알타레*Altare*(사보나)에서 "산 마르코" 사단의 전쟁군사법원에 의해 재판을 받음. 1944년 9월 19일, 보르조 베레치*Borgio Verezzi*(사보나)에서 프리모 바리아, 세티미오 주스티, 톰마소 마르티넬리, 아틸리오 몬사니, 조반니 론초니, 로메오 스카피니와 함께 "산 마르코" 사단 소속 소대에게 총살됨.

사랑하는 일다에게

이것은 내 마음을 담은 마지막 편지야. 나는 이제 이 세상을 떠나 하느님 곁으로 가게 되었어. 이것이 바로 운명의 신이 원하는 바인가 봐. 상황이 좀 나아지면 우리 가족에게 나 대신 작별 인사 전해 주고 절망하지 말라고도 말씀드려 줘. 우리 모두는 더 완전하고 더 안전한 곳에서 다시 만나게 될 테니.

잊지 못할 내 소중한 키스를 받아 줘.

다비데

루이지 에르네스토 몬네트 *Luigi Ernesto Monnet*

24세. 직공. 1920년 5월 21일 앙그로냐*Angrogna*(토리노) 출생. 1944년 6월 1일부터 게르마나스카 계곡 및 키소네 계곡을 거쳐 펠리체 계곡에서 활동하는 '정의와자유' 소속 제5 알피니 산악사단 "세르조 토야"의 파르티잔으로 활동. 펠리체 계곡의 여러 지역에서 독일군 부대와 교전. 1944년 11월 29일, 카보우르*Cavour*(토리노) 근처에서 전투 중 폐에 총상을 입음. 1945년 2월 19일, 캄필리오네 페닐레*Campiglione Fenile*(토리노)에서 검은 여단이 실시한 소탕 작전 중 체포됨. 피네롤로(토리노)의 카사 리토리아*Casa Littoria*로 이송되었다가 다시 독일군에게 인계. 1945년 3월 5일, 독일 법원에서 재판을 받음. 1945년 3월 10일 17시, 지노 젠레와 우고 젠레 형제 외 4명의 파르티잔과 함께 폰테 키소네(피네롤로)에서 피네롤로 지역의 검은 여단 소속 민병대원들과 독일군 소대에게 총살됨.

1945년 3월 6일

사랑하는 나의 아내에게

이 편지를 받았을 즈음엔 내가 죽었다는 사실을 이미 알고 있겠지만, 그럼에도 불구하고 내가 써 내려가는 이 한 줄 한 줄이 당신에게 위로가 되기를 바라. 이는 하느님의 뜻이며, 나 역시 하늘나라에 있는 불쌍한 누이들처럼 그분 곁으로 다가갈 수 있을 거야. 내 사랑, 부탁할게. 당신의 방식대로, 우리의 귀한 꼬맹이 아들을 잘 키워 줘.

당신이 미망인으로 살았으면 하는 욕심이 있지만, 만약 재혼하게 되더라도 우리 자식을 변함없이 사랑하고 아껴 줘. 그리고 이 아빠를 기억할 수 있게 도와줘. 나는 항상 당신이 보고 싶었어. 당신에게 이미 용서받았다고 혼자 생각하고 있는 이런 나를 부디 용서해 줘. 당신이 나를 잊지 않고 평생 혼자 산다면 그리고 그런 우리를 하느님께서 다시 만나게 해 주신다면 우리는 하늘나라에서 두 번 다시 헤어지지 않을 거야. 내 기도 많이 해 주고 미사를 몇 번 올려 주었으면 해. 내게는 다른 것보다 그게 제일 필요해. 친애하는 자케와 동지들에게는 내가 우리의 위대한 이상, 자유 이탈리아를 위해 명예롭게 죽었다고 알려 줘.

이제 울지 마. 내 마음은 평온하고 고요하니까.

어제 저녁에 사형선고를 받았어. 충격이 오랫동안 가시지 않아 기도를 드렸지. 기도를 통해 나는 하느님의 뜻에 전적으로 따르겠다는 결론에 이르렀어. 나는 결국 하느님의 부름을 받기 위해 이렇게 살아왔던 거야. 이제 나는 그분의 부름에 응했고, 마치 외출이라도 하듯 평온하게 죽음을 맞을 수 있어.

사랑하는 엔리카, 당신이 나를 사랑한다면, 어머니와 함께 지내며 서로의 위안이 되어 주고 서로 아끼면서 살아 줘.

이제 더는 당신을 힘나게 해 줄 말이 없네. 마지막 순간까지 당신의 남자로, 마음으로나마 당신과 내 아들 엔리코를 오래도록 안아줄 거야.

당신의 남편

에르네스토

사랑하는 어머니께

제발 낙담하지 마세요. 그리고 건강 잘 챙기시고 제 아내를 도와 우리 아기 천사를 함께 돌봐 주세요. 하느님께서는 분명 우리 가족에게 은혜를 내려 주실 것입니다. 사랑하는 어머니, 아버지, 형제들을 모두 안아 드립니다.

에르네스토

1945년 3월 8일

사랑하는 나의 엔리카에게

저들은 아직도 형 집행을 하지 않고 있어. 사형선고는 월요일에 들었는데, 오늘은 목요일이거든. 모두에게 다시 한 번 포옹을.

에르네스토

1945년 3월 9일 금요일

또 한 번 당신과 나의 아기 천사, 어머니 그리고 모두를 꼭 안아줄게. 당신을 안고 안녕이라고 말하며

에르네스토

1945년 3월 10일

사랑하는 이들에게

저는 신부님과 함께 있습니다. 이제 저의 시간이 다가왔습니다.
제 아들에게 보낼 가죽 재킷을 신부님께 맡겼습니다.
모두에게 마지막 포옹을 보냅니다.

에르네스토

검은 여단에게 돌려받을 돈 4,500리라가 아직 남아 있습니다.

마시모 몬타노*Massimo Montano*

24세, 전문가, 1919년 6월 18일 투에트 드 에스카르네*Touet-de-l'Escarene*(프랑스의 니스) 출생, 육군 중위, 은성무공훈장을 수여받음, 1943년 9월 8일 직후, 토리노에서 지하 활동 시작, 제1 피에몬테 지역 군사위원회의 일원이 됨, 1944년 3월 29일, 밀고로 토리노에 있는 자택에서 공화파쇼연합 분자들에게 체포됨, 1944년 4월 2일부터 3일까지, 피에몬테 지역 군사위원회 회원들과 함께 국방특별법원에 의해 재판을 받음, 1944년 4월 5일, 프랑코 발비스 외 6명의 피에몬테 지역 군사위원회 회원들과 함께 토리노의 마르티네토 국립포병사격연습장에서 국립공화국수비대에게 총살됨, 사후에 금성무공훈장을 추천받음,

토리노, 1944년 4월 4일 3시

가장 사랑하는 나의 아내 메네에게

하느님께서 자비를 베푸셔서 당신이 나로 인해 겪게 된 이 크나큰 고통을 극복하고 살아갈 수 있게 힘을 주셨으면 좋겠어. 나는 이 소원이 이루어질 것이라고 확신하면서 그분께 기도드리고 있어. 최소한 당신만이라도, 이 세상에서 당신의 니노마시모 몬타노의 애칭, 오직 내 사람으로 운명 지워진 당신만이라도 모든 이들에게 무한한 사랑을 받으며 명예롭게 살아갈 수 있었으면 해. 당신은 마음을 단단히 먹어야 할 필요가 있어. 아주 강해져야 해. 당신이 아주 깊이 사랑하는 니노는 우리가 손꼽아 기다리고 있는 내 피붙이, 곧 태어날 성스럽고 소중한 우리의 아들을 통해서만 당신 곁에 존재할 수 있으니까. 이제 나는 그 아이를 볼 수 있을 거라는 기대와 기쁨이 사라졌어. 하지만 분명한 것은 하느님의 나라에서도 나는 항상 당신 곁에 있을 것이고, 배 속에 있는 니노 주니어, 준뇨*Giugno*¹ 가까이에서 그 아이가 태어날 때 터트릴 울음소리를 당신과 함께 들을 거야.

임신한 당신을 홀로 남겨 두고 떠나는 게 가장 가슴 아파. 그 어떤

여자도 해 줄 수 없는 가장 순수하고 진실한 마음으로 나를 사랑해 준 당신을 이렇게 홀로 남겨 두고 떠날 수밖에 없으니 말이야.

사랑하는 어머니, 인자하신 아버지, 저는 아들로서 두 분을 진심으로 사랑했습니다. 저의 잘못을 모두 용서해 주세요. 그리고 메네, 당신과 당신의 배 속에서 이미 수개월 동안 자라고 있는 내 아들 앞에서도 이러한 나의 잘못에 대해 용서를 구할게. 지금까지 이곳에서 지내는 동안 힘이 되어 주신 하느님께 내 영혼을 오롯이 평온하게 맡길 수 있도록, 당신도 제발 당신의 니노가 저지른 모든 일을 용서해 주었으면 해.

내 성격, 내 생각 그리고 내가 추구하는 이념이 나쁜 것이 아니라는 거 당신도 알잖아. 살인과 약탈을 일삼는 범죄자들을 비난할지언정, 내가 그들과 같은 인간으로 전락할 생각은 추호도 없다는 것을 말이야.

1944년 4월 4일 20시

저들이 내 삶을 하루 더 연장해 줬어. 그게 좋은 일인지 나쁜 일인지는 나도 잘 모르겠어. 어제 저녁, 아니 오늘 아침까지만 해도 나에게는 살 수 있다는 희망이 있었어. 저들이 우리를 독일군 인질 담당 소대로 데려가더니 독일어로 명령을 받게 되더라도 아무 걱정 말라고 다독이더군. 그러더니 어제 저녁 우릴 원래 있던 곳으로 다시 데려온 후 그 자리에서 바로 사형선고를 내렸어. 이로써 실낱같

---

1 이탈리아어로 6월이라는 뜻(옮긴이).

왔던 나의 희망은 물거품처럼 사라져 버렸지.

나는 동정녀 마리아와 돈 보스코*Don Bosco*[1], 우리의 예수께 기도를 많이 드렸어. 지금 당장은 당신을 볼 수 없다 해도 이분들이 내게 기적을 내려 주셔서 최소한 목숨만이라도 보전하게 해 주신다면, 30년 후라도 우리가 다시 만날 수 있지 않을까 하고 말이야.

나는 한 번도 경험해 본 적은 없지만, 주님의 거룩함 안에서 그리스도인으로서 죽음을 맞을 준비를 하고 있어.

열렬히 사랑하는 나의 메네, 다시 한 번 말할게. 나를 용서해 줘. 나는 저 하늘 위에 있는 친애하는 아드리아나의 옆에 머물며 그 누구도 당신과 너무나 사랑하는 우리 아들 마시밀리아노의 털끝 하나 건들지 못하게 언제나 지켜 줄 거야.

나는 하느님께 당신과 어머니, 아버지께서 부디 이 상실의 고통을 잘 견뎌 낼 수 있도록 해 달라고 간청드리고 있어. 마시밀리아노는 '꼭 태어나야 해.' 그래, 나의 보물은 이제 나보다는 당신 곁에 있어 줘야 해. 당신이 항상 그 아이를 사랑으로 키울 수 있도록 당신의 안녕을 기원할게. 그리고 나는 당신에게 위안이 될 수 있는 일이라면 물불 안 가리고 힘닿는 데까지 노력할 거야.

우리 아들이 나를 기억할 수 있도록 내가 했던 이야기 자주 들려 줘. 나의 사랑과, 내 아들의 청소년기와 공부 그리고 그 아이의 삶에 대해 이전부터 구상해 놓은, 이 아버지의 배려심이 담긴 계획들을 말이야.

그리고 이 아빠는 삶이 끝나는 최후의 날까지도 마시밀리아노가

---

1 가난한 아이들을 위해 살레지오회를 설립하고, 평생 불우한 청소년들을 위한 교육에 헌신한 이탈리아의 가톨릭 성직자. 한국 가톨릭에서는 '요한 보스코'라 부르기도 한다(옮긴이).

건강하게 태어나 무럭무럭, 밝게 자라는 것을 상상했다고 전해 줘. 그래, 그 아이는 당신과 할머니, 할아버지의 품 안에서 사랑을 듬뿍 받으며 아주 착하게 자라날 거야. 우리 아들은 평온함과 넘치는 사랑 속에서 당신과 나, 니노와 메네의 축소판으로 언제나 당신 곁에 있어 줄 거야.

당신이 스스로의 미래를 자유롭게 선택하는 것은 말리지 않을게. 그렇다 하더라도 우리 마시밀리아노만은 절대로 잊지 말아 줘. 내가 이 세상을 떠나며 느끼는 고통은, 동반자가 가장 필요한 지금 이 순간에 당신을 홀로 남겨 두고 떠나야 하는 고통만큼 크지 않아. 사랑하는 메네, 부디 이런 나를 용서해 줘. 당신과 내가 처한 이 슬픈 운명을 오롯이 받아들여 주었으면 해.

내게 죄를 묻지 않으신 하느님의 은혜로 내가 죽음 앞에서도 떨지 않고 고요하게 생을 마감한다는 사실에 당신이 위로를 받았으면 좋겠어. 신의 심판은 공정할 것이고, 그 심판의 날에 나는 신에게 판결을 받을 거야.

성 메네. 그래, 나는 지금 성모마리아의 '성聖'을 말하는 거야. 다른 성자들은 그리스도교도로 살지 않고, 순수한 사랑을 바탕으로 인내하지 않았기 때문에 많은 희생을 치르고 고통을 받았지. 이루 말할 수 없는 형벌도 받았고.

메네, 앞으로 당신은 기도를 통해 큰 위로를 받게 될 것이고, 마치 이 세상에 다시 태어난 것처럼 아침부터 저녁까지 계속해서 웃게 될 거라는 걸 잊지 마. 또한 마시밀리아노가 하느님에 대한 큰 믿음으로 늘 행복한 마음을 품고, 위대하고도 거룩한 사랑을 바탕으로 행동할 수 있게 키워 줬으면 좋겠어.

마시밀리아노를 하느님과 어머니, 아버지 그리고 할아버지, 할머니 모두의 사랑으로 키워 줘. 그 아이가 나의 빈자리를 느끼지 않고 사랑이 충만한 아이로 자라서 이 아버지처럼 조국을 사랑하며 살 수 있게 해 줘.

내가 매일 아침저녁으로 당신의 뽀얀 뺨에 볼 키스를 해 주었듯, 매일 아침저녁 그리고 매년 4월 3일 17시 30분경에 나 대신 그 아이에게 뽀뽀해 줘.

내가 항상 지니고 다녔던, 수사에서 출발하는 기차 안에서 찍은 당신 사진은 무덤까지 가져갈 거야. 최후의 시간에 나에게 위안을 주었던 성상聖像 외에 아드리아나의 어릴 적 사진도 동봉할게. 머리 모양을 바꾼 아드리아나의 최근 사진은 내가 가져갈게. 동봉한 사진은 내가 당신과 항상 함께 있다는 생각이 들도록 간직해 주길 부탁해. 아드리아나는 나를 진정 순수한 마음으로 사랑해 줬어. 당신과 그녀만이 줄 수 있는 그런 사랑 말이야.

사랑하는 메네, 당신에게 쓰고 있는 이 편지를 멈추고 싶은 생각은 추호도 없어. 편지지에서 절대로 펜을 떼지 않을 거야. 이 편지는 당신에게 아주 소중한 것이니까. 마시밀리아노가 언젠가 이 편지의 내용을 이해할 수 있는 나이가 되면, 그 아이에게 이 편지는 분명 신성한 것으로 남게 될 거야.

당신과 내가 처음 만난 날부터 지금 이 순간까지 우리의 삶에는 수많은 아름답고 따뜻한 순간들이 있었어. 우리는 서로 웃는 얼굴로 기쁨을 나누고, 슬픈 순간에는 슬픔을 함께하며 더욱 끈끈한 관계를 이어 갔지. 나의 메네, 내가 저지른 모든 잘못에 대해 용서를 구해. 장인어른, 장모님께 위안을 얻고 좋은 기운을 받았으면 해.

좀 있다가 그분들께도 내가 평소 생각했던 것들을 쓸 거야. 당국이 시신 수습을 허락해 준다면, 내 시신은 당신의 뜻에 맡기겠다고 요청해 둘게. 토리노든, 몬칼리에리Moncalieri든, 폰타네토Fontanetto든,

당신의 결정에 맡길게.

성스러운 메네, 다시 한 번 기도 부탁할게. 1942년 6월 27일부터 1942년 7월 26일까지 쌓아 온 나와의 소중한 추억을 간직해 줘. 당신도 나와 같은 생각을 하겠지. 이때가 바로 우리가 아이를 갖게 된 기간이라는 것을.

사랑하는 메네, 이 세상에서는 이제 그만 안녕. 그리고 내일부터 내가 당신을 기다리고 있을 천국에서 수십 년 후에 다시 만나길. 나는 당신에게 전달할 볼 키스를 신부님께 해 드릴 거야. 내가 하느님의 왕국인 천국에 닿을 때, 신부님께서 당신에게 전달해 주실 거야.

다시 한 번 용서를 구할게. 눈을 감고 당신의 사랑과 입술을 느끼며

당신의 영원한

니노

1944년 4월 5일

가장 사랑하는 메네에게

당신, 어머니, 아버지께 나의 마지막 인사와 입맞춤을 보내.

가능할 때 일가친척, 친구들 모두에게 나를 잊지 말아 달라고 전해 줘.

뜨거운 키스를 보내며

당신의 사랑하는

니노

도메니코 모리아니*Domenico Moriani*(파스티수*Pastissu*)

18세. 임페리아 상공회의소 사무직 직원. 1925년 12월 9일 임페리아 출생. 제2 사단 "펠리체 카시오네*F. Cascione*" 사령부의 보급관. 1944년 10월 17일, 임페리아 지역에서 독일군과 파시스트 부대가 실시한 대규모 소탕 작전 중 우페가*Upega*(쿠네오의 브리가 알타*Briga Alta*)에서 체포됨. 5일 후 동지 조반니 지리발디와 함께 탈출하여 짚으로 지은 허름한 곳에 몸을 숨겼다가 아이들의 제보를 받고 온 독일군에게 다시 잡힘. 콜레 디 텐다*Colle di Tenda*(이탈리아 국경 근처의 프랑스) 지역의 퐁탄 사오지*Fontan Saorge* 형무소로 이송. 1944년 10월 24일, 퐁탄 사오지 근처에서 자신들이 묻힐 구덩이를 판 후, 동지 조반니 지리발디와 함께 뒷목을 가격당해 죽음.

퐁탄 사오지(프랑스), 1944년 10월 24일

사랑하는 할머니께

저는 사형선고를 받았습니다. 하지만 울지 마세요. 별일 아니니 기운 차리시고요. 저는 이제 어머니를 만나러 하늘나라로 갑니다. 저는 조국을 위해 제가 할 수 있는 일을 했던 것뿐입니다. 할머니께서도 언젠가 저를 다시 만나게 될 테니 절망하지 마세요. 우리는 저 하늘 위에서 모두 함께 있게 될 것입니다.

다른 사람들에게도 부디 마음을 가라앉히고 제 생각은 접어 두라고 전해 주세요. 저는 아무렇지 않습니다. 오히려 행복하기까지 한 걸요.

모두에게는 수없이 많은 작별 인사를, 아우에게는 제가 많이 생각한다고 전해 주세요.

영원한 안녕을 고하며

도메니코

주세페 코르데로 란차 디 몬테체몰로 _Giuseppe Cordero Lanza di Montezemolo_
(인제녜르[1] 자코모 카타라토 – 마르티니 _ingegner Giacomo Cataratto-Martini_)

42세. 총참모 대령. 1901년 5월 26일 로마 출생. 1915년부터 1918년까지 1차 세계대전 기간 동안 알프스 보병 여단의 장교로 복무. 1919년, 공병으로 경력을 쌓은 뒤 대학에 들어가 1923년 토목공학 학사 학위를 받음. 1943년 9월 8일 이후, '로마 무방비 도시'[2]의 사령부 민사국장으로 임명됨. 독일군이 로마를 점령하자, '비밀군사전선 _Fronte militare clandestino_'[3]을 조직하고 조정자이자 수장으로 활동함. 연합군 최고 사령부에 의해 연합군 최고 사령부와 파르티잔 무장군 부대들 간의 연락 사무소 수장으로 임명됨. 1944년 1월 25일 오후, 필리포 드 그레네와 비밀 회동을 마치고 돌아가던 중 독일군에게 체포됨. 타소가 형무소로 이송되어 그곳에서 58일 동안 수많은 심문과 고문을 받음. 1944년 3월 24일, 공산주의 게릴라 단체 '비아 라셀라'가 가한 공격에 대한 보복으로 타소가와 레지나 코엘리 형무소에 수감된 334명의 정치범들과 함께 로마의 포세 아르데아티네에서 총살됨. 사후에 금성무공훈장을 수여받음.

— 최후를 맞이하기 며칠 전 비밀리에 아내에게 보낸 짧은 편지.

유차, 모든 일이 틀어지더라도 당신은 내가 당신을 얼마나 사랑했는지만 알아주면 돼.

당신과 우리 아이들 생각만 하면 너무나 슬프고 고통스러워.

나는 하느님을 믿어. 그리고 그분의 도움이 필요하고.

이제 더 이상 저항하고 견뎌 낼 힘이 없어. 인간의 한계치에 다다른 것 같아. 바티칸시국의 로마교황청이 나서서 사면 요청을 한다든지 하는 총체적인 해결책이 시급해. 만약 그렇게 된다면 모든 것

---

1 원어는 인제녜레_ingegnere_. 이탈리아어로 기술자라는 뜻(옮긴이).
2 군사 시설 및 주둔하고 있는 부대가 없음을 공표한 도시. 적에게 함락될 것이 거의 확실시되는 도시에서 무의미한 전투와 파괴, 학살을 피하기 위해 선언하는 것으로 항복에 가깝다. 여기에서는 이탈리아군이 연합군 및 독일군에게 선언했다(옮긴이).
3 로마의 레지스탕스 비밀 군사 조직(옮긴이).

이 한 방에 해결될 텐데 말이야.

베포

티발도 니에로 *Tibaldo Niero*

22세. 기계공. 1922년 1월 13일 스피네아*Spinea*(베네치아) 출생. 자치 사단 "발 키소네*Val Chisone*"의 파르티잔. 1944년 8월, 무장군을 철수하도록 계속 압력을 가하며 세력을 넓혀 가는 독일군과 파시스트에 대항하여 무장 투쟁. 1944년 8월 11일, 세스트리에레(토리노) 지역의 콜 듀 퓌에서 "몬테로사" 사단과 독일군 부대에게 체포됨. 페로사 아르젠티나(토리노)로 이송. 8월 14일 20시 50분, 재판 없이 빌라르 페로사 광장에서 교수형에 처해짐.

페로사 아르젠티나에서

사랑하는 어머니께

울지 마세요. 제 마음은 아주 편안합니다. 하느님께서는 하늘나라에서도 저를 보살펴 주실 것입니다. 저는 빌라르 페로사에 있으니, 항상 볼 수 있게 저를 데려가시길 부탁드립니다.

우리에게 남은 건 하늘나라에서 만나 격한 포옹과 입맞춤을 나누는 것밖에는 없습니다.

아들

티발도

비토리오 노벨리 *Vittorio Novelli* (토니 *Toni*)

27세. 목각공. 1916년 6월 3일 아스티 출생. 1943년 10월 1일부터 무장군 조직의 임무를 띠고 랑게(알레산드리아)에서 활동하는 제9 가리발디 사단에 합류. 1944년 1월 15일, 밀고로 랑게(쿠네오)의 페클레토에서 독일군 친위대에게 체포됨. 1944년 1월 25일, 아퀴(알레산드리아)에서 독일군 친위대 특별법원에 의해 재판을 받음. 재판 당일인 1944년 1월 25일, 스테파노 마니나, 리디오 발레와 함께 아퀴에서 총살됨.

1944년 1월 25일

사랑하는 모든 이들에게

우선, 저의 최후의 날 여러분은 그동안 제가 잘못한 일들을 용서해 주셔야 합니다. 집을 떠나 제가 범한 모든 과오에 대해 용서해 주셔야 합니다. 여러분의 진심 어린 용서를 받고 싶습니다.

1월 15일, 저는 독일군에게 체포되어 아퀴로 이송되었습니다. 오늘 저들은 우리를 단죄하겠다는 판결을 내렸습니다….

저는 마니나, 발레 리디오와 함께 있습니다. 용기를 내십시오. 이 편지로나마 힘을 얻으시고 부디 저를 용서해 주세요.

친애하는 어머니, 아버지, 델리나, 이르마, 엘사, 베르틴, 아니타 그리고 비토리오와 일가친척 모두를 기억하며. 모두에게 작별 인사와 볼 키스를 보냅니다.

비토리오 노벨리

피에트로 포르첼라나에게 작별 인사를 보냅니다.

비토리오
리디오
마니나 스테파노

알베르티니 루차노

아리스티데 오르시니*Aristide Orsini*

45세. 상인. 1899년 2월 18일 오르베텔로*Orbetello*(그로세토) 출생. 에밀리아 로마냐의 루고*Lugo*에 거주. 1924년부터 공화당 운동원 이력과 적극적인 반파시스트 활동으로 감시 대상이 됨. 1943년 9월 8일 이후, 로마냐 민족해방위원회의 일원이 됨. 로마냐 지역의 무장대를 위해 식량, 의복 및 기금을 모으고 전달함. 지하 간행물 유포 활동.

넬로 오르시니*Nello Orsini*

아리스티데의 조카. 30세. 사무직. 1914년 6월 25일 로마냐의 루고(라벤나*Ravenna*) 출생. 공화주의자이자 적극적인 반파시스트. 1943년 9월 8일 이후, 보비오 펠리체*Bobbio Pellice*(토리노)에서 파르티잔으로 활동. 루고로 돌아온 이후 도시와 여러 지역에 있는 파르티잔 부대들 간의 연락책으로 활동. 보급품과 무기를 운반.

루차노 오르시니*Luciano Orsini*

아리스티데의 아들. 22세. 의과대학 졸업. 1922년 7월 4일 로마냐의 루고 출생. 1943년 9월 8일 이후, 지하 신문 제작에 참여. 공화당 로마냐 지역 청년조직위원회의 일원.

1944년 8월 22일, 아버지 아리스티데와 아들 루차노는 루고의 대로에 위치한 루고 빌라 산 마르티노*Villa San Martino*에서 검은 여단 민병대에게 체포됨. 루고의 카사 델 파쇼 *Casa del Fascio*로 이송되었다가 인질 신분으로 라벤나의 형무소로 이감. 8월 26일, 의도치 않게 두 명의 독일군에게 부상을 입힌 후 라벤나의 형무소에 수감되어 있던 다른 인질들과 함께 모두 11명이 독일군에게 인계됨. 그중 6명은 라벤나의 카메르로네*Camerlone*에서 총살되고, 나머지 5명은 사바르나*Savarna*(라벤나)에서 자작나무 한 그루당 한 명씩 목을 매달아 순서대로 교수형에 처해짐. 이보 칼데로니, 주세페 피암멘기, 넬로 오르시니, 아리스티데 오르시니, 루차노 오르시니 순.

— 한 장의 종이에 함께 기록되어 감방 동료에게 맡겨진 메시지. 이 종이는 카메르로네에서 총살된 시신에서 발견됨.

사랑하는 여러분, 안녕히.

어머니, 엠마, 풀비아, 렌차 그리고 제가 사랑하는 모든 이들에게 볼 키스를 보내며

아리스티데

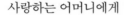

사랑하는 어머니에게

저는 평온하게 죽습니다. 그러니 어머니께서는 루차와 함께 지내며 힘을 얻으시고 강해지셔야 해요. 어머니께 저의 마지막 생각을 전하며 입맞춤해 드립니다.

질다와 브루나에게 볼 키스 전해 주세요.

넬로

안녕히 계세요, 나의 어머니. 안녕히. 제가 언젠가 어머니께 약속해 달라고 부탁드린 적이 있었지요. 지금 같은 일이 벌어진다면 저와의 추억을 어머니의 기억 속에 담아 두지 마시라고요. 그저 아들 중에 제가 있었다는 것만 기억해 주세요.

어머니, 안녕히 계세요. 모두들 안녕히

루차노

— 넬로 오르시니의 지갑에 있던 차표에 적힌 글.

이제 독일군은 파시스트의 명령에 따라 저를 교수형에 처할 것입니다. 볼 키스를 보내며, 어머니, 안녕히 계세요.

피에로 알프레도 오티네티*Piero Alfredo Ottinetti*(피라타*Pirata*[1])

30세. 양철공. 1914년 10월 10일 이브레아(토리노) 출생. 1944년 초부터 카나베세와 발레 다오스타 지역에서 활동하는 제76 가리발디 여단 소속 파르티잔. 카나베세에 배치된 가리발디군의 전령 대장. 보르고프랑코 디브레아*Borgofranco d'Ivrea*에서 처음 체포되었으나 철책을 뚫고 탈출. 1945년 1월 29일부터 30일 밤 사이, 라체(이브레아)에서 제76 가리발디 여단의 부대원들과 함께 밀고를 받은 독일군 부대에게 두 번째로 체포됨. 쿠오르녜(토리노)에 수감됨. 쿠오르녜의 독일군 사령부에 의해 재판을 받음. 1945년 2월 2일, 우고 마키에랄도, 리초 오를라와 함께 이브레아 공동묘지 경계 벽을 등진 채로 총살됨.

쿠오르녜, 1945년 2월 1일 10시 15분

친애하는 모든 이들에게

저로 하여금 고통을 느끼셨다면 용서해 주세요. 하지만 사형선고를 받고도 그 고통을 이겨 낸 저처럼 여러분도 그러시길 바랍니다. 제 마음은 편안합니다. 눈물도 나지 않습니다. 주님을 향한 믿음이 제게 아주 큰 힘이 되었던 것 같습니다. 저는 죽음의 순간에 여러분 모두를 떠올리면서, 한 명 한 명의 이름을 부르며 눈을 감을 것입니다. 마음속에 품어 왔던 대의를 위해 죽게 되어 행복합니다.

일가친척 그리고 친구들, 저를 기억해 주세요. 저는 영웅으로서 이 세상을 떠납니다. 어머니, 부디 저를 용서해 주시고, 제가 너무나 사랑했던 비앙카에게 저 대신 입맞춤해 주세요.

모두에게 볼 키스를. 여러분의

알프레도

---

1 이탈리아어로 해적, 약탈자라는 뜻(옮긴이).

조르조 팔리아 *Giorgio Paglia*(조르조 *Giorgio*)

22세. 밀라노 폴리테크닉 대학교의 공과생. 1922년 3월 9일 볼로냐 출생. 체르베테리 *Cerveteri*(로마)에서 사관후보생으로 복무. 1943년 9월 8일 이후, 독일군과의 전투에 참여했다가 체포되었으나 탈출에 성공. 소속 부대가 해산되어 네세*Nese*(베르가모)에 있는 집으로 돌아감. 카발리나 계곡과 카모니카 계곡*Val Camonica*(베르가모)에서 활동하는 제 53 가리발디 여단에 합류. 그곳에서 '순교자 13'이란 호칭을 얻게 됨. 7개월 동안 위험한 전투에 여러 번 참전. 1944년 11월 17일, 소베레산의 말가 룽가(세리아나, 보르레차와 카발리나 계곡 사이)에서 "탈리아멘토" 부대의 공격을 받음. 오랜 저항 끝에 탄약이 소진됨. 7명의 동지들과 함께 체포되었으나, 그중 총상을 입은 마리오 페두치와 러시아인 1명은 현장에서 사살됨. 1944년 11월 19일, 로베레(베르가모)에서 "탈리아멘토"의 특별법원에 의해 재판을 받음. 금성무공훈장을 수여받은 자의 아들로서 사면 제안을 받았으나 이를 거부함. 1944년 11월 21일, 코스타 볼피노(베르가모) 묘지에서 안드레아 카슬리니 외 4명의 파르티잔들(3명은 러시아인)과 함께 "탈리아멘토" 부대에게 총살됨. 사후에 금성무공훈장을 수여받음.

코스타 볼피노, 1944년 11월 21일

사랑하는 어머니께

총살되기 직전, 사랑하는 나의 어머니, 당신 생각이 납니다. 어머니를 슬프게 해 드렸던 많은 일들에 대해 용서를 구합니다. 그럼에도 불구하고 저는 항상 어머니를 사랑했다는 것을 알아 주세요. 죽음을 앞둔 지금 이 순간도 어머니 생각뿐이며, 이제 다시는 어머니를 뵐 수 없다는 사실에 가슴이 찢어집니다.

부디 이 아들을 자랑스러워해 주세요. 저는 투쟁이 무엇인지 잘 알고 있습니다. 따라서 죽는 법도 알고 있다고 생각합니다. 저는 수감 생활을 하는 동안, 저를 생포한 사람들 중엔 비록 적군이긴 하지만 충직하고 좋은 사람들도 있다는 사실을 깨달았습니다.

저는 내세를 믿기 때문에 그곳에서 아버지와 함께 어머니와 토티를 보살펴 줄 수 있을 거라 확신합니다. 저의 끝없는 사랑은 결코 어머니와 토티를 저버리지 않을 것입니다. 저의 영혼을 위해 기도해 주시고 모두에게 작별 인사 전해 주세요.

조르조

사랑하는 토티에게

이제 다시는 너를 만날 수 없지만 항상 지켜 줄게.

이 형이 모든 적들로부터 이탈리아를 해방시키기 위해 홀로 투쟁하고 또 투쟁했다는 걸 알아줬으면 해. 아버지께서 우리에게 가르쳐 주신 "조국의 안녕을 최우선시 하렴." 이 말씀을 명심해. 살면서 정직함을 잃지 말고. 불쌍한 우리 어머니께서 곧 겪으시게 될 크나큰 고통을 네가 위로해 드려 줘. 어머니를 사랑하는 마음으로 곁에 있어 드려. 그럼 어머니가 너로 인해 위안받고 있다는 걸 너도 느낄 수 있을 거야.

항상 공부를 손에서 놓지 말고 존경받는 사람이 되렴. 이 형이 늘 너의 가까이에 있어 줄게.

너와 어머니를 사랑으로 감싸 안으며.

너의

조르조

미켈레 팔리아리_Michele Pagliari_

24세. 벽돌공. 1920년 3월 8일 벨몬테 카스텔로_Belmonte Castello_(프로시노네_Frosinone_) 출생. 1943년 8월, 군인이 되어 프랑스에 배치. 1943년 8월, 제4 야전군[1] 배치전환으로 이탈리아로 귀환. 1943년 9월 8일 이후, 브라_Bra_(토리노)에 주둔 중이던 소속 부대가 해산되어 토리노로 이동, 그곳에서 몇 달간 벽돌공으로 일함. 1944년 3월, 란초 계곡(토리노)에서 활동하는 가리발디 여단에 합류. 다수의 검거 작전을 모두 피해 이탈리아 국경을 넘어 프랑스로 탈출한 뒤 은신. 이탈리아로 돌아와 수사 계곡(토리노), 체레스_Ceres_, 키알람베르토_Chialamberto_(란초 계곡)에서 활동하는 '정의와자유' 소속 무장군에 합류. 1945년 1월, 파시스트군과 독일군 부대가 스파이의 도움을 받아 실시한 소탕 작전 중 도망쳐 들어간 동굴에서 동지들과 함께 체포됨. 재판을 받음. 1945년 1월 16일, 키알람베르토 (토리노) 묘지 근처에서 "폴고레" 사단 소속 소대에게 총살됨.

사랑하는 누나에게

사회공화국에 잡혔어. 1945년 1월 16일. 오늘은 내가 죽을 차례야. 가족들에게 용기 잃지 말라고 전해 줘.

미켈레 팔리아리

사랑하는 나의 어머니께

제 삶이 사라지는 날, 1945년 1월 16일. 바로 오늘, 제가 보내는 볼 키스를 모두에게 전해 주세요. 수없이 많은 작별 인사를 끝으로 어머니 품으로 돌아갑니다.

[1] 일정하지 않은 수의 군단과 사단으로 구성된 전투 및 근무 지원 기능을 지닌 전술 부대. 군대 편제에 따라 산이나 들에서 벌어지는 전투를 담당하는 군대를 지칭하기도 한다(옮긴이).

어머니의 아들

미켈레

안녕히 계세요.

안드레아 루이지 팔리에리 *Andrea Luigi Paglieri* (안드레아 *Andrea*)

25세. 법학 박사 및 정치학 전공. 1918년 11월 17일 베로나 출생. 참전 공로를 인정받은 기병 중위(직업군인). 은성무공훈장, 십자무공훈장 그리고 철십자 2급훈장을 수여받음. 포사노(쿠네오) 지역에서 활동하는 '정의와자유' 소속 제20 여단의 여단장. 방해 공작 및 사보타주 활동 주도. 포사노 형무소에 수감된 정치범의 석방을 위해 기습 작전을 계획하고 실행함. 1944년 8월 초, 밀고로 검은 여단 소속 민병대에게 체포됨. 사빌리아노 *Savigliano*(쿠네오)로 이송. 고문당함. 1944년 8월 9일, 비아조 바르베로, 주세페 프리올라와 함께 베네 바지엔나 *Bene vagienna*(쿠네오)에서 검은 여단 소속 민병대에게 총살됨. 사후에 금성무공훈장을 수여받음.

사랑하는 어머니에게

— 검열관 필巫이라고 적힌 편지에 검은 선이 그어져 있고 그 아래에 다음과 같은 문장이 쓰여 있다. "수갑을 차고 있어 글씨가 형편없습니다."

··· 그러나 괴롭지 않습니다. 괴로운 적이 절대 없었다는 사실을 분명히 말씀드립니다. 오늘 아침 정원에서 어머님을 뵈니 무척 기뻤습니다. 어머님께선 저를 보지 못하셨지만요. 그래서 괴로움을 느끼지 못하는 건지도 모르겠습니다. 저를 위해 해 주신 일들에 감사를 표하며 아울러 제가 드린 모든 슬픔에 사죄드립니다.

어머니를 위해 기도하겠습니다.

어머니의

안드레아

V

Luigi Palombini, Alfonso Paltrinieri, Sergio Papi, Bruno Parmesan,
Gian Raniero Paulucci de Calboli Ginnasi, Bruno Pellizzari, Giuseppe Pelosi,
Stefano Peluffo, Giacomo Perlasca, Giuseppe Perotti, Quinto Persico, Renato Peyrot,
Aldo Picco, Luigi Pierobon, Lorenzo Pieropan, Pietro Pinetti, Sergio Piombelli,
Giovanni Pistoi, Carlo Pizzorno, Emilio Po, Mario Porzio Vernino,
Luciano Pradolin, Francesco Pretto, Giancarlo Puecher Passavalli,
Domenico Quaranta, Umberto Ricci, Roberto Ricotti, Francesco Rigoldi,
Giacinto Rizzolio, Francesco Rossi, Tigrino Sabatini, Vito Salmi.

루이지 팔롬비니_Luigi Palombini_(**루이지 푸치**_Luigi Pucci_)

29세. 기계공. 1916년 2월 15일 그라돌리_Gradoli_(비테르보) 출생. 1944년 2월, 독일의 강제 수용소에서 이탈리아로 귀환(그의 형은 그곳에서 죽음을 당함). 가족과의 짧은 상봉 후, 피에몬테로 가서 게르마나스카 계곡 및 키소네 계곡에서 활동하는 '정의와자유' 소속 제5 알피니 산악사단 "세르조 토야"에 합류. 1945년 2월 27일, 독일군과 파시스트 부대가 실시한 소탕 작전 중 부상당한 동지를 구하려다 체포됨. 피네롤로(토리노)의 이탈리아 국가헌병대 병영으로 이송. 1945년 3월 10일 17시, 젠레 형제 외 4명의 파르티잔들과 함께 폰테 키소네(피네롤로)에서 검은 여단의 민병대원들과 독일군 소대에게 총살됨.

피네롤로, 1945년 3월 6일

말란 선생님 귀하

저는 이곳에서 딱히 편지를 쓸 사람이 없습니다. 그래서 전쟁이 종식될 때, 저의 운명을 가족들에게 알려 주셨으면 하는 바람을 담아 선생님께 편지를 보냅니다.

어제 저녁, 저에게 사형이 선고되었다는 소식을 접하게 되었습니다. 저는 이미 예상하고 있었기 때문에 태연하게 받아들였습니다. 제 마음은 고요하고 평온하기 그지없습니다. 지금의 이러한 마음 상태가 생이 끝나는 마지막 순간까지 이어지기를 바랄 뿐입니다.

저를 대신해 친구들 모두에게 작별 인사 전해 주시길 부탁드립니다. 선생님과 꼬맹이 마르첼라에게는 특별히 따로 작별 인사드립니다. 프리다에게도 작별 인사 전해 주세요.

재차 부탁 말씀드립니다. 부디 저의 가족이 저의 운명과 관련된 일들을 전쟁이 끝날 무렵에 알게 해 주세요. 고통스러워하는 우리의 이탈리아를 충성으로 섬기다가 평온하게 유명을 달리했다고 전해 주시면 됩니다.

다시 한 번 애정 어린 작별 인사를 보냅니다.

이탈리아 만세!

루이지 팔룸비니

사랑하는 어머니께

저는 포로로 잡혔습니다. 하지만 너무 심려 마세요. 우리는 곧 천국에서 다시 만날 것입니다. 힘을 내세요. 저는 양심에 거리낌 없이 헌신적으로 저의 의무를 다했으니까요. 입맞춤을 보내며

루이지

사랑하는 안나에게

당신이 나를 위해 해 준 모든 일들에 고마움을 표하고 싶어. 내 용기는 아직도 충만해. 당신도 그랬으면 좋겠어. 작별 인사를 보내며

루이지

저는 여전히 용기를 내고 있습니다. 처형될 때까지 부디 이 용기를 잃지 않길 바랍니다. 저는 어떻게 죽어야 하는지 압니다. 따라서 주께서 제게 더 큰 힘을 주실 것입니다. 저는 양심의 가책을 느낄 것이 하나도 없습니다. 그저 이탈리아와 이웃의 안녕을 위해 저의 의무를 다했던 것뿐입니다.

푸치 루이지

알폰소 팔트리니에리 *Alfonso Paltrinieri*

49세. 기업가. 1894년 7월 14일 산타페주*Santa Fe* 로사리오*Rosario*(아르헨티나*Argentina*) 출생. 산 펠리체 술 파나로*San Felice sul Panaro*(모데나) 지역에서 낙농 제품 공장 운영. 자신의 집을 연합군 포로들을 위한 집합소 및 대피소로 만들어 수십 명을 구출함. 1944년 1월 30일, 독일군에게 체포됨. 1944년 2월 21일부터 22일 밤 사이, 모데나의 특별군사법원에서 재판을 받음. 아내 이네스와 함께 24년 형을 선고받음. 세 자녀는 경범죄로 처리. 1944년 2월 22일 6시 30분, 루이지 안데르리니와 함께 사카*Sacca*(모데나 외곽) 지역의 사격장에서 총살됨.

1944년 2월 21일, 모데나

잊을 수 없는, 가장 소중한 아내에게

이 숭고한 순간, 나와 함께해 온 당신에게 마지막 작별 인사를 보내오. 당신이 항상 내 존재의 이유였던 것처럼 당신 역시 나를 변함없이 많이 사랑해 주었지. 우리가 하나 되어 살아온 과정에서 나로 인해 겪었던 고통은 전부 용서해 주오. 사랑하는 우리의 아이들을 함께 키우고 싶었건만, 나의 부주의로 인해 갑작스럽게 닥친 슬픈 운명은 우리를 갈라놓으려 하는구려. 나는 당신이 교육자의 본분을 계속 이어 나갈 수 있도록 조만간 석방되어 집으로 돌아가길 바라오.

부디 나를 용서해 주오. 다른 이들에게도 주님의 이름으로 용서를 구한다고 전해 주구려.

우리 아이들이 당신의 삶에서 조금이나마 슬픔을 덜어 줄 것이오. 나를 위해 기도해 주오. 나 또한 하늘나라에서 당신을 위해 기도할 거요. 당신이 지상에서 축복을 받아야 언젠가 우리가 천국에서 재결합할 수 있을 테니 말이오.

주께서 당신에게 보내신 십자가의 무게를 부디 견뎌 주길. 다시

한 번 용서를 구하오. 당신을 안고 끝없는 키스를 보내며

당신의 가장 사랑하는

알폰소

20세. 사무직. 1923년 11월 21일 밀라노 출생. 밀라노 중앙역 통신 기사. 1942년부터 박해와 관련된 암호들을 해독하여 인종적, 정치적인 이유로 핍박받는 당사자들에게 전달함. 1943년 7월 25일 이후, 군 수송과 관련된 전보들을 빼돌려 파기함. 1943년 9월 8일 이후, 인트라*Intra*(마조레 호수*Lago Maggiore*) 지역의 파르티잔으로 합류. 연합군 포로들이 비주*Viggiu* 코무네를 거쳐 스위스로 탈출할 수 있게 도와줌. 가족의 성화에 못 이겨 1944년 4월 파르티잔 활동을 중단하고 밀라노로 돌아와 징병 소집에 응함. 베르첼리*Vercelli*에서 처음 탈출한 후 다시 군대로 되돌아감. "리토리오" 사단과 함께 뮌싱겐*Munsingen*(독일)의 훈련소로 보내짐. 군대 동지들을 대상으로 반파시즘 선전 활동을 펼침. 3명의 동지와 함께 탈출 계획을 세움. 그를 포함한 4명은 자전거로 콜레 디 레시아*Colle di Resia*(볼차노*Bolzano*)에서 10㎞ 떨어진 곳까지 갔으나, 그곳에서 독일군 친위대에게 붙잡혀 훈련소로 다시 보내짐. 1944년 10월 18일, 티토 아고스티 사단장이 주재하는 "리토리오" 특별법원에 의해 재판을 받음(그를 재판했던 티토 아고스티 사단장은 훗날 로마의 보체아 요새에서 교수형에 처해짐). 1944년 10월 19일 20시, 함께 탈출을 감행했던 3명의 동지 우고 첼리니, 루이지 포사티, 프랑코 토렐리와 함께 뮌싱겐의 훈련소에서 총살됨.

사랑하는 모든 사람들에게

저는 얼마 전부터 제 인생에 있어 가장 모험적인 발걸음을 내딛을 준비를 하고 있었습니다. 그리고 오늘, 최종적으로 저의 유일한 기쁨이자 안식처인 여러분에게로 가서 여러분의 뒤를 잇기로 마음먹었습니다. 혹시나 하는 마음으로, 마지막으로 딱 한 번만 더 죽을 각오를 하고 이 일을 감행해 보기로 결정했습니다.

저는 오랫동안 깊이 생각해 왔습니다. 승산은 있지만 넘어야 할 산도 많습니다. 그러나 내 조국이 아닌 타국에서 이 사람들과 계속 함께 살아갈 수는 없다는 생각에 오늘 이 같은 결정을 내렸습니다.

이곳은 이탈리아에서 300km나 떨어져 있습니다. 우뚝 솟은 알프스 산맥이 저에게는 위협적으로 보이기까지 합니다. 그럼에도 불구하고 끝내 저를 버리지 않으실 하느님을 믿고, 저의 힘을 믿습니다. 만약 이 계획이 성공하면 여러분과 다시 그리고 영원히 함께 있을 것입니다. 실패하면, 처형될 것이 분명합니다. 하지만 삶이 끝남과 동시에 고통도 함께 끝날 것이기에 그리 비관적으로만 생각하지는 않습니다. 저는 지금 이런 생각을 합니다. 저뿐만이 아니라 전 인류가 고통받고 있고, 이 전쟁으로 인해 죽는 사람은 제가 처음도 마지막도 아니라는 것을요.

제 의지는 확고하며 이와 더불어 자신도 있습니다. 이 일은 그저 조용히 제 운명에 맡기려 합니다. 모든 것은 다음과 같이 예정되어 있으니까요. 성공이냐, 실패냐. 실패하더라도, 저에게는 비로소 영원한 휴식이 시작될 것이라고 믿습니다.

사랑하는 부모님, 저를 바르게 교육시켜 주시고 건강하게 길러 주셨지요. 감사드립니다. 그동안 두 분이 저로 인해 감내해야 했던 책임과 고생을 생각하면, 두 분은 제 가슴속 깊은 곳에서 우러나는 진정 어린 감사의 마음을 받으실 자격이 충분합니다.

저는 항상 두 분을 속상하게만 해 드린 것 같습니다. 어려서 철이 없었기 때문일 거예요. 그리고 오늘도 가슴 아프게 해 드린 것에 대해 용서를 구합니다. 나쁜 의도는 전혀 없었습니다. 언젠가 운명이 허락하는 날, 제 마음을 보여 드릴 수 있을 것입니다. 저의 결단으로 말미암아 어쩌면 오늘 다시 두 분께 고통을 드릴 수도 있습니다. 하지만 두 분께 돌아가기 위한 노력은 이번이 마지막 시도가 될 것입니다.

저의 가족, 저의 집, 저의 조국이 저를 부릅니다. 저는 그 부름에 귀를 기울이지 않으면 안 됩니다. 또한 위험이 발생하고 장애물이 생길 때마다 저를 위해서 하느님께 기도드리는 당신의 목소리, 즉 어머니의 목소리도 들립니다. 저는 강해질 것입니다. 만일 어머니를 뵙게 된다면 그곳에 도착하기까지의 여정에 대해 말씀드릴 것입니다. 제가 이곳을 어떻게 탈출했는지에 대해 말해 줄 수 있는 사람은 저 말고는 없으니까요. 오늘 저는 성공을 확신하기에 감히 이렇게 말씀드릴 수 있는 것입니다. 하지만 신이 제 앞길에 이와는 다른 운명을 준비했다 하더라도 상관없습니다. 지금 저는 가장 달콤한 기쁨을 느끼고 있기 때문에, 계획한 일이 틀어지더라도 이 결정적인 순간을 절대 저주하지 않을 것입니다.

저는 두 분을 끝없이 그리고 순수하게 사랑하고 있습니다. 또한 저는 죽음을 무릅쓰고라도 두 분이 계신 곳에 반드시 그리고 무사히 당도할 것입니다. 이 생각만으로도 제가 얼마나 행복한지 아시겠어요? 두 분께 다시 돌아갈 수 있기에 행복합니다. 저의 행복감을 두 분께 보여 드리고 나니 제가 계획한 모험적인 여정이 편안하게 느껴지고 자신감도 생깁니다. 제가 그곳에 무사히 도착한다면 이번에는 멀리 떠나지 않고 집에 머무를 것입니다.

특히 제가 존경해 마지않는 어머니, 어머니께선 자식들에게 해 줄 수 있는 것은 다 해 주셨습니다! 더 이상 해 줄 것이 없을 정도로요. 어릴 적, 교실에 잘 있는지 확인하러 학교까지 저를 따라오셨던 어머니를 본 적이 있어요. 불쌍한 우리 어머니, 그 시절 저는 얼마나 배은망덕한 자식이었는지! 당시에는 그런 어머니를 이해하지 못했어요. 하지만 지금은 사랑하는 자식들을 위해 애쓰시는 그런 어머니가 좋습니다.

사랑하는 아버지, 다른 것을 다 떠나 우선 아버지의 마음을 제대로 이해해 드리지 못해 송구합니다. 겉으로는 엄해 보이지만, 실제로는 아주 좋은 분이라는 거 알아요. 평소에는 과묵하시지만 제가 사고를 칠 때면 저를 꾸짖는 대신 늘 희생을 감수해 주셨죠. 아버지는 진정한 호인이십니다. 친애하는 아버지, 당신께서 하신 모든 일,

모든 희생에 대해 감사의 인사를 올립니다. 어머니와 마찬가지로 아버지 역시 자식들 뒷바라지를 위해 성실히 일해 오신 거 압니다. 제가 이런 생각을 하고 있다는 걸 어머니께 말씀드려 주세요. 우리의 미래가 행복한 결말일지, 불행한 결말일지는 이미 정해져 있다고도 말이에요.

과거의 잘못들에 대해 용서를 구하며 아버지를 향한 저의 사랑이 얼마나 깊은지 말씀드리는 것 외에는 달리 해 드릴 것이 없습니다. 멀리서 이 아들이 아버지께 드리는 말씀을 이해해 주시는 것만으로도 충분합니다. 브라보, 아버지! 항상 아버지와 함께여서 행복했습니다.

피에트로, 네게 아버지와 어머니를 부탁한다. 두 분께 도움이 되어 드리렴. 특히 언젠가 두 분께 노년기가 찾아오면, 그 시간을 우리를 부양해 주신 두 분의 희생에 대해 보답하고 애정을 보여 드릴 수 있는 순간이자 기회로 삼아야 해.

너는 어리지만 어른스럽잖니. 종전 후의 네 삶은 다른 사람들과 마찬가지로 어렵고 힘들 거야. 그래도 자신감을 가지고 침착하게 되든 안 되든 한번 부딪쳐 보렴. 세상에서 네가 설 자리를 찾기 위해 경쟁하다 보면 어느새 그 자리는 네 것이 되어 있을 거야. 끈기를 가지렴. 전쟁이 끝나면 국가의 재건을 위해 많은 일자리가 생길 거야. 다시 한 번 어머니와 아버지를 부탁한다. 두 분을 존중해 드리고 착한 아들이 되렴. 이 순간 내 마음이 그렇듯, 너도 두 분을 변함없이 사랑해 드렸으면 한다. 힘내, 피에트로. 네 삶의 주인공은 너야.

니노와 돈 주세페에게 나를 잊지 말라고 전해 줘. 내가 기억하는 그들은 항상 열정과 믿음으로 가득 찬 사람이라는 말과 함께.

모두에게 저의 가장 순결하고 진실한 볼 키스를 보내며

여러분의

세르조

가장 사랑하는 어머니 그리고 모든 이들에게

저는 여러분과 함께 있고자 이곳을 벗어나려 시도했습니다. 그러나 운명은 저의 편이 아니었습니다. 저는… 사형선고를 받았습니다!

저로 인해 여러분이 받게 될 모든 고통에 대해 용서를 구합니다. 저의 행동으로 인해 여러분의 인생이 엉망이 되었다면 그에 대한 용서 또한 구합니다. 이 또한 지나갈 것입니다. 시간이 흐르면 평정심을 찾게 되겠지요. 이게 저의 운명입니다.

여러분을 사랑합니다. 저는 마지막 순간까지 여러분 생각을 하고 있을 것입니다. 회개와 고해성사를 마쳤고, 이제 하늘나라로 올라갈 일만 남았습니다. 저는 항상 여러분을 '지켜볼' 것이고 축복할 것입니다.

어머니, 마음 단단히 먹으세요. 용기 내세요. 어머니는 거룩하신 분입니다. 아버지, 어머니와 피에트로를 부탁드립니다. 용기 내실 거라 믿습니다.

피에트로, 부모님을 잘 부탁한다.

사랑합니다. 변함없이 사랑합니다. 볼 키스를 보내며

여러분의

세르조

브루노 파르메산 *Bruno Parmesan* (베네치아 *Venezia*)

19세. 선반기계공. 1925년 4월 14일 베네치아 출생. 오소포–프리울리 무장군 제1 사단 소속 제4 여단 "발 메두나" 대대의 파르티잔. 1945년 1월, 밀고로 메두노 *Meduno* (우디네)에서 검은 여단의 민병대원들에게 체포됨. 1945년 2월 2일, 우디네의 독일영토군 사법원에서 재판을 받음. 1945년 2월 11일 6시, 제수이노 만카 외 22명의 파르티잔들과 함께 우디네의 공동묘지 경계 벽에서 총살됨.

우디네, 1945년 2월 10일

사랑하는 아버지와 사랑하는 나의 가족 그리고 친척들에게

저는 죽음의 문턱에서 여러분에게 유서를 남기고 있습니다. 세계와 전 인류가 저에게 등을 돌렸습니다. 그리고 이제 주께서 저와 함께하길 원하십니다.

오늘은 2월 10일입니다. 독일군사법원은 제게 사형을 선고했습니다. 피를 갈구하는 자들이 부모님으로부터 선물받은 은혜로운 저의 육신을 갈기갈기 찢으려 합니다.

하늘나라에 가면 사랑하는 어머니를 뵐 수 있다고 생각하며 저는 행복하게 눈을 감습니다. 어머니께서 저를 부르시는 소리가 들립니다. 예전처럼 저를 가까이 두고 힘겨운 저의 운명을 보듬어 주시려나 봅니다. 여러분, 저 때문에 울지 마세요. 그리고 힘내세요. 사형이 선고되었다는 소식을 들었을 때의 저처럼, 제가 하는 말들을 담담하게 받아들여 주세요.

죽음으로 인해 여러분과 헤어지게 되었지만, 저는 그 누구에게도 해를 끼친 적이 없기 때문에 죽음이 두렵지 않습니다. 양심에 거리낄 게 없으니 평온할 수밖에요.

아버지, 형제자매 그리고 일가친척 여러분, 자신이 태어나고 자란 땅을 지키다 무고하게 죽은 브루노를 자랑스럽게 생각하십시오.

저의 유서를 마지막으로 읽게 될 사람은 아마도 사랑하는 여동생 이다와 에다겠지요. 지난번에 봤을 때 그 아이들의 미소 짓는 모습이 너무나도 예뻤습니다. 그런 이다와 에다의 얼굴에 어쩌면 눈물 자국이 생길 수도 있겠네요. 구이도, 네가 손윗사람으로서 누이들에게 용기를 주렴.

이 저주스러운 전쟁이 끝나면, 전 세계에서 애도의 물결이 줄을 이을 것입니다. 가능하면 제 시신은 사랑하는 어머니 옆에 묻어 주세요.

구이도, 우리 가족을 부디 잘 돌봐 주렴. 이것이 내가 죽기 직전 네게 하는 마지막 부탁이란다. 사랑하는 형제자매들이여, 행복이 넘치고 언제나 행운이 함께하길….

제가 했던 모든 잘못에 대해 용서를 구합니다.

저의 가장 소중한 볼 키스를 보내며 저는 이만 물러갑니다.

여러분의 영원한

브루노

잔 라니에로 파울루치 데 칼볼리 진나시 *Gian Raniero Paulucci de Calboli Ginnasi*

52세. 지주, 문학가이자 철학가. 1892년 8월 12일 포를리*Forlì* 출생. 제1차 세계대전 종전 후까지 파시즘을 고수하였으나 얼마 지나지 않아 반파시즘 운동에 동조하여 정치범들과 박해자들을 돕기 시작. 제2차 세계대전 중에는 더욱 적극적으로 도움을 줌. 1943년 9월 8일 이후, 라디노*Ladino*(포를리)에 있는 자신의 별장에 해산된 군인들, 탈출한 포로들, 파르티잔들을 머물게 함. 지역 레지스탕스 지도부와 접촉. 그중에는 금성무공훈장을 수여받은 토니노 스파촐리*Tonino Spazzoli*(추후 검은 여단에 의해 살해당함)도 있었음. 1944년 7월, 처음 체포되었으나 얼마 후 석방됨. 1944년 8월 13일, 포를리에서 국립공화국수비대 "제9 세템브레*Settembre*(이탈리아어로 9월을 뜻함─옮긴이)" 대대의 병사들에게 두 번째로 체포됨. 카스트로카로*Castrocaro*로 이송. 고문당함. 체포 당일인 1944년 8월 13일, "제9 세템브레" 대대의 사령부에 의해 약식기소. 고문 재개. 1944년 8월 14일 9시, 테라 델 솔레*Terra del Sole*(포를리의 카스트로카로)에서 "제9 세템브레" 대대 소속 군인들에게 총살됨.

─총살당하기 1시간 전. 아내 펠레그리나 로셀리 델 투르코에게 쓴 이 편지는 결국 그녀에게 전달되지 못했다. 그녀 또한 체포되어 포를리 형무소에 수감 중이었기 때문이다. 이후 그녀는 형무소 안에서 유대인 포로들을 도와주었다는 이유로 1944년 9월 5일 포를리의 비행장에서 총살되었다. 그의 어머니는 며느리와 손자 코시모 파울루치가 수감된 형무소로 가던 길에 붙잡혀 독일로 추방되었고. 이후 공습으로 사망했다.

1944년 8월 14일

사랑하는 펠레그리나에게

나는 지금 인생의 막다른 길에 다다랐소. 고해성사를 해 주신 신부님께서 당신에게 어떤 말씀을 해 주실는지…. 아마도 나와 여기서 나누었던 말들은 다 전해 주실 거요. 나는 아주 침착하고 평온하오. 그러니 용기를 내 주오. 아버지와 어머니께도 힘이 되어 드리고. 사랑하는 누이 릴에게도…. 이곳에서도 나는 온통 가족 생각뿐이라고 말해 주시오. 용기를 내요. 코시모에게 신앙을 가지라고 전해 주고. 아주 아주 큰 믿음을 말이오. 예수님의 사랑으로 우리의 모든 죄는 사하여질 것이니….

당신이 할 수 있을 때 안나(파울루치가 도와주고 있던 고아-원주)에게도 내 소식을 전해 주시오. 불쌍한 아이, 어쩌면 그 아이는 자신이 두 번 버림받았다고 느낄지도 모르겠소. 용기를 잃지 마오. 그리고 코시모에게도 이렇게 말해 주시오. 내가 그를 버리는 게 아니라고. 코시모가 기도하는 법을 안다면, 그 어느 때보다 나와 더 가까이 있다고 느끼게 될 거라고 말이오.

나는 그 누구에게도 잘못한 게 없으니, 양심의 가책을 느낄 것이 아무것도 없소. 이 불안한 시대에 내게 고귀하고 소중한 동료가 되어 준 이다(건물 관리인-원주)에게 나를 기억해 달라고 전해 주오.

이제 나는 떠나오. 그렇다고 당신과 코시모의 곁을 영원히 떠나는 건 아니오. 내가 사랑하는 모든 사람들을 내 품에서 절대 못 빠져나가게 꽉 끌어안으며.

사랑하는 코시모, 나는 너를 각별히 생각한단다. 두 사람 다 믿음을 가지고 모든 일을, 모든 사람을 용서할 줄 알아야 하오.

당신의 변함없는 사랑

잔 라니에로

브루노 펠리차리*Bruno Pellizzari*(레노*Reno*)

23세. 직공. 1921년 3월 24일 로트초*Rotzo*(비첸차) 출생. 아시아고*Asiago*(비첸차)의 고원
에서 활동하는 "아테오 카레미*Ateo Caremi*" 사단 소속 가리발디 여단 "피노*Pino*"의 파르
티잔. 로아나*Roana*, 로트초 및 콘카*Conca*를 포함한 수많은 지역의 전투에 참여. 1944년
12월 31일, 로트초에서 새해를 맞이하기 위해 마을로 내려가던 도중, 그를 목격한 이
의 밀고로 검은 여단의 병사들에게 체포됨. 로아나로 이송된 후 파도바의 형무소로 다
시 이감. 1945년 1월 18일, 피오베 디 사코*Piove di Sacco*(파도바)에 있는 한 학교의 교실에
서 검은 여단의 법원에 의해 재판을 받음. 1945년 1월 20일 7시 30분, 키에사누오바
Chiesanuova(파도바)에서 파시스트 소대에게 총살됨.

사랑하는 나의 부모님께

이 편지를 받으셨을 때쯤이면 두 분께서는 이미 제가 한 일들에
대해 알고 계실 것입니다. 저의 유서를 통해 두 분이 위로를 받으시
길 그리고 제가 마지막 순간까지 편안해 했다는 걸 알게 되시길 바
랍니다.

저는 고해성사를 통해 하느님의 은혜 속에 있게 되었습니다. 또
한 미사 때 성체를 받아 모시는 영성체를 했습니다. 하느님의 자비
가 부디 제가 선종善終하는[1] 데 도움이 되기를 바랍니다.

너무 마음 아파하지 마세요. 이 아들은 하늘나라에서 이곳보다
훨씬 더 나은 삶을 살 테니까요. 저는 두 분을 위해 기도드릴 것입
니다. 두 분께서도 항상 저를 위해 기도해 주세요.

제가 가끔이나마 근심을 안겨 드렸다면 부디 용서를 바랍니다.
아울러 저에게 해 주신 모든 일들에 대해 감사하다는 말씀을 전합
니다.

---

1   가톨릭에서 임종 때 병자성사를 받아 큰 죄가 없는 상태에서 죽는 일(옮긴이).

마리아 누나와 안토니에타 누나 그리고 누나들의 가족, 리고니, 일가친척, 친구들, 마지막으로 신부님께도 작별 인사를….

누나들에게 부탁할게. 부모님을 잘 보살펴 드려. 두 분께 늘 잘 해 드리고. 어머니, 아버지께서는 제가 드린 성스러운 미사에 대해 분명 궁금해하실 테지요.

여러분 모두를 안고 볼 키스를 퍼부으며

두 분의 아들

부르노

예수 그리스도여, 찬미받으소서.

주세페 펠로시Giuseppe Pelosi(페피노Peppino)

24세. 공학도. 1919년 10월 24일 브레시아 출생. 보병 예비군 소위. 1943년 가을, 트롬피아 계곡Val Trompia과 카모니카 계곡(브레시아)에서 초기 무장군을 조직. 자신이 이끄는 파르티잔 의용군과 함께 하산하여 가르도네 리비에라Gardone Riviera로 이동. 화력 장비 제조회사인 베레타Beretta를 기습 공격하여 무기를 탈취. 더욱 강력한 무장 조직을 만들기 위해 브레시아로 돌아감. 1943년 12월 14일, 밀고로 로베레(베르가모)에서 검은 여단의 병사들에게 체포됨. 수차례 고문당함. 1944년 1월, 무장 의용군을 조직하고 사령관으로 활동한 것과, 독일군의 적과 내통한 죄로 베로나의 독일군사법원에서 재판을 받음. 1944년 3월 16일, 베로나의 프로콜로 요새Forte Procolo에서 총살됨.

1943년 12월 23일 브레시아

사랑하는 어머니께

적막만이 감도는 감옥에서 보내는 이 편지가 제 시간에 도착하기를…. 또한 어머니를 향한 이 아들의 마음이 글로 고스란히 표현되길 간절히 바랍니다. 1943년의 성탄절은 그 어느 때보다 즐겁게 보내셨으면 합니다.

가장 사랑해 마지않는 아버지, 누나, 매형, 조카, 모두 메리 크리스마스!

폭풍이 휘몰아치더라도, 제가 여러분과 함께 보낼 수 없다 하여도, 평화로운 크리스마스가 되길…. 저의 감방에도 성탄절은 어김없이 찾아올 것입니다. 그러니 저는 여러분 모두와 정신적으로나마 교감하며 성탄절을 보낼 것입니다. 최근 몇 해 동안 제가 가족과 멀리 떨어져 보낸 성탄절처럼 이번에도 그렇게 보내게 되겠지요. 거룩하신 하느님께서 선의를 가진 사람들에게 허락해 주시는 평화로움을 느끼며 평온하게 보낼 것입니다.

사랑하는 어머니, 제가 감옥에 있다는 것을 확실히 알게 되셨겠지만 제가 이곳에 있는 이유가 절도나 다른 범죄로 인한 것이 아님을, 저는 이탈리아인으로서, 저항군의 장교로서, 제 양심을 거스르고 위증을 통해 이득을 보는 불명예를 안을 수는 없었다는 걸 알아주세요. 저들은 다른 기소 건으로 저에게 죄를 뒤집어씌우려 하겠지만, 그럴 만한 어떠한 근거도 없기에 최소한 저를 해할 수는 없을 것입니다. 심문받기를 기다리면서 보낸 시간도 벌써 열흘이나 되었습니다. 얼마나 더 이곳에 있어야 할까요? 솔직히 저도 잘 모르겠습니다. 저들이 저의 운명을 어떻게 결정할지 하루빨리 알려 주길 바라며, 믿음을 가지고 최대한 침착하게 기다리고 있습니다.

너무 마음 아프시겠지만, 어머니께서 제게 편지를 보낼 수 있으니 따뜻한 말로 저에게 힘이 되어 주시길 부탁드립니다. 그리고 또 하나, 형무소 소장에게 돈을 조금 보내 주실 수 있으실까요? 그러면 이곳의 배식이 조금이나마 개선될 것입니다. 담배, 우유, 감자가 더해지면 저들이 주는 작은 빵 한 덩어리와 채소 수프가 좀 더 맛있어질 텐데요. 또한 매주 화요일에는 사식을, 토요일에는 제가 갈아입을 속옷을 넣어 주실 수 있습니다. 시간이 허락된다면, 성탄절을 맞이하여 3kg을 초과하지 않는 선에서 먹을 것을 보내 주셔도 좋습니다.

사랑하는 어머니, 부디 저를 용서해 주세요. 저로 인해 야기된 모든 고통, 모든 괴로움에 대해 용서를 구합니다. 어머니께 수천수만 번 입맞춤해 드리고, 어머니로부터 수천수만 번 입맞춤을 받고 싶습니다.

주세페

아버지, 누이, 매제, 조카에게 애정을 듬뿍 담은 안부 인사 전해 주세요. 또한 저를 기억하고 있는 모든 사람들에게도 안부 인사 전해 주세요. 메리 크리스마스!

1944년 2월 28일

가장 사랑하는 어머니, 아버지께

이 감방에서는 처음 쓰는 편지입니다. 고작 편지 몇 줄로 저의 가슴속 깊은 애정을 모두 담아낼 수 있을지 모르겠습니다.

사랑하는 어머니, 아버지, 저는 매 순간마다 두 분을 생각했습니다. 이 고통의 시간만큼, 슬프지만 아름다운 이 시간만큼, 이렇게 두 분과 가까이 있다고 느낀 적이 없었던 것 같습니다. 두 분은 이제 제가 무슨 말씀을 드릴지 알고 계실 거예요. 제가 드린 고통에 대해 용서를 구하며, 저에게 늘 관심을 가져 주신 것에 대해 감사드립니다. 또 한편으로는 두 분의 관심이 끊기지 않기를 바랍니다. 이 아들이 사면을 받을 수 있도록 백방으로 알아봐 주세요. 저는 매일 시간 단위로 심문에 대한 예상 답변을 짜면서 저의 모든 것을 지배하시는 하느님께 저의 인생을 맡겼습니다.

만약 베로나의 독일법원에 승인을 요청하시면 두 분을 다시 안아 드릴 수 있는 날이 올 수도 있습니다. 제가 가장 바라는 이 일이 하루빨리 실현되기를 바랍니다.

로사, 마리아 누나는 잘 지내나요? 누나들, 조카들, 매형이 계속 생각납니다. 애정 어린 추억을 함께 나눈 다정다감한 이들 모두를 안아 드립니다. 일가친척 모두에게도 안부 인사 전해 주세요. 또한 제 친구들과 제가 관심을 보였던 사람들에게도요.

친애하는 어머니와 아버지, 두 분을 꼭, 아주 꼭 안아 드릴 수 있기를 희망하면서, 자식으로서 백배 더 커진 효심을 담아 두 분께 안부 인사드립니다.

여러분의 페피노

1944년 3월 16일, 베로나

사랑하는 어머니, 아버지, 누이들에게

방금 어머니께 작별 인사를 드렸습니다. 지금은 15시 30분입니다. 저들은 오늘 저녁에 저의 사형 집행이 있을 거라고 알려주었습니다. 즉, 이것은 저의 유서입니다.

저를 창조하신 하느님 아버지의 이름으로, 저를 구원해 주신 예수 그리스도의 이름으로, 저에게 넘치는 은혜를 베풀어 주신 성령의 이름으로, 가장 거룩하신 삼위일체[1]의 이름으로, 저는 어머니, 아버지, 마리아 누나, 로사 누나에게 항상 흔들리지 않는 믿음을 가지고 있습니다. 저는 이제 삶을 조용히 마감하려 합니다. 이제껏 저는 스스로의 의지로 이 땅에서 제가 너무나도 사랑하는 것들을 위해 이 한 몸 바쳤고, 지금도 세계 평화를 위해, 특히 제가 가장 사랑해 마지않는 조국을 위해 목숨을 바칠 준비가 되어 있습니다. 그러기에 후회는 없습니다. 더 가치 있고 빛나는 미래의 조국에서는 아이들이 더욱 자유롭게 뛰놀 수 있기를 바랍니다.

---

1 그리스도교에서 성부, 성자, 성령이 한 몸이라는 뜻(옮긴이).

사랑하는 어머니, 저는 이제 제가 가고 싶은 하늘나라로 떠납니다. 어머님께서 저의 죽음으로 인해 받으실 고통을 잘 견디어 내실 수 있도록 하늘에서도 어머니를 지켜볼 것입니다. 가장 사랑하는 어머니, 고통의 원인이 된 저를 용서해 주세요. 태어났을 때부터 제가 드린 모든 고통들, 특히 지금과 같은 고통을 안겨 드린 것에 대해 부디 용서해 주세요.

안녕히 계세요, 어머니.

사랑하는 아버지, 아버지께도 제가 드린 모든 고통에 대해 용서를 구합니다. 고통의 원인이 된 저를 용서해 주십시오. 아버지께서는 꼭 그렇게 해 주시리라 확신합니다. 저의 인생이 다시 시작될 하늘나라에서 아버지를 위해 간절히 기도할 것입니다.

마리아 누나, 나는 누나가 특히 좋았어. 내가 잘못한 것이 있으면 용서해 줘. 누나가 그토록 바랐던 남동생의 마지막 포옹을 받아 줬으면 해. 누나의 남편, 나의 새로운 형제인 매형 주세페에게도 축복과 포옹을 대신 전해 줘. 그리고 가장 사랑하는 안나 마리아에게는 잊을 수 없는 아주 따뜻한 뽀뽀를 부탁해.

로사, 가장 소중한 로셀리나, 매 순간마다 나는 우리의 삶을 되짚어 보았단다. 내가 잘못한 게 있다면 모두 용서해 줘. 오빠로서 입맞춤과 다정한 포옹을 보낸다. 내 포옹이 너에게 더 나은 미래를 기원하는 좋은 징조가 되길 바라. 안젤로에게는 뽀뽀와 포옹을, 마리오에게는 수천수만 번의 뽀뽀를.

친척들 모두에게, 제가 혹시나 기분 상하게 해 드린 적이 있다면 용서를 구합니다. 모두를 감싸 안아 드립니다. 부디 저를 잊지 말아 주세요. 저는 여러분 한 분 한 분을 모두 기억할 것입니다.

모든 지인들에게 애정 어린 작별 인사 부탁드립니다.

어머니, 아버지, 누이들, 오늘 저녁에는 하느님께서 저를 꼭 찾으실 수 있기를 바랍니다. 어머니, 아버지, 누이들, 저를 항상 기억해 주세요. 저는 항상 여러분과 함께 있을 것입니다. 영원토록.

하느님께, 당신의

페피노

끝없는 입맞춤을 보내며

스테파노 펠루포 *Stefano Peluffo* (마리오 *Mario*)

18세. 사무직. 1926년 4월 12일 사보나 출생. 이탈리아 공산당 투사. 1943년 10월부터 "그람시" 사단 소속 "팔코*Falco*" 여단의 애국행동대에 합류하여 부대 간의 연락, 지하 간행물 유포, 보급 물자 조달 등의 활동과 수많은 무장 투쟁에 참여. 1944년 10월 14일부터 15일 새벽 사이, 밀고로 사보나의 자택에서 검은 여단 소속 민병대에게 체포됨. 사보나의 파시스트연맹 본부로 이송. 1944년 11월 1일, 재판 없이 파올라 가렐리 외 4명의 파르티잔들과 함께 해안 방어용으로 지어진 사보나 요새에서 파시스트 소대에게 총살됨. 사후에 은성무공훈장을 수여받음.

사랑하는 부모님과 형제들에게

저는 삶의 마지막 순간 여러분께 편지를 쓰고 있습니다. 저는 의무를 다했으니 기쁜 마음으로 죽을 것입니다. 다들 잘 지내세요. 모두에게 부탁드립니다. 어머니가 아파하시지 않게 잘 위로해 주시고, 지인들과 저를 아껴 주신 모든 분들에게 작별 인사 전해 주세요.

악운을 저주하지 마세요.

안녕히 계세요. 모두를 안아 드리며

펠루포 스테파노

자코모 페를라스카*Giacomo Perlasca*(카피타노 체니트*Capitano Zenit*)

24세. 밀라노 폴리테크닉 공과대학교 학생. 1919년 12월 19일 브레시아 출생. 포병 예비군 소위. 1943년 9월 8일 직후, 의용병 모집과 조직을 담당. 같은 해 10월부터 사비아 계곡과 발테네시*Valtenesi*(브레시아) 지역의 '녹색화염' 소속 무장군의 지휘관으로 활동. 새로운 무장군 조직을 장려하고 연합군 포로들의 통행로를 마련하기 위해 스위스와의 연락망 개설. 로카 단포*Rocca d'Anfo*[1]에 대한 기습 공격을 감행하여 적의 군사 시설과 군용 차량 행렬에 타격을 줌. 1944년 1월 18일, 베틴촐리 부사령관과 함께 지역 상황 보고 차 지방 사령부로 향하던 중, 브레시아의 모레토가에서 파시스트 단체에게 체포됨. 1944년 2월 14일, 브레시아의 독일군사법원에서 무장 의용군을 조직한 일과 적들과 내통한 죄로 재판을 받음. 1944년 2월 24일, 제30 포병 연대의 병영 근처에서 마리오 베틴촐리와 함께 총살됨.

1944년 2월 23일, 브레시아

사랑하는 어머니에게

지금 저에게 남은 시간은 그리 많지 않습니다. 어머니께 굳이 말씀드리지 않아도 저의 운명이 곧 어떻게 될지 아시겠지요? 기운 내세요. 그리고 용기를 내시어 이 위기를 극복하시기 바랍니다. 저 때문에 괴로워하지 마세요. 저에게는 믿음이 있으므로 주어진 운명을 달게 받을 것입니다. 주님의 자비는 분명 저를 구원해 줄 것입니다. 또 하늘나라에는 이미 저의 대의를 강력히 지지해 주시는 아버지가 계시지요. 아버지는 결코 저를 저버리지 않으셨고, 지금 그 어느 때보다도 제 가까이에 와 계십니다. 제 영혼은 이제 떠날 준비를 마쳤습니다.

---

1 나폴레옹이 설계했던 군사 목적의 구조물(옮긴이).

누이들에게도 어머니와 같은 애정을 보냅니다. 저의 성모이신 어머니를 누이들에게 맡깁니다. 어머니를 잘 보살펴 주세요. 또 그분을 의중을 따르고 지켜 주세요. 이는 제가 누이들에게 하는 당부의 말입니다. 지지, 너에게 특별히 부탁할게. 내가 떠나면 네가 우리 집의 유일한 남자니까. 너에게 가족을 보호할 명예를 부여하마. 부디 돌아가신 아버지를 본보기로 삼아, 그분이 하셨던 것처럼 항상 가족을 보호하는 훌륭한 가장이 되어 주렴.

모두들 어머니를 사랑해 드리고 아주 많이 아껴 드리길 바라. 살면서 내가 무심코 던진 말이나 행동에 상처를 받았다면 용서해 줘.

여러분께서는 제 삶이 이렇게 끝나는 게 아니라고 생각해 주세요. 오히려 또 다른 영원한 삶이 시작될 테니까요. 우리는 항상 기도를 통해 정신적인 교감을 나눌 것이고, 훗날 하늘나라에서 다시 만나게 될 것입니다.

주세페가 돌아오면 가장 사랑스러우면서도 가장 애정 어린 작별 인사를 전해 주세요. 모두에게 저를 위한 기도를 부탁합니다. 그래야만 제가 좀 더 빨리 목적지에 닿을 수 있을 테니까요.

저는 사랑하는 미마이에게 씻을 수 없는 고통만 남긴 채 떠나게 되었습니다. 그러니 불쌍한 그녀를 항상 챙겨 주세요. 미마이는 온 마음을 다해, 온 애정을 다해 저를 사랑해 주었으니까요. 그 어떤 여자도 저를 그렇게까지 사랑해 주지는 못했을 거예요. 그녀는 제 심장을 뛰게 한, 저의 여자이므로, 이미 우리 가족이나 마찬가지입니다.

고의적이었든, 아니었든 간에 저로 인해 상처를 받은 모든 이에게 용서를 구합니다. 저는 항상 모든 사람과 조화를 이루며 살아왔다고 믿기 때문에 달리 용서할 사람은 없습니다. 모두에게 한 명씩 볼 키스와 포옹을 해 드립니다. 아울러 모두를 축복합니다.

어머니, 슬픈 소식이 들리면 저의 명복을 빌어 주시고 저를 위해 기도해 주세요. 올림피아, 엘비라, 안나, 미마이, 지지, 항상 선량한 마음과 믿음을 갖길…. 주세페는 이미 선량한 마음과 믿음을 갖고 있어요. 오히려 그 마음이 더 확고해졌을 겁니다.

친척, 친구, 지인 할 것 없이 한 명 한 명 모두에게 작별 인사를 드립니다. 저의 명복을 비는 기도 부탁드립니다.

다시 한 번 애정 어린 포옹을 보내며

자코모

마리아와 돈 피에로에게도 작별 인사 전해 주세요.

추신 : 어머니! 미마이가 저를 두고두고 기억할 수 있도록 제 유품 중 하나를 골라 가질 수 있게 해 주시고, 저를 대신해 미마이를 딸처럼 여겨 주세요.

주세페 페로티 Giuseppe Perotti

48세. 공병 출신 준장. 동원령이 내려진 철도 건설 현장에서 검사관으로 복무. 1895년 6월 16일 토리노 출생. 1943년 9월 8일 직후, 레지스탕스 운동에 동참하기 위해 피에몬테 지역 민족해방위원회에 자진 입회. 제1 피에몬테 지역 군사위원회의 조정자로 임명되어 기술 자문을 담당함. 1944년 3월 31일, 토리노의 산 조반니 성당 제의실에서 피에몬테 지역 군사위원회 회의 참석 중 공화파쇼연합 분자들에게 체포됨. 1944년 4월 2일부터 3일까지, 피에몬테 지역 군사위원회 회원들과 함께 국방특별법원에 의해 재판을 받음. 1944년 4월 5일, 프랑코 발비스 외 6명의 피에몬테 지역 군사위원회 회원들과 함께 토리노의 마르티네토 국립포병사격연습장에서 국립공화국수비대에게 총살됨. 사후에 금성무공훈장을 수여받음.

토리노, 1944년 4월 3일 20시

사랑하는 나의 렌차에게

내가 당신에게 보냈던 수많은 편지의 머리말과 똑같은 말로 이 편지를 시작하려 해. 이번 생에서 더는 당신을 따라다닐 수 없다 하더라도, 다른 생에서까지 그러지 못할 거라는 법은 없잖아. 대다수의 사형수들과는 달리, 그들은 내게 몇 시간 후에 죽을 거라고 알려주더군. 그러나 나는 자신 있게 두렵지 않다고 말할 수 있어. 세상을 떠난다는 것을 나 자신이 이렇게 순순히 받아들일 거라고는 생각지 못했지만 말이야. 하지만 떠나는 내가 아닌 남겨질 당신 생각만 하면 하늘이 무너질 듯 절망스러워. 당신에게 저질렀던 잘못들을 생각하면 너무나 고통스러워. 피해자는 내가 아니라 홀로 남겨질 당신일 텐데……. 내가 당신에게 주고 싶었던 작은 도움의 손길조차 받지 못한 채, 끔찍한 인생의 유산을 오롯이 당신 혼자 마주하고 견뎌 내야만 하니까.

나는 곧 죽을 거야. 하지만 이미 말했듯 내 마음은 평온해. 나는 내 마음을 전부 줄 수 있었던 당신과 예쁜 내 자식들을 아주 깊이 사랑하고 있다는 걸 깨달았어. 우리 가족이 내게 얼마나 큰 기쁨을 주었는지, 항상 서로의 곁에 머무르며 함께 기뻐하고 싶은 열망이 얼마나 컸었는지를 말이야. 당신이 나와 함께 보낸 세월은 희생의 시간들이었지만 나는 애초부터 당신이 희생하는 걸 원하지 않았어. 그저 우리는 이렇게 될 운명이었던 거야. 운명이 어떻게 흘러갈지 그 누가 헤아릴 수 있겠어. 그러니 당신도 운명에 순응해야 해. 그저 내가 전쟁 중에 전사했다고 생각하면 될 거야. 전쟁이란 누구나 죽을 수 있는 아주 위험한 상황이니까. 전쟁 중에는 누가 누구를 왜 죽였는지, 옳고 그름을 논하지 않잖아. 지금 이 순간에도 무고한 사람들이 매일 그리고 수없이 죽어 가고 있어. 적어도 나는 싸워 보기라도 했지.

이 세상을 떠나기 전, 당신에게 꼭 해야 할 말이 있어. 당신이라는 사람은 내가 꿈꿔 온 가장 상냥하고 다정다감하며, 착하고 똑똑한 동반자야. 당신이 내게 쏟은 애정에 항상 보답하려 애쓰긴 했는데 그건 아마 내 착각이겠지. 앞으로 당신 앞에 펼쳐질 인생길은 험난할 거야. 만약 도움의 손길을 내밀어 주는 곳이 생긴다면, 당신과 우리 아이들을 위해 도움을 받아. 마리사는 아주 상냥하고 사랑스러운 딸이야. 나로서는 그 아이와 함께 보낸 시간이 너무 짧았다는 게 유감이야. 그렇다고 내가 그 아이에게 소홀했던 건 아니야. 마리사는 내 마음속 한편에 항상 자리하고 있었어. 언제나 예쁜 미소를 짓는 예의 바른 아이로 말이야. 지금까지 그래 왔듯, 다른 자식들과 차별하지 않고 마리사에게 관심을 기울여 주길 바라. 그리고 마리사가 크면 좋은 남편감을 찾아 주도록 해.

그라치엘라 그 아이는 내 꿈이야. 그 아이는 내가 본 사람 중에서 가장 청초하고 매혹적인 꽃 같은 아이지. 그리고 난니는 꽃이 만개한 멋진 포도원이고. 어젯밤, 주께서 우리 아이들을 다시 볼 수 있게 허락해 주셨어. 아이들을 본 그 순간은 혹시 이게 마지막이 아닐지도 모른다는 착각이 들 만큼 생생했어. 하지만 그것은 얼마 남지 않은 내 인생에서 사라진 많은 허상들 중 하나였지. 어젯밤에도 나는 언제나처럼 우리 아이들 가까이 있을 수도, 우리 아이들과 함께 즐거운 시간을 보낼 수도 없었어. 환영이 사라진 후, 나는 너무도 허망하여 한참을 서럽게 울었지 뭐야.

나는 내 인생을 총결산하듯 마무리 짓고 싶지 않아. 어떤 식이 될지는 모르겠지만 나는 아주 비극적인 방식으로 생을 마감하게 될 거야. 나는 내가 행하고자 한 모든 일들이 실패하더라도, 인생의 마지막 순간만큼은 제대로 끝맺고 싶다고 늘 생각해 왔어. 뿐만 아니라 나는 항상 그 누구에게도 피해를 입히지 않으려고 최선을 다했고, 이를 위해 노력해 왔다는 것을, 내 양심을 걸고 떳떳하게 말할 수 있어. 내가 행하고자 했던 일들이 실패로 끝난 것은 의도가 잘못된 것이 아니라 목적을 이루는 데 충분치 못했던 수단과 방법 탓이야.

당신과 나의 사랑하는 아이들을 위해 정신적으로 힘이 될 만한 당부의 말을 남길게. 가능한 모든 일을 양심이 시키는 대로 하다 보면 인생의 역경과 불행을 침착하게 마주할 수 있게 될 거란다. 결과가 좋더라도 늘 겸손함을 잊지 말렴. 또 결과가 나쁘다고 낙담하지 말고, 운명을 탓하지도 말고, 선의를 가지고 다시 일어설 힘을 찾아야 한단다. 우리에게 해가 되는 일들이 일어나더라도 그 하나하나에는 다 그럴 만한 이유가 있는 것이니, 힘들겠지만 피할 수 없다는 생각으로 받아들여야 해.

마리사가 학업을 다 마치면, 그 이후에는 훌륭한 주부가 될 수 있도록 당신이 계속 지도해 주어야 해. 그런데 만약 마리사가 음악, 어학 또는 그 외의 다른 활동들을 하길 원한다면, 그 아이는 분명 잘 해낼 거라 믿어. 이미 소질이 있는 분야들에 더해 다른 재능들을 발전시켜 가겠지. 공부도 공부지만, 마리사는 엄마와 동생들을 계속 좋아해 줄 거야. 그라치엘라는 너무 야무지고 똑똑하니 걱정 안 해. 그 아이는 앞으로도 계속 잘할 것이고, 착하게 자랄 것이며 엄마와 마리사와 난니를 아주 많이 사랑할 거야. 꼬맹이 난니는 엄마와 누나들 걱정 안 시키고 존경받는 사람이 되기 위해 스스로 공부할 의지를 다져 갈 거야. 그 아이 역시 작은 인격체로 존중해 주어야 해. 그 아이를, 앞으로 가족 모두에게 조금이나마 지원자 역할을 해 줄 가장으로 생각해 주어야 한단 말이지. 난니 역시 엄마, 마리사, 그라치엘라 누나를 많이 사랑해 줄 거야.

내가 당신 곁을 떠난 후 우리 가족의 경제적 상황이 지금과 어떻게 달라질지 섣불리 판단하기는 힘들어. 미래의 시간은 하느님의 손에 달려 있으니까. 하지만 정부의 경제적 지원 가능성을 기대해 볼 만도 해. 예를 들면 연금 같은 것 말이야. 이는 사회제도로 보장된 것이기도 하고, 내가 근무한 기간 동안 납입한 돈의 결과물이기 때문에 당신이 고대하는 것처럼 연금을 받을 수 있을 거라고 생각해.

우리 가족을 떠나기 전에 보내는 마지막 편지인데, 글씨체가 엉망이군. 그래도 잘 알아보았으면 해. 불빛이 너무 어둡고 주변이 쥐죽은 듯 고요해서 글씨를 제대로 쓸 수 없거든. 당신 곁을 영원히 떠난다는 게 아직도 실감이 안 나. 하지만 항상 그래 왔듯, 나는 지금 여행 중이고 곧 사랑하는 가족의 품으로 돌아가게 될 것만 같아. 마지막 순간까지 이 평온한 기대감이 나와 함께해 줄 거라고 확신해.

가족들이 내게 항상 그래 주었듯 나 역시 사랑하는 나의 아내, 착한 나의 마리사, 내가 아주 아끼는 그라치엘라, 예쁜 나의 난니를 부드럽게 안고 입맞춤해 줄 거야. 나는 비록 너희들을 떠나지만 언젠가 꼭 다시 만나 꽉 껴안아 줄 수 있을 거라 확신해.

　　렌차, 나를 대신해서 우리 친구들 모두에게 작별 인사 전해 줘. 로밀다에게는 각별히 작별 인사 잘 전해 주고. 누군가의 이름을 빠뜨리게 될까봐 염려되니 개개인의 이름은 나열하지 않을게. 누차 말하지만 내 자식들에게 아버지의 사랑하는 마음이 가득 담긴 뽀뽀를 아주 많이 보내며 너희들의 행운을 빈다. 너희들에게도 사랑하는 사람이 생기면 행복과 즐거움을 느낄 수 있을 거란다.

　　나는 우리 가족이 행복하고 즐겁게 살 거라고 믿어 의심치 않아. 항상 너희들을 기억할게.

　　너희의

아빠

퀸토 페르시코_Quinto Persico_(**티그레**_Tigre_[1])

19세. 직공. 1925년 6월 14일 치카냐_Cicagna_(제노바) 출생. 1944년 9월, 키아바리(제노바)
의 고지대에서 활동하는 "키케로" 사단의 파르티잔 부대에 합류하기 위해 다른 전우들
과 함께 "몬테로사" 사단을 탈영함. 소탕 작전 중 체포됨. 1945년 3월 2일, 키아바리
에서 특별재판에 소환되어 "몬테로사" 사단의 전쟁법원에 의해 재판을 받음. 1945년
3월 2일, 보스코 페라야(제노바의 칼바리)에서 디노 베리소 외 8명의 파르티잔들과 함께
"몬테로사" 사단 소속 소대에게 총살됨.

1945년 3월 2일

사랑하는 부모님께

제가 두 분께 저지른 일에 대해 용서를 구합니다. 저는 기쁘게 죽
을 것입니다. 외삼촌과 가족 모두, 이웃 분들 그리고 알프레도 가족
에게도 작별 인사 전해 주세요.

저는 죽음 앞에서 눈물을 흘리지 않을 것입니다.
군복은 이제 그만 벗겠습니다.

---

1   이탈리아어로 호랑이라는 뜻(옮긴이).

레나토 페로트 *Renato Peyrot*

23세. 토리노대학 문학과 학생. 1921년 8월 3일 토레 펠리체(토리노) 출생. 1943년 10월
부터 체포 당일까지, 파견대의 대장 역할을 대행하며 게르마나스카 계곡 및 키소네 계
곡에서 활동하는 '정의와자유' 소속 제5 알피니 산악사단 "세르조 토야"와 함께 지속
적으로 무장 투쟁. 1945년 2월 21일, 피네롤로(토리노)에서 "에테르 카펠리" 검은 여단
소속 민병대원들에게 체포. 독일군에게 인계됨. 1945년 3월 6일, 피네롤로에서 리카르
도 가토, 구이도 리카와 함께 독일군과 파시스트가 혼재된 소대에게 총살됨.

1945년 3월 5일 저녁

사랑하는 릴리

이런 식의 편지는 절대 쓰고 싶지 않았건만…. 그러나 우리는 이
제 하느님의 뜻을 받아들여야 해. 나는 주께서 나의 마지막 순간에
당신에게 글을 쓸 수 있는 위안을 주신 것에 감사드려.

몇 시간 후면 나는 더 이상 존재하지 않을 거야. 이 세상 사람이
아닐 거라고 말하는 게 맞겠군. 당신이 엄청나게 고통스러워할 거
란 거 알아. 어쩌면 당신이 지금까지 겪어 본 고통 중 가장 클 수
도…. 나를 용서해 줘. 사랑하는 릴리, 내가 가장 슬픈 건 당신 곁
을 떠나게 될 거라는 사실이야. 하지만 릴리, 당신은 결코 혼자가
아니야. 당신 주위에는 숙부, 숙모 들 그리고 할머니, 할아버지도
계시니까. 그분들은 나를 사랑해 주신 만큼 당신 또한 많이 사랑해
주실 테고, 매 순간 당신 가까이 계셔 줄 거라고 확신해. 릴리, 현명
해져야 해. 그분들은 내게 그랬던 것처럼 당신이 항상 잘되기를 바
라시니, 조언을 해 주시면 항상 귀담아듣길 바라.

오늘 저녁 내게 사형선고가 내려진 것을 알게 되었어. 나는 그게

무슨 의미인지 분명히 인식하고 마음의 평정을 되찾았어. 지금 내 마음은 평온하고 담담해. 지금 이 글을 쓰고 있는 내 손이 떨리지 않는다는 게 그 증거야. 글씨가 삐뚤빼뚤하다면 그것은 이곳의 불빛이 희미해서일 거야.

나는 오랫동안 하느님께 기도드렸고, 확신을 가지고 다음과 같이 말씀드렸어. "주님의 뜻은 하늘나라에서처럼 땅에서도 이루어질 것이옵니다." 만약 주께서 내가 죽는 게 좋겠다고 결정을 내리셨다면, 당신을 포함하여 그 누구도 불평하거나 이의를 제기할 수도, "왜요?"라고 물을 권리도 없어.

나는 이번 생 너머에 또 다른 생이 있다고 굳게 믿고 있어. 나는 가끔 내가 죄를 짓고 있다는 것을 알면서도 그 일을 멈추지 못했다는 것을 알아. 가끔 내 의무를 소홀히 했다는 것도 말이야. 그럼에도 불구하고 나는 항상 내 마음과 양심이 시키는 대로 따르려 애쓰기도 했지. 솔직히 내 마음은 편하다고 말할 수 있어. 하느님께 내 죄에 대해 용서를 구했거든. 그분께서 나를 환영해 주실 거라 굳게 믿고 있으니까 평온하게 죽을 수 있어.

나는 살아생전 불쌍한 우리 어머니께서 행복해지실 수 있도록 어떤 식으로든 애쓰며 살았어. 그 희망을 끝내 이루지는 못했지만, 어머니께서 살아 계신다면 지금의 내 모습을 여전히 자랑스러워해 주셨을 거라고 믿어.

내 마음이 편하다고 말한 건 또 한편으론 마음속에 그 이상의 무언가가 있기 때문이야. 나는 울지 않았어. 울고 싶지 않아. 나는 그저 하느님의 뜻에 따를 거야. 하지만 내 동지는 울고 있었어. 나는 그를 달래 줬지. 나는 사제의 위로를 받고 눈감는 그 순간까지 내 마음이 평온하기만을 바라.

이렇게 죽게 되어 너무도 유감스러워. 그 반대로 말한다면 그건 아마 진심이 아닐 거야. 나는 언젠가 내 직장, 나의 집, 내 가족을 갖길 바라며 많은 꿈을 꿔 왔어. 하지만 이 중 어느 하나도 이루지 못하게 되겠지. 감내해야 해!

오늘 저녁 당신이 보내 준 소포와 편지를 받았어. 그걸 받고 나니 너무 행복해졌어. 시시에게도 감사하다고 전해 줘.

너무나도 사랑하는 나의 릴리, 나도 알아. 당신이 헤아릴 수 없을 만큼 고통스럽다는 것을 말이야. 그러니 하느님을 믿고, 그분께 끝까지 용기 내 싸울 수 있는 힘을 달라고 간청드려. 훗날 좋은 아내와 좋은 엄마가 될 거란 믿음을 가지고 자신의 선량한 마음과 순수함을 지키도록 해. 수산나 숙모님은 훌륭한 선생님이 되실 거야. 숙모님께 당신을 딸처럼 여기고 항상 도와주시라고 부탁해 놓을게. 그러니 당신도 그분의 말에 귀 기울이고 그분을 신뢰하도록 해.

나도 알아. 내가 죽고 난 후 며칠 동안은 모든 것이 무너진 것 같고 인생이 끝났다고 느껴질 거야. 그럴 땐 참지 말고 감정이 시키는 대로 해. 소중한 릴리, 나는 이 순간 우리 모두에게 다음과 같은 임무가 주어졌다고 생각해. 나에게는 내 인생을 끝낼 임무, 당신에게는 그러지 않을 임무! 부디 좋은 사람과 결혼해서 행복하게 살기를 바라.

고통을 참지 않았으면 해. 하지만 당신이 우는 건 원치 않으니, 너무 오래 괴로워하지 않겠다고 약속해 줘. 하늘에서 그런 당신을 보는 내 마음이 찢어지게 아플지도 모르니. 나를 대신해 모든 친척들, 토이아 부인, 노리나, 친구들에게 작별 인사 전해 줘.

안녕히, 사랑하는 릴리, 우리는 언젠가 하늘나라에서 다시 만날 거야. 울지 마. 힘내고. 당신을 꽉, 아주 꽉 안아 주며

당신의

나는 나를 아는 모든 사람들에게 개별적으로 편지를 쓰고 싶었어. 하지만 길든 짧든 상관없이 아마 다 같은 내용이었을 거야. 모두에게 당신을 소개했어. 지금은 오로지 당신 생각뿐이야. 어쩌면 이 같은 시련을 겪고 나서야 비로소 내가 당신을 얼마나 사랑하는지 깨닫게 된 건지도 몰라. 도도에게 내 우표 수집품을 남긴다고 썼어. 당신이 그 점에 대해서는 별로 신경 쓰지 않을 거라 믿어.

문득 이런 구절이 떠오르는군. 어디에서 읽었는지는 확실치 않지만. "주신 자도 주님이시요, 취하신 자도 주님이십니다. 주의 이름을 찬양하리."

릴리, 이 말을 가슴에 새기고 눈물을 거둬. 나는 당신이 이 고통을 극복해 낼 거라는 확신을 가지고 죽음에 임할 거야.

안녕, 릴리. 잘 있어. 모든 애정을 담아 당신을 포용하며.

당신의

레나토

1945년 3월 5일 저녁

친애하는 숙부님께

저의 죽음이 숙부님께 큰 고통이 될 것임을 알고 있습니다. 이에 대해 용서를 구합니다. 숙부님은 제게 아버지와 같은 분이셨습니다. 저를 위해 해 주신 모든 일들에 감사드립니다. 숙부님께 릴리를 맡깁니다. 저를 아들로 대해 주셨듯이 릴리에게도 아버지가 되어 주세요. 항상 그녀 가까이에 계셔 주세요.

저의 육신은 어떻게 되든 상관없습니다. 그건 제게 별로 중요한 문제가 아니니까요. 숙부님께 굳이 릴리에 대한 부탁을 드릴 필요가 없다는 것을 알고 있습니다. 저는 그녀가 혼자가 아니라는 것을 압니다. 그녀가 도움을 필요로 하면 코운드레*Coundre*에 있는 사랑하는 사람들이 모두 그녀 가까이 있어 줄 테니까요. 그러니 릴리에게 용기를 주시고 그녀가 좌절하는 모습을 두고 보지만은 마세요.

저는 결코 약혼녀를 버리는 게 아닙니다. 그녀는 저의 모든 것이었고, 너무 사랑했으니까요. 그녀를 떠나게 되어 너무나 괴롭습니다.

이곳에서 자성의 시간을 가졌기에 이제 전 주님의 선하심을 확신하며 평온하게 죽음을 맞이할 것입니다.

릴리에게 말했듯이, 저는 최후의 순간에 사제의 위로를 받을 수 있기를 바랍니다. 설령 그러지 못한다 해도 혼자 기도할 것이고, 떨지 않을 것입니다. 저보다 더 쓸모 있고 유능한, 무수히 많은 사람들이 죽었습니다. 그들에 비하면 저는 한낱 티끌에 지나지 않으니 너무 상심하지 마십시오. 그럴 만한 가치가 없는 사람이니까요.

예안 숙부님, 작별 인사 남깁니다. 수산나 숙모님, 할아버지, 할머니, 도도, 에밀리오, 세이, 구이도, 에스터 그리고 사촌 파올리나에게도요. 모두를 생각하며 안아 드립니다. 숙부님은 특별히 꽉 안아 드립니다.

당신의

레나토

알도 피코 *Aldo Picco* (치베타 *Civetta*)

18세. 기계공. 1926년 5월 6일 베나리아 레알레 *Venaria Reale* (토리노) 출생. 1943년 9월부터 바리셀라 *Varisella* (토리노) 지역에서 활동하는 "프랑키 *Franchi*" 무장대 제1 아비오 *Avio* 단의 파르티잔으로 활동. 1944년 3월, 베나리아의 자택에서 체포되어 독일로 보내짐. 1944년 6월, "산 마르코" 사단과 함께 포로 신분으로 이탈리아로 귀환. 브레시아에 도착한 직후 탈출 감행. 다시 체포되어 사보나로 이송. 며칠 후 다시 탈출해 사보나와 쿠네오 지역에서 활동하는 '정의와자유' 소속 "베빌라콰" 사단에 합류. 1944년 8월, 독일 부대가 실시한 소탕 작전 중 살리체토 *Saliceto* (쿠네오)에서 체포됨. 몬테체몰로 *Montezemolo* (쿠네오)로 이송. 심문과 고문을 당함. 카이로-몬테노테 *Cairo-Montenotte* (사보나)로 이송되었다가 사보나에 있는 "산 마르코" 사단의 감옥 *(Palazzo del Governo*, 정부청사)으로 다시 이송. 심문 및 고문 재개. 1944년 8월 21일, 재판 없이 사보나의 스포츠경기장에서 총살됨.

사보나, 1944년 8월 21일

사랑하는 어머니께

제가 어머니를 다시 뵐 수 없게 된다면, 그건 마땅히 사죄드려야 할 일이라고 생각합니다. 그러나 저의 주께서 제게 사형을 내리셨으니, 어머니께서는 저를 위해 항상 기도해 주시기 바랍니다. 제게 주어진 시간은 얼마 남지 않았지만, 저는 아직 살아 있기에 이 글을 쓸 수 있습니다. 사랑하는 어머니, 주께서 어머니께 저를 다시 볼 수 없는 형벌을 내리셨다고 생각하지 마세요. 그것은 그저 저의 운명일 뿐이니까요. 짬이 나더라도 그 시간을 오로지 제 생각으로만 채우진 마세요. 어머니 마음만 아프실 거예요. 아버지께 용기 내시라고 꼭 전해 주세요. 알도에게는 용기 내라는 말을 새겨들으라고 전해 주시고요.

네, 압니다. 아무것도 해 줄 수 없는 이 아들 때문에 힘드실 거라는 것을요. 사랑하는 어머니, 하지만 주께서는 저들 앞에 어떤 운명이 기다리고 있는지 알고 계실 겁니다. 오직 하느님만이 저들을 단죄하실 수 있기 때문에 때가 되면 저들은 죗값을 치르게 될 것입니다. 주님께선 우리가 무엇을 기다리는지 알고 계십니다. 따라서 언젠가 저들은 주님이 계신 하늘나라에서 자신들이 저지른 모든 악행과 죄 없는 자들에게 내린 형벌에 대해 대가를 치르게 될 것입니다. 저들에게 "네가 잘못했다."라고 말씀하실 수 있는 분은 오직 하느님뿐이니까요.

사랑하는 어머니, 다시는 저를 보러 오실 수 없을 거예요. 할 말이 차고 넘쳐 직접 만나 이야기 나누고 싶지만, 제가 조금 더 살 방도를 찾는 것은 옳은 길이 아니라고 생각합니다. 이제 죽음의 시간이 다가왔습니다. 부디 주께서 저의 억울함을 모두 갚아 주시길 바랍니다. 사랑하는 어머니, 저를 다시 볼 수 없다 하여도 울지 마세요. 저의 운명은 가족을 다시 볼 수 없도록 정해졌으니 제가 가족을 보려면 하느님께서 제게 말을 걸어오실 때 함께 보러 갈 것을 부탁드리는 길밖에는 별 도리가 없습니다. "자, 여기에 저의 어머니, 아버지, 누이가 있습니다. 여기는 형, 여기는 다른 누이가 있습니다." 라고 말입니다.

이제 여러분 모두에게 많은 입맞춤을 보내며 작별 인사를 해야 할 시간입니다. 사랑하는 부모님, 더는 제 생각 마세요. 저 대신 주님을 생각하십시오. 두 분을 사랑합니다. 저에게는 이제 몇 시간밖에 남아 있지 않습니다. 친구들에게 저를 기억해 달라고 전해 주세요. 저 또한 그들을 잊지 않고 항상 기억하고 있다고도요. 이제 두 분께 제 생각은 하지 말아 달라는 말밖에는 드릴 말씀이 없습니다. 사랑하는 어머니, 울지 마세요.

어머니, 어머니, 용서를 빕니다. 늦었습니다. 저는 이제 가야 합
니다. 마지막 작별 인사를 남기며. 안녕히

알도

순국열사들이여, 만세!

—아래의 두 문장은 알도 피코가 자신의 총살형을 집행하기 위해 온 병사들 앞
에서 주머니칼로 감방 벽에 쓴 글이다.

"피코 알도는 1926년 베나리아(토리노)에서 태어나
1944년 8월 21일 사보나에서 총살됨.
베나리아로 가는 사람은 저의 어머니 댁에 들러 주세요."

루이지 피에로본*Luigi Pierobon*(단테*Dante*)

22세. 파도바 대학 문학과 졸업반. 1922년 4월 12일 치타델라*Cittadella*(파도바) 출생. 제
1 가리발디 여단이 설립되었을 당시, 레코아로 테르메*Recoaro Terme*(비첸차)의 산기슭에서
초기 레지스탕스 운동에 참여한 파르티잔. 이후 비첸차 지역에서 활동하는 제1 대대
"스텔라"의 대대장으로 임명됨. 1944년 3월부터 4월 사이, 파시스트와 독일군 부대의
군용 차량을 대상으로 한 수많은 기습 공격을 지휘함. 1944년 초, 동지들과 함께 이탈
리아 독일군 사령부가 있는 레코아로 근처 도로에서 독일군 군용 트럭을 기습 공격. 이
작전 중 동료 7명이 사망하고 살아남은 4명과 함께 독일군 사령부 점령. 몬테키오 마
조레*Montecchio Maggiore*에 주둔 중이던 이탈리아 사회공화국의 해군성*the Navy Department*을
차축*axle*¹ 40개를 사용해 무장 해제시키고 무기, 탄약 등 군수 물품을 전리품으로 획득.
"스텔라" 여단의 여단장으로 임명됨. 1944년 8월 15일, 밀고로 파도바에서 체포됨. 파
도바의 형무소로 이송. 1944년 8월 17일, 프론테두 대령을 살해한 것에 대한 보복으로
프리모 바르비에로, 사투르노 바우딘, 안토니오 프란촐린, 파스콸레 무올로, 카탈도 프
레시치, 페루초 스피골론과 함께 파도바에서 총살됨. 플라비오 부소네라, 에토레 칼데
로니, 클레멘테 람피오니는 교수형 당함. 사후에 금성무공훈장을 수여받음.

어머니, 아버지께

생의 마지막 순간에 보내는 소중한, 아주 소중한 입맞춤…. 저는
방금 친위대에서 성찬식을 했습니다. 이제 편안하게 죽을 수 있을
것 같습니다. 하늘에 계신 주님은 그분의 자녀들과 함께 저를 환영
해 주실 것입니다. 이것은 저의 가장 아름다운, 단 하나의 소원입니
다. 저를 위해 기도해 주세요.

형제들 모두, 파올로, 조르조, 페르난다, 조반니, 알베르토, 줄리
아나, 산드로, 조반니 외삼촌, 숙부님들, 숙모님들에게 작별 인사
를….

현재 이곳에서 저를 도와주고 계신 신부님께서 저의 마지막 소원

---

1 두 개의 차바퀴를 이은, 바퀴 회전의 중심축이 되는 쇠막대기(옮긴이).

을 전해 드릴 것입니다.

소중한 입맞춤을 보내며

루이지 피에로본

로렌초 피에로판 *Lorenzo Pieropan*

24세. 국유 철도회사의 측량 기사. 1920년 9월 1일 토리노 출생. 예비군 소위. 1944년 7월, 타나로 계곡*Valle Tanaro* 상류에 있는 파르티잔 무장군의 일원으로 합류. 1944년 10월 12일, 가족의 안부를 묻기 위해 들렀다가 체바*Ceva*(쿠네오)에서 체포됨. 갈리아노 디 체바*Galliano di Ceva* 병영으로 이송, 수많은 심문을 받음. 1944년 12월 8일, 쿠네오의 사령관에게 지목되어 같은 날 17시 30에 산 미켈레 디 몬도비*San Michele di Mondovi*(쿠네오)의 공동묘지 근처에서 총살됨.

사랑하는 테레시오에게

이제부터 네가 아버지와 어머니의 위안이 되어 주길 바라며, 마지막으로 따뜻한 작별 인사를 보낸다.

항상 두 분의 말씀에 귀 기울이렴!

부모님의 은혜가 부족할 때 용기와 열정은 전혀 빛을 발하지 못한단다. 내 경험에 따르면 그래. 넌 '세상을 등지지 않은' 피에로판이라는 것을 내게 보여 줘.

바보 형이 볼 키스와 작별 인사를 보내며

렌초

피에트로 피네티*Pietro Pinetti*(보리스*Boris*)

20세. 삼피에르다레나에 위치한 안살도*Ansaldo*사[1]의 기계공. 1924년 12월 3일 제노바 출생. 이탈리아 공산당원. 1944년 8월, 제175 가리발디 여단의 애국행동대 부지휘관으로 활동. 이후 제노바-비사뇨 계곡*Val Bisagno*에서의 활동을 통해 "굴리엘메티*Guglielmetti*" 여단의 부여단장이 됨. 1945년 1월 11일, 적의 스파이가 무기 공급을 미끼로 꾸며 낸 약속 장소에 나갔다가, 제노바의 보비오가*via Bobbio*에서 "엑스 마스" 부대에게 체포됨. 마라시 형무소로 이송. 1945년 1월 29일, 특별군사법원에 의해 제노바의 두칼레 궁전에서 재판을 받음. 1945년 2월 1일 7시 30분, 알프레도 포르멘티 외 4명의 파르티잔들과 함께 제노바-리기의 카스텔라치오 요새 부근 도개교 아래에서 검은 여단 소속 소대에게 총살됨. 사후에 은성무공훈장을 수여받음.

제노바, 1945년 1월 29일

사랑하는 어머니께

어머니께서 저의 이 마지막 편지를 읽고 계실 때쯤이면 제 몸속의 피가 흐름을 멈춘 지 오래일 것입니다. 제가 어머님을 마지막으로 만났을 때, 용기 내시라고 말씀드렸었지요. 저는 한 치의 두려움도 한 치의 공포심도 없이 죽으러 간다는, 제가 뱉은 말에 대한 약속을 지키겠습니다. 어머니께서는 이해하기 어려우실 수도 있겠으나, 어머니의 혈육을 죽인 자가 누군지, 이 같은 판결을 내린 자가 누군지 아셔야 합니다. 저의 사견입니다만, 이 세상에 완벽한 사람은 아무도 없습니다. 그러므로 그들에겐 그 누구도 심판할 권리가 없습니다. 오직 신만이 이 땅의 한낱 미물에 지나지 않는 우리 모두를 심판하실 수 있지요. 제가 할 수 있는 일은 오로지 이상을 추구

---

1   이탈리아의 에너지·발전사업 관련 회사인 '안살도 에네르자*Ansaldo Energia*'(옮긴이).

하고자 하는 제 확고한 성격에 대한 대가를 제 목숨으로 치르는 것 뿐입니다. 수천 명의 그리스도 추종자들이 이미 훨씬 더 끔찍하고 혹독한 대가를 치른 것처럼 말입니다. 이렇듯 저는 옳고 그름이 존재함을 믿었고, 이를 위해 끝까지 싸웠습니다.

제가 어머니께서 느끼실 고통의 원인이 되었다면 용서해 주세요. 부디 그 고통을 이겨 내시길 바랍니다. 이 말밖에는 차마 드릴 말씀이 없습니다. 부디 마음을 가라앉히시고 낙심하지 마세요. 쓸데없는 생각도 하지 마시고요. 그런 생각을 하신다면 저의 불행이 어머니한테까지 옮겨 가 점점 더 커질 테니까요. 제가 질병이나 전쟁 등 여러 이유들로 인해 죽을 수도 있었다는 것을 위안으로 삼으셔야 합니다.

보시다시피 운명은 다양하지만, 천명은 항상 같습니다. 제가 스무 살에 이미 많은 일을 했다는 걸 아실 거예요. 목숨과 관련된 일 말이에요. 도덕적으로 허용될 수 없을 정도로 수많은 살인을 저질렀기에, 제가 지금 이 순간 짊어져야 할 삶의 무게가 무척이나 무겁습니다.

제가 드린 고통과 배은에 대해 용서를 구합니다. 어머니께서 저를 위해 해 주신 일들을 결코 잊지 않고 있다는 걸, 어머니를 사랑하는 마음은 한시도 변한 적이 없다는 걸 기억해 주세요. 이 편지가 어머니가 가장 사랑하는 아들과의 마지막 추억이 되길 바라며, 애정 어린 입맞춤을 보냅니다.

피네티 피에트로

사랑하는 아버지께

　아버지께서도 저를 용서해 주시길 바랍니다. 우리 사이가 많이
삐걱거리긴 했지만, 저를 그리워해 주셨으면 합니다. 저는 아버지
께서 마지막 순간까지 이 아들을 생각하셨다는 걸 알기에 기쁘게
떠납니다. 저를 용서하는 것 외에 또 한 가지 부탁의 말씀 올립니
다. 저로 인해 불행이 닥쳐오면 어머니의 마음을 어루만져 주시고
곁에서 힘이 되어 주세요.

　당신의 사랑하는 아들

피네티 피에트로

세르조 피옴벨리_Sergio Piombelli_(피오레_Fiore_[1])

18세. 학생. 1926년 4월 5일 리바롤로_Rivarolo_(제노바) 출생. 제노바주의 여러 도시에서 파르티잔으로 활동하기 위해 무장군 조직들을 알아보다 1944년 6월 가리발디 "치케로" 사단 소속 "포르카_Forca_" 파견대에 합류함. 그 후 "베르토_Berto_" 여단 설립을 위해 이동. 이후 수많은 기습 작전과 관련 활동에 참여. 1945년 2월 11일, "몬테로사" 사단 소속 부대가 실시한 소탕 작전 중 로르시카(제노바)에서 체포됨. 키아바리의 형무소로 이송. 1945년 3월 2일 저녁, 키아바리에서 특별재판에 소환되어 "몬테로사" 사단의 전쟁법원에 의해 재판을 받음. 1945년 3월 2일, 보스코 페라야(제노바의 칼바리)에서 디노 베리소 외 8명의 파르티잔들과 함께 "몬테로사" 소속 소대에게 총살됨.

사랑하는 어머니 그리고 아버지께

저는 이탈리아를 너무 사랑하기에 기꺼이 이 한 목숨 바칩니다. 제가 두 분께 저지른 잘못에 대해 용서를 구하며, 아울러 두 분께서 저를 축복해 주셨듯이 저 역시 두 분을 축복해 드립니다.

에벨리나, 마리사, 어머니, 아버지, 친할아버지, 친할머니, 외할아버지, 외할머니, 숙부님, 숙모님, 사촌들에게 볼 키스를 보내며

여러분의 영원한

세르조

<hr>

1 이탈리아어로 꽃이라는 뜻(옮긴이).

조반니 피스토이 *Giovanni Pistoi*

24세. 사무직. 1920년 5월 19일 산 퀴리코 도르차 *San Quirico d'Orcia*(시에나) 출생. 1944년 3월부터 바라이타 계곡(살루초)에서 활동하는 제184 가리발디 여단 "모르비두치"에 합류. 1944년 11월, 사보타주 임무 중 살루초에서 검은 여단의 민병대원들에게 체포됨. 쿠네오(정치국)의 형무소에 한 달간 구금. 끔찍한 고문을 당함. 1944년 12월 22일, 재판 없이 살루초의 마리오 무소 *M. Musso* 병영에서 총살됨. 교전 중 전사한 스파르타코 피스토이 *Spartaco Pistoi*와 형제지간.

사랑하는 어머니 그리고 사랑하는 모두에게

이제 저의 역할은 여기까지라는 것을 알게 되었습니다. 그러니 이 편지는 저의 유서가 될 것입니다.

저는 어머니 그리고 여러분 모두를, 특히 동생 실비오에 대한 생각을 한시도 떨쳐 버린 적이 없습니다. 저는 죽음이 두렵지 않습니다. 저를 대신해 카테리나와 그녀의 가족에게 작별 인사 전해 주세요.

모두에게 볼 키스를. 안녕히

당신의 아들

조반니

카를로 피초르노 _Carlo Pizzorno_

22세. 토리노대학 법학부 졸업반. 1922년 9월 5일 로마냐노 세시아 _Romagnano Sesia_(노바라) 출생. 토리노주에 있는 여러 도시에서 무장군으로 활동. 약 1년간 무장군 조직(대위계급), 연락 및 사보타주 임무 수행. 베나리아 레알레 _Venaria Reale_(토리노) 공항에 대한 특별 공격을 계획하고 발사대를 구축함. 1944년 8월 18일 밤, 베나리아 레알레 공격 몇 시간 전 정보원을 앞세우고 들이닥친 파시스트군에게 체포됨. 수차례 고문당함. 1944년 9월 21일, 토리노의 반게릴라법원에서 재판을 받음. 1944년 9월 22일 새벽, 오레스테 아르마노, 주세페 보키오티, 월터 카라멜리노, 잔프랑코 파리나티, 로렌초 마사이 란디, 페루초 발로브라와 함께 토리노의 마르티네토 국립포병사격연습장에서 국립공화국수비대에게 총살됨.

1944년 9월 22일 4시, 토리노

친애하는 아버지께

이 곤궁한 세상을 떠나기 전, 아버지께 당부의 말씀 올립니다.

기운 내십시오. 그리고 이 아들이 선량한 그리스도교도로서 죽음을 맞는다고 생각하십시오. 봉투 안에 들어 있는 제 시계와 사진, 지갑(이것들은 아마도 베나리아의 데 비아이스 소령이 소지하고 있을 것입니다)을 찾아와 주세요. 다른 사진들은 알 프레디 중위가 소지하고 있으니 내셔널 호텔로 가서 찾으시면 됩니다. 그 사진들 역시 봉투 안에 들어 있습니다. 이 물건들이 너무 신경 쓰이는군요.

저의 영정 사진은 제가 이탈리아 방송국 _Eiar_[1]에 갔을 때 찍었던 최근 사진으로 해 주세요.

---

1   Ente Italiano Audizioni Radiofoniche. 1927년 11월 17일에 창립된 이탈리아 파시스트의 공영방송사(옮긴이).

가엾은 아버지! 당신께서는 저를 구할 수 없었습니다. 아버지께서는 너무 많은 것을 바라셨고, 이미 너무 많은 일들을 이루셨어요!

어제 써서 보내 드린 편지는 받으셨나요? 모쪼록 잘 받으셨길 바랍니다. 몇 분 뒤에 저는 고해성사와 성찬식을 할 예정입니다. 에치오 신부님께서 임종 때 저의 곁을 지켜 주신다고 하니 너무나 기쁩니다.

원한을 품지 마십시오. 저는 핌피와 다른 친구들에게 아버지를 부탁해 둘 것입니다. 저와 함께 있을 때 그러셨던 것처럼 그들을 다정하게 대해 주세요. 저의 죽음 이후 아버지의 삶은 아마도 끔찍할 것입니다. 하지만 가엾은 아버지, 가엾은 마리아, 가엾은 어머니, 페니, 가엾은 코라드, 마리아 이모, 우리 모두는 천국에서 다시 만나게 될 것입니다! 모두에게 볼 키스를, 또한 제가 너무 좋아했던 마로코 부인, 소중한 지인들과 의리 있는 친구들 모두에게 저를 기억해 달라고 전해 주세요. 제 앞에 놓인 운명은 주님의 생각이시고, 또 그분이 이렇게 하시는 데에는 그럴 만한 이유가 있을 것입니다. 아버지, 가엾고 슬픈 나라, 제가 너무나도 사랑한 이탈리아를 지켜 주세요. 이 모든 일이 벌어지게 된 건 어쩌면 제가 너무 나쁜 사람이고, 바보 같은 짓을 많이 했기 때문인지도 모릅니다. 그러니 저는 더 이상 무언가를 하려 하지 않고, 저의 죄를 달게 받을 것입니다.

아버지를 끌어안고 수없이 볼 키스를 퍼붓습니다.
천국에서도 계속 해 드릴 수 있기를 바라며

당신의

카를루초

에밀리오 포*Emilio Po*

28세. 목수. 1916년 7월 9일 모데나 출생. 모데나 출신 동지 2명과 함께 사보타주 임무에 사용할 기계 장치 제작을 위해 비밀 제작소를 설립. 폭발물 제조 전문. 1944년 11월 8일, 모데나에 있는 자택에서 톱밥 주머니 속에 숨겨 놓은 폭발 장치가 발각되어 국립공화국수비대 병사들에게 체포됨. 모데나의 군사아카데미 형무소로 이송. 고문당함. 1944년 11월 10일, 알폰소 피아차와 자코모 올리비와 함께 모데나의 '피아차 그란데!' 에서 국립공화국수비대에게 총살됨. 사후에 금성무공훈장을 수여받음.

상냥하고 사랑스러운 나의 신부 티스베에게

내가 당신에게 얼마나 큰 잘못을 했는지 알아. 우리의 아이들, 메리와 마우리치오를 홀로 남겨질 당신에게 맡기고 떠나는 고통은 이루 말할 수가 없어. 그 아이들의 장래가 부디 밝기를 바라며, 당신이 우리 아이들로부터 존경받기를 바라. 우리의 짧은 결혼 생활 동안 내가 당신에게 저지른 잘못에 대해서는 모든 사람들 앞에서 그리고 하느님 앞에서 용서를 빌게. 부디 나를 용서해 줘. 우리 아이들을 잘 키워 주고 하느님의 율법과 조국의 법률을 준수하도록 교육시켜 주길 바랄게.

우리가 결혼할 때 나는 당신과 백년해로할 거라고 굳게 믿었건만, 슬픈 운명은 우리를 이리도 빨리 갈라놓으려 하는군. 항상 나를 기억해 줘. 우리의 어린 자식들에게도 나를 위해 기도하라고 해줘. 나도 죽은 뒤에 닿게 될 천국에서 항상 우리 가족 모두를 기억할 거야.

1   이탈리아어로 큰 광장이라는 뜻(옮긴이).

어머니와 아버지, 누이 엘다 그리고 형 다닐로와도 계속해서 잘 지내주길 바라. 형은 지금 멀리 떨어져 있잖아. 우리는 우애가 남달랐기 때문에 형이 집으로 돌아온 뒤 내 소식을 듣게 되면 이성을 잃을 수도 있어. 형이 돌아오면 우리 아이들과 당신을 돌봐 줄 거야. 우리는 가족이니까. 전쟁이 끝날 때까지 모두가 서로 밀어 주고 끌어 주며 힘든 길을 잘 헤쳐 나가기를 바라.

친애하는 아버지, 제가 사랑하는 모든 이들을 존중해 주세요. 또한 제 아이들이 잘 자라도록 저 대신 아버지 역할을 해 주세요. 사랑하는 어머니, 이상을 위해 제가 행한 모든 일들이 수포로 돌아가는 바람에 이렇게 어머니와 모든 사람들의 곁을 떠나게 되었습니다. 이런 크나큰 고통을 드리게 된 것에 대해 용서를 구합니다….
내가 존경해 마지않는 엘다 누나, 누나는 나에게 있어 세상에서 가장 소중한 사람 중 하나였어. 지금까지 그래 왔듯 앞으로도 잘 지내. 큰 고통과 아울러 많은 볼 키스를 이 편지에 동봉하여 보냅니다.

모든 이들이여, 안녕히. 메리, 마우리치오, 티스베, 어머니, 아버지, 엘다 누나, 다닐로 형 그리고 일가친척에게 작별을 고합니다. 지금까지와 마찬가지로 저를 기억해 주세요.

여러분을 사랑하는 사람이 모두에게 작별의 입맞춤을 보냅니다.

에밀리오

마리오 포르치오 베르니노 *Mario Porzio Vernino* (스탈리노 *Stalino*)

25세. 농부. 1920년 3월 6일 파라 노바레세 *Fara Novarese* (노바라) 출생. 육군 상사로 유고슬라비아 점령 지역에서 복무. 1943년 9월 8일 이후, 파르티잔에 합류하여 1944년 5월까지 사령관 티토가 이끄는 유격대에서 함께 투쟁함. 본국으로 돌아온 후 1944년 7월 '정의와자유' 소속 제6 알피니 산악사단 "카나베사나"의 발사대 감독관으로 복무함(대위 계급). 1945년 3월 19일, 4명의 동지들과 함께 파르티잔의 주요 활동지인 리바롤로 카나베세 *Rivarolo Canavese* (토리노) 코무네의 아르젠테라 *Argentera* 에서 "폴고레" 사단의 병사들에게 급습을 당함. 볼피아노 *Volpiano* (토리노)로 이송. 동지들과 함께 3일 동안 끊임없는 심문과 고문을 당함. 1945년 3월 22일, 알레산드로 비앙코, 렌초 스코냐밀리오, 세르조 타미에티, 안토니오 우골리니와 함께 리바롤로 카나베세의 아르젠테라 묘지 경계벽을 등진 채 "폴고레" 사단 소속 소대에게 총살됨.

사랑하는 이들에게

이달 19일, 저는 낙하산 부대에 붙잡혔습니다.

그리고 오늘 3월 22일, 저는 총살될 것입니다.

제 걱정은 마세요. 저는 양심에 거리낄 것 없이 떳떳하게 살아왔기에 평온합니다.

마리오

루차노 프라돌린*Luciano Pradolin*(고프레도*Goffredo*)

23세. 트라몬티 디 소프라*Tramonti di Sopra*(우디네) 지역의 교사이자 카 포스카리 베네치아 대학교 어학 전공 학생. 1921년 2월 28일 트라몬티 디 소프라 출생. 1944년, 우디네 지역의 무장군에 합류. 오소포 – 프리올리 무장군 제1 사단 소속 제4 여단 "발 메두나" 대대를 지휘. 1945년 1월 5일, 마니아고*Maniago*(우디네)에서 메두노의 파시스트 사령부 소속 병사들에게 체포됨. 1945년 2월 10일, 우디네의 독일영토군사법원에서 재판을 받음. 1945년 2월 11일 6시, 우디네의 공동묘지 근처에서 제수이노 만카 외 21명과 함께 파시스트 소대에게 총살됨.

1945년 2월 10일

사랑하는 어머니께

저의 운명은 제가 지금껏 기도하고 바라 왔던 것과는 전혀 다른 방향으로 흘러왔습니다. 독일 법원은 저의 대대원 다수를 포함해 총 23명에게 사형선고를 내렸습니다. 어머니, 그럼에도 부디 용기를 내 주세요. 언젠가 우리 모두는 하느님의 품 안에서 재회할 거라는 믿음 또한 잃지 마시고요.

저는 단 한 번도 양심에 거리낄 만한 행동을 한 적이 없습니다. 단지 파르티잔의 군복을 입었다는 이유만으로 저를 죄인으로 몰 수는 없습니다. 선고를 받고 아마 눈물이 좀 났던 것 같습니다. 하지만 지금은 더 이상 울지 않습니다.

사면 요청을 하면 받아들여질 수도 있었지만, 썩 내키지가 않았습니다. 제가 더 이상 이 세상에 존재하지 않을 때, 곧 다시 만나게 될 저의 친구들이자 무고한 영웅인 아르만도와 베피의 이름을 제 묘비에 함께 새겨 주세요. 항상 믿음을 가지십시오. 그리고 조국을 위해 의무를 다하고, 진리와 자유, 문명의 거룩한 이상을 위해 마지막 희생양이 되는 저를 자랑스럽게 생각해 주세요.

솔직히 말씀드릴게요. 사실 저는 세상을 떠나게 된 게 너무나도 유감스럽습니다. 특히 대의명분이 확실한 지금은 더더욱 그러합니다. 주님께 더 절실하게 기도하고 싶습니다…. 그럴 것입니다. 더 큰 믿음을 갖고 싶습니다. 어머니께서도 저를 위해 기도해 주세요. 하고 싶은 말은 아주 많은데 머릿속이 너무 복잡합니다. 저의 동지들은 이곳에서 서로에게 용기가 되어 주고 있습니다.

어머니께 입맞춤을, 제발 너무 많이 울지는 마세요.
친구들 전부에게 작별 인사 전해 주세요.

당신의

루차노

사랑하는 리노에게

보다시피, 모든 희망이 사라졌어. 우리는 아직 사면을 향한 희망의 끈을 놓지 않고 기다리고 있어. 이것은 이상을 가진 사람들의 운명이야. 하지만 아무리 그렇더라도, 이상을 가진 모든 사람들이 이렇게 불운하게 인생의 막을 내려야만 하는 것일까?
지금 이곳에 갇힌 우리를 보고 레오파르디*Leopardi*[1]는 이렇게 말할 테지. "오, 비참하거나 비겁한 아들들이여."

---

1   이탈리아의 시인, 언어학자(옮긴이).

나를 견디게 하는 단 하나는 하느님에 대한 믿음이야. 내 양심은 하늘을 우러러 한 점 부끄럼이 없고, 내 이상은 그 누구보다 신성하다는 걸 자신할 수 있어.

　나를 위해 애써 준 모든 일에 감사를 표할게. 네가 나를 많이 좋아해 준 거 알고 있어. 물론 나 역시 그러하고. 나로 인해 네가 많이 괴로워할 것도 알아. 그 모습이 눈에 선하니 점점 더 고통스러워지는 것 같아.

　파올로를 지켜 줘! 너무도 많이 사랑하는 그 아이를 더 이상 볼 수 없다는 건 정말이지 아주 슬픈 일이야.

루차노

21세. 건설 노동자. 1923년 2월 24일 페데스칼라*Pedescala*(비첸차) 출생. 아시아고(비첸차)의 고원지대에서 활동하는 "아테오 카레미" 사단 소속 가리발디 여단 "피노"의 파르티잔. 1944년 5월 26일, 페데스칼라 지역에서 다른 사단에 전령을 전달하러 가던 중 검은 여단 소속 민병대원들에게 체포. 아시아고로 이송. 수많은 심문을 당함. 1944년 5월 27일부터 28일까지, 아시아고에서 "엠*M*" 대대 사령부의 법원에 의해 재판을 받음. 1944년 5월 31일, 아시아고의 공동묘지 경계 벽에서 "엠" 대대의 병사들에게 총살됨.

사랑하는 어머니께

저는 인생 최후의 순간에 닿아 있습니다. 하지만 운명을 저주하진 마십시오. 그래 봤자 소용없는 일이니까요. 이것은 적들의 습성입니다. 저들을 비난하지 마세요. 언젠가 저들도 하느님과 민중들을 향해 응답해야 한다는 걸 알게 될 것입니다. 낙담하지 마시고 저를 위해 기도해 주세요. 저는 행복하게 죽음을 맞은 뒤 아버지를 뵈러 가겠습니다. 신부님께서 다음과 같은 이야기를 전달해 드릴 것입니다. 제가 살아오면서 얼마나 행복했는지, 또 고해성사와 성찬식은 잘했는지 등에 대해서 말입니다. 사랑하는 어머니, 부디 저를 용서해 주세요. 로베르토에게 볼 키스 많이 해 주세요. 적어도 로베르토만큼은 어머니를 행복하게 해 드릴 것입니다. 여러분께 좋지 못한 소식으로 폐를 끼친 것에 대해 다시 한 번 용서를 구합니다.

입맞춤을 많이 해 드립니다.

당신의 아들

키키

마지막 호의라 생각하시고 저를 위해 기도해 주세요. 또한 제가 페데스칼라에 묻힐 수 있게 백방으로 힘써 주세요.

잔카를로 푸에케르 파사발리*Giancarlo Puecher Passavalli*

20세. 법학사. 1923년 8월 23일 밀라노 출생. 1943년 9월 8일 직후, 에르바-폰테 람브로*Erba-Ponte Lambro*(코모) 지역에서 활동하는 파르티잔 무장군의 조직원, 후에 수장이 됨. 무기와 군용 차량을 탈취하기 위해 에르바의 크로토 로사*Crotto Rosa*에서 벌인 교전을 포함하여 수많은 전투에 참전. 1943년 11월 12일, 에르바에서 검은 여단 병사들에게 체포됨. 코모의 산 돈니노*San Donnino* 형무소로 이송. 수차례 고문당함. 1943년 12월 21일, 에르바의 특별군사법원에서 재판을 받음. 재판 당일인 1943년 12월 21일, 에르바에 있는 새 공동묘지에서 검은 여단의 민병대원들에게 총살됨. 사후에 금성무공훈장을 수여받음. 마우트하우젠*Mauthausen* 수용소[1]로 추방되어 그곳에서 사망한 조르조 푸에케르 파사발리의 아들.

저는 조국을 위해 이 한 몸 바칩니다. 저는 시민으로서 그리고 군인으로서 항상 제 의무를 다해 왔습니다. 형제들과 동지들이 저를 본보기로 삼아 저의 길을 따랐으면 합니다. 신께서 저를 원하시니…, 저는 그분의 뜻을 받아들이겠습니다.

그동안 저를 사랑하고 존중해 주신 분들께 한 말씀 올립니다. 저 때문에 울지 마시고 저를 오래도록 기억해 주세요.

이탈리아 만세!

저는 이제 지난 20년 동안 그리스도교도로서 저를 성스럽게 교육시켜 주시고 보호해 주신 어머니 품으로 돌아갑니다.

저는 조국을 너무나도 사랑했습니다. 여러분 또한 조국을 배신하지 마십시오. 이탈리아의 모든 청년들은 제가 걸어온 길을 따라야 합니다. 그렇게 한다면 국가의 화합을 위해 힘겹게 투쟁한 것에 대

---

1 오스트리아가 나치 독일에 합병된 직후인 1938년 오스트리아의 마우트하우젠에 설치된 나치 강제수용소(옮긴이).

해 언젠가 보상을 받을 것입니다. 저를 처형하는 사람들을 용서해 주세요. 저들은 자기가 무슨 일을 하는지 모르니까요. 형제들끼리 서로 물고 뜯는 것으로는 절대 화합을 이룰 수 없음을 알지 못하니까요.

아버지, 항상 제가 하고자 하는 일을 할 수 있게끔 허락해 주셔서 감사합니다.

지노와 잔니, 너희는 우리 가족의 대를 이어 영웅적으로 활동할 후계자의 자질을 갖추고 있단다. 내 죽음에 관한 소식에 너무 놀라지는 마. 순교자는 이상에 대한 믿음을 입증해야 해. 나는 항상 하느님을 믿어 왔어. 그러니 그분의 뜻을 받아들이는 거란다.

마지막으로 모두에게 볼 키스를.

잔카를로

도메니코 콰란타 *Domenico Quaranta* (조반니 보르미타 *Giovanni Bormita*)

23세. 법대생. 1920년 10월 3일 나폴리 출생. 육군 예비군 중위이자 사보나의 고사포[1] 부대 *an anti-aircraft battery* 대대장. 1943년 9월 8일 직후, 제1 알피니 산악사단 "마우리" 에 합류하면서 당시 피에몬테에서 조직되고 있던 파르티잔 무장군에 소속됨. 발카소 토 *Valcasotto*(쿠네오)에서 수많은 전투에 참여하고 사보나와 제노바에서 여러 임무 수행. 1944년 3월, 발카소토에서 교전 중 부상을 당한 채 독일군에게 체포됨. 카이로 몬테노 테(사보나)의 형무소로 이송. 31일 동안 심문과 고문을 당함. 1944년 4월 16일, 재판 없 이 알피니 산악사단의 소위인 이노첸초 콘티니, 피에트로 아우구스토 다코모, 에토레 루오코와 함께 불리오 *Buglio*(카이로 몬테노테) 지역에서 독일군 소대에게 총살됨.

사랑하는 이들에게

저는 이제 곧 죽습니다. 이는 마지막까지 저의 의무를 다하는 것 이라 믿고 있습니다. 저의 조국 이탈리아의 왕과 왕국을 계속 섬기 고 싶었건만…. 이것이 주의 뜻이라면, 저의 희생은 제가 살아서 쌓게 될 앞으로의 업적보다 더 가치 있는 일이 되겠지요. 그러므로 저의 육신을 대지의 신에게 바치게 되어 기쁩니다. 태어날 때 첫울 음을 터트리며 어머니의 품에 안겼듯, 순결한 저의 영혼은 오늘 이 후 유골로 남아 어머니의 품에 안긴 채 영원히 보호받을 것입니다.

사랑하는 나의 아버지, 제가 당신을 기쁘게 해 드리기 위해 책과 씨름하며 열심히 공부한 것처럼, 저는 제가 섬기는 왕의 영광을 위 해 손에 무기를 들고 싸웠습니다. 저는 이것을 정말로 자랑스럽게 생각합니다. 하지만 이런 성취감을 이제 저의 쓰라린 고통과 목숨

---

1 항공기를 사격하는 데 쓰는 포.

으로 갚아야만 합니다.

어머니, 어머니께서 살아 계시는 한 저의 영혼은 당신 안에서 살아갈 것입니다. 아버지, 저는 아버지의 가장 큰 기쁨이었지요. 하지만 지금은 조국의 해방을 위해 투쟁하는 자가 바로 내 아들이라고 당당하게 밝힐 수 있었던 그 자부심이 땅에 떨어졌다는 것을 압니다.

제가 죽음에 이르기 직전까지 겪었던 고통은 이루 말로 다 표현할 수가 없습니다. 저도 잘 알고 있습니다. 제가 두 분의 유일한 아들, 두 분 인생의 유일한 목적이었다는 것을요! 제가 첫걸음 떼는 것을 지켜봐 주시고, 이끌어 주셨으며, 지지해 주셨다는 것을. 이에 항상 무한한 감사를 표합니다. 두 분을 항상 존경해 왔습니다. 두 분을 항상 사랑해 왔습니다. 아들이 조국에 대한 충성의 맹세를 지켰다고 생각하시면 지금 겪는 고통에 조금이라도 위안이 될 것입니다. 그것은 제 인생에 있어 딱 한 번의 맹세였습니다. 왕에게 충실하고 조국의 안녕을 위해 싸우겠다고 다짐했었지요. 그렇게 맹세한 제 자신이 지금도 너무 자랑스럽습니다.

저의 마지막 순간에 조국, 왕 그리고 두 분을 생각할 것입니다.
저의 마지막 입맞춤은 성스러운 삼색기와 두 분을 향할 것입니다.

안녕히 계십시오.

밈모

옴베르토 리치*Umberto Ricci*(나폴레오네*Napoleone*)

21세. 회계학과 학생. 1923년 1월 18일 마사 롬바르다*Massa Lombarda*(라벤나) 출생. 1943년 1월부터 라벤나의 공산주의 조직과 관련된 비밀 활동 수행. 1943년 9월 8일 이후, 제 28여단 "마리오 고르디니*Mario Gordini*" 소속 애국행동단에서 가장 큰 활약을 한 파르티잔 중 한 명. 그의 공격으로 라벤나의 검은 여단에 소속된 수많은 주요 인물들이 사망함. 1944년 8월 17일, 라벤나에서 파시스트 지도자를 기습 공격하다 체포됨. 라벤나의 '사카*Sacca*'¹로 이송된 후 탈출. 다시 잡혀 7일간 고문을 당함. 1944년 8월 25일 새벽, 라벤나의 알로키 다리*Ponte degli Allocchi*(지금은 마르티리 다리*Ponte dei Martiri*)에서 도메니코 디 얀니, 아우구스토 그라치아니, 마리오 몬타나리, 미켈레 파스콜리, 라니에로 라니에리, 아리스토데모 산조르지, 발사노 시롤리, 에드몬도 토스키, 조르다노 발리첼리, 피에트로 초티가 총살당하는 동안, 그 옆에서 나탈리나 바키와 함께 교수형에 처해짐.

1944년 8월 23일 아침, 라벤나의 형무소

부모님과 친구들에게

이 편지가 여러분에게 닿을 때쯤, 저는 이미 많은 사람들 틈에서 죽어 있을 것입니다. 사랑하는 어머니, 어머니께서 저를 얼마나 많이 사랑해 주셨는지, 저로 인해 얼마나 많은 고통을 겪으셨을지 잘 알고 있습니다. 저는 어머니에게 마치 악마 같은 아들이어서 종종 화를 돋우긴 했지만, 한편으론 흡족함 역시 많이 느끼게 해 드렸지요. 어머니, 저는 양심의 가책을 느낄 것이 하나도 없습니다. 제 이상을 위해 숨김없이 말하고, 가치 있는 존재로 살며, 투쟁하다가 죽음을 맞는, 제게 주어진 길을 걸어왔습니다. 그렇게 저는 이상을 위해 죽게 되었습니다!

---

1 라벤나 지역에서 고문 및 감금 용도로 사용되던 장소. 이전엔 고급 사교 모임이 열리던 곳이었다(옮긴이).

생의 마지막 순간에 마음이 이리 평온할 수 있다는 것에 그저 놀라울 따름입니다. 저 역시나 죽음 앞에서 이런 마음이 들 줄은 전혀 몰랐습니다. 그 이유를 곰곰이 생각해 보니, 항상 든든한 지원군이 되어 준 저의 강한 이상 때문인 것 같습니다. 17일인지 18일인지 정확히 기억나지 않지만, 그날 저녁부터 저는 저들의 손아귀에 들어가 있습니다. 저들에게 당한 모든 종류의 고문을 구체적으로 설명드린다면 족히 6개월은 걸릴 것입니다. 하물며 그저께는, 반쯤 의식을 잃게 만드는 주사를 4대나 맞았습니다. 이 주사를 맞고 난 뒤, 아무것도 하지 않았는데 시력이 떨어졌습니다. 시력은 아직까지 돌아오지 않고 있고요. 그럼에도 불구하고 저의 건강한 체질에 또 한 번 스스로 놀라고 있습니다. 이런저런 질환에 시달리면서도 영웅답게 견뎌 냈거든요. 저들은 제 몸의 모든 상처가 아물고 자연스레 치유되자 제게 그 주사를 놓았습니다. 아마도 다음에 저들은 저를 밧줄에 매달아 인민 앞에 선보일 것입니다.

"저는 이곳 라벤나에서 교수형을 당하게 되어 영광입니다."
저처럼 아무 대가도 바라지 않고 정치적 이상을 위해 투쟁한 제 친구 지지와 아리고가 저보다 먼저 죽었다고 생각하면 죽음이 전혀 두렵지 않습니다. 하나만 부탁드립니다. 제 시신을 수습하여 저의 집 근처에 매장된 아리고와 지지 옆에 묻어 주셨으면 좋겠습니다. 우리는 분명 환상적인 트리오가 될 것입니다.

같은 날 14시

이곳에서 저는 열의가 넘칩니다. 요즘에는 사색과 글쓰기에 열중하고 있습니다. 신부님께서 여러 번 다녀가셨는데, 그분은 제게 고해성사를 하고 싶으면 언제든지 말하라고 하셨습니다. 저는 '노NO'

라고 대답했습니다. 그러나 대화는 수락했습니다.

저의 묘비에 이런 문구를 넣어 주시길 바랍니다. "육신에 깃든 영혼은 사라졌으나, 이상은 살아 숨 쉬고 있노라." 그런 다음 친구들과 친척들이 원하는 문구를 추가하셔도 좋습니다.

저는 현재의 체력과는 반대로 과거에는 병약하여 호감을 사지 못했는데, 그 시절 저를 거절했던 소녀들이 생각나네요. 가장 사랑하는 엘사, 다른 여자들은 거들떠보지도 않는 나를 너무 많이 사랑해 준 순수하고 꾸밈없는 당신. 또 만나자.

그리고 지금 이 순간 그 누구보다 가장 많이 생각나는 어머니. 저는 어머니께 드린 끔찍한 고통에 대해 생각합니다. 하지만 이겨 내세요. 이 아들을, 절대 울지 않고 모든 것을 이겨 내는 타이탄$_{Titan}$[1]이라고 생각하세요. 용기 내시고 견뎌 내 주세요. 저와 같은 이상을 사랑하게 되신다면 그 이상 안에서 저를 찾을 수 있으실 거예요. 저는 이 순간 단 하나만 생각합니다. 저들이 저를 죽인다고 해도 역사의 시간을 멈추게 할 수는 없습니다. 절도 있게 나아가는 역사의 행군은 절대 꺾이지 않을 것입니다.

저는 편안하고 고요하게 죽음을 맞이할 것입니다. 하지만 타인의 권리를 빼앗은 저들은 과연 편안한 죽음을 맞이할 수 있을까요?

---

1 제우스를 중심으로 한 올림포스의 신들이 통치하기 전에 세상을 다스리던, 거대하고 막강한 신의 종족으로 '거신족'이라고도 한다(옮긴이).

1944년 8월 24일, 라벤나, 형무소

또 하룻밤이 흘렀습니다. 저들에게 잡힌 지 6일이 지났습니다. 저는 이제 죽음의 문턱에 거의 다다랐다고 생각합니다. 오늘 아니면 내일이 되겠지요. 저는 우리 군대가 저를 포기하지 않기를 희망합니다. 마지막 순간까지 아주 큰 힘을 냈으면 합니다. 라벤나의 파시스트 수장 안드레아니는 심문을 접고 저와 대화를 하고 싶어 했습니다. 우리는 전후(제2차 세계대전 후)의 정치를 포함해 전쟁에 대한 전반적인 이야기를 나누었습니다. 그의 말에 따르면, 독일이 모든 전선에서 패한 이래로 전투의 수는 줄어들었지만 적들은 아직 희망을 버리지 않고 있다고 합니다. 하지만 저는 그 말을 곧이곧대로 믿지 않습니다.

형무소 사람들 중에는 저와 같은 이유로 갇힌 사람들이 거의 대부분입니다. 이것은 파시스트 체제 안에서 큰 반향이 일어나고 있음을 의미합니다. 이곳에 갇힌 인민들은 눈물을 흘리고 있습니다. 그러나 우리에게는 이 길밖에 없는데, 이런 약한 마음으로는 저항의 길로 들어설 수조차 없습니다. 저들은 저를 "사카"로 다시 데리고 갔습니다. 고문하는 곳이구나 생각하고 있었는데, 갑자기 책임자가 들어오는 바람에 고문이 중단되었습니다. 그래서 저는 다시 형무소로 돌아왔습니다. 저들이 20시경에 저를 교수형에 처할 거라는 느낌이 듭니다. 시간이 가까워질수록 저는 그 시간을 붙잡고만 싶어집니다.

지금은 18시 정도 되었습니다. 3시간만 지나면 처형은 어쩌면 내일로 넘어갈지도 모릅니다. 중위가 누군가 저와 이야기를 나누러 올 거라고 말해 이를 받아들였습니다. 처음부터 말씀드리자면, 저

450

들은 우리 당의 요주의 인물로 저를 지목해 체포한 것입니다. 저는
한낱 투사일 뿐이라고 일관되게 주장하는데도 말입니다. 종종 머릿
속에 동료들이 나를 구출해 줄지도 모른다는 생각을 떠올리곤 합니
다. 행여나 파르티잔 의용군 몇몇이 탈출 계획을 짜서 오늘 밤에 나
를 구출시켜 주지는 않을까 하는…. 하지만 더 침착해지려면, 이런
생각들을 머릿속에서 지워야 하겠지요.

로베르토 리코티*Roberto Ricotti*

20세. 기계공. 1924년 6월 7일 밀라노 출생. 1943년 9월, 볼차노의 강제 수용소에서 탈출하여 밀라노로 이동함. 이후 청년들을 조직하는 데 전력을 기울임. 1944년 8월, 제124 가리발디 여단의 애국행동대 소속 정치지도원으로 '청년전선' 제5구역을 담당. 1944년 12월 20일, '청년전선' 사령본부로 사용하고 있던 밀라노의 자택에서 체포됨. 피암마가*via Fiamma*에 있는 반파시스트 검속 비밀경찰의 소재지로 이송되었다가 산 비토레 형무소로 이감. 여러 차례 고문당함. 1945년 1월 12일, 무장 의용군 소속이라는 이유로 국방특별법원에서 재판을 받음. 1945년 1월 14일, 로베르토 자르디노 외 7명의 파르티잔들과 함께 밀라노의 주리아티 스포츠경기장에서 총살됨. 사후에 금성무공훈장을 추천받음.

1945년 1월 13일, 산 비토레

달콤한 내 사랑에게

평화와 행복을 기원하며
내 사랑이여 안녕….

"로베르토 리코티, 사형선고."

초라한 내 인생에 유일하게 행복의 시간을 선사해 준 당신…!
당신에게 나의 마지막 사랑의 떨림을 바칩니다….

리비아, 안녕히. 당신의 영원한…

로베르토

1945년 1월 14일

친애하는 친척들에게

마음을 진정시키십시오. 저는 정의라는 위대한 이상을 위해 죽습니다…. 공산주의여!

용기를 내십시오. 안녕히 계세요.

로베르토 리코티

1945년 1월 14일

저는 동지들, 저의 믿음, 열정, 동지애, 이 모든 것들로부터 떠납니다.

로베르토 리코티

프란체스코 리골디*Francesco Rigoldi*(실비오*Silvio*)

30세. 직공. 1914년 3월 29일 밀라노의 로다노*Rodano* 출생. 1940년 이후 이탈리아 공산당 투사로 활약. 1943년 7월 25일 이후, 비코카*Bicocca*(밀라노)에서 피렐리 공장 최초의 노동쟁의위원회 위원이자 세스토 산 조반니 지역의 이탈리아 공산당 대표가 됨. 1943년 9월 8일 이후, 강력한 지하 운동 전개. 1944년 4월 27일 처음으로 체포됨. 1944년 7월 14일, 독일로 향하는 군 수송 열차에서 14명의 동료들과 함께 탈출. 알토 베르가마스코*Alto Bergamasco*의 무장군에 처음으로 합류. 이후 살라 코마치나*Sala Comacina*(코모) 지역에서 활동하는 제52 가리발디 여단에 합류. 1944년 12월 22일, 살라 코마치나에서 메나조*Menaggio*에 주둔하고 있던 검은 여단의 민병대원들과 치열한 교전을 벌이다 체포됨. 코모의 형무소로 이송. 고문당함. 코모의 검은 여단 법원에서 재판을 받음. 1944년 12월 30일, 마리오 빌리아니, 조반니 부시, 카를로 소르마니, 빌라 다 몬차와 함께 카메를라타*Camerlata*(코모)의 사격장 경계 벽 뒤에서 파시스트 소대에게 총살됨.

1944년 12월 29일

사랑하는 아내에게

당신이 이 편지를 받게 될 즈음이면 나는 더 이상 이 세상 사람이 아닐 것이오. 부디 나를 용서해 주오. 나는 당신과 함께할 행복한 세상을 꿈꾸었건만, 결국은 이렇게 두 명의 어린 자녀를 당신에게 맡기고 떠나게 되었소. 내가 아는 당신은 인자하니 우리 아이들을 부족함 없이 잘 돌봐 줄 것이라 믿어 의심치 않소.

나는 이번 생에서 찾지 못한 것을 이곳보다 더 나은 저세상에서 찾기를 바라며 당신의 이름을 부르면서 죽을 것이오.

아이들에게는 넘치도록 많은 뽀뽀를, 당신에게는 마지막 포옹을, 모두에게는 작별 인사를 보내며.

당신의

프란체스코

25세. 세스트리 포넨테(제노바)에 있는 산 조르조 공장의 주조鑄造 직공. 1919년 4월 29일 코르닐리아노*Cornigliano*(제노바) 출생. 왕립 해군 소속 잠수부. 은성무공훈장을 수여받음. 1943년 9월 8일 이후, 이탈리아 공산당원이자 '청년전선'의 행동대원으로 활동. 같은 해 11월, 제노바의 애국행동단에 합류하여 독일군 장교와 파시스트 지도자를 대상으로 한 테러 및 사보타주에 참여. 1944년 7월 20일, 코르닐리아노에서 비밀 회동 장소로 가던 도중 밀고로 경찰국 정치대에게 체포. 제노바의 경찰국 유치장으로 이송. 1944년 7월 29일 3시부터 4시 사이, 경찰국에서 파시스트특별법원에 의해 재판을 받음. 1944년 7월 29일 5시, 산 줄리아노 요새(제노바)에서 마리오 카수리노 외 3명의 파르티잔들과 함께 검은 여단 소속 소대에게 총살됨. 사후에 은성무공훈장을 수여받음.

1944년 7월 29일

사랑하는 아버지와 형에게

　두 사람에게 본의 아니게 저지른 과오에 대해 용서를 구합니다. 제 마음은 편안합니다. 사기 또한 드높기 그지없습니다. 아침이 되면, 저는 곧 총살될 것입니다. 그런데도 제 마음은 여전히 평온합니다. 저는 곧 목숨을 잃게 되겠지만, 저의 이상은 죽음보다 더 강하기에 사라지지 않을 것입니다.

　브루나와 아니타 그리고 그들의 가족들을 포함하여 저를 위해 희생해 주신 모든 분께 감사를 표합니다. 아버지, 용기를 내세요. 상심이 얼마나 크실지 알지만 견뎌 내셔야 합니다. 저를 위해 그렇게 해 주세요. 제가 죽더라도 변함없이 자친토로 남을 거라고 친구들에게 말해 주세요. 저는 정당한 대의를 위해 투쟁했고, 정의는 곧 도래할 것입니다.

　242리라를 동봉합니다.

자친토 리촐리오

프란체스코 로시*Francesco Rossi*(폴고레*Folgore*)

27세. 전기 기술자. 1917년 3월 2일 민투르노*Minturno*(라티나*Latina*) 출생. 니켈리노*Nichelino*(토리노) 거주. 수사 계곡(토리노)에서 활동하는 제46 여단 "로베르토 바라타*R. Baratta*"와 제41 여단 "카를로 카를리*C. Carli*"에서 파르티잔으로 활동. 1944년 11월, 적들이 벌인 소탕 작전 중 습격을 받아 계곡의 하류로 이동. 병참 장교 신분으로 부대 간 연락과 해산된 파르티잔들을 돕는 역할을 함. 1945년 1월 18일, 아내를 만나러 간 니켈리노에서 "폴고레" 사단의 낙하산병에게 체포됨. 리볼리(토리노)의 병영으로 이송. 1945년 1월 23일, 드루엔토*Druento*(토리노)에서 알베르토 아펜디노, 지노 베기니, 브루노 고피, 단테 마카리오, 빈첸초 마카리오, 알도 네이로티, 미켈레 네이로티, 파올로 페라, 마르첼로 롤레, 레오네 로셀리와 함께 "폴고레" 사단 소속 병사들에게 총살됨.

사랑하는 나의 리누차, 사랑하는 어머니,
형제자매 그리고 조카들에게

저는 얼마 지나지 않아 주님을 뵙게 될 것을 알고 있습니다. 저에게 쏟아 주신 모든 애정을 품고, 여러분의 가슴에 비수를 꽂은 채 떠나게 될 것이 분명합니다. 이 편지를 받고 고통스러우시다면, 부디 저를 용서해 주세요. 여러분의 고통을 덜어 드릴 수만 있다면 기꺼이 그렇게 하고 싶건만….

부모님 덕분에 저는 주변 사람들로부터 항상 위트가 넘친다는 말을 들어 왔습니다. 저의 이런 천부적인 기질은 두 분에게 물려받은 거라는 걸 지금도 부정하지 않습니다.

리나리누차의 애칭, 이렇게밖에 행동할 수 없었던 나를 용서해 줘. 당신에게 면목이 없어. 내가 항상 말했잖아. 목적을 이루기 위해서는 목숨을 구걸하느니 차라리 죽는 것이 낫다고. 당신은 나를 사랑하고, 나 역시 당신을 변함없이 사랑했으니 부디 나를 용서해 줘. 영생을 통해 당신과 내가 언젠가 만나게 된다면, 우리는 그때 다시 서로를 사랑할 거야.

여러분, 저를 위해 기도해 주세요. 저는 저 하늘 위해서 여러분을 위해 기도할 것입니다.

안녕히 계세요! 모두에게 안녕을. 저를 여전히 기억하고 있는 동지 여러분, 비록 목적 달성에는 실패했지만 의도가 좋았던 만큼 저의 죽음이 쓸모없지만은 않을 것입니다. 저에게 저의 행복 따위는 중요하지 않았습니다. 항상 타인의 행복을 우선으로 여기며 살았지요. 부디 가여운 자들 모두의 행복을 빌어 주세요. 그들이 더 이상 고통받지 않게요.

모두에게 다시 안녕을 고합니다. 평화는 모든 사람들에게 동일하게 주어질 것입니다. 모두에게 입맞춤을, 안녕히 계세요. 소중한 어머니, 안녕. 소중한 리나, 안녕. 비토리오, 안녕. 마리오, 안녕. 사랑하는 누이 마리아 그리고 안젤리나, 사랑하는 조카들을 잘 키워 줘.

아내 리나에게, 당신에게 뭐라도 하나 남기고 가야 하는데, 나 같은 사람은 많은 돈을 손에 쥘 수 없기 때문에 빈손으로 떠나는 걸 이해해 줘. 나는 주님의 위로를 받으며 죽게 될 거야. 당신에게 신의 축복이 있기를.

저의 마음을 받아 주실 것을 알기에 여러분 모두를 축복합니다.

누군가를 죽이는 것이 아니라 제가 죽는 것입니다. 그러니 조금도 양심에 거리낄 것이 없습니다.

친구들 모두에게 작별 인사 전해 줘. 그들에게 나를 기억해 달라고 해 줘. 안녕, 리나!!!

당신의 영원한

프란체스코

티그리노 사바티니 *Tigrino Sabatini*(바뎅고*Badengo*)

44세. 로마의 스니아 비스코사 공장의 직공. 1900년 3월 8일 아바디아 산 살바토레 *Abbadia San Salvatore*(시에나) 출생. 로마와 라치오에서 활동하는 "붉은 깃발*Bandiera Rossa*"의 용군 소속 지역 책임자. 직장 동료 2명의 밀고로 체포되어 로마의 타소가 형무소로 이송되었다가 레지나 코엘리 형무소로 다시 이감. 1944년 4월 14일, 독일군사법원에서 재판을 받음. 1944년 5월 3일, 로마에서 총살됨. 사후에 금성무공훈장을 추천받음.

5월 3일, 로마

나의 소중한 이들에게

제 삶의 최후는 이렇게 되었습니다. 제가 저들을 용서했듯, 여러분 역시 저들을 용서해 주십시오. 4월 14일에 재심이 열렸지만, 첫 재판과 같은 이유로 사형선고를 받았습니다. 그리하여 저는 오늘 죽을 것입니다.

니콜라, 빌다를 좋은 사람에게 시집보내 줘. 그리고 행복하게 살아. 부탁이야. 이것은 죽기 직전에 남기는, 내 마지막 소원이야.

모든 형제자매, 형수님, 제수씨, 매형, 매제에게 볼 키스를 보냅니다. 진정 어린 볼 키스를 보냅니다.

너희들의 아버지

사바티니 티그리노

영원히 안녕.
40리라를 남긴다.

비토 살미*Vito Salmi*(니노*Nino*)

19세. 선반공. 1924년 10월 15일 몬테벨리오*Monteveglio*(볼로냐) 출생. 1944년 2월부터 제142 가리발디 돌격 여단의 파르티잔으로 활약. 몬타냐나(파르마)에서 벌어진 전투에 참여. 1944년 4월 후반, 몬타냐나에서 약 50명의 동지들과 함께 취침 중 체포됨. 이들을 체포한 파시스트와 독일군은 파르티잔들끼리 쓰는 신호를 알고 있던 정보원의 안내를 받았음. 파르마 교도소로 이송. 파르마의 군사법원에서 사형선고를 받은 후 조건부로 사면되었지만 다시 볼모로 잡힘. 1944년 5월 4일, 바르디(파르마) 근처에서 4명의 독일군 병사가 살해된 것에 대한 보복으로 조르다노 카베스트로 외 3명의 파르티잔들과 함께 총살됨.

사랑하는 아버지께

저는 자부심을 가지고 죽을 것입니다. 목숨이 다하는 마지막 순간까지 저처럼 힘을 내서서 저를 위해 복수할 방법을 찾아 주세요. 애도의 표시로 저에게 빨간색 카네이션을 헌화해 주세요. 항상 아버지를 생각해 주시는 분들에게 위로의 볼 키스를 받으세요.

당신의 아들

비토

저를 기억하는 모든 이들에게 작별 인사를⋯.
저의 원한을 풀어 주세요.

가장 사랑하는 누이들과 외삼촌들에게

마지막으로 저의 끝없는 볼 키스를 받아 주세요.
저는 괜찮으니 울지 마시고, 저를 오래도록 기억해 주세요⋯.
로마노와 매형에게 가장 강렬한 볼 키스를 보냅니다.

비토

저의 자유의지로 한 일이니 눈물 흘리실 필요는 없습니다.

할머니께 많은 입맞춤을 전해 주시고 제 소식은 말씀드리지 말아 주세요. 최대한 숨겨 주세요.

애도의 표시로 저에게 빨간색 카네이션을 헌화해 주세요. 몇 분 뒤면 모든 것이 끝납니다.

비토

이탈리아 만세!

VI

Giuseppe Salmoirago, Luigi Savergnini, Guerrino Sbardella, Aldo Sbriz,
Emilio Scaglia, Dario Scaglione, Renzo Scognamiglio, Primo Simi, Rinaldo Simonetti,
Simone Simoni, Remo Sottili, Giuseppe Sporchia, Mario Surrentino, Loris Tallia Galoppo,
Guido Targetti, Vittorio Tassi, Alessandro Teagno, Attilio Tempia, Giuseppe Testa,
Anselmo Torchio, Giovanni Tronco, Arturo Turani, Walter Ulanowsky, Giacomo Ulivi,
Ferruccio Valobra, Paolo Vasario, Fabrizio Vassalli, Erasmo Venusti, Lorenzo Viale,
Ignazio Vian, Giovanni Battista Vighenzi, Goffredo Villa, Ermete Voglino.

41세. 상인. 1903년 5월 15일 바랄로 세시아*Varallo Sesia*(노바라) 출생. 1944년 10월 15일, 파르티잔으로 활동하는 아들을 만나러 가던 중 비코 카나베세*Vico Canavese*(토리노의 키우셀라 계곡*Val Chiusella*)에서 독일군 부대에게 검문을 당함. 철저한 수색 끝에 파르티잔의 아버지라는 신분이 탄로 나 불시에 검거됨. 1944년 10월 15일, 재판 없이 파르티잔이었던 마리오 가리스, 조아키노 스트라차와 민간인 신분의 아우구스토 피노트, 빈첸초 살리스와 함께 비코 카나베세의 공동묘지 근처에서 총살됨.

1944년 10월 15일, 10시, 비코 카나베세

사랑하는 아내와 아이들에게

이 편지를 받을 때쯤, 나는 더 이상 이 세상에 없을 거요. 남은 가족을 생각하며 괴로운 마음으로 떠나오. 다시는 우리 가족을 볼 수도, 마지막으로 꼭 안아 줄 수도 없소. 사랑하는 나의 아내, 당신과 나는 우리 아이들이 주는 기쁨을 누리며 25년 동안 사소한 말다툼 한 번 없이 가장 완벽한 조화를 이루며 함께 살아왔잖소. 우리의 평화와 결합을 방해한 것은 아무것도 없었지.

하지만 이제 당신과 아이들 그리고 내가 사랑한 모든 사람들과 영원히 이별하게 되었소. 나의 고통스러운 이 마음을 모두 전하기엔 시간이 얼마 남지 않았구려. 나치 파시스트 짐승들이 나를 동지 4명과 함께 총살시키려 하거든.

나는 이 마지막 편지가 당신에게 어떠한 고통을 가져다 줄지 알고 있소. 하지만 내가 항상 대의와 자유를 위해 투쟁한 진정한 파르티잔이었음을, 내 가족의 진정한 아버지였음을 알아주었으면 하오. 이런 나로 인해 당신이 모든 것을 다 잃은 듯한 허탈감을 느낄 거라는 걸 알고 있소.

집안의 가장인 동시에 당신의 유일한 지지자였던 나의 부탁을 들어 주오. 나의 아내여, 용기를 내 주오. 힘을 내야 해. 당신에겐 너무도 사랑스러운 두 딸이 있다는 것을 잊지 마시오. 이제부터는 당신이 꼬맹이 이우치와 아드리아나를 나치 파시스트의 올가미에 걸리지 않게 지켜 주고 보호해 줘야 하니까. 그러려면 당신에게는 이 편지로 인해 받게 될 큰 고통을 이겨 낼 수 있는 아주 충분한 힘과 용기가 필요할 것이오.

사랑하는 아드리아나에게

아빠는 너를 영원히 떠날 거란다. 하지만 하늘나라에서도 너를 지켜 줄 거야. 너도 이제 네가 해야 할 일이 무엇인지 충분히 알 나이잖아. 진짜로 이런 아빠를 이해하지? 항상 용감하게 지내고, 네 아빠가 나치 파시스트 악당들에게 왜 죽임을 당했는지 그 이유에 대해 말할 때는 꼭 아빠 편을 들어 줘야 한다. 엄마와 여동생을 챙겨 주렴.

사랑하는 아내와 아이들에게

사랑하는 남편과 아빠를 자랑스럽게 생각하고 울지 말기를. 나는 열여덟 살 때 감옥에서 18개월을 보낸 적이 있었소. 그리고 마흔한 살인 지금, 나는 우리 조국의 이상과 해방을 위해 목숨을 바칠 것이오. 마지막 인사를 보내오. 사랑하는 나의 아내, 꼬맹이 이우치와 아드리아나에게 강한 포옹을, 어머니에게 큰 힘이 되어 주오.

아빠이자 남편

주세페 살모이라고

464

루이지 사베르니니*Luigi Savergnini*(지노*Gino*)

28세. 창고지기. 1916년 8월 19일 손치노*Soncino*(크레모나*Cremona*) 출생. 1943년 9월 8일 이후, 토리노의 민족해방위원회로부터 연합군 포로들을 지원하라는 임무를 받고 47명의 포로들을 안내하여 국경을 넘음. 1944년 5월, 쿠네오 지역에서 활동하는 '정의와자유' 소속 제1 알피니 산악사단에 합류. 1944년 8월, 교전을 치른 후 그르노블*Grenoble*(프랑스)로 이동하여 그곳에서 프랑스의 '마키*maquis*'¹와 접촉. 임무를 수행하기 위해 토리노로 귀환. 1945년 1월 10일, 밀고로 아내와 함께 파시스트 경찰에게 체포됨. 1945년 1월 14일, 파르티잔 무장군으로 활동하고 연합군 포로들을 지원했다는 이유로 토리노의 반게릴라군사법원에서 재판을 받음. 1945년 1월 23일, 브루노 치브라리오 외 9명의 파르티잔들과 함께 토리노의 마르티네토 국립포병사격연습장에서 국립공화국수비대에게 총살됨. 사후에 은성무공훈장을 수여받음.

어머니께

저를 품 안에 끼고 키운 당신, 세상의 빛을 보게 해 주신 당신, 길러 주시고 질 높은 교육을 받게 해 주신 당신, 그런 어머니께 저는 인생의 가장 큰 고통을 건넵니다. 어머니의 12명의 자식 중 막내아들인 지노는 오늘 하늘나라로 올라가야 합니다…. 어머니가 용서해 주셔야 제가 마음 편히 떠날 수 있습니다. 저의 명복을 빌어 주세요. 제가 죽은 뒤에도 모든 이의 기억 속에 함께하기를 바랍니다. 저는 모두가 어머님을 등한시하지 않을 거라 확신합니다. 그래서 제 마음은 더 평온합니다.

어머니에게 포옹과 입맞춤을 보내며, 경의를 표합니다. 저에게 그러셨듯이 이제 에글레에게 의지하세요. 그에게 부담 주는 걸 원치 않으신다는 걸 알지만 꼭 그렇게 하세요. 어머니에게 입맞춤해

---

1   제2차 세계대전 중 독일 점령군에 항거하여 싸우던 프랑스의 지하조직(옮긴이).

드립니다. 넘치도록 많은 입맞춤을 해 드립니다. 어머니의 지노는 절대 아무 잘못도 한 것이 없으며, 이탈리아인으로서 의무를 완수했다는 것만 기억해 주세요.

모두에게 작별 인사를

지노

1945년 1월 23일 5시

사랑하는 나의 아내에게

너무 많은 생각들이 떠오르지만, 그중 가장 위대하고 가장 강렬한 것은 당신을 향한 사랑과 우리 사랑의 결실이 탄생한다는 사실이야. 에글레, 우리 아이를 지켜 줘. 이 아빠가 조국을 사랑한 군인이었다는 것을 잊지 않게 해 줘. 그리고 강해져야 해. 내가 울지 않듯 당신도 울지 마.

내가 하늘나라에서도 당신을 지켜보고 도와줄 거라는 걸 믿어 줘. 이런 축복은 정의로운 목표를 위해 먼저 이 세상을 떠난 많은 사람들처럼 나 역시 무고한 영혼이기에 가능한 거야. 미래의 태양이 당신의 얼굴을 비추고 있어. 그러니 용기를 내야 해. 고통의 날개를 펴고 날아가야 할 나는 마음이 너무 아파.

항상 나를 기억해 줘. 곧 태어나게 될 우리 아이가 세상 밖으로 나오면 그 아이는 당신을 안심시켜 주고, 비참한 내 인생의 굴레에서 벗어나게 해 줄 거야.

꽉 안아 주며. 당신의

지노

1945년 1월 23일, 5시 45분

구에리노 스바르델라 *Guerrino Sbardella*

28세. 인쇄 식자공. 1916년 1월 4일 콜론나 *Colonna* (로마) 출생. 그를 포함한 여섯 형제가 모두 반파시스트 투사임. 독일군이 로마를 점령한 후, 로마에서 활동하는 "붉은 깃발" 의용군과 함께 사보타주에 참여. 1943년 11월 8일 저녁, 프린치페 *Principe* 영화관의 관객들에게 정치 선전 포스터를 뿌리다가 파시스트에게 체포됨. 동지들과 함께 탈출. 그날 밤 자택에서 정보원의 안내를 받은 독일군 친위대에게 체포됨. 타소가 형무소로 이송. 고문당함. 레지나 코엘리 형무소로 다시 이송. 레지나 코엘리 형무소에서 독일군 사법원에 의해 재판을 받음. 1944년 2월 2일, 브라베타 요새 (로마)의 제방으로 끌려감. 로몰로 이아코피니 외 10명의 파르티잔들과 함께 이탈리아령 아프리카 경찰 소대가 지상에다 발포를 하면 독일군 장교가 사형수의 목에 총을 쏘는 방식으로 처형당함.

사랑하는 나의 아내에게

죽기 몇 분 전, 당신이 나로 인해 받게 될 크나큰 고통에 대한 용서를 구하기 위해 이렇게 편지를 써. 부디 나를 용서해 줘. 그리고 내 영혼을 위해 기도해 줘. 나를 위해 자비로운 주님께 기도하라고 우리 아이들에게 가르쳐 줘. 내가 아이들을 얼마나 사랑했는지 말해 주고, 나 대신 매일 뽀뽀해 줘. 나를 위해서라도 우리 아이들을 많이 사랑해 줘야 해. 가능하다면 나를 잊지 말고 변함없이 추억해 주길 바라. 그럴 수만 있다면 매일 밤 당신을 보러 올게. 꿈나라로 떠난 당신과 우리 아이들을 내가 지켜 줄 거야. 당신을 너무나 사랑했다는 걸 잊지 마. 눈감는 그 순간까지 당신을 사랑할 거야. 내 영혼으로나마 키스를 퍼부으며

당신의

구에리노

불행 안에서 단단해지고
주님 안에서 희망을 찾기를. 안녕

구에리노

안젤로에게

나 대신 우리 어머니, 아버지, 형제들에게 그리고 에벨리나와 아달지사에게도 볼 키스를 해 줘. 친구들에게 나와 내 아이들을 기억해 달라고 전해 줘. 월터에게는 작별 인사 전해 주고.

나의 아버지께

저의 죽음으로 인해 고통을 드리게 되어 면목이 없습니다. 하지만 용기를 내시고, 어머니께 위로가 되어 주세요. 어머니의 기도 속에서 저를 기억해 달라는 말씀도 꼭 전해 주시고요.
많은 입맞춤을 보내며.

당신의

구에리노

아우구스토 루이지에게

네 아들에게 끝없는 뽀뽀를 보낸다. 나를 기억해 줘. 기억하려 노력해 줘. 그리고 내 아내와 아이들을 도와주었으면 해. 안젤로아우구스토 루이지의 애칭, 내 차를 끌고 다니며 일자리를 찾아봐. 우리 아이들을 위한 끼닛거리라도 벌어다 줄 수 있으면 하는 마음에서 내 차를 너에게 넘긴다.

안젤로, 우리 가족을 지켜 주겠다고 약속해 줘. 하늘에 계시는 주께서 허락하신다면 나는 기꺼이 네게 축복을 내릴 거야. 그리고 시간이 된다면 리날디니 감독관님한테 가서 내 아내를 위해 일자리 하나만 알아봐 달라고 부탁해 줘. 그리고 항상 배려해 주신 것에 감사하다고도 전해 주고.

사랑하는 비토리오에게

너 역시 내 아이들을 잊지 말아 줘. 가능하면 우리 아이들을 때때로 찾아가 잘 보살펴 주길. 우리 아이들이 도움을 필요로 할 때 꼭 찾아봐 주었으면 해.

너와 네 가족에게 볼 키스를 보낸다.

구에리노

알도 스브리츠*Aldo Sbriz*(레오*Leo*)

34세. 목수. 1910년 2월 14일 코르몬스*Cormons*(고리치아*Gorizia*) 출생. 1930년부터 이탈리아 공산당의 운동원으로 활동. 1934년, 코르몬스의 공산주의 조직원들과 함께 체포됨. 로마 국방특별법원에서 징역 4년 형을 선고받음. 1937년 2월 석방됨. 적의 감시망 속에서도 반파시스트 조직에 가담해 의용군으로 활동. 1943년 9월 8일 이후, 가리발디 돌격 사단 "나티소네*Natisone*" 소속 "그람시" 여단의 "마치니*Mazzini*" 대대 중대장. 1944년 1월 1일, 코르몬스 지역에서 독일군 친위대가 실시한 소탕 작전 중 체포. 여러 번 고문당함. 고리치아의 독일영토군사법원에서 재판을 받음. 1944년 3월 7일, 고리치아에 있는 파노비츠*Panoviz* 포병사격연습장에서 "펠트겐다메리*Feldgendarmerie*"[1] 소속 소대에게 총살됨.

고리치아, 1944년 3월 6일

사랑하는 피나, 내 아이들, 어머니, 사랑하는 나의 모든 이들에게

여러분이 이 편지를 받을 때쯤, 저는 이미 이 세상에 없을 것입니다. 지금 제게 엄청난 고통이 밀려드는 이유는 저 자신이 아니라 여러분 때문입니다. 저는 여러분을 너무나 사랑하고 존경했으며 함께 있을 때 큰 행복을 느꼈습니다. 저는 여러분을 사랑해서, 또 여러분이 저를 사랑해 줘서 기쁘고 행복했습니다. 저를 잊지 마세요!

나의 피나, 나는 언제나 당신을 생각해. 우리가 함께 있을 때 얼마나 아름다운 희망을 키웠었는지, 어떤 미래를 설계했는지…. 하지만 이제 이 모든 것이 물거품이 되어 버렸어. 희망이여, 안녕.

---

1 유럽에서 제2차 세계대전이 끝날 때까지 작센 왕국, 독일 제국, 나치 독일의 군대에 속해 있던 군사경찰 부대의 한 유형(옮긴이).

그리고 나의 작은 줄리아나, 잘 지내니? 나는 늘 네가 행복하게 웃는 얼굴을 상상한단다. 나는 아주 벅찬 마음으로 네가 태어날 날을 손꼽아 기다리고 있었어. 하지만 지금 나는 상상 속에서만 그려보던 너를 실제로 볼 수 없다는 사실 때문에 불행해. 나는 갓 태어난 네 뺨에 뽀뽀조차 해 줄 수 없어. 이제 나는 네게 작별 인사를 하며 사랑스럽게 뽀뽀해 주려 해. 언젠가 너는 내가 누군지 알게 될 거야.

나의 어머니 루차누티, 사랑하는 당신의 타테알도 스브리츠의 애칭를 항상 기억해 주세요. 어머니를 변함없이 아주 많이 사랑합니다. 항상 기억할 것입니다. 안녕히 계세요. 어머니, 잘 지내세요. 안녕히 계세요. 나의 어머니, 누이들, 조카들, 안녕히.
지제 어머니께도 한 말씀드립니다. 포옹과 함께 저의 마지막 작별 인사를 보냅니다. 용기를 내십시오. 저를 잊지 마세요. 부디 저를 용서해 주세요!

저를 사랑하는 모든 이들에게 작별 인사를 전합니다. 안녕, 이네스 그리고 피에리. 안녕, 이오레타, 마르첼라 그리고 그녀의 어머니. 안녕히 계세요, 나의 어머니, 나의 피나 그리고 사랑하는 내 자식들. 안녕, 누이들 그리고 발도.
여러분이 오래오래 행복한 삶을 영위하기를 기원합니다.
사랑하는 나의 피나, 우리의 어린 아이들을 부탁해. 그 아이들을 바르게 교육시키고, 사랑하는 아버지를 잊지 않도록 해 줘. 마지막 포옹을 하며 사랑스럽게 키스할 거야. 안녕히. 애정이 담긴 내 사랑을 당신에게 유산으로 남길게.

친애하는 어머니, 안녕히 계세요. 저는 어머니와의 추억을 가슴에 품고 예정보다 일찍 떠납니다. 제가 결백하다는 걸 잘 아시잖아요. 저는 적을 포함한 그 누구도 해하지 않았기 때문에 살아남은 저 자들의 손에 죽게 된 것입니다. 누군가는 저의 죽음을 바라고 있겠지요. 하지만 저들은 평생 환청에 시달리는 벌을 받게 될 것입니다. 저들의 귀에는 무고한 생명의 흐느낌과 어머니의 오열, 저를 사랑하는 모든 사람이 내뱉는 고통의 소리가 들릴 것입니다.

그럼 이만 안녕히 계세요.
어머니를 사랑하는

알도

안녕, 나의 피나, 내 자식들!

에밀리오 스칼리아*Emilio Scaglia*

20세. 공안 경찰관. 1923년 10월 14일 안트로나 피아나*Antrona Piana*(노바라) 출생. 1943년 10월 10일, 살리나티 대령의 지휘 하에 로마에서 활동하는 "나폴리" 의용군에 합류하여 부대 간 연락 업무 수행. 1944년 3월 28일, 로마의 에세드라 광장*Piazza Esedra*에서 동지들과 접선을 시도하던 중 독일군 친위대에게 체포됨. 1944년 5월 9일, 로마의 브라스키 광장*Palazzo Braschi*에서 "폴라스트리니*Pollastrini*" 부대에 의해 재판을 받음. 연합군에 의해 로마가 해방되기 전날인 1944년 6월 3일 10시, 브라베타 요새(로마)에서 마리오 데 마르티스 외 4명과 함께 이탈리아령 아프리카 경찰 소대에게 총살됨. 사후에 은성 무공훈장을 수여받음.

1944년 6월 1일, 로마의 미결구류 구치소에서

사랑하는 나의 어머니께

죽음을 앞두고 제게 얼마간의 시간이 주어져, 이렇게 어머니께 편지를 씁니다. 어머니, 크나큰 고통을 드리게 되어 송구합니다. 하지만 저에게 주어진 의무를 저버릴 수 없었습니다. 기쁘게 죽음을 받아들이며 언젠가 하늘나라에서 어머니와 다시 만나게 되기를 바랍니다. 어머니께 위안을 드리기 위해 성심껏 기도하겠습니다. 저는 잠시 후 저를 기다리시는, 사랑하는 아버지가 계신 곳으로 갑니다.

이것이 저의 마지막 글이지만, 낙담하지 마세요. 그리고 운이 나쁜 아들을 용서하십시오. 형제들이 저의 원수를 갚아 줄 것입니다. 부당하게 죽임을 당하는 저를 대신하여 형제들이 저의 억울함을 풀어 주었으면 합니다.

저의 유골은 로마에 잠들 것입니다. 로마는 저의 고통이 깃든 도시이자 무덤이 될 곳이었어요. 저는 하늘 위에서 어머니를 지켜보며 길잡이가 되어 드릴 것입니다.

473

손은 덜덜 떨리고, 제가 무슨 말을 하고 있는 건지 모르겠습니다. 어머니께 다시 한 번 용서를 구합니다. 저는 두 가지 한을 품고 죽습니다. 하나는 어머니께 고통을 드린 것입니다. 하지만 저를 용서해 주실 테니 행복하게 죽을 것입니다. 다른 하나는 저를 너무 사랑해 준 한 소녀에게 실망을 안겨 준 것입니다. 언젠가 그녀를 만나게 되신다면 그녀로부터 저에 대한 이야기를 들을 수 있을 것입니다. 이제 시간이 다 되었으니 이만 줄이겠습니다.

엄마, 용서해 주세요. 용서를 구합니다. 당신의 에밀리오가 마지막으로 입맞춤해 드립니다. 당신의 에밀리오가 마지막 포옹을 전합니다. 사랑하는 나의 형제들, 오토리노와 카를로에게 볼 키스를 보냅니다.

영원한 안녕을 고합니다. 소중한 어머니, 당신의

에밀리오

안녕히 계세요!

다리오 스칼리오네*Dario Scaglione*(타잔*Tarzan*)

18세. 창고지기. 1926년 3월 2일 발디빌라*Valdivilla*(쿠네오) 출생. '정의와자유' 소속 제 2 랑게 사단 "폴리*Poli*" 소속 파르티잔. 테러와 주요 임무 등에 참여. 1945년 2월 24일, 발디빌라의 교전에서 다리에 중상을 입어 걷지 못하는 동지를 적의 사정거리 안에 있었음에도 구출해 냄. 이후 벌어진 소탕 작전에서 동지(다리에 부상을 당해 서 있을 수도 없는 상태임에도 다음날 총살이 예정됨)와 함께 파시스트 부대에게 체포됨. 1945년 2월 24일 체포 당일 14시, 재판 없이 발디빌라 근처에서 파시스트 소대에게 총살됨.

사랑하는 부모님께

총살되기 전 두 분께 마지막 작별 인사를 드립니다. 아버지, 어머니, 마르코, 아델리나 그리고 어린 나의 조카 프랑코, 모두에게 입맞춤을 가득 보냅니다.

안녕히

다리오

렌초 스코냐밀리오*Renzo Scognamiglio*(괄티에로*Gualtiero*)

23세. 교사. 1921년 4월 23일 토리노 출생. 1944년 봄부터 '정의와자유' 소속 제6 알피니 산악사단 "카나베사나"의 파르티잔으로 활동. 폰트 카나베세, 스파로네*Sparone*, 오체냐*Ozegna*, 체레솔레 레알레*Ceresole Reale*(토리노)에서 벌어진 교전과 기습 작전 참여. 1945년 1월, 리바롤로 카나베세(토리노) 코무네의 아르젠테라라 지역 관리자로 파견됨. 1945년 3월 19일, 4명의 동지들과 함께 아르젠테라라의 중심가에서 "폴고레" 사단의 병사들에게 기습당함. 볼피아노(토리노)로 이송. 3일 동안 동지들과 함께 끊임없는 심문과 고문을 당함. 1945년 3월 22일, 재판 없이 마리오 포르치오 베르니노 외 3명의 동지들과 함께 리바롤로 카나베세의 아르젠테라 묘지 경계 벽을 등진 채 "폴고레" 사단의 병사들에게 총살됨.

너무나 사랑하는 엄마에게

찢어질 듯한 마음으로 마지막 포옹을 전해 드립니다.

저는 오직 엄마에게만 용서를 구하고 싶습니다. 이 아들이 파르티잔으로서 무고하게 죽는다는 것을 알아주세요. 저는 분열로 인해 고통스러워하는 이탈리아를 너무나 사랑했습니다. 오늘이 아니더라도 분명 언젠가는 조국 이탈리아를 위해 목숨을 바쳤을 것입니다. 친구들과 사랑하는 사람들, 티모 박사님, 스카비니, 선생님들 그리고 사모님, 토리노의 친구들 등등 모두에게 작별 인사 전해 주세요. 엘비라 이모에게 저를 애도해 달라고 해 주세요.

엄마, 용기를 내세요. 그리고 무엇보다 믿음을 가지셔야 해요. 아빠가 형무소에서 돌아오시면 제가 죽을 때 아빠를 떠올렸다고 전해 주세요. 엄마는 아빠와 수십 년 동안 편안한 여생을 함께 보내실 것이고, 저는 천국에서 두 분을 위해 기도드릴 것입니다. 항상 두 분 가까이에 있을 거예요.

아들이 마지막 입맞춤을 보내며

렌초

프리모 시미 _Primo Simi_

19세. 농부. 1925년 2월 6일 몬테로니 다르비아 _Monteroni d'Arbia_(시에나) 출생. 제31 보급 기지의 전차병으로 1944년 3월 1일에 소속 부대를 떠남. 시에나 지역에서 활동하는 가리발디 돌격 사단 "스파르타코 라바니니" 파견대에 합류. 1944년 3월 11일 새벽, 몬티차노 코무네에서 시에나의 국립공화국수비대가 실시한 소탕 작전 중 체포됨. 구타당함. 몬티차노로 이송되었다가 후에 시에나 병영으로 다시 이송. 1944년 3월 13일, 산타 키아라 병영에서 시에나 특별군사법원에 의해 재판을 받음. 1944년 3월 13일 17시 30분, 아도르노 보르잔니와 함께 시에나의 라마르모라 병영에서 총살됨.

1944년 3월 13일, 시에나

친애하는 부모님께

제가 사형선고를 받고 고해성사를 했다는 소식을 알려 드립니다. 처형되기까지 이제 얼마 남지 않았지만, 사면에 대한 희망을 놓지 않고 있습니다. 그러나 제가 사면될 가능성은 아주 희박합니다. 걱정하지 마세요. 제가 죽게 되더라도 제 생각은 마시고요. 이것은 저의 불행이니까요.

이만 가족 모두에게 작별 인사를 보냅니다. 안녕히 계세요. 안녕히.

P. 시미

안녕히 계세요, 사랑하는 부모님.
안녕, 안녕히.
안녕히 계세요, 아빠, 엄마.

리날도 시모네티Rinaldo Simonetti(쿠촐로Cucciolo)

18세. 견습생. 1926년 5월 11일 산 콜롬바노 체르테놀리San Colombano Certenoli(제노바) 출생. 1944년 7월부터 가리발디 "치케로" 사단 소속 "포르카" 파견대에 합류했다가 이후 "베르토Berto" 여단을 조직하기 위해 이동. 1945년 2월 11일, "몬테로사" 사단 소속 부대가 실시한 소탕 작전 중 체포. 키아바리 형무소로 이송. 고문당함. 1945년 3월 2일, 키아바리에서 특별재판에 소환되어 "몬테로사" 사단 전쟁법원에 의해 재판을 받음. 재판 당일인 1945년 3월 2일 저녁, 디노 베리소 외 8명의 파르티잔들과 함께 보스코 페라야(제노바의 칼바리)에서 "몬테로사" 사단 소속 소대에게 총살됨. 사후에 금성무공훈장을 추천받음.

사랑하는 부모님께

저의 지난날들을 용서해 주세요. 두 분께 몇 가지 유품을 보냅니다. 저는 이탈리아를 구하기 위해 죽습니다. 저의 명예는 회복될 것입니다. 루차노와 브루나를 사랑해 주세요.
영원히 안녕을 고합니다.

여러분의

리날도

안녕히 계세요. 아버지, 어머니.

시모네 시모니 *Simone Simoni*

63세. 사단장의 지위에 있던 육군 소장. 참전 중 심각한 부상을 입음. 4개의 은성무공훈장과 2개의 동성무공훈장을 수여받음. 1880년 12월 24일, 파트리카*Patrica*(프로시노네) 출생. 1943년 9월 8일 이후, 자신의 집과 사무실을 본부로 삼아 페눌리 소장, 카도르나 소장, 육군 장교들, 정치인들과 함께 비밀 활동을 펼침. 장교들과 군인들을 은닉시켜 주고 도와줌. 수많은 임무 수행. 1944년 1월 23일, 자택에서 독일군 친위대에게 체포됨. 타소가 형무소 12호에 홀로 수감됨. 수차례 고문을 당함. 총살형이 행해지는 곳으로 끌려가 다른 사람들의 형이 집행되는 것을 목격함. 타소가 형무소로 다시 돌아옴. 고문 재개. 1944년 3월 24일, 공산주의 게릴라 단체 '비아 라셀라'가 가한 공격에 대한 보복으로, 타소가 형무소와 레지나 코엘리 형무소에 수감된 334명의 정치범들과 함께 로마 외곽의 포세 아르데아티네에서 총살됨. 사후에 금성무공훈장을 수여받음.

— 가족에게 비밀리에 발송된, 암호로 이루어진 짧은 편지.

시모네 시모니-감방-12-주세페-페라리-둘-혹사-당함-고통
스러움-자부심-가지고-내-생각 -조국-그리고-가족

레모 소틸리*Remo Sottili*

33세. 이탈리아 국가헌병대 부사관. 1911년 8월 23일 레젤로*Reggello*(피렌체) 출생. 펠라고(피렌체)에서 복무. 1943년 9월 8일 이후 발롬브로사, 펠라고, 콘수마(피렌체) 지역에서 증설된 제22 가리발디 여단 "비토리오 시니갈리아*Vittorio Sinigallia*"에 합류하여 비밀 활동을 함. 1944년 4월 16일, 자치 군단 "에토레 무티" 부대가 실시한 수색 작전 중 체포됨. 감옥에서 목수직을 맡게 되어 티롤*Tirol*(오스트리아)의 장크트 요한*St.Johann* 지역으로 보내짐. 1944년 6월 4일, 이탈리아로 가기 위해 2명의 동료와 함께 수용소를 탈출. 국경에서 독일 경찰에게 검거되었으나, 그중 한 명의 무기를 빼앗고 나머지 한 명에게는 부상을 입혀 위기를 모면함. 이후 인근의 국경 순찰대에게 다시 잡힘. 바이에른*Bayern*주(독일)의 주도 뮌헨*Munich*으로 이송됨. 1944년 8월 29일 17시, 같이 탈출을 시도했던 동지 피에트로 피로니, 줄리아노 스비골리와 함께 뮌헨에서 총살됨.

1944년 8월 29일, 뮌헨

신부님께

이 편지를 받으시는 분이 돈 마테오 신부님이신지 모르겠네요. 그러나 그분이 아니더라도, 그 누구라도 상관없으니 적당한 때에 이 슬픈 편지를 저의 아내에게 전해 주세요. 저는 사형을 선고받았고, 오늘 17시에 처형될 것입니다. 이것이 저의 운명이지만, 주께서 천국에서 저를 환영하며 맞이해 주실 것이기에 마음은 평온합니다. 잠시 후 이곳에 신부님이 오시면 성찬식을 할 것입니다.

이 편지를 읽고 계시는 분이 돈 마테오 신부님이 아니실 수도 있으니, 제가 멜로네가*via Mellone* 11에 거주하고 있는, 알폰소와 주디타 빌라니의 딸 구리올리 클레멘티나 줄리아나의 남편임을 알려 드립니다. 아내는 지금 가이바넬라*Gaibanella*에 있는 친척 브루넬리 씨의 집 근처로 거주지를 옮겼습니다. 제 아내는 태어난 지 얼마 안 된 잠파올로에게 모유 수유 중이라 안 좋은 영향을 끼칠 수도 있으니, 당장은 저에 관한 소식을 너무 자세히 전해 주지는 마세요. 대신, '빈자 클라라 수녀회*Monastero Suore Clarisse*'에 계시는 저의 어머니 키아라 폴레드렐리에게 제 소식을 전해 주세요. 그분께 저의 명복을 비는 기도를 부탁드린다고도 전해 주십시오. 그리고 훗날 제 아내에게 최선을 다해 두 아이를 교육시키라고, 제가 하늘나라에서 지켜볼 테니 용기를 내라고 전해 주세요. 힘닿는 한, 우리 아이들이 군인이나 군국주의자로 성장하는 걸 막아야 한다고도 말해 주세요. 이 말은 귀에 못이 박힐 정도로 아주 많이 해 주셔야 해요. 이에 관해서는 아내에게 전권을 위임하니 알아서 잘 처리할 거라 믿는다고 전해 주십시오. 다시 한 번 낙심하지 말라고, 희망을 잃지 말라고 전해 주세요.

제 아내에게는 제가 처한 상황을 최대한 늦게 알려 주시기를 당부드립니다.

레모 소틸리

저의 넋을 기리는 기도를 해 주십시오(저는 지금 뮌헨에 있습니다). 이제 아내에게도 편지를 남기겠지만, 아무 내색도 하지 않을 것입니다.

1944년 8월 29일, 뮌헨

사랑하는 리아나에게

오랜 침묵을 깨고 당신에게 급히 몇 자 적어 보내려고 해. 혹시 차후에 나에게 아무런 소식이 없더라도 너무 걱정은 마. 편지도 쓸 수 없을 거야. 이렇게 수감 중이니 우리는 분명 오랫동안 만나지 못하겠지.

그러니 힘내. 낙담하지 말고, 항상 마음 단단히 먹어. 당신과 함께 있는 두 아이를 위안으로 삼고. 최선을 다해 키워 주고, 아이들이 멀리 떨어져 있는 이 아빠를 늘 생각하게 해 줘.

당신과 내 물건들은 우리의 꼬마 숙녀들 로사와 세라피노 토리첼라에게 잊지 말고 주도록 해. 그 아이들이 잘 간직해 줄 테니까. 벨벳처럼 감촉이 부드러운 판지 아래에 있는, 기다랗게 생긴 케이스 안에 백지 수표를 넣어 두었어. 이 수표에 대해서는 어머니가 알고 계셔. 로사와 세라피노에게 내가 수집한 주화들 중 몇 개를 주도록 해. 짐을 싸 둔 4개의 여행용 가방은 앞서 내가 말한 물건들을 함께 넣어 친척인 마스카니와 세갈라리에게 보낼 준비를 끝마쳤고, 운송 비용은 아버지께 청구해 놓았어. 아버지께서 그리 해 주실 거라 생각해. 큰 시계는 아버지가 피아에게 주셨던 거야. 그 시계는 십자가 앞에 두고 피아를 위해 간직해 줘.

집에 있는 꼬마 숙녀들의 장롱 안에는 물건이 많지는 않은데, 재봉틀 외에도 이런저런 물건들을 쑤셔 넣어 놨어. 그렇긴 해도 당신이 원하는 것은 어렵지 않게 찾을 수 있을 거야. 타자기는 천을 덮어 장롱 안에 넣어 두었고, 우표 수집품은 책이 담긴 여행용 가방 안에 있어. 그것들을 한번 찾아봐. 내 생각이 날 거야. 전에 러시아에서 만들었다가 잃어버리는 바람에 베로나에서 사본을 요청했던 우편저금통장[1] 생각나? 그것 때문에 페라라 우체국까지 갔었잖아.

1 우편 저금의 예입액이나 지급액 따위를 기록한 통장(옮긴이).

통장 안에 424리라가 들어 있는 줄 알았는데 거의 7,000리라가 있다는 걸 로마 우체국에서 알게 되었잖아. 작년 9월분 월급을 수령하지 못했으니 이것 역시 꼭 기억해 두고 있어. 혹시 나쁜 일이 생긴다거나 필요한 경우가 있을지도 모르니 미리 일러두는 거야. 누차 말하지만 나는 당신이 내가 바라는 만큼 큰 힘을 내 줬으면 해. 당신과 아이들을 사랑해. 당신 그리고 아이들, 아버지, 어머니에게 입맞춤을. 브루넬리에게 작별 인사를. 안녕, 나를 위해 기도해 줘.

안녕 내 사랑. 당신의

레모

당신을 너무 사랑하고 간절히 원해.

주세페 스포르키아*Giuseppe Sporchia*(주세페*Giuseppe*)

36세. 기계공. 1907년 10월 27일 마르티넨고*Martinengo*(베르가모) 출생. 1943년 9월 8일 이후 베르가모의 강제수용소에서 연합군 포로들의 탈출을 도움. 이후 "아르투로 투라니*Arturo Turani*"로 명칭이 바뀐 "마테오티" 여단에 합류. 부대 간 연락 활동 수행. 1943년 12월 10일, 비밀회의 참석 차 이동 중 베르가모의 비토리오 에마누엘레가*via Vittorio Emanuele*에서 독일군과 파시스트들에게 체포됨. 1944년 1월 5일, 베르가모의 독일특별법원에서 재판을 받음. 1944년 3월 23일, 베르가모의 세리아테*Seriate* 병영에서 "아르투로 투라니" 여단의 여단장과 함께 총살됨.

베르가모, 1944년 3월 23일

사랑하는 나의 부모님께

이 마지막 짧은 글은 저의 비극적인 죽음 때문에 괴로워하실 두 분께 위로가 될 것입니다. 혹여 두 분께 조금이나마 고통을 안겨 드렸다면 사죄의 말씀을 올립니다. 두 분께 고통을 안겨 드린 것은 결단코 고의가 아니었다는 걸 알아 주세요. 근래에 저로 인해 엄청나게 속앓이하시는 것도 잘 압니다. 이에 대해서도 용서를 빕니다. 하지만 저는 결코 그 누구에게도 해를 입히지 않았고, 아무 잘못도 하지 않았기에 두 분은 안심하셔도 됩니다.

아버지, 사랑하는 어머니, 저는 두 분을 향한 마지막 기도를 올립니다. 불쌍한 제 아내 피에리나와 어린 자식들을 두 분께 맡깁니다. 그들을 사랑해 주시고, 도와주시고 힘이 되어 주세요. 저의 소중한 피에리나를 많이 감싸 주세요. 자립심이 강해 가끔 고집을 피우더라도 그녀를 절대, 절대 버리지 마세요. 또한 두 분께 조금이나마 대들더라도, 가엾고 불쌍한 이 아들 주세페를 봐서 항상 너그러이 이해해 주셨으면 합니다. 피에리나를 도와주시고, 또 도와주세요. 그녀를 절대 포기하지 마세요. 오직 저를 위해 헌신했던 가엾고 사랑스러운 그녀를 항상, 언제나 두 분 곁에 두고 지켜 주셔야 합니다.

이런 상황에 처해 보니 저를 향한 그녀의 사랑이 얼마나 위대했는지 알게 되었습니다. 제가 떠나면 그녀에게는 더 이상 남은 가족이 없기에 그야말로 혈혈단신이 된다는 걸 잊지 마세요. 나의 가족이 곧 그녀의 가족입니다. 그러니 피에리나를 딸로 부르세요. 그녀는 그런 대우를 받을 만한 가치가 있는 사람입니다. 항상 그녀 편이 되어 주세요. 크나큰 불행과 역경 속에서 최소한의 위로가 될 수 있게 말입니다. 이것이 저의 마지막이자 가장 큰 소원입니다. 저의 바람대로 해 주신다면 제겐 분명 큰 위안이 될 것입니다. 두 분께서 이 아들이 마지막 가는 길에 드리는 부탁을 꼭 들어주실 거라 믿습니다. 사랑하는 나의 어머니께 입맞춤해 드립니다. 어머니와 사랑하는 아버지의 모습이 지금도 제 눈앞에 아른거립니다.

사랑하는 형제자매들, 피에리노, 체키나, 루이지나, 사랑하는 나의 누나 마리아에게 볼 키스를 보냅니다. 마리아 누나, 누나가 돌아오면 내 소식을 듣게 될 거야. 내가 누나에게 잘못한 게 있다면 용서해 줘. 마리아 누나, 연로하신 부모님이 맞닥뜨릴 불운을 위로해 드리고, 여생을 편안하게 보내실 수 있게 방법을 찾아 줘. 그리고 사랑하는 부모님, 피에리나를 도와주시고 지지해 주세요. 성격이 조금 강하긴 해도 아주 착한 여자입니다. 두 분께 입맞춤해 드리며, 사랑하는 모든 이들에게 저를 기억해 달라고 전해 주세요. 사랑하는 제 딸내미들, 사랑하는 조카들에게 뽀뽀 많이 해 주세요. 모두가 저와의 가장 소중한 추억을 떠올릴 수 있게 해 주세요.

모두에게 볼 키스와 작별 인사를 보냅니다. 베피나 이모와 사촌들에게 저를 대신해 볼 키스해 주세요.

주세페

내 사랑 피에리나에게

나에게 주어진 운명이 이렇게나 가혹할지 나조차 몰랐어! 당신도
알 거야. 우리는 말다툼도 한 적이 없으니 서로가 상처를 주고받은
적도 없다는 것을. 지금 이 순간, 내 눈앞에는 당신의 모습과 이름
이 아른거려. 나를 위해 많이 애써 준 거 알아. 험난한 내 인생길에
항상 동행해 줘서 감사할 따름이야.

용기를 많이 내야 해. 당신에게 필요한 만큼 아주 많이. 공정하고
선하신 하느님께서 당신의 남은 인생길에 항상 동행해 주실 거야.

내 사랑, 지금 이 순간이 얼마나 끔찍한지 이루 말로 다 할 수가
없어. 당신에게 말로 표현할 수조차 없어! 내 파란만장한 인생에 대
해 모두 아는 당신에게 조그마한 것 하나 남기지 못하고 이렇게 떠
나다니. 우리 운명이 이런 일에 휘말릴 줄이야!

내게 쓴 편지에서 당신은 결백이 있는 곳에 신의 섭리가 있다고
말했지. 그러니 이 말을 믿고 다시 용기를 내 줘. 나도 용기를 낼게.
우리 딸아이들에게 나 대신 뽀뽀 많이 해 주고 항상 나를 떠올리게
해 줘. 불쌍한 이 아빠는 다른 사람에게 절대 나쁜 일을 하지 않았
다고 말해 줘. 가여운 아이들, 가여운 에밀리아, 가여운 로마나 그
리고 가여운 막내 체사리나. 열악한 상황에 처해 있던 아빠지만 언
제 어디서나 스스로 할 수 있는 일이라면 무엇이든 훌륭히 해냈다
고, 이를 항상 자랑스럽게 생각해 달라고 아이들에게 전해 줘.

나로 인해 고통을 받았다면, 그 고통을 견디기 힘들다면 부디 나
를 용서해 줘. 이 끔찍하고 비극적인 상황에서, 남에게 해를 입히지
않은 사람이 과연 있긴 할까? 나는 있을 수 없다고 생각해. 그래서

돈 안드레아 스파다 신부님께서 내가 하느님께 아주 가까이 갈 수 있도록 고해성사와 성찬식을 준비해 주셨어. 지금은 당신에게 이 편지를 쓰면서 한숨 돌리고 있어. 나는 신부님께 당신과 불쌍한 내 자식들에 대한 부탁을 아주 많이 해 뒀어.

우리에게 집이 있다는 거 알지? 그 집을 나에 대한 추억으로 생각하고 받아 줘. 그 유품이 당신과 우리 아이들에게 활력을 가져다 주었으면 해. 우리 가족은 항상 착하게 살아왔으니 전능하신 하느님께서 결코 우리를 저버리지 않으실 거야.

항상 나를 기억해 줘. 나의 피에리나.
안녕을 고하며 행복을 빌어.
당신의 불행한 사람이 강렬한 키스를 보내며.

주세페

안녕, 안녕히. 잘 지내.

사랑하는 내 딸 에밀리아에게

이 편지는 불운하고 불쌍한 너의 아빠가 쓴 거란다. 너는 항상 선을 행하고 선량한 그리스도인으로 살려고 노력해 주렴. 그리고 가여운 나의 피에리나를 항상 사랑해 주고, 엄마라고 불러 드리렴. 그녀를 잘 따르고 도와드려야 해. 이 가여운 아빠가 원하는 게 뭔지 알지? 네가 이 아빠를 아주 많이 사랑해 준 만큼 엄마를 많이 사랑해 드리는 거란다. 피에리나 속 썩이지 말고. 또 항상 정직하게 살려고 노력하렴. 정직은 최고의 미덕이니, 착하게 살아야 해.

죽는 그 순간까지 너의 이름을 부르다 하늘나라로 먼저 간, 너무도 착하디착한 네 친엄마를 자주 떠올려야 해. 엄마에 대한 기억을 항상 가슴에 품고, 나의 피에리나를 많이 도와주렴.

네 여동생들, 로마나와 체사리나를 아주 많이 사랑해 줘야 해. 너는 우리 집 장녀이니 항상 정직하게 살며 동생들에게 모범이 되어야 한단다. 네 아빠는 결코 나쁜 일을 하지 않았다는 걸 알아주렴. 엄마에 대한 기억의 끈에 내 기억들도 연결되어 너에게 항상 좋은 자극제가 되었으면 한다. 키워 주신 할머니와 할아버지를 많이 사랑해 드리고 위로해 드리렴. 두 분 말씀 잘 듣고.

나의 꼬맹이 밀리, 너에게 고통을 남긴 채 이런 식으로 떠나게 되었지만 믿음과 용기를 가지렴. 주님은 힘든 삶의 여정에서 항상 너를 도와주실 거란다. 이곳에 있는 모두가 다 그렇지는 않더라도 이 아빠만은 결코 그 누구에게도 해를 입히지 않았다는 것을 맹세할 수 있으니, 부디 이 아빠를 자랑스러워하렴. 나를 대신해 미켈레 할아버지, 카테리나 할머니, 친타 고모, 아순타 고모에게 작별 인사 많이 해 줘. 그분들을 종종 찾아가렴. 네게 위안이 될 거란다.

다시 한 번 당부할게. 항상 선을 행해야 한다. 그것이 바로 이 아빠의 마지막 소원이란다. 할 수 있을 때 불쌍한 네 엄마 무덤을 찾아가렴. 네 엄마와 나는 저 하늘 위에서 다시 만나 너와 네 동생들을 항상 지켜 줄 거야.

안녕 사랑하는 내 딸, 항상 네 삶에 행복과 번영이 함께하기를.

불쌍한 아빠의 긴 뽀뽀를 받아 주렴.

안녕.

주세페

마리오 수렌티노*Mario Surrentino*

19세. 1925년 나폴리 출생. 민중봉기가 있었던 1943년 9월 27일부터 30일 사이에 나폴리에서 사라짐(가족들은 그때 그에게 무슨 일이 일어났는지 아무도 모름). 1944년 8월 22일 18시 30분, 베로나의 크로콜로 요새*Forte Crocolo*에서 11명의 파르티잔들과 함께 독일군 소대에게 총살됨.

1944년 8월 22일, 베로나

친애하는 부모님께

오늘 1944년 8월 22일, 저는 군대에서 탈영했다는 이유로 총살형을 선고받았습니다. 친애하는 부모님 그리고 형제자매들, 이 같은 나쁜 소식에 부디 슬퍼하지 마세요. 저를 대신해 조반니와 가에타노를 위안으로 삼으셨으면 합니다.

저의 영혼이 하늘나라에서 두 분을 도울 수 있기를 바랍니다. 죽음을 목전에 둔 지금 두 분을 뵐 수 없다는 것은 유감이지만, 가끔 두 분의 꿈속으로 찾아가 그곳에서나마 다시 만나 서로 입맞춤할 수 있기를 바랍니다.

사랑하는 형제자매들, 인생은 짧으니 나의 죽음에 무서워하며 떨 필요는 없어. 사랑하는 어머니 그리고 아버지, 리타, 가에타노, 조반니에게 포옹과 볼 키스를 보냅니다. 두 분을 많이 안아 드린 자식은 바로 저 마리오였습니다.

영원한 작별 인사를 보내며

마리오

로리스 탈리아 갈로포 *Loris Tallia Galoppo*

20세. 토지측량 기사. 1923년 9월 12일 비엘라의 스트로나*Strona*(베르첼리) 코무네 출생. 1944년 7월, 키소네 계곡(토리노의 피네롤로)에서 활동하는 자치 사단 "아돌포 세라피노"에 합류. 공병 중대의 병참 임무를 맡음, 상사로 진급. 막강한 병력을 가진 독일군과 파시스트 부대에 맞서 무장 투쟁. 1944년 8월, 12일간의 교전을 끝낸 후 트론체아 계곡(피네롤로)을 지키기 위한 부대에 배치됨. 1944년 8월 11일, 세스트리에레(피네롤로)에서 "몬테로사" 사단과 독일군 부대가 벌인 소탕 작전 중 8명의 동지들과 함께 체포됨. 페로사 아르젠티나(토리노)로 이송. 사흘 동안 심문과 폭행에 시달림. 1944년 8월 14일 20시 50분, 재판 없이 알레산드로 라자르드, 티발도 니에로와 함께 빌라르 페로사 광장에서 교수형에 처해짐.

1944년 8월 14일

친애하는 이들에게

운명은 고작 20살밖에 안 된 저의 청춘을 이 세상과 단절시키려 합니다. 우리의 삶은 신의 손에 달려 있으니 그 뜻에 순응하는 수밖에는 별 도리가 없지요. 저는 사제의 말씀에서 위안을 얻고 평온하게 죽습니다. 하느님의 자비를 구합니다. 저의 때 이른 죽음에 너무 슬퍼하지 말 것을 여러분께 부탁드립니다. 이 모든 일들을 하늘의 뜻이라고 생각하고 받아들여 주세요.

여러분의

로리스

21세. 농부. 1922년 9월 3일 무젤로 계곡의 비키오(피렌체) 코무네 출생. 1944년 3월 12일, 비키오의 산 위에 있는 촌락에서 이탈리아군 무장 친위대가 실시한 공습 도중 체포됨. 피렌체 형무소로 이송. 1944년 3월 21일, 군대 소집일보다 3일 늦게 입소했다는 이유로 피렌체의 특별전쟁군사법원에서 재판을 받음. 1944년 3월 22일 새벽 6시 30분, 레안드로 코로나 외 4명과 함께 피렌체의 캄포 디 마르테에서 국립공화국수비대에게 총살됨.

사랑하는 부모님과 가족 모두에게

저는 이 마지막 편지와 함께 가족의 품으로 돌아갑니다. 그동안 은 감옥이라는 이 흉물스러운 벽에 둘러싸여 있어서 소식을 전할 수가 없었습니다. 저는 지금 성심성의껏 제가 아는 한 사람 한 사람 의 기억을 더듬고 있습니다.

부모님을 늘 변함없이 사랑했고, 저를 위해 해 주신 일들을 항상 마음속에 새기고 있었다는 걸 믿어 주세요. 제가 가끔이나마 두 분 께 잘못을 저질렀다면 진심으로 용서를 빕니다. 두 분을 항상 사랑 했습니다. 저는 성부께서 모든 성자들과 함께 두 분을 도와주시고 보호해 주시길 기도합니다. 하느님께서 저를 그분 가까이로 부르고 자 하신다면, 저는 기꺼이 저 하늘 위로 올라가 항상 두 분의 행복 을 위해 기도할 것입니다.

이 아들은 두 분을 너무너무 사랑했습니다. 때때로 두 분을 가슴 아프게 했다면 용서를 구합니다. 두 분께 입맞춤해 드리며, 또한 모 두에게 작별 인사를 보냅니다.

고통을 드린 적이 있다면 부디 용서해 주세요.

당신의 아들

타르제티 구이도

모두에게 작별 인사를 보냅니다. 코로나 레안드로는 저와 함께 이곳에 있습니다. 그를 우리의 형제로 생각해 주셨으면 합니다. 다시 한 번 입맞춤을 보내며 모두에게 작별 인사 전합니다.

여러분의

타르제티 구이도

비토리오 타시 *Vittorio Tassi*

41세. 이탈리아 국가헌병대 대원. 1903년 5월 1일 라디코파니(시에나) 출생. 라디코파니 지역에서 활동하는 파르티잔 무장군의 사령관으로, 체타나산과 카시아가*via Cassia*를 따라 행군하는 독일군 부대를 기습 공격. 부하인 레나토 마지가 독일군 정찰대에 체포되자, 그를 구출하려다 함께 체포됨. 라디코파니 – 키안차노 도로를 따라 비토리오로 불리는 캔턴 학교 근처로 끌려감. 1944년 6월 17일 7시, 레나토 마지와 함께 독일군 소대에게 총살됨. 사후에 금성무공훈장을 수여받음.

사랑하는 올가에게

금일 17일 07시, 총살된 내 시신은 알베뇨에 있는 캔턴 학교 쪽 강어귀에서 찾을 수 있을 거야.

올가, 우리의 자식들을 위안으로 삼으며 당신이 할 수 있는 만큼 최대한 많이 사랑해 주기를 부탁해. 나의 두 번째 소원은 당신이 재혼하지 않았으면 하는 거야. 하지만 혼자 힘으로 생계를 꾸려 나가기 힘들다면 당신 뜻대로 해도 좋아.

다시 말하지만, 오늘 정오 이후로 내 시신 수습이 가능해. 당신에게 너무 많은 부탁을 한 듯한데, 나도 내 마음을 추스르기가 좀처럼 쉽지 않아. 가끔이라도 당신에게 상처를 준 적이 있다면 용서해 줘. 그랬다 하더라도, 당신을 사랑하는 마음은 변함없었다는 걸 알아주길 바라.

친애하는 어머님께

제 아내와 아이들에게 가능한 한 많은 도움을 주시길 부탁드립니다. 저의 모든 것을 용서해 주세요. 입맞춤을 보내며.

무고하게 생을 마감하는 당신의 비토리오

친애하는 장인어른, 장모님. 오늘같이 힘든 날, 두 분께 저의 아이들을 도와주시고 보살펴 달라는 부탁의 말씀을 올립니다.

사랑하는 올가, 당신에게 하고 싶은 말은 차고 넘치는데, 장소 탓인지 아니면 속이 타들어 가서인지 더 이상 글을 쓸 수가 없어. 나의 사망 소식을 모두에게 알려 줘. 신이 허락하시면 우리는 하늘나라에서 다시 만날 것이고, 그곳에서는 더 이상 헤어지지 않을 거야.

사랑하는 에르콜레, 착하게 자라렴. 엄마 말씀 잘 듣고 가끔 이 아빠를 떠올려 주길 바란다. 그리고 사랑하는 아니타, 착하게 자라 선행을 베푸는 소녀가 되렴. 신께서 너를 돌봐 주실 거란다.

너희들에게 마지막 뽀뽀를 해 주마.

무고하게 죽는 너희들의 아빠 비토리오

베피노에게 시계와 지갑을 줘. 에르콜레에게는 군화를 주고.
레모에게 나와 레나토는 비밀을 무덤까지 가져갈 거라고 말해 줘.

알레산드로 테아뇨*Alessandro Teagno*(루차노 루피*Luciano Lupi*)

23세. 농학자. 1921년 4월 13일 토리노 출생. 공군 소위. 튀니지에서 연합군에게 포로로 잡힘. 이후 튀니지에서 이탈리아 공산당의 지하 조직에 의해 선발되어 정치·군사적임무 수행을 위해 북이탈리아로 파견됨. 1944년 8월, 동지 마테오 데 보나(죽음을 맞이하는 순간까지 늘 함께 작전에 투입됨)와 낙하산을 이용하여 빌라프랑카 사바우다(아스티)부근에 낙하. 이탈리아 국가헌병대에게 곧바로 체포되어 독일군에게 인계됨. 토리노의누오베 형무소로 이송. 독일로 이송되던 중 베로나에서 탈출 시도. 다시 체포됨. 1944년9월, 볼차노 강제 수용소로 이송 중 다시 탈출. 벨루노와 밀라노를 거쳐 토리노에 도착한 후 제6 여단 애국행동대와 접촉. 1945년 2월 15일, 밀고로 토리노에서 검은 여단 소속 민병대에게 세 번째로 체포. 1945년 3월 2일, 토리노의 특별군사법원에서 재판을받음. 1945년 3월 3일, 토리노의 마르티네토 국립포병사격연습장에서 마테오 데 보나와 함께 국립공화국수비대에게 총살됨.

1945년 3월 3일, 토리노

사랑하는 아버지께

어제 특별군사법원에서 사형을 선고받았습니다. 저는 아버지가 바라시던 대로 행복하게 살아왔고, 아버지를 속상하게 해 드린 적도 없습니다.

한스러워 하지 마십시오. 저와 아버지는 믿음이 다른 것뿐이니까요. 그게 전부예요. 저는 순수한 이상을 품은 채 웃으면서 평온하게 죽을 것입니다.

이런 저를 비웃지는 말아 주세요. 저는 그 누구도 다치게 하지 않았음을 맹세합니다. 혹시라도 제가 아버지께 슬픔을 드렸다면 용서해 주세요. 처음에는 제가 저지른 잘못들을 쉽게 잊으실 수 없겠지만, 언젠가는 꼭 잊어 주셨으면 합니다.

한 번 더 용서를 구합니다. 행복하세요. 저는 좋은 아들이 아니었습니다⋯. 그러나 심성은 착했으니 저를 너무 나무라지 않으셨으면

합니다. 그리고 원망하는 마음은 버리세요. 아버지의 행복을 바라
는 기도를 드리겠습니다.

어머니께도 용서를 빈다고 전해 주세요. 용서해 주세요.

당신을 안아 드리며.

니노

사랑하는 어머니께

저는 특별군사법원에서 극형을 선고받았습니다.

하지만 제가 너무 사랑했던 저의 조국을 위해 그리고 미래의 정
의와 자유라는 이상을 위해 기쁘게 죽음을 맞이하겠습니다.

저는 종교적 예식들을 통해 위안을 받고 웃으면서 평온하게 이
세상을 떠납니다. 어머니께서도 하느님을 믿으십시오. 저는 비록
믿음을 가진 지 오래되지는 않았지만, 지금은 최후의 심판이 '반드
시' 올 거라는 확신을 가지고 있습니다!

우리는 천국에서 다시 만날 것입니다. 저는 먼저 저 하늘 위로 올
라가 어머니를 기다리겠습니다.

여러분 모두를 기다리겠습니다. 먼저 떠나는 저를 용서하십시오.
어머니, 제가 드린 슬픔에 대해 용서를 구합니다. 어머니께서도 저
를 이렇게 만든 이들 모두를 용서해 주세요⋯. 모든 것은 하느님의
뜻이니까요. 사랑하는 어머니, 저는 어머니께서 행복하게 꽃길만 걸
으시길 기도할 것입니다. 제 유모를 만나러 보르가레토*Borgaretto*로 가
주세요. 그리고 저를 대신해 그분께 작별 인사 전해 주세요. 니차가
*via Nizza*에 사는 동지 로돌포에게 가시면 저의 파란만장했던, 길고 긴

방랑 생활에 대해 들으실 수 있을 거예요. 훗날 더 나은 세상이 찾아오면 외삼촌께 저의 이야기를 집필해 달라고 말씀해 주세요.

 너무 보고 싶었던 월터, 아델레, 루차노, 블라디미로, 발렌티나 그리고 외삼촌께 애정을 담은 볼 키스를 보냅니다.
 어머니를 안고 진심을 다해 입맞춤해 드립니다.
 울지 마세요, 어머니. 저는 행복하니까요!

 당신의, 가장 사랑하는
니노

 어머니께선 제게 잘못하신 게 전혀 없습니다. 어머니는 저에게 성녀이시니까요. 대신 저를 용서해 주세요! 또 봬요…저 하늘 위에서! 제가 당신 곁에 머물렀을 때보다 더 행복하시길!

아틸리오 템피아 *Attilio Tempia* (반디에라 I *Bandiera*[1] I)

22세. 직공. 1922년 8월 24일 비베로네*Viverone*(베르첼리) 출생. 카발리아(베르첼리) 거주. 1944년 3월 1일부터 발레 다오스타와 카나베세에서 활동하는 제76 가리발디 여단 소속의 파르티잔으로 활동, 이후 부여단장이 됨. 이브레아(토리노) 병영을 점령하여 주둔군을 투항시키는 등 수많은 무장 활동에 참여. 1945년 1월 29일, 앞서 체포된 동지가 정보를 유출하는 바람에 비엘라주(베르첼리)의 도나토*Donato* 근처에서 독일군과 파시스트 부대에게 체포됨. 쿠오르녜(토리노)로 이송되었다가 이브레아 형무소로 이감. 1945년 2월 5일, 쿠오르녜의 독일군사법원에서 재판을 받음. 1945년 2월 6일, 화물 자동차로 이브레아의 공동묘지까지 실려 간 후 묘지 경계 벽 뒤에서 총살됨.

1945년 2월 1일, 쿠오르녜

사랑하는 나의 부모님 그리고 아우 니노에게

어쩌면 이게 저의 마지막 편지가 될 수도 있습니다. 이것이 제 앞에 놓인 운명이니 여러분께서는 제발 힘을 내 주시기를 부탁드립니다. 혹여 제가 죽어야만 한다면, 그것은 어쩌면 다른 많은 이들을 살리는 길일 수도 있습니다.

저는 지금 쿠오르녜에 있는 감옥에 있습니다. 우리 중 세 명은 이미 총살되었고, 아마도 남은 사람들 역시 곧 그리될 것입니다.

사랑하는 어머니, 당신께서는 아직 자식을 다 잃은 것이 아니라는 걸 명심하십시오. 동생이 남아 있으니까요.

사랑하는 아버지, 어머니께 최대한 용기를 드리려 애써 주세요. 저는 항상 아버지 가까이 있을 것입니다.

사랑하는 니노, 아버지와 어머니를 부탁해. 선행을 베풀고 항상

---

1 이탈리아어로 깃발이라는 뜻(옮긴이).

네 형을 기억해 줘.

친구들, 숙부님과 숙모님 들, 할머니께도 작별 인사 전해 주세요.
포옹과 아주 많은 볼 키스를 보냅니다.

또 만나요.

아틸리오

1945년 2월 6일, 이브레아

사랑하는 나의 부모님 그리고 사랑하는 내 동생 니노에게

여러분 모두에 대해 많은 생각을 하면서 마지막 편지를 쓰고 있
습니다.

제가 가끔 속상하게 해 드렸다면 그리고 저 때문에 많은 고통을
감내하셔야 했다면 부디 용서해 주십시오. 저는 우리 식구가 가장
불행한 가족이 될 거라는 생각이 듭니다. 그러나 두 분 곁에는 여전
히 두 분을 사랑하고 저의 몫까지 대신해 줄 니노가 있다는 걸 잊지
마세요. 니노는 분명 어떤 식으로든 두 분을 도울 것이며, 항상 두
분과 함께할 것입니다.

우리에게 닥친 불행을 헤쳐 나가기 위해선 저처럼 마음을 단단히
먹어야 합니다. 이 모든 어려운 상황들은 곧 끝날 것이고, 두 번 다
시 전쟁에 대해 이야기할 일은 결코 없을 거라고 믿으세요. 그리고
부모님은 예전만큼 일을 많이 하실 필요가 없습니다. 두 분을 보살
펴 드릴 니노가 있으니까요.

두 분께서 저에게 원하신 바가 무엇이었든 간에, 운명은 이렇게

되기를 원했습니다. 기적을 행하시는 분은 오직 하느님뿐이니까요. 우리는 그분의 손안에 있는 가엾은 자녀일 뿐입니다. 그러니 그분이 부르시면 응당 가야 합니다.

모두에게, 특히 우리에게 너무 잘해 주신 프란체스코 외삼촌, 할머니, 펠리체 숙부님, 저의 대부님 그리고 일가친척 모두와 친구들에게 작별 인사 전해 주셨으면 합니다.

안녕히 계세요.

아틸리오

주세페 테스타 *Giuseppe Testa*

19세. 로마에서 공병으로 복무, 회계학과 학생. 1924년 5월 25일 산 빈첸초 발레 로베토*San Vincenzo Valle Roveto*(라퀼라) 출생. 1943년 초반, 로마의 행동당 당원들과 접촉하면서 반파시스트 활동 시작. 1943년 9월 8일 이후, 몇 달 동안 코르나키아산*Monte Cornacchia*과 카시노*Cassino* 코무네 사이의 지역에서 최전선을 넘어가려는 수많은 동맹군 포로들을 도움. "파트리오티 마르시카니*Patrioti Marsicani*"[1]라 불리는 무장군 조직에 참여하고, 무기 수집 등의 활동을 함. 모레아*Morrea*(라퀼라)에 있는 부모님의 집을 정치적 망명자들의 본거지로 사용. 민병대원들과 독일 경찰이 실시한 소탕 작전으로 아버지, 형, 숙부, 공산당 지도자 난도 아미코니 등과 함께 모레아에서 체포됨. 치비타 단티노*Civita d'Antino*(라퀼라)의 독일군 사령부로 이송된 후, 마돈나 델라 스텔라*Madonna della Stella*(프로시노네의 소라*Sora*) 강제 수용소로 다시 이송. 수차례 고문당함. 마돈나 델라 스텔라의 독일군사법원에서 열린 재판에서 친척들과 동지들의 석방을 위해 자신이 모든 책임을 떠안음. 1944년 5월 11일, 알비토*Alvito*(프로시노네) 근교의 운하 옆에서 독일군 소대에게 총살됨. 사후에 금성무공훈장을 수여받음.

사랑하는 어머니께

제 걱정은 마세요. 잔인한 운명은 이런 식으로 저의 목숨을 거두어 가려 하네요. 저의 부족함으로 인해 생긴 모든 잘못과 슬픔에 대해 부디 용서를 바랍니다.

이탈리아, 콘체티나, 오레스테, 가브리엘라, 카를로에게 볼 키스 전해 주세요. 어머니를 꽉 안아 드립니다.

페피노

---

1 마르시카*Marsica* 지역의 애국자들이란 뜻(옮긴이).

친애하는 아버지께

아버지께도 저의 부족함으로 인해 생긴 모든 일들에 대해 용서를 구합니다. 어머니에게 용기를 북돋아 주세요. 제 생각은 하지 마십시오. 너무나 사랑하는 모두에게 작별 인사와 볼 키스 전해 주세요.

페피노

친애하는 교수님께

1944년 5월 11일 아침, 운명은 제게 삶이 끝났다고 알려 왔습니다. 아시다시피, 저는 확고한 이상을 품고 있었던 만큼 그 누구보다 강한 존재입니다. 저와 같은 이상을 위해 투쟁했던 사람들에게 저의 희생이 가치 있는 일로 받아들여졌으면 하는 바람입니다. 또한 언젠가 제가 저의 가족, 저의 조국 그리고 제 친구들의 자부심과 영광이 되었으면 하는 바람입니다. 교수님께서 부디 저의 꺾이지 않는 의지를 이어 가 주셨으면 합니다. 교수님께서 하시는 모든 일, 특히 모든 작품이 항상 조국의 안녕을 위하는 것이었으면 합니다.

모든 사람은 죽습니다. 우리 이탈리아 만세!

당신이 가장 아끼는 페피노 테스타

마루키 아고스티노 교수님께 – 가에타노 모로니가 *via Gaetano Moroni* 10, 로마.

안셀모 토르키오 *Anselmo Torchio* (루차노 *Luciano*)

22세. 운전사. 1922년 5월 27일 아스티 출생. 랑게(쿠네오) 지역에서 활동하는 제16 가리발디 여단 소속 "제네랄레 페로티*Generale Perotti*"[1] 대대의 대대장. 보르미다 계곡*Val Bormida*, 무라차노*Murazzano*, 카스텔레토 우초네*Castelletto Uzzone*(쿠네오) 등에서 벌어진 교전에 참전. 1944년 여름과 가을 사이, 모네실리오*Monesiglio*와 산 베네데토 벨보*San Benedetto Belbo*에서 급습을 당함. 1945년 2월 22일, 건강이 좋지 않아 찾아갔던 아스티에서 정보원의 안내를 받은 파시스트들에게 체포됨. 1945년 2월 28일, 아스티의 특별군사법원에서 재판을 받음. 1945년 3월 13일 새벽, 파르티잔 집단 형무소에서 탈출을 시도한 것에 대한 보복으로 피에트로 비냘레, 에르메테 볼리노와 함께 아스티 공동묘지의 경계 벽을 등진 채 검은 여단 소대에게 총살됨.

1945년 3월 13일 새벽, 아스티

사랑하고 사랑하는 나의 나탈리나에게

당신과 우리 꼬맹이 피에르 조르조에게 나의 마지막 소원을 말하려 해. 나는 곧 천국에 있는 피에르 루차노에게 갈 거야.

나탈리아, 피에르 조르조. 아버지 그리고 어머니께 부탁합니다. 제가 저지른 잘못을 용서해 주세요. 나의 리나나탈리나의 애칭, 내가 당신에게 많은 잘못을 했더라도 당신을 진심으로 사랑했다는 것만큼은 꼭 알아줘. 눈앞에 당신의 사랑스런 얼굴을 그리며 죽을 거야. 나를 용서해 줘. 그리고 내가 죽고 난 뒤에는 항상 내 무덤에 헌화해 주고 기도해 줘. 나는 하늘에서 당신을 위해 기도할게.

친애하는 아버지, 제 아들은 자신의 아빠를 만날 운이 없나 봅니다. 조르조를 아들처럼 여겨 주세요. 조르조가 잘 클 수 있도록 도

---

1 페로티 준장이라는 뜻(옮긴이).

504

와주시고 이 아빠가 조국을 위해 목숨을 바쳤다고도 말해 주세요. 친애하는 아버지, 리나를 잘 보살펴 주세요. 정말 좋은 여자입니다. 리나와 저의 아들을 사랑해 주세요.

저의 마지막 소원은 아내와 아기가 이 편지들을 빠짐없이 전부 다 전달받고, 나중에라도 절대 잊지 않기를….

제게 마지막 성찬식을 해 주신 사제께서 이 편지를 전해 줄 것입니다. 모두에게 입맞춤을 보냅니다. 부디 저를 용서해 주세요.

여러분의

안셀모 토르키오

이탈리아 만세!

조반니 트롱코 *Giovanni Tronco*

39세. 대장장이. 1905년 4월 7일 산 도나 디 피아베(베네치아) 출생. 공산주의 투사. 1943년 10월부터 "베네치아" 여단(이후 "피아베" 여단으로 명칭이 바뀜)의 파르티잔으로 활동. 1943년 10월부터 지하 간행물 유포, 유고슬라비아 국경까지 연합군 포로들을 안내, 무기 수집, 베네치아 지역 레지스탕스 부대 간의 연락 활동 등을 수행. 1944년 1월 11일, 산 도나 디 피아베에서 체포. 베네치아의 산타 마리아 마조레 형무소로 이송. 1944년 7월 28일 5시, 베네치아의 카 주스티니아니가 기습 공격을 당한 것에 대한 보복으로, 사건이 벌어진 카 주스티니아니 잔해 위에서 비올란테 모메소 외 11명의 산 도나 디 피아베 지역 동지들과 함께 총살됨.

1944년 4월 19일, 베네치아

너무너무 사랑하는 마리아에게

이 편지를 쓰는 이유는 내가 잘 지내고 있다는 것을 당신에게 알려 주기 위해서야. 당신과 티네타 그리고 장인어른, 장모님도 나처럼 잘 지냈으면 해.

우리는 앞으로 일이 잘 풀리기를 바라지만 지금까지는 딱히 새로운 소식은 없어. 내 조카들에게 안부 인사 많이 전해 줘. 조카들은 당신의 세심한 마음에 고마워할 거야. 대자와 대녀, 그 부모님들에게도 안부 인사 전해 주고.

내가 예전에도 말했듯이, 비행기가 가까이 다가오면 항상 큰 위험이 생기니 조심하는 것이 좋아. 특히 철로에서 멀리 떨어져야 해.

곧 모든 일이 종식되기를 바라며….

사랑하는 당신에게 나의 키스를 보내. 당신의

조반니

사랑하는 티네타

이 편지에는 너의 건강을 비는 마음과 네가 엄마, 할머니, 할아버지와 항상 행복하게 잘 지냈으면 하는 아빠의 희망을 담았단다. 이 아빠 때문에 울지 말렴. 아빠는 우리 이탈리아가 하루빨리 해방되기를 바라는 순수한 이상을 위해 너와 멀리 떨어져 지내는 것이란다. 부디 네가 잘 지내기를 바란다.

사랑을 담은 뽀뽀를 보내며

너의 아빠

─총살을 몇 시간 앞두고 작성된 글.

사랑하는 마리아에게

당신이 강해졌으면 해. 모든 일에 대해 용서를 구하며. 티네타를 부탁해. 모두에게 작별 인사 전해 줘. 안녕, 당신의

조반니

아르투로 투라니 *Arturo Turani* (아르투로 *Arturo*)

55세. 건축가. 1888년 9월 29일 베르가모 출생. 1943년 9월 8일 이후, 몇 주 만에 "마테오티" 여단으로 자신의 주변인들을 지원병으로 끌어모음. "마테오티" 여단은 추후에 그의 이름을 따 "아르투로 투라니" 여단으로 명칭이 바뀜. 1943년 11월 19일, 베르가모의 피뇰로가 *via Pignolo* 에 있는 자택에서 비밀 회동을 갖던 중 독일군에게 체포됨. 1943년 12월 28일, 파르티잔 활동과 무기 은닉의 죄목으로 베르가모의 독일특별법원에서 재판을 받음. 1944년 3월 23일, 주세페 스포르키아와 함께 베르가모의 세리아테 병영에서 총살됨.

내가 어떤 이유로 불명예스러운 최후를 맞이하게 되었는지는 굳이 말로 표현하지 않아도 네가 잘 알고 있을 거라 생각해. 내가 한 일은 동포를 향한 의무이자, 최선을 다해 국가에 충성하고자 하는 이탈리아인으로서의 의무였어. 그렇기에 지금 이 순간에도 평온한 마음으로 말할 수 있는 거야. 나 때문에 너까지 핍박받게 해서 미안해. 하지만 나는 마음속으로 너를 훌륭한 이탈리아인이라고 생각하고 있기에, 네가 이탈리아인으로서의 자부심을 가지고 충분히 견뎌낼 거라 확신해.

훗날 네가 만나게 될 사람들에게 나를 감싸 달라고는 하지 않을게. 어쩌면 친구들조차도 나를 비웃을 수 있을 테니. 네가 나를 알아주고 올바르게 판단해 주는 것만으로도 충분해. 그러니 언젠가 마리오가 나에 대해 질문할 때 걱정하지 말고 너의 생각을 솔직하게 말해 줘. 그에게 이 숙부가 한 일은 부끄러워할 일이 아니라는 확신을 주었으면 해. 또한 훌륭한 이탈리아인이 되려면 자기가 사랑하는 사람의 발자취를 따라야 한다는 점도 알려 줘. 너와 마리오 그리고 로시나에게 볼 키스를 보낸다. 네가 나를 사랑한 만큼 나도 너를 사랑했다는 걸 알아주길 바란다.

그리스도의 이름으로 네게 믿음과 희망을 남기며

아르투로

월터 올라노프스키 *Walter Ulanowsky* (조세프 *Josef*)

20세. 교사, 제노바 상과대학 학생. 1923년 7월 6일 트리에스테 출생. 1944년 1월부터 제3 가리발디 여단 "리구리아"에 합류. 이후 대대장, 참모 장교가 됨. 1944년 4월 10일, 리구리아와 피에몬테 국경에 있는 카판네 디 마르카롤로에서 독일군과 파시스트 부대를 상대로 혈전을 벌이다 체포됨. 독일군 친위대의 명령으로 제노바의 마라시 형무소로 이송. 1944년 5월 16일, 제노바의 독일특별법원에서 재판을 받음. 1944년 5월 19일, 콜레 델 투르 키노(제노바) 근처에서 발레리오 바바사노 외 15명의 파르티잔 및 42명의 정치범들과 함께 총살됨.

1944년 5월 16일, 제노바

사랑하는 어머니, 아버지, 완다에게

이 유서를 받으실 때쯤이면 저는 더 이상 이 세상 사람이 아닐 것입니다. 운명은 제가 비극적인 상황에 처하기를 원한 듯합니다. 저의 몸과 마음은 태연자약합니다. 죽는 것은 두렵지 않습니다. 제가 송구하게 생각하는 단 하나는 어머니, 아버지께 고통을 드린 것입니다. 지금 두 분께 무슨 일이 일어났는지 명확하게 인식하시고 강해지셔야 해요.

사랑하는 어머니, 제가 당신을 가끔이라도 화나게 해 드렸다면 부디 용서해 주세요. 어머니, 제가 아버지만큼 어머니를 많이, 아주 많이 사랑하는 거 아시죠? 사랑하는 완다의 미래를 위해 공부를 아주 많이 시켜 주셨으면 합니다. 표현은 잘 못했지만, 두 분을 사랑했던 이 아들의 끝없는 입맞춤을 받아 주세요.

월터

친애하는 나의 G에게

이 편지를 받을 때쯤이면 나는 더 이상 살아 있는 사람이 아닐 거야. 이젠 내 진심과 큰 의미를 담아 당신을 행복하게 해 주던 일들도 더 이상 하지 못하게 되었어.

내 사랑, M을 믿지? 당신의 숨결 하나하나를 살피며, 나의 온 마음을 다해 당신을 사랑했어. 당신을 향한 내 마음을 결코 숨겨 본 적이 없었지.

당신은 나의 생명이었고, 삶의 이유였어. 당신은 나의 전부였지. 죽음은 결코 두렵지 않아. 나는 하느님을 믿으니까, 그분은 나를 기쁘게 맞아 주실 거야.

지상에서 눈을 감을 때가 되니 우리가 함께 아이딜*idyll*[1]을 썼던 나날들이 주마등처럼 스쳐 지나갔어.

눈물이 앞을 가리고 시야가 흐려져 이제 아무것도 볼 수가 없어. 사랑하는 나의 어린 피앙세약혼녀, 나도 알아. 내가 당신에게 큰 고통을 주었다는 것을. 나는 당신이 나를 사랑한다는 것을 알고 있었어. 당신의 아름다운 파란 눈에서 항상 그 마음을 읽었으니까. 반짝반짝 빛나는 당신의 눈동자를 통해 그 마음을 알 수 있었지. 당신은 영원한 내 사람이야. 내가 죽는다 해도 상관없어. 당신을 향한 나의 사랑은 이 세상에서 끝나지 않고 영원히 이어질 테니까…. 상냥한 나의 G…, 이제 마지막 말을 전할게. 나는 당신을 G라고 부를 때 극도의 행복감을 느꼈어. 하지만 이렇게 부르는 것도 마지막이 되겠군. 나는 당신이 슬퍼하는 것을 절대로 원하지 않으니 부디 나를

---

1   전원의 풍경 따위를 읊은 짧은 시로, 자연에 대한 소박한 애정을 바탕으로 한다(옮긴이).

잊어 주길 바라. 나를 잊고 우리가 사랑했던 모든 날들을 싹 다 잊어 줘. 한낱 꿈이었던 거야. 너무 아름다워서 현실이 될 수 없는 달콤한 꿈. 그래, 너무 아름다웠지.

나는 죽는 게 애석하지 않아. 믿어 줘. 이 세상에 아주 짧게 머무는 동안 당신과 함께여서 행복했어. 나는 인간으로서 느낄 수 있는 최고의 성취감과 감미로운 사랑의 끝을 경험했으니까. 단지 이렇게 비극적으로 끝날 수밖에 없는, 못다 이룬 우리 사랑이 애석할 뿐이야.

나를 잊으려 노력해 줘. 당신의 M이 그것을 원해. 나는 저 하늘 위에서 당신이 행복해하는 모습을 보고 싶어. 항상 당신의 눈웃음을 보고 싶어.

사랑하는 당신, 당신의 이마에 키스해 줄게. 나는 지금 울고 있어. 이 눈물의 의미는 죽음에 대한 두려움이 아니라 다시는 당신을 볼 수 없다는 슬픔 때문이야.

처음처럼, 지금도, 항상, 오직 당신만의

월터

— 일기장의 메모.

저는 선택되었습니다. 이상을 위해 죽음을 맞이해야 하는 사람으로 말입니다.

저는 가장 순수하면서도 가장 고귀한 이상인 자유를 위해 저의 인생을 희생합니다. 눈을 감고 생각해 봅니다. 어머니께서 울고 계시는 모습이 보입니다. 어머니, 울지 마세요. 저는 죽지만 남아 있는 사람들의 마음속에서 영원히 살아 숨 쉴 거예요. 사랑하는 어머니, 울지 마세요. 어머니께서 지지를 아끼지 않으셨던 이 아들이 이탈리아의 해방을 위해 이 한 몸 바쳤다는 것에 자부심을 가지세요.

제 목숨을 바침으로써, 도망친 겁쟁이들은 그들의 목숨을 확실히 연명하게 되었습니다. 하지만 정의의 손이 배신에 대한 심판을 하러 그들을 찾아갈 것입니다.

저는 곧 사형을 선고받게 될 것입니다. 저는 죽음이 두렵지 않습니다. 어머니께서도 그걸 아실 거예요. 저는 태연하게 죽음을 맞이하며 제게 총부리를 겨누는 자들의 눈을 똑바로 쳐다볼 것입니다. 저의 눈은 깜깜한 어둠 속에서도 이글거리며 타오를 것입니다.

저의 머릿속에는 많은 생각들이 꼬리에 꼬리를 물고 있습니다. 뇌가 한시도 쉴 틈이 없을 정도예요. 지난날 아름답게 보낸 시간들을 전부 되뇌어 봅니다. 그렇게 저는 제 과거의 삶을 돌이켜 보았습니다. 저는 G를 보고 있어요. 그녀는 아마도 T에 머물고 있을 것입니다. 그녀가 무엇을 하는지, 어디에 있는지, 그 누가 알 수 있을까요! 그녀는 제게 큰 꿈을 준 여자입니다. 그녀를 너무 사랑했기 때문에 헤어짐의 고통 또한 큽니다. 그녀는 모릅니다. 제가 어디서, 어떻게 죽는지 상상조차 못 하고 있겠지요.

피범벅이 된 얼굴 때문에 침을 뱉어도 온통 붉습니다. 부아가 치밀어 오릅니다. 죽음이 보여요. 죽음이 저에게 따라오라고 손짓하고 있습니다. 미친 사람처럼 환영이 보입니다.

아버지, 어머니, W, G 그리고 사랑하는 모든 분들에게, 다시는 볼 수 없는 곳으로 떠나게 되어 면목 없습니다. 싫어요! 저는 죽고 싶지 않아요. 심장이 터질 듯 뛰고 있습니다….

벽을 등지고 서 있는 제가 보입니다. 제가 힘없이 쓰러지네요….
죽었습니다.

점점 미쳐 가는 것 같아요. 가끔 마음이 진정될 때가 있습니다.
나는 왜 여기에 있을까? 그들은 왜 나를 총살시키려 하는 것일까?
자유를 위하여!

19세. 파르마 대학교 법학부 3학년. 1925년 10월 29일 산 판그라치오 파르멘세*San Pancrazio Parmense*(파르마)의 바카넬리*Baccanelli* 출생. 1944년 2월부터 영국 장교들과 파르티잔들 사이, 카라라와 파르마의 민족해방위원회 사이에서 연락 업무 담당. 반파시스트로서의 신념을 굳히고 초기부터 아펜니노 산맥(토스카나-에밀리아)에서 무장군을 조직하는 데 가담. 1944년 3월 11일, 처음 체포되었으나 모데나로 도피 성공. 그의 어머니가 체포되어 심문과 위협을 당함. 모데나에서 조직을 만드는 활동 재개. 모데나 인근에서 독일군에게 두 번째로 체포됨. 또다시 탈출 성공. 1944년 10월 30일, 모데나의 파리니가*via Farini*에서 검은 여단의 병사들에게 세 번째로 체포됨. 군사아카데미 형무소로 이송. 고문당함. 첫 재판에서 사면을 받았으나 1944년 11월 10일 아침, 모데나의 피아차 그란데에서 알폰소 피아차, 에밀리오 포와 함께 국립공화국수비대에게 보복의 의미로 총살됨. 사후에 은성무공훈장을 수여받음.

──두 번째와 마지막 체포 사이에 친구들에게 쓴 편지.

친애하는 친구들에게

우선 이 편지를 세 번이나 썼다 찢기를 반복했다는 걸 미리 말해두는 게 좋겠어.

나는 우리를 둘러싼 폐허를 둘러보면서 진심으로 안타까운 마음에 이 편지를 쓰기 시작했지만, 내가 과거부터 현재까지 활동하며 느낀 바를 이야기하는 것이 너희들에게 "거짓"이나 한심한 선동으로 비칠까 봐 섣불리 말을 꺼내기가 두렵기도 해. 그리고 내가 하는 말을 모욕적이고 주제넘은 언사로 느끼지는 않을까 걱정도 되고. 하지만 이는 결코 선동이 아니라 너희들과 함께 풀고 싶은 문제에 관한 이야기야. 혼자가 아닌 우리가 함께 보고 함께 풀어야 하는 시험인 거지. 그게 뭐냐고?

우리 자신을 스스로 되돌아보고 문제를 해결해 보자는 거야. 우리가 했던 잘못에 대한 책임의 일부를 우리 안에서 찾아보는 습관을 들이는 것이라고나 할까…. 우리의 잘못으로 인해 벌어진 일들을 우리가 얼마만큼 인식하고 있는지, 우리가 가는 길이 올바른지 등에 대한 것…. 나는 너희들에게 고통을 호소하는 사보나롤라*Savonarola*[1]로 보이고 싶지 않아. 너희들이 최근에 우리가 내린 그릇된 판단에 대해 책임을 함께 느끼고, 이를 해결하기 위해 어떤 준비를 해야 하는지 함께 고민해 주었으면 좋겠어. 나는 우리 모두가 힘을 합쳐 잘못된 것을 바로잡아야 한다고 생각해. 주택지부터 철도에 이르기까지, 항만에서 발전소에 이르기까지, 산업체에서 밀밭에 이르기까지 모든 것을.

그러나 무엇보다, 그 모든 것들을 우리 스스로 찾아야 해. 이것이 다른 모든 것들의 전제야.

너희들은 내게 "왜 우리 스스로 다시 고쳐야 해? 무슨 소리 하는 거야?"라고 묻겠지.

자, 예를 들어 우리 중 일부는 가족과 일에 전념하는, 평화롭고 근면 성실한 삶을 살기 위해 이 끔찍한 상황들이 어서 빨리 종식되기를 희망할 거야. 그렇게만 된다면 더 바랄 게 없겠지. 이는 누구나 바라는 바이고 만족할 만한 상황이니까. 그러나 일상에서 일을 열심히 하는 것만으로는 부족하다고 생각해. 어떠한 의미도 없는 일을 단지 내게 주어졌다는 이유만으로 "묵묵히" 하는 것은 잘못된 거야. 조용히 살고 싶은 바람은 이해하지만, 때로 그런 행동은 정치적인 의사 표현을 최대한 자제하고자 하는 것처럼 여겨질 수도 있으니까. 지난 20년 동안 부정적이고 잘못된 교육은 무시무시하

---

1 자코모 사보나롤라(1452~1498). 이탈리아 도미니코회 수도사로 종교개혁을 꾀하다 이단으로 몰려 화형을 당했다(옮긴이).

면서도 끔찍한 결과를 낳았어. 내 말을 믿어. 20년 동안 우리는 도처에서 세뇌당하면서 많은 것들에 대해 편견을 갖게 되었어. 우리 조국이 두 갈래 길(파시즘과 반파시즘—옮긴이)로 나눠지게 된 계기는 "썩어 빠진" 정치에서 시작된 것 같아. 저들은 매일같이 정치란 "전문가들"이 하는 일이라고 떠들어 댔지. 정치란 여러 가지 자질을 필요로 하는, 힘든 일이라고 하면서 말이지.

우리가 매일 본 바와 같이, 이들의 행태는 이상하리만큼 도둑이나 강도가 하는 짓거리와 비슷해. 이런 논리는 실제로 우리가 정치적 활동으로부터 관심을 끄고 멀어지는 데 일조했어. 그래서 사는 게 편해졌어? 그래? 저들은 "정치는 그것을 할 수 있고 해야 할 사람들에게 맡겨. 너희들은 일이나 해. 그리고 우리만 믿어."라고 말하지. 정치 활동은 직접적인 참여를 의미하는 것인데, 우리가 저들이 정치 활동을 하며 무슨 짓을 하는지 보려 하자 저들은 사사건건 우리를 배제시켰어. 근데 이렇게 된 데에는 우리의 잘못도 있어. 나는 그렇게 생각해. 수세기에 걸쳐 선조들이 이루어 낸 해방과 그 과정에서 쌓인 훌륭한 경험을 바탕으로, 우리 이탈리아인들은 유럽 내에서도 공적인 일에 대한 애착이 남달랐어. 그랬던 우리가 어떻게 속 빈 강정과도 같은 감언이설에 속아 자신의 권리를 모두 포기하고 저들에게 전권을 넘긴 걸까? 과연 우리는 무엇을 믿었던 것일까?

어떤 경우에도, 도덕적인 면이나 자질에 있어서, 우리는 적임자가 아닌 소수 집단이 우리의 모든 것을 빼앗아 가게 두어서는 안 돼. 하지만 우리는 그들을 그대로 두었지. 이로 인해 우리의 삶은 쑥대밭이 되었고, 언제 끝날지도 모르는 길고 험난한 여정 속으로 던져졌어. 그럼에도 불구하고 우리는 "모자랄 정도로 순진"했지. 나는 그렇게 생각해.

최악의 상황은 소수 집단의 말과 행동이 다수의 도덕적 입장과 정신에 영향을 미쳤다는 거야. 내 말을 믿어. "공적인 일"은 바로 우리 자신의 일로 받아들여야 해. 내 말은, 바로크 시대의 "애국심"이나 "효심"[1]처럼, 눈물과 고통의 벽에 쇠사슬로 단단히 묶이더라도 다음 세대를 위한 밑거름이 되어야 한다는 거창하고 추상적인 말이 아니야. 지금 이 세상에서 우리는 없는 존재나 마찬가지야. 한낱 깃털처럼 가벼운 존재라는 것을 잊지 마. 어떤 미사여구를 다 떠나, 공적인 일은 우리 가족과 우리의 직업 그리고 우리의 세계 즉, 우리 자신의 것이라는 걸 확실히 알아야 해. 우리는 지금 고통의 나락으로 떨어진 이탈리아에서 헤어나지 못하고 있잖아. 이탈리아의 불행은 바로 우리의 재앙인 거야. 우리가 항상 이것을 염두에 두었다면 어떻게 이런 일이 벌어졌겠어! 다 이기주의 때문이지. 이 말을 꺼내서 미안해. 하지만 정신이 번쩍 들 거야. 그렇지?

저들은 항상 쓰디쓴 약에 달콤한 꿀을 발라 주었어. 진정한 실체는 미사여구 안에 숨겨져 있었던 거지. 우리 힘을 내자. 달콤함에 속지 말고 고통이 어떤 건지 느낄 줄 아는 법을 배우자. 그림자 속에서는 고통이 더 잘 드러나기 때문에 멋진 포장지로 꽁꽁 숨겨 봐야 소용없다는 것을 저들에게 보란 듯이 일깨워 주자. 고통은 숨김없이 보여 주는 게 좋아. 확실히 눈에 보이는 대로, 있는 그대로를 인정하는 게 좋다는 말이야. 그렇게 하면 우두머리 행세를 하는 자들의 횡포가 차츰 줄어들 거야. 이기심은 자신의 이익에만 관심을

---

[1] 로마의 역사가 대大 플리니우스는, 아사형餓死刑을 받은 어머니를 면회 간 딸이 자신의 젖을 어머니에게 주었고, 그 지극한 효심 덕분에 어머니가 석방되었다는 이야기를 전하고 있다. 이를 바탕으로 바로크 시대의 거장 루벤스는 부녀 간의 사랑과 헌신 그리고 애국심을 담은 숭고한 작품 〈키몬과 페로─로마인의 자비(1612년)〉를 그렸는데, 이 문구는 이것에 대해 말하는 것으로 추정된다(옮긴이).

기울이는 거야. 이런 마음은 우리가 하는 일에 큰 영향을 미치곤 하지. 또 가끔은 이상과 혼동하기 쉬워. 특히 이기적인 마음이 꽁꽁 숨겨져 있을 때 이를 꿰뚫어 보지 못한다면, 그것은 해악을 끼치고 비난받을 수밖에 없는 존재가 되어 우리에게 저주를 내릴 거야. 요컨대, 우리의 관심과 "공적인 일"에 대한 관심은 결코 다른 게 아니야. 정확히 이런 이유로 우리는 가장 섬세하면서도 중요한 일인 "공적인 것"에 직접 관심을 가져야 해. 우리가 타인에게 의존하면 할수록 타인의 구미에 맞는 조건들이 붙게 될 테니까…. 우리가 공적인 일에 열정을 보이지 않는다면, 특히 오늘날 이것을 철저히 다루지 않는다면, 우리가 강렬하게 희망하는 국가의 재건은 불가능할 거야.

그러니 이를 위해 준비해야 해. 우선은 침착하게 우리 자신을 들여다보고 그 안에 내재된 욕구를 표현하기 시작하는 것만으로도 충분해. '내일, 우리는 어떻게 살고 싶은 것일까?' 낙담하기엔 아직 일러. 지금의 이 사태는 모두 그 이상의 것을 알고 싶어 하지 않았기 때문에 일어난 거라고 생각해야 해!

명심해. 너희들은 남자고, 그에 합당한 의무가 있어. 만약에 너희들의 본능이 자신의 권리를 행사하도록 이끌지 않는다면 그냥 너희들의 관심사나 자녀들, 사랑하는 사람들에게만 전념하도록 해. 하지만 앞으로 몇 달 안에 결정될 이탈리아의 국운이 우리 자신의 손에 달려 있다고 생각해 본 적은 있어? 우리가 우리의 권리를 주장할 줄 안다면, 의지와 더불어 결정을 내릴 수 있는 단호함 또한 생길 거야. 단, 우리가 비관적인 상황에 처하게 된다면, 그것 또한 전적으로 우리 책임인 거야. 이를 극복하기 위해서는 가능한 한 많은 사람들이 동참해야 해. 언젠가 스스로에게 질문해 봐. 너희들의 실제 생활이 자신이 원했던 만큼 잘 이루어지고 있는지 말이야. 이 질문에 객관적으로 판단을 내려야 해. 법에 저촉되지 않는 선에서 민주적 자유를 실현하기 원한다면, 너희들 스스로 공적인 일에 관여하거나, 자신의 개인적인 삶이나 재산에 대한 것을 넘어 평등에 관한 새로운 사상에 관심을 갖는 것도 좋은 방법일 거야.

내가 제시한 첫 번째 제안을 받아들이겠다면, 그다음은 우리 손으로 대표를 선출해야 해. 예를 들어, 투표권은 모두에게 주어진 권리이고 이 권리를 통해 뽑힌 대표자는 우리의 권리를 정책에 반영해야 하는 거야. 이런 시도를 점진적으로 확대해 나가기 위해 우리가 오늘 최선을 다하고 있다고 생각해? 이 질문을 포함해 더 많은 것들을 자문해 보았으면 해. 스스로를 일깨워야 해. 타인을 제압하려 하지 말고 설득할 준비를 해야 해. 이제 우리는 압제자와 싸워야 해. 이것이 우리 모두의 첫 번째 의무야. 그러나 그 전에 우리를 억압하는 모든 것들을 물리치고 해결해 가면서 이러한 문제가 재발하지 않도록 만반의 준비를 해 두어야겠지.

장문의 편지를 이만 줄이려 해. 나도 알아. 너희들에게 조금은 혼란스러울 수도 있는 내용이라는 거. 이에 대한 양해를 구하며 우리 모두에게 좋은 일이 생기기를 바랄게.

🐦

11월 10일 10시, 모데나

사랑하는 어머니께

이렇게 고통을 드리게 된 것에 대해 용서를 빕니다.

저는 아주 잘 지냅니다. 그리고 편안합니다. 저에 대한 이야기는 친애하는 바시를 포함하여 동지들이 대신 전해 드릴 겁니다. 아주 좋은 사람들입니다.

저에게 안 좋은 일이 생기더라도 제가 한 일을 후회하지는 않습니다. 그 일로 인해 제가 위험에 처하고 죽음에 이르게 되더라도 말입니다. 더 나은 시대가 도래하기를 바라고 또 바랍니다….

울고 있는 동지들 때문에 편지의 흐름이 끊겼습니다. 저는 그들과는 달리 울고 싶은 마음이 들지 않습니다. 하지만 어머니께서 받으실 고통에 대한 생각을 멈출 수가 없습니다. 저는 매우 침착합니다. 저를 위해 뭐라도 해 주셨던 모든 분들께 감사함을 표해 주세요. 그분들이 누군지는 어머니께서 제일 잘 알고 계실 테니까요. 저는 멀리서나마 사랑하는 사람들을 생각하고 있습니다. 많은 말을 이 편지에 담을 수는 없습니다. 부디 저를 용서해 주세요.

모든 영혼을 담아 어머니를 안아 드립니다.

자코모

페루초 발로브라*Ferruccio Valobra*(카피타노 로시*Capitano[1] Rossi*)

46세. 산업 전문가, 사업가. 1898년 4월 12일 토리노 출생. 제1차 세계대전에서 활약한 알피니 산악부대 예비군 대장. 은성무공훈장을 수여받음. 공화당의 운동원. 1943년 9월 8일 이후, 카르마뇰라*Carmagnola*(토리노) 지역에서 파르티잔 자치군의 사령관이 되어 지하 운동에 참여. 1944년 9월 8일, 밀고로 카르마뇰라에서 국립공화국수비대에게 체포됨. 고문당함. 1944년 9월 21일 밤, 반게릴라법원에서 재판을 받음. 1944년 9월 22일 새벽, 카를로 피초르노 외 4명의 파르티잔들과 함께 토리노의 마르티네토 국립포병 사격연습장에서 국립공화국수비대에게 총살됨. 사후에 금성무공훈장을 추천받음.

1944년 9월 22일, 토리노의 미결구류 구치소

사랑스런 나의 실비아 그리고 미렐라에게

나는 나를 변호할 기회도 없이 총살형을 선고받았어. 우리가 사는 이 시대에 필요한 것은 바로 인내야!

내 마음은 한결같이 평온하니 너희들도 내 마음과 같았으면 해. 사랑하는 나의 실비아, 우리 딸아이의 안녕을 위해 당신은 강해지는 법을 배워야 해. 이렇게 된 것에 대해 당신에게 사과하고 용서를 빌어. 가족을 향한 희생과 헌신밖에 모르는 당신 곁에 영원히 함께 있어 줘야 하건만…. 내가 없더라도 부디 인내하며 잘 살았으면 좋겠어.

미렐라, 이토록 힘겨운 시기에 너에게 돌아가지 못하는 이 아빠가 찢어지는 가슴을 부여안고 작별 인사를 보낸다. 하지만 너는 총명하고 진지한 아이니까 이제부터 아빠를 대신할 엄마의 말씀을 잘

---

1 이탈리아어로 캡틴이라는 뜻(옮긴이).

듣고, 네 길은 스스로 개척해야 한다는 것을 잊지 말렴. 감수성이 풍부하고 사랑스러우며 여린 마음의 소유자인 우리 꼬마 아가씨, 이 아빠가 항상 말해 왔던 것처럼 부디 강한 이탈리아인이 되려무나.

부담 느끼라고 하는 말은 아니지만, 네 엄마와 함께 아빠를 꼭 찾아와 다오. 하지만 눈물은 사양한다. 미라미렐라의 애칭, 내가 가는 이 마지막 길에는 너의 달콤한 미소와, 입술 사이에서 흘러나오는 노랫소리 그리고 사랑이 담긴 아름다운 장미꽃 한 송이면 충분하단다.

나는 너를 축복할 거란다. 네 삶을 응원하며 네가 살면서 겪을 고통과 기쁨도 함께 나눌 거야. 나중에 넌 아이도 낳게 되겠지. 그때 너의 아이에게 외할아버지는 강인한 산악병이었고, "알프스 보병"으로서 죽음을 맞았으며, 그의 주변에는 조국을 위해 목숨을 바친 사람들이 아주 많았다는 것을 알려 주렴.

이 편지를 쓰는 동안 나는 네 엄마와, 네 엄마가 세울 앞으로의 계획에 대해 생각을 많이 했단다. 네 엄마는 나를 떠올리면서 짧은 글을 쓸지도 몰라. 내 직감이긴 하지만 내가 좋아하는, 불행한 시인이자 위대한 애국자 앙드레 셰니에Andrea Chenier[1]의 시가 담긴 페이지에….

— 이어지는 편지글의 일부는 가족의 요청으로 생략함.

그동안 나는 온갖 고난에 시달리다 이제야 비로소, 새롭게 시작할 너와 네 엄마 두 사람의 앞날을 위해 조용히 기도할 시간이 생겼단다. 더 아름답고 더 나은 이탈리아의 내일을 위해 기꺼이 목숨을

---

1 프랑스대혁명 시기에 32세의 젊은 나이로 단두대에서 처형당한 프랑스의 시인(옮긴이).

내놓은 동지들처럼 내 희생 또한 헛되지 않기를 바란단다.

두 사람에게 지금 살고 있는 그곳에 살라고 강요하고 싶지는 않아. 최선을 다해 살아갈 네 엄마의 판단에 맡길 거야. 다만 나를 자주 찾아와 주렴. 그리고 불행한 이 아빠를 사랑으로 대해 줘. 아까 말했듯이 내게 올 때는 절대 울지 말고 웃어 주길 바란다. 무덤 위에 떨어지는 두 방울의 눈물까지는 이해해 줄게. "사랑의 작은 꽃"을 닮은 파르티잔들의 아름다운 노래처럼, 그 눈물은 내게 내려앉아 아름다운 꽃그늘 아래 잠들 수 있도록 내 가여운 마음을 포근히 감싸 줄 테니.

아빠는 이 세상을 떠난 뒤에도 너를 축복하고 너를 찾아갈 수 있도록 주께서 허락해 주시기를 바란단다.

너를 너무나 사랑하는

아빠

파올로 바사리오 *Paolo Vasario* (디아노 *Diano*)

33세. 진료소 의사. 1911년 1월 4일 루세르나 산 조반니 *Luserna San Giovanni* (토리노) 출생. 육군 중위 군의관. 토리노 지방에서 초기 파르티잔 의용군을 조직한 사람들 중 한 명. 제105 가리발디 여단 "카를로 피사카네 *C. Pisacane*"의 군의관으로 피에몬테 지역 군사위 원회와 연락하며 수많은 무장 활동에 참여. 1944년 1월, 처음으로 체포되어 몬칼리에 리성 *Castello di Moncalieri* (토리노)으로 이송됨. 석방된 후 파르티잔 활동 재개. 1944년 7월 12일, 카보우르(토리노) 근처에서 임무 수행 중 독일군에게 두 번째로 체포됨. 1944년 7월 12일, 현지 독일 사령부에 의해 재판을 받음. 재판 당일 22시, 아이라스카 비행장 (토리노)에서 총살됨.

1944년 7월 12일

사랑하는 디아나에게

이제부터 본격적으로 시작될 나의 인생이 이렇게 일찍 끝나게 되었어. 하지만 당신과의 추억은 영원할 거야.

사랑해. 디아나. 당신의 동반자는 곧 떠나.

자유와 정의를 사랑한 후에 떠나.

당신을 많이, 아주 많이 사랑한 후에 떠나.

비록 나는 떠나지만 당신은 반드시 살아야 해. 이것이 내 마지막 소원이니까. 살아가면서 나에 대한 기억을 인생의 자극제로 삼도록 해.

나를 떠올리지 않으려 애써 발버둥치지 않아도 돼. 내가 언제나 당신 가까이에 있을 거니까. 나는 알아. 분명 그렇게 될 거라 생각해. 나는 당신과 사랑하는 모든 사람들 가까이에 있을 거야. 나는 끝까지 잘 버티다 명예롭게 죽을 거야.

부디 당신이 그런 내 모습을 기억해 줬으면 해.

사랑해. 아주 많이.

파올로

1944년 7월 12일

엄마 그리고 사랑하는 안나에게

이것은 제가 두 사람에게 쓰는 마지막 편지입니다. 저는 곧 이 세상에 존재하지 않을 테니까요. 저의 고통스러운 마음을 애써 부정하지 않겠습니다. 저도 인간이니까요.

그러나 저는 항상 훌륭한 이탈리아인이자 좋은 아들로서 행동했다는 사실을 명확히 인식하고 있습니다. 엄마와 안나, 두 사람은 제가 가장 사랑하는 사람입니다. 저는 두 사람 가까이, 아주 가까이 있을 것입니다.

안나, 이제 엄마에게는 너밖에 남지 않았으니 항상 곁에 있어 드려. 결국 우리는 이렇게 될 운명이었던 거야. 하지만 두 사람은 그 운명 앞에서 당당히 살아가야 해. 나 또한 두 사람을 위해, 자유와 정의라는 이상을 위해 살았으니.

나는 아무에게도 피해를 끼치지 않았어. 지금처럼 이렇게 두 사람을 사랑한다고 느껴 본 적이 없는 것 같아.

사랑해. 아주 많이 사랑해. 나는 잘 버티고 있어.

두 사람의 영원한

파올로

파브리치오 바살리*Fabrizio Vassalli*(프랑코 발렌티*Franco Valenti*)

35세. 경제학 박사. 1908년 10월 18일 로마 출생. 포병 예비군 장교. 1943년 9월 8일 이후, 임시변통으로 마련한 교통편으로 달마티아*Dalmatia*(크로아티아)에서 이탈리아로 건너옴. 로마의 프론테 클란데스티노와 브린디시*Brindisi* 사령부 간의 연락책으로 활동. 암호문을 전달하기 위해 로마에서 전선을 넘나드는 임무를 맡음. 사보타주와 정보부 임무를 수행하기 위해 몬테체몰로 대령과 5개월 이상 협력함. 프론테 클란데스티노에서 자신의 이름을 딴 "바살리*Vassalli*단"을 지휘하게 됨. 1944년 3월 13일, 독일군 친위대에게 체포. 레지나 코엘리 형무소에 구금됨. 여러 번 고문을 당함. 1944년 5월 24일, 브루노 페라리, 살바토레 그라소, 코라도 빈치 외 1명의 파르티잔과 함께 로마의 브라베타 요새 제방에서 총살됨. 사후에 금성무공훈장을 수여받음.

1944년 5월 24일

너무도 사랑하는 아멜리아에게

나는 이탈리아 의용군의 협조자가 되었어. 그리고 당신에게 줄 물건들을 동지들에게 맡겨 두었어. 부디 잘 살아야 해. 내가 당신을 아주 많이 사랑했다는 것을 잊지 마. 내 물건들이 곧 당신에게 도착할 거야. 내 부모님을 부탁할게. 두 분을 잘 돌봐 드려. 그리고 두 분께 내가 드린 크나큰 고통에 대해 용서를 구한다고 말씀 올려 줘.

나는 평온해. 다만 우리 의용군이 로마로 입성하는 것을 내 눈으로 보지 못하고 떠나게 된 것은 유감이야.

당신이 경제적으로 어려움을 느끼지 않기를 바라. 내가 받게 될 연금과 그 이상의 돈이 당신에게 갈 테니 누군가에게 의존하거나 밥벌이를 하러 나가서는 안 돼. 당신이 꼭 내 말대로 해 줄 거라 믿을게.

가능하다면 재혼도 해. 다만 나를 잊지는 말아 줘. 재혼하더라도 당신이 우리 부모님에게 딸과 마찬가지라는 사실은 변하지 않아.

우리 부모님과 나는 당신을 우리가 많이 사랑했던 '비체_{아멜리아의 애}

_칭'로 추억할 거야.

내 모든 영혼을 담아 당신에게 키스하며

당신의 파브리치오

사랑하는 아버지, 어머니께

가슴이 찢어지는 고통을 드린 점 부디 용서해 주십시오. 이를 생각하면 제 마음 또한 타들어 갑니다. 많은 사람들이 조국을 위해 죽었고, 저도 그중 한 사람이라고 생각해 주십시오. 그 누구에게도 떳떳하기에 제 마음은 편안합니다. 저는 저의 임무를 다했고, 그런 제가 자랑스럽습니다.

제가 드리는 이 말씀이 두 분께 진정한 위로가 되었으면 합니다.

제 온 영혼을 다해 두 분을 포옹해 드립니다.

당신의 파브리치오

배지는 비체에게 주십시오. 다른 유품들은 조카들에게 주시기 바랍니다. 엔리코, 지나 등 모든 이들에게 작별 인사와 포옹을 보냅니다. 저의 시신을 수습하려 너무 애쓰지 마십시오. 저들이 저를 팽개치는 곳이 제가 묻힐 곳이니까요.

가능하시면 신문에 다음 문장을 게재해 주십시오.

'이탈리아 만세!'

에라스모 베누스티 *Erasmo Venusti* (피르포 *Firpo*)

22세. 노동자. 1922년 3월 31일 칼레스타노 *Calestano* (파르마) 출생. 1943년 9월 8일 이후, 바르디(파르마) 지역에서 활동하는 제12 가리발디 여단에 합류. 1944년 4월 15일, 몬타냐나에서 독일군과 교전을 벌이던 중 체포됨. 1944년 5월 4일, 4명의 병사가 살해된 것에 대한 보복으로 바르디 근처에서 조르다노 카베스트로 외 3명의 파르티잔들과 함께 총살됨.

1944년 5월 4일

사랑하는 어머니께

저는 곧 죽으러 갑니다. 어머니께선 사랑하는 아들을 다시는 만나기 힘들 것입니다. 하지만 이것 하나는 말씀드릴 수 있습니다. 파시스트들에게는 양심이란 것이 없지만 저는 하늘을 우러러 한 점 부끄러움이 없다는 것을요.

어머니, 아버지, 미란다, 난도, 마리아, 피에리나 모두에게 입맞춤을 보냅니다.

여러분의

에라스모

안녕, 친구들아. 너희들의 에라스모

사랑하는 어머니께

지금 저는 살아오면서 어머니로부터 들었던 말들을 전부 생각하고 있습니다. 이 일은 결코 어머니의 잘못이 아닙니다. 저는 죽음을 맞게 되겠지만, 이는 자유 이탈리아를 탄생시키고자 했던 저의 신념에서 비롯된 것이니 어머니 때문에 죽게 되었다고 생각하셔서는 안 됩니다. 저는 제 이상을 위해 죽는 것이 너무나도 자랑스럽습니다. 이제 저들은 저를 처형시키려 합니다. 하지만 저는 결백합니다.
어머니를 포옹해 드리며 모두에게 볼 키스를 보냅니다.

당신의 아들
에라스모 베누스티

친애하는 부모님께

이 쪽지는 사랑하는 저의 약혼녀에게 전해 주세요. 그녀는 저를 가장 소중하게 여겨 주고 사랑해 준 사람이니까요. 사랑하는 그녀에게 키스를 보냅니다.

〈자기야, 나는 죽지만 내 자존심은 영원히 죽지 않을 거야.
사랑하는 당신에게 키스와 포옹을.

_당신의 에라스모

자기야, 나는 이제, 사랑하는 당신을 홀로 남겨 두고 떠나.
그래서 미안해.〉

친애하는 동지들에게

이놈의 파시스트들은 우리가 꼭 죽기를 바라나 봅니다. 그리하여 저는 조국의 해방을 위해 기꺼이 죽으려 합니다.

베누스티 에라스모
벤투리니 넬로
살미 비토
펠링겔리 라이몬도
조르다노 카베스트로

로렌초 비알레*Lorenzo Viale*

27세. 토리노의 피아트*FIAT*[1]사의 기술자. 1917년 12월 25일 토리노 출생. "디아볼로 로소*Diavolo Rosso*"[2] 대대의 장교였다가 이후 "조바네 피에몬테*Giovane Piemonte*" 조직의 연락 장교로 활동. 토리노를 떠나야만 하는 상황이 생겨 카나베세로 이동한 후 그 지역 무장군에 합류함. 1944년 12월 8일, 몇몇 동지들을 구하러 산에서 내려왔다가 밀고로 토리노에 있는 자택에서 검은 여단의 병사들에게 체포됨. 1945년 2월 8일, 파시스트군 사령관 만가니엘로*Manganiello*를 살해했다는 죄목으로 반게릴라법원에서 재판을 받음. 1945년 2월 11일, 토리노의 마르티네토 국립포병사격연습장에서 알폰소 진드로 외 3명의 파르티잔들과 함께 국립공화국수비대에게 총살됨.

1945년 2월 9일, 토리노

사랑하는 분들께

불행히도 힘들고 잔인하기까지 한 운명은 두 분에게서 저를 영원히 떼어 놓으려 합니다. 두 분을 떠나야 하는 입장에서 제가 가장 고통스러운 것은 바로 제가 두 분의 인생을 망쳤다는 생각과, 저를 위해 너무 많은 희생을 감내하신 두 분이 불행한 운명에 좌절하는 모습을 저들에게 보여야 하는 것입니다. 용기를 내세요! 저는 앞으로 남은 두 분의 인생에서 더 이상 의지할 자식이 되어 드릴 순 없지만 하느님께 부디 두 분을 보호해 주시고 남은 인생을 편안히 살 수 있게 해 달라고, 하늘에서 기도할 것입니다. 우리가 더 나은 삶을 누리게 되리라는 희망은 제가 이 끔찍한 순간을 침착하게 견디는 데 도움이 됩니다. 따라서 인내심을 가질 필요가 있습니다.

1 이탈리아의 자동차 제조업체(옮긴이).
2 이탈리아어로 붉은 악마라는 뜻(옮긴이).

아아, 슬프게도 인간의 정의는 너무나 가혹한 방식을 원합니다. 우리에게 위로가 되는 단 하나는 다음과 같습니다. 저는 어렸을 때부터 두 분이 제게 차근차근 가르쳐 주신 성스러운 원칙에 따라 항상 정직하게 행동했으며, 조국 이탈리아의 위대함과 제 이상을 위해 충성스럽게 싸웠습니다. 이는 두 분께서 자부심을 갖는 데 원천이 될 것입니다. 저는 한 번도 누군가를 해한 적이 없으며 누군가를 죽인 적도 없습니다. 살인, 절도, 강도 짓으로 제 손을 더럽히지 않았습니다. 저는 이상을 위해 투쟁했고, 이상을 위해 죽습니다. 제가 두 분보다 조국을 우선시했다고 생각하신다면 부디 용서해 주십시오. 하지만 저는 두 분께서 용기와 자부심으로 이 힘든 상황을 견뎌 내시리라 확신합니다.

그렇기에 저는 작별 인사가 아닌 더 나은 삶에서 다시 뵙자는 인사를 드리고자 합니다. 제가 두 분께 저질렀을 수도 있는 모든 어리석은 말과 행동에 대해 용서를 구하며, 변함없이 두 분을 사랑하는 이 아들을 항상 기억해 주세요.

사랑의 입맞춤과 포옹을 해 드립니다.

렌초

1945년 2월 11일, 토리노

사랑하는 분들께

저는 생의 마지막 순간에 서 있습니다. 저의 생각은 온통 저를 위해 많은 것들을 해 주신 두 분을 향하고 있습니다.

제게 생명을 주신 것도 모자라 금이야 옥이야 키워 주시고 교육도 받게 해 주셨지요. 공부 시켜 주시고 교양을 쌓게 해 주시느라 엄청난 희생을 감수하시기도 하셨죠. 무엇보다도, 둘째가라면 서러울 정도로 정직과 예의를 제 가슴속 깊이 각인시켜 주셨습니다.

저는 죽습니다. 이탈리아의 위대함을 위해, 이상을 위해, 훗날 역사가 피에 굶주린 짐승으로 판단할 자들에게 살해당합니다.

저를 괴롭히는 단 한 가지는 바로 두 분께서 분명 절망스러운 상태에 빠지시게 될 것이라는 점입니다. 최근 몇 년 동안은 두 분 가까이 있어 드릴 수도 없었건만⋯. 주께서 제게 발걸음을 성큼 내딛을 만한 힘을 주시길 바라며, 두 분께도 이 힘든 운명을 견딜 수 있는 법과 마음 또한 주시기를 희망합니다. 한 가지는 확신합니다. 저는 결코 명예롭지 못하거나 부끄러운 행동은 하지 않았으니 두 분은 언제나 가슴을 당당히 펴고 의기양양하게 다니셔도 됩니다.

저는 다만 거룩하다고 믿어 온 대의를 위해 투쟁한 것뿐입니다. 남아 있는 사람들은 제가 자유롭고 새로운 이탈리아의 미래를 위해 투쟁했다는 것을 기억할 것입니다.

만약 제25 포병 연대가 재건되면, 동지들에게 저 비알레 로렌초 중위를 기억해 달라고 전해 주세요.

두 분을 속상하게 해 드렸던 모든 일들에 대해 용서를 구합니다. 특히 저의 이상을 위해 두 분을 먼저 생각하지 못한 점 용서 바랍니다. 두 분께서 저에 관한 소식을 듣고도 잘 견뎌 내실 수 있게 해 달라고 주께 기도 올립니다. 작별 인사는 올리지 않겠습니다. 인간의 비열한 행위가 더 이상 우리에게 손을 뻗치지 않을 더 나은 세상에서 다시 뵐 테니까요. 모든 친구들과 저를 사랑해 준 사람들에게 작별 인사 전해 주십시오. 마지막으로, 두 분께 애정이 담긴 입맞춤과 포옹을 해 드립니다.

당신의

렌초

1945년 2월 11일, 토리노

내 사랑 비키에게

우리는 이렇게 될 운명이었기에 그동안 간절히 바라던 꿈은 이룰수 없게 되었어. 당신은 인내심을 갖고 이 피할 수 없는 상황을 받아들여야 해.

군복을 입을 자격도 없는 사형집행인들이 우리의 피를 원하니, 너무도 달콤하고 성스러웠던 우리의 사랑은 여기서 끝내야 해. 하지만 나는 나를 해하는 사람들의 불행을 빌면서 죽고 싶지는 않아. 그렇기에 저들에게 내 피가 튀지 않기를 바라.

이 비통한 소식을 용감히 견뎌 주길 바라고, 운 좋게도 미래에 당신과 당신의 아이들이 더 크고 자유로운 이탈리아를 보게 된다면, 그를 위해 싸우다 죽은 나를 자랑스럽게 생각해 주길 부탁해.

당신은 젊고 인생은 길어. 그러니 당신은 내가 주지 못한 행복을 줄 수 있는 사람을 분명 찾을 거라고 확신해. 나에 대한 소중한 기억과 좋은 추억만을 간직해 주었으면 좋겠어.

당신을 사랑했어. 아주 많이 사랑했어. 인생의 온갖 역경과 세상의 악으로부터 당신을 보호하기 위해 나는 영면에 들어서도 당신을 언제 어디서나 지켜 줄 거야. 미켈레가 하루빨리 당신 가까이 와서 모두 함께 행복하게 살 수 있기를 바라. 나를 기억해 주고 어머니, 아델레, 지노와 모든 친구들에게 작별 인사 전해 줘. 나는 당신을 영원히 떠나는 게 아니야. 더 나은 세상에서 다시 만날 수 있기를 바라. 당신에게 사랑의 키스를 퍼부으며 애정 어린 포옹을 해 줄게.

　당신의

렌초

　우리 부모님께서 이 충격을 견뎌 내실 수 있도록 곁에서 도와드렸으면 해. 그분들께 이는 분명 끔찍한 일일 테니까.

이냐치오 비안*Ignazio Vian*(이냐치오*Ignazio*, 아치오*Azio*)

27세. 로마에서 교사로 재직. 1917년 2월 9일 베네치아 출생. 국경수비대 예비군 중위. 1943년 9월 8일의 여파로 무장군 결성, 9월 19일 보베스*Boves*(쿠네오) 지역에서 벌어진 독일군과의 교전에 참전. 그해 12월 31일부터 이듬해 1월 3일 사이, 같은 지역에서 무장군 지휘관으로 독일군에 정면으로 맞서는 작전을 펼침. 보베스에서 두 번째 격렬한 전투를 끝내고 코르살리아 계곡*Val Corsaglia*으로 이동. 이후 자치 무장군 "마우리"와 연합하여 1944년 3월 13일 독일군의 공격으로 부대가 거의 전멸할 때까지 의용군으로 활동함. 생존한 파르티잔들과 함께 토리노의 민족해방위원회와 합세하여 지역 의용군을 재조직함. 1944년 4월 19일(또는 20일), 밀고로 토리노에서 체포. 독일군 친위대 본부인 토리노 내셔널 호텔로 이송되었다가 누오베 형무소로 이감. 고문당함. 1944년 7월 22일, 파르티잔이었던 주세페 그라핀과 조반니 코스탄초가 토리노-밀라노 고속도로 근처 줄리오 체사레 대로*viale Giulio Cesare*에서 교수형에 처해지는 동안, 그는 재판 없이 바티스타 베나, 펠리체 브리카렐로, 프란체스코 발렌티노와 함께 토리노의 코르소 빈찰리오*Corso Vinzaglio*에서 파시스트들이 지켜보는 가운데 독일군에게 교수형 당함. 사후에 금성무공훈장을 수여받음.

— 감방에서 발견된 빵 덩어리에 적혀 있던 단어들. 지금은 가족이 보관하고 있음.

용기, 어머니

— 감방 벽에 피로 쓴 문장.

배신을 하느니 죽는 편이 낫다

조반니 바티스타 비겐치Giovanni Battista Vighenzi(산드로 빌로니Sandro Biloni)

36세. 법학 박사. 1909년 2월 14일 로바토Rovato(브레시아) 출생. 로덴고 사이아노Rodengo Saiano(브레시아) 지방자치주 서기. 독일군과 이탈리아군 무장 친위대의 호감을 얻어 지역의 파르티잔 무장군 조직 및 지원 활동을 수월하게 수행함. 민족해방위원회의 일원이 됨. 1945년 4월 26일, 무장대에 합류하여 전투에 참여. 동지들과 함께 72명의 독일군 친위대를 무장해제시킴. 1945년 4월 26일 21시 30분, 이탈리아 해방을 몇 시간 앞두고 교전이 벌어진 곳에 추가 병력으로 투입되었다가 독일군 친위대에게 체포됨. 고문당함. 1945년 4월 26일부터 27일 밤 사이, 사이아노에서 주세페 카라벨로, 조반니 체레티, 피노 말베치와 함께 총살됨.

나의 인생, 나의 기쁨, 사랑스런 그대 리아나에게

지금 이 순간 내 가슴속에는 심한 갈증과 엄청난 평온함이 공존하고 있어. 리아나 당신을 이제 다시는 보지 못할 거야. 나는 생포되었고, 곧 총살되겠지.

나는 아주 편안한 마음으로 이 편지를 써 내려가고 있어. 그러나 한편으로는 당신이 받을 고통에 가슴이 찢어질 듯 아파.

오늘 밤, 나는 꼭 이 말을 하고 떠날 거야. 리아나, 나는 영원히 당신 곁에서 쉬고 싶다는 간절한 바람이 있어. 나는 매일 밤 영원토록 당신 곁에서, 당신의 어깨에 기대어, 당신의 영혼 속에서 쉴 거야.

내 사랑, 너무 소중한 당신, 나는 정작 당신에게 단 한 번도 베푼 적이 없었는데, 자격도 없는 내가 당신에게 친절을 요구하다니, 백 번 천 번 사과할게….

피노도 체포된 뒤 내가 보는 앞에서 총살되었어. 죽어서도 함께 할 우리 두 사람을 위해 기도해 줘. 피노는 자신의 일생이 담긴 듯한 슬픈 눈으로 내게 작별 인사를 한 뒤 엄숙하게 죽음을 맞았어. 나도 피노처럼 위대한 여정을 떠나듯 태연하게 죽고 싶어. 죽기 직전 나의 마지막 말은 당신의 이름이 될 거야. 당신을 향한 나의 믿음이 새겨진 그 이름…. 어머니께 내 이야기를 대신 전해 드려. 가능하다면 그분을 위로해 드렸으면 해. 불쌍한 나의 노모, 가여운 나의 어머니! 그리고 이모와 루이지노 형에게도 위로 부탁해. 마리에타에게는 이 오빠가 아주 깊이 사랑했다고 전해 줘. 그리고 당신도 스스로를 위로해야 해. 언제 죽을지 모르는 게 바로 인생이니까.

모데나에 계시는 장인어른, 장모님, 어머니, 아버지, 특히 체시라, 토니노, 마르게리타. 이들 모두에게 경의를 표해 주었으면 해. 톰마소에게는 만약 내가 살아 있었다면 그의 아기 세례식에 참석했을 거라고 전해 줘. 친애하는 리노에게는 나를 기억해 달라고 전해 주고.

가끔 당신이 잘 알고 있는 들꽃들을 꺾어 그 꽃다발을 내 무덤에 가져와 주었으면 해.

안녕. 이제 내가 사랑하는, 소중한 당신에게 작별 인사를 할 시간이야. 지난 3년간 당신의 사랑이라는 큰 선물을 받았기에 이제 목숨을 잃는다 해도 여한은 없어. 항상 갈망해 왔던, 자유라는 이상을 위해 희생하는 것이기에 나는 행복하게 죽을 수 있어.

나의 서명, 믿음, 마지막 키스를 이 편지에 실어 보낼게.

당신의 영원한

조반니

고프레도 빌라 *Goffredo Villa* (프랑코 *Franco*, 에치오 *Ezio*)

21세. 학생. 1922년 8월 8일 제노바 출생. 이탈리아 공산당원. 1941년 말경, 직공 출신의 파르티잔으로 후에 전사한 사베리오 데 팔로와 함께 제노바 항만 노동자들의 공산당 세포 조직을 만듦. G. 부라넬로, W. 필락과 함께 마르크스주의를 연구하는 '제노바 센터'에 가입. 토리노, 알레산드리아, 아오스타*Aosta* 지역의 당 대표가 됨. 1942년 11월, 경찰이 이탈리아 공산당 제노바 지도부에 취한 조치로 체포되어 제노바 마라시 형무소에 수감되었다가 키아바리 형무소를 거쳐 최종적으로 로마의 레지나 코엘리 형무소로 이감. 1943년 8월 말 출소. 제노바 '청년전선'의 창립자 중 한 명으로 초기 무장군 부대들을 조직하는 데 힘씀. 애국행동단의 수많은 활동에 참여. 1944년 2월 초, 쫓기는 신세가 되자 제3 가리발디 여단 "리구리아"에 합류, 파견대 위원이 됨. 같은 달 25일, 라반니노*Lavagnino* 호수 근처에서 순찰 활동을 하던 중 파시스트 부대에게 체포, 구타당함. 알레산드리아의 형무소로 이송된 후 지방 군사법원에서 사형선고를 받음. 베네치아 경찰국장의 명령에 따라 제노바 경찰국으로 이송. 다시 심문을 받음. 1944년 6월, 사면받고 석방된 후 전화 교환수로 일하면서 제노바의 파르티잔 군관구[1]의 만류에도 불구하고 또다시 정보 수집, 사보타주, 선전 작업 등을 열렬히 수행. 1944년 7월 7일, 베네치아 경찰국장이 이끄는 정치수사국에 의해 체포됨. 마라시 형무소로 이송. 고문당함. 1944년 7월 29일 3시부터 4시 사이, 경찰국에서 제노바 특별파시스트법원에 의해 재판을 받음. 재판 당일인 1944년 7월 29일 5시, 마리오 카수리노 외 3명의 파르티잔들과 함께 산 줄리아노(제노바)에서 검은 여단 소속 소대에게 총살됨. 사후에 은성무공훈장을 수여받음.

1944년 3월 5일

사랑하는 밀레나에게

편지 잘 받았어. 네가 보여 준 의연함에 존경을 표할게. 어머니를 위로해 드릴 수 있는 방법을 찾아봐. 내가 그분께 해 드리지 못

---

1 군사·전략적 목적으로 일정한 지역 내의 부대. 군사학교, 지원시설 따위를 한 지휘관에게 관할하게 한 구역.

한 좋은 것들을 전부 다 해 드렸으면 해. 이렇게 삶을 끝낼 수밖에 없는 나를 질책하지 말아 줘. 정의라는 대의를 위해 죽게 되어 아주 기쁘니까. 동지들이 나의 죽음에 대한 복수를 대신해 줄 거야. 그들에게 작별 인사 전해 줘.

끝없는 볼 키스를 보내며.

고프레도

스탈린 만세!

1944년 3월 5일

사랑하는 어머니와 밀레나에게

언젠가 두 사람이 이 편지를 받길 희망합니다. 저는 이상을 위해 죽게 되어 기쁘니, 이런 저의 운명을 비웃지는 말아 주세요. 울지 마세요. 이 비극적인 순간에 제가 그랬던 것만큼 두 사람도 마음을 단단히 먹으세요. 언젠가는 우리 모두 한을 풀게 될 것입니다.

밀레나, 내가 있었을 때보다 어머니와 더 잘 지내 주었으면 해.

두 사람을 안아 주며 입맞춤해 드립니다.

고프레도

1944년 7월 29일

어머니, 밀레나, 리나 이모, 친척들 그리고 지인들 모두에게 제가 여러분께 바라는 것은 부디 울지 마시고, 제가 초래한 결과에 대해 저를 질책하지 말아 달라는 것입니다. 여러분은 저를 자랑스러워하며 이 상황을 받아들이셔야 합니다. 저는 제가 마무리 지어야 할 일에 대해 잘 알고 있기에 아주 침착합니다. 저의 원칙과 임무에 아주 강한 확신이 있기 때문입니다. 아버지께서는 제게 힘을 주셨듯 여러분께도 힘을 주실 것입니다. 많은 입맞춤과 영원한 포옹을 받아 주세요.

고프레도 빌라

모든 동지들에게 작별 인사를 보내며…, 저를 기억해 주세요.
마지막 승리까지 박차를 가해 주십시오.

에르메테 볼리노 *Ermete Voglino* (돈 치초 *Don Ciccio*)

30세. 상인. 1914년 12월 10일 산 다미아노 다스티 *San Damiano d'Asti* 출생. 알피니 산악 포병대 원사. 부관으로 진급함. 공로십자훈장을 수여받고, 2개의 은성무공훈장을 추천 받음. 1943년 가을부터 아스티 지역의 파르티잔으로 활동. 처음으로 체포되었으나 곧 석방됨. 이후 두 번째로 체포, 볼차노 근처에서 군 수송용 열차를 타고 독일로 이송되던 중 탈출함. 피에몬테로 돌아와 여단장으로 활동 재개. 펠리체 계곡과 몬페라토에서 활동하는 무장군에게 조달을 책임지는 임무를 맡음. 1945년 2월 16일, 독일군 사령부를 대상으로 무장 행동을 계획하던 중 밀고로 아스티에서 세 번째로 체포됨. 검은 여단의 병사들에게 고문을 당함. 1945년 3월 2일, 아스티의 특별군사법원에서 재판을 받음. 1945년 3월 13일 새벽, 안셀모 토르키오, 피에트로 비냘레와 함께 파르티잔 집단 형무소에서 탈출을 시도한 것에 대한 처벌로 아스티 공동묘지의 경계 벽을 등진 채 검은 여단 소속 소대에게 총살됨.

1945년 3월 13일

사랑하는 나의 부모님께

죽기 전에 잠시 두 분께 마지막 작별 인사를 올리겠습니다. 이것이 마지막 편지가 될 테니, 어쩌면 작별 인사를 드리기에 가장 좋은 기회일 수 있겠군요.

강해지세요. 저는 평온합니다. 결단코 잘못한 것이 없기에 또한 모두를 그리고 모든 것을 존중하면서 살아왔기에, 양심에 거리낄 것이 없습니다.

저를 이 지경까지 몰고 온 자를 부디 용서해 주십시오. 주께서는 그를 용서하셨습니다. 또한 제가 드린 고통도 잊으시길 바라며 부디 저를 용서해 주세요.

행복하게 살기를 바라는 저의 염원과 마지막 작별 인사가 저를 사랑한 모두에게 전해지길 바랍니다. 두 분께 입맞춤해 드리며 꽉 안아 드릴게요. 또한 주께서 항상 두 분을 보호해 주시기를 바랍니다. 브루노는 친절한 아이이니 두 분께 잘할 거예요. 그리고 알도는 항상 두 분 말씀을 잘 들으니 걱정되지 않습니다. 아직까지도 마음으로나마 두 분께 입맞춤하고 있습니다. 계속해서 꽉 끌어안고 끊임없이 입맞춤해 드릴 것입니다.

　당신의

에르메테

참고 문헌

일반 텍스트

R. BATTAGLIA, *Storia della Resistenza italiana(settembre 1943~aprile 1945)*, Einaudi, Torino 1953 (Einaudi 개정판, Torino, 1964).

A. BEBEDETTI, *Una estate crudele*, Ministero dell'Italia Occupata, Roma 1945.

R. CADORNA, *La Riscossa (dal 25 Luglio alla Liberazione)*, Rizzoli, Milano 1948.

CORPO VOLONTARI LIBERTA', *La Resistenza Italiana*, Alfieri e Lacroix, Milano 1947.

A. FUMAROLA, *Essi non sono morti*, Pol. dello Stato, Roma 1945.

L. LONGO, *Un popolo alla macchia*, Mondadori, Milano 1947.

E. MATTEI, *L'apporto delle forze Partigiane Democristiane alla guerra di Liberazione*, Democrazia Cristiana, Milano 1946.

G. PESCE, *Soldati senza uniforme*, ed. Cultura Sociale, Roma 1950.

P. SECCHIA, *La resistenza accusa*, ANPI, 1949.

E. SOGNO, *Guerra senza Bandiera*, Rizzoli, Milano 1950.

L. STURANI, *Antologia della Resistenza*, Centro del Libro Popolare, Torino 1951.

E. TRABUCCHI, *I vinti hanno sempre torto*, De Silva, Torino 1947.

M. VAINA, *Il crollo di un regime nefasto (documentario storico ed illustrato)*, 3권, Casa ed. Edizioni Tecniche, Milano 1948.

L. VALIANI, *Tutte le vie conducono a Roma*, De Silva, Torino, 1947.

A. VERRA, *L'odio distrugge soltanto le pietre*, Boldrino, Cuneo 1946.

546

L. ZILIANI, *Eroismo e carità del Clero(1940~45)*, Scuola Tip. 《Don L. Guanella》, San Giuseppe al Trionfale, Roma 1946.

Guerra di Liberazione—Esperienze e figure del Corpo Volontari della Libertà, CLN Alta Italia 편집, Nuove Edizioni Capolago, Lugano, 1945.

Cento dei Centomila, ANPI, Roma.

Partito d'Azione, 24 marzo 1944, I Caduti del P. d'A., Tip. Et Ultra, Roma 1945.

400000 Fuorilegge, Stab. Tip. SET, Roma.

Donne della Resistenza, Supplemento al Bollettino del Comitato Nazionale, ANPI, Ⅱ년, 추록 8호, 1950년 3월.

I Caduti della Scuola, Numero commemorativo della Sez. romana dei Sindacati Nazionali Scuole Medie ed Elementari, Tip. Centenari, Roma 1945.

Coccarde Tricolori(해방 전쟁에서 이탈리아 공군이 기여한 내용에 관한 문서 – 공군 저널 특집판).

Bollettini di Azioni Partigiane nn. 15—16—17—18, Ministero dell'Italia Occupata, Roma 1945.

Guerra di Liberazione—Esperienze e figure del CVL, CLNAI, Ministero dell' Italia Occupata, Roma 1945.

《Ecclesia》, 바티칸 시국, 안내소에서 편집한 월간 잡지, 10호, 1945년 10월.

《Mercurio》, *Anche l'Italia ha vinto.* Ⅱ년, 16호, 1945년 12월.

《Rinascita》, 1945년 12월.

《La Fiaccola Ardente》 (Period. Ass. Naz. Martiri e Caduti per la Liberazione), 1946~50년.

《Il Ponte》, *Carceri: Esperienze e documenti*, 특별호, Firenze, 1949년 3월.

《Il Movimento di liberazione in Italia》(Istituto Nazionale per la Storia del Movimento di liberazione in Italia에서 편집), 1949~1954.

《Patria Indipendente》(quindicinale della Resistenza e degli Ex Combattenti), 1952~1954.

A. BASSIGNANO, *Cuneo(Agli albori del fascio e del nazifascismo)*, Ist. Grafico
   Bertello, Borgo San Dalmazzo 1947.

L. BIANCO, *Venti mesi di guerra partigiana*, ed. Panfilo, Cuneo 1945.

G. BOCCA, *Partigiani della montagna*, ed. Bertello, Borgo San Dalmazzo
   1945.

G. DEL SIGNORE, *Commemorazione del martire Franco Balbis*.

C. D'ENTREVES, La Tempêta, ed. Montes, Torino 1946.

DON EMILIO FERRARIS, *Valcasotto nella vita partigiana*, Tip. Pietro
   Avagnina, Mondoví 1948.

DON G. GHIO, *Pagine memorande di Storia Paesana(1943~44~45)*, Tip.
   Operaia, Saluzzo 1949.

E. MARTINI(Mauri), *Con la Libertà e per la Libertà*-1943~45, SET s. a.,
   Torino.

A. QUARANTA, *Brigata Valle Gesso ⟪Ildo Vivanti⟫*, ed. ICA, Cuneo.

D. ROCCIA, *Il Giellismo vercellese*, ed. La Sesia, Vercelli 1949.

RUGGERO 신부, *I miei condannati a morte*, SATET, Torino.

Renzo Viale—Caduto per la Libertà—11 febbraio 1945, G. Bonino, Torino
   1946.

Il contributo della Val d'Aosta alla Guerra di Liberazione, Uff. Storico per la
   Guerra di Liberazione. Pres. del Consiglio, Roma 1946.

La guerra partigiana in Piemonte, La Fiaccola, Milano 1945.

25 aprile—La Resistenza in Piemonte, ORMA, Torino 1946.

Un pugno di uomini, Tip. ed. E. Arduini, Torino 1945.

Rosselli Revient(du Monte Pelato au Col de Larche), ed. Panfilo, Milano.

⟪Il Ponte⟫, *Piemonte*, 특별호, Firenze 1949.

Giornale clandestino ⟪La Baita⟫, della Brigata d'Assalto Garibaldi, 3호,
   1944년 10월 15일.

Giornale clandestino 《La Scintilla》, della Federazione Comunista
    Torinese, I 년, 30호.

Giornale clandestino 《Partigiano Alpino》, I 년, 4호, 1944년 8월; 특별호,
    1944년 12월; II 년, 1호, 1945년 2월.

Giornale clandestino 《Il Risveglio Ossolano》, 1945년 11월 27일.

《Giustizia e Libertà》 특별호, 1945년 9월 2일.

《Il Risveglio del Canavese e delle Valli di Lanzo》, 독립 주간지, VII년, 5호,
    1945년 1월 31일; X IV년, 17호, 1952년 4월 24일.

롬바르디아*Lombardia* 지역

A. CARACCIOLO, *Teresio Olivelli*, ed. 《La Scuola》, Brescia 1947.

PROFESSOR R. CRIPPA, *Commemorazione di Teresio Olivelli*, Tip. S. Bianchi
    의 책에서, Pavia 1946.

E. FERGNANI, *Un uomo e tre numeri*, ed. Speroni, Milano 1945.

A. MAGNAGUTI, *Tra gli artigli delle belve nere*, Tip. Seminario, Padova
    1946.

MAZZON, *Ribelli*, Giulio Vanini, Brescia 1947.

I Martiri di Saiano, Stab. Tip. Apollonio, Brescia

I Martiri della Libertà, ed. ANPI Milano, Arti Grafiche Battezzati.

A Milano si combatte, Ministero dell'Italia Occupata, 1945.

Parole per Piero, SAME, Milano.

Luigi Ercoli, Tip.Marcelliniana, Brescia 1945.

Giornale clandestino 《La Fionda》, Brescia, 1945년 3월 6일.

Giornale clandestino 《Il Ribelle》, Brescia(전체 수집물).

《Valcamonica Libera》, organo della Divisione Fiamme Verdi 《Tito Speri》,
    Breno, 1945년 5월 20일

베네토*Veneto* 지역

ANONIMUS, *L'Universita di Padova durante l'Occupazione Tedesca*, Zanocco,
Padova 1946.

M. ARNALDI, *Rinaldo Arnaldi*, Scuola Tip. dell'Ist. San Gaetano, Vicenza
1947.

S. BOSCARDIN, *Palazzo Giusti*, Zanocco, Padova 1946.

C. CAMPORIONDO, *Orrori e stragi nei paesi del basso Vicentino*, Tip. C.
Crivellato, Lonigo 1945.

—*Storia dei nostri Garibaldini*, Tip. C. Crivellato, Lonigo 1947.

F. CARGNELUTI, *Preti patrioti*, ed. Lavigna, Udine 1947.

L. CARLI, *Giovanni Carli e l'Altipiano di Asiago*, Zanocco, Padova 1946.

A. CHILESOTTI, *Giacomo Chilesotti*, Zanocco, Padova 1947.

G. FONTANA, *I Patrioti della Citta del Piave*, Tip. S. Benetta, Belluno.

—*L'Oltrardo nei 20 mesi di occupazione tedesca*, Tip. S. Benetta, Belluno 1945.

A. FRACASSO 박사, *Alfredo Talin*, ed. 《La Mazzini》, Thiene 1947.

G. GADDI, *I 13 Martiri di Ca Giustiniani*, ed. 《La Voce del Popolo》,
Venezia 1945.

E. MENEGHETTI, *Scritti clandestini*, Zanocco, Padova 1946.

MONTERO, *La neve cade sui monti*, Off. Grafiche Vicentine, Vicenza 1945.

F. ZANETTA, *I Martiri del Grappa*, Bassano del Grappa 1945.

I Racconti della Mazzini, ed. 《La Mazzini》, Thiene 1946.

Tradizione eroica(nel V anniversario della morte di Aulo Magrini), Tip. G. Del Bianco
& E., Udine 1949.

La Vita per l'Italia, 트렌토 자치도의 ANPI에서 편집, Tip. M. Dossi & C.,
Trento 1945.

Mario Todesco, Zanocco, Padova 1946.

Dal Brenta al Piave(1943~1945), Bassano CLN 편집, ed. Vicenzi, Bassano del
Grappa 1946.

Granezza, Storia del Gruppo 《Brigate Mazzini》, Tip. Seminario di Padova.

Carnia, Diario storico della Div. 《Garibaldi—Carnia》, Comando Div.

    Garibaldi, Stab. Graf. 《Carnia》, Tolmezzo 1945.

《Osoppo Avanti》, 1947년 2월 7일.

리구리아*Liguria* 지역

PARRI, ZINO, BERTONELLI, GHERARDI, TROMBETTA,

    WRONOWSKY, *Piú duri del carcere*, ed. Degli Orfini, Genova 1946.

E. RAVA, *Martirio*, Casa ed. Mario Ceva, Genova 1945.

E. TRINCHIERI, *Dal 23 al 26 aprile 1945(Contributo alla Storia dell'Insurrezione di Genova)*, Off. Grafiche, Genova 1949.

—*La resa di Villa Migone*, SGLA, Pellas e Pala, Genova 1950.

《Fiamma Repubblicana》, 키아비 지역의 교전에 관한 파쇼 정치 주간지, Ⅲ년, 41—47호, 1945년 3월 11일.

Giornale clandestino 《Il Partigiano》, 제6 활동 구역 기관지, 14호, 1945년 4월 8일.

에밀리아—로마냐*Emilia— Romagna* 지역

F. CIPRIANI, *Guerra partigiana*(Piacenza, Parma, Reggio Emilia), ANPI Parma 와 CVL 의 CRNE, Parma.

G. RICCIARDELLI, *Casola piccola Cassino nella Valle del Senio*(Cronaca dall'8 set tembre al 1°maggio 1945), Stab. Grafico F. Lega, Faenza 1950.

L. SBODIO, *Fornovo Taro nel Movimento Partigiano*, Cronistoria a cura di Mario (Luigi Sbodio), Soc. Tip. Ed. Parmense, 1947.

Lettere, 《L'Uomo Libero》, Parma.

Reggio Emilia, Medaglia d'Oro al Valor Militare(*8 settembre 1943 ~ 25 aprile 1945*),
F.lli Rossi, Reggio Emilia 1950.

Un mese di lotta armata in Emilia e Romagna, Ministero dell'Italia Occupata,
Roma 1945, 《Gazzetta di Modena》, 1950년 2월 22일.

토스카나*Toscana* 지역

S. AMIDEI, *Infamie e gloria in terra di Siena, durante il nazi—fascismo,* Tip.
Ed. Cantagalli, Siena 1945.

I. FELICI, *1944,* ed. Salesiana, Pisa 1945.

Comandante Gracco, *Brigata Sinigallia,* Ministero dell'Italia Occupata,
Roma 1945.

Criminali alla Sbarra—Il Processo di Montemaggio, ANPI Siena, La Poligrafica,
Siena 1948.

E. PASETTO, *Infamie e glorie nella terra di Siena*(Il martirio delle popolazioni
della Val del Serchio sotto il barbaro dominio tedesco dal settembre 1943 al
dicembre 1944), ed. Nistri—Lischi, Pisa 1945.

《Il Clandestino》, *L'attività di un Sottocomitato di Liberazione Nazionale,*
Firenze 1945.

Don Antonio Mei, La Tipografica, Lucca.

《Il Ponte》, *La lotta clandestina e l'insurrezione di Firenze,* 특별호, Firenze, 1945
년 8월.

라치오*Lazio* 지역

G. M. CATANZARO, *Montezemolo,* ed. Romana, 1945.

LEVI CAVAGLIONE P., *Guerriglia nei Castelli Romani,* Einaudi, Roma

1945.

P. GALDIERI, *La Medaglia d'Oro Giuseppe Cordero Lanza di Montezemolo* (《Bollettino dell'Istituto Storico e di Cultura dell'Arma del Genio》, 18호, 19 호, 20호, 21호에서 발췌, 1943년 12월, 1945년 6월), Tip. Regionale, Roma 1945.

ROMOLO IACOPINI, *Il comandante di Trionfale*, Stab. Tip. de 《Il Giornale d'Italia》, 1945.

G. LOMBARDI, *Montezemolo ed il Fronte Militare Clandestino di Roma (Ottobre 1943~Gennaio 1944)*, Le Edizioni del Lavoro, Roma 1947.

F. RIPA DI MEANA, *Roma clandestina*, OET, ed. Polilibraria, Roma 1944.

A. TROISIO, *Roma sotto il terrore nazifascista*, ed. E. Mondini, Roma 1944.

Via Tasso. I Carnefici, le Torture, gli Orrori, ed. ABC, Roma

Giorgio Labò, Tip. La Stampa Moderna, s.r.l., Milano 1946.

그 외 지역

E. GIANTOMASSI, *S. tenente Achille Barilatti*, Tip. Venturini, Ancona.

R. NARDOIANNI, *Piedimonte S. Germano nella voragine di Cassino*, Tip. Malatesta & Figli, Cassino 1950.

S. PISATELLI, *Sul Volturno durante la ritirata tedesca*, Arti Grafiche 《La Nuovissima》》, Napoli.

Canonico SALVATORE SANTERAMO, *Barletta durante l'occupazione tedesca*, Tip. Rizzi e Del Re, Barletta 1945.

C. SPAZIANI, *Orrori e stragi di guerra nel territorio di Gubbio*, ed. Melos, Gubbio 1947.

A. TARSIA IN CURIA, *La verità sulle 《Quattro Giornate》 di Napoli*, Stab. Tip. G. Genovese, Napoli 1950.

Il Comandante Medici(Mario Morbiducci), 아버지 루이지 모르비두치Luigi

Morbiducci 편집, Tip. R. Simboli, Recanati 1947.

Venanzio Gabriotti, Tip. Leonardo da Vinci, Città di Castello 1945.

단행본《1943년 9월 21일》, Matera 1944.

《Marche Repubblicane》, 8호, 1950년 4월 16일.

역자 | 임희연

임희연은 부산외국어대학교 이탈리아어과를 졸업하고 페루자 대학 및 피렌체 대학 부설 어학 집중 연수 과정을 거쳤다. 지금은 국제 행사 기획과 진행을 하고 있으며, 잡지와 영상, 도서 번역, 영어 일본어 통역가로 활동하며 우리나라에 외국 도서를 소개하는 일도 하고 있다. 로마 교황청 아우실리움 교육대학 문서를 번역했으며 옮긴 책으로는 「채플린의 마지막 춤」, 「아이큐 50 내 동생 조반니」, 「닐로의 행복한 비행」, 「세상을 바꾼 전염병의 역사」, 「세상을 바꾼 에너지의 역사」, 「3.14! 파이의 동그란 세상」, 「숨은 디자인 찾기」, 「물 아저씨는 변신쟁이」, 「공기 아줌마는 바빠」, 「해 아저씨는 밤이 궁금해」, 「키다리 나무 아저씨의 비밀」, 「계절은 돌고 돌아」 등이 있다.

레지스탕스 사형수들의
마지막 편지

1판 1쇄 인쇄 2021년 4월 1일
1판 1쇄 발행 2021년 4월 19일

엮 은 이 | 피에로 말베치 · 조반니 피렐리
옮 긴 이 | 임희연
펴 낸 이 | 이정훈, 정택구
책임편집 | 박현아

펴 낸 곳 | (주)혜다
출판등록 | 2017년 7월 4일(제406-2017-000095호)
주   소 | 경기도 고양시 일산동구 태극로11 102동 1005호
대표전화 | 031-901-7810 **팩스 |** 0303-0955-7810
홈페이지 | www.hyedabooks.co.kr
이 메 일 | hyeda@hyedabooks.co.kr
인   쇄 | (주)재능인쇄

ISBN 979-11-91183-04-7 03900